Mon patient
Sigmund Freud

Tobie Nathan

Mon patient Sigmund Freud

Roman

Perrin
www.editions-perrin.fr

ISBN 2.262.02112.0

A la mémoire de Joseph, fils de David

« La parole de l'Eternel me fut adressée en ces termes : "Accepte de la part de ceux qui sont en exil [les dons apportés] par Heldaï, Tobia et Jedaï et va, ce même jour, te rendre dans la maison de Josia, fils de Cefania, où ils sont arrivés de Babylone. Tu prendras de l'argent et de l'or, tu en feras des couronnes, que tu poseras sur la tête de Josué, fils de Joçadak, le grand prêtre. Et tu lui diras ces mots : Ainsi parle l'Eternel-Cebast." »

Zacharie VI, 9-12.

« Je ne suis pas bon lorsqu'il s'agit de romans historiques. Laissons-les à Thomas Mann. »

Lettre de S. Freud à M. Eitingon,
13 novembre 1934.

Journal de Léopold Caro. 12 décembre 2003

Ici, au Burundi, le soleil se lève à 6 h 15 et se couche à 18 h 20 – tous les jours que Dieu fait, tous les mois de l'année. Ici, à Bujumbura, il ne fait jamais moins de 22° ; jamais plus de 28°. Il n'y a ni hiver ni été, ni saison, ni raison. Hier, ils ont encore tiré. Qui ? Le saura-t-on ? Les rebelles ? L'armée ? Certainement les deux ; sans compter les voleurs, et d'autres aussi parmi les innombrables détenteurs d'armes à feu qui, profitant du désordre, lâchent des rafales vers le ciel pour vérifier l'état de leur mitraillette. Là-haut, sur la colline, à Kiriri, le quartier que j'habite depuis maintenant un an, les kalachnikovs ont crépité durant deux heures la nuit dernière, flûtes enchantant le ciel de balles traçantes rouge fluo. Ce drôle de chant était scandé par des explosions de grenades et même quelques tirs de roquettes, reconnaissables à leur long sifflement d'angoisse avant l'explosion. Ce matin, Emmanuel m'a dit qu'il s'était inquiété pour moi. Jacques lui avait parlé des explosions dans mon quartier. Il est vrai que, cette fois, j'ai eu vraiment peur. Vers 2 h 30, une explosion plus forte que les autres a fait trembler les murs de ma maison. J'apprendrai tout à l'heure que le projectile est tombé sur la voiture de l'ambassadeur de Chine, à quelques maisons de la mienne. Le véhicule a littéralement explosé, ses entrailles fumantes exposées à la lune. Ce matin, les discussions vont bon train au bureau : « Ils visaient sans doute la maison du Président... » « Ou bien la résidence de l'ambassadeur des Etats-Unis... » « Ils tirent si mal, mais c'est dangereux, tout de même ; on a vite fait de croiser une balle perdue... »

Je ne me sens pourtant pas en danger ici, quoiqu'il plane sur la ville comme la menace d'un drame imminent... Et l'on ne peut s'empêcher de penser au pire, à de nouveaux massacres, comme ceux d'octobre 1993, à une guerre civile ou à un coup d'Etat militaire. Ou encore, qui sait, une émeute, un pillage généralisé... Du coup, la vie tourne au ralenti. Parfois quelqu'un dit tout haut ce que tout le monde pense tout bas, et prononce à son tour cette formule qui résume si parfaitement la situation : « A quoi bon ? » Oui, à quoi bon s'engager dans des projets, dans des recherches, à quoi bon entreprendre des affaires, si tout doit s'arrêter demain ? Personne n'a oublié l'embargo qui a suivi les tirs de mitraillette sur l'Airbus de la Sabena en décembre 2000, quand la vie s'était interrompue durant des mois. Plus d'eau, plus d'électricité, plus d'essence. Ici, loin de tout, les expatriés prennent vite les travers des Burundais. Au bout de quelques semaines, on les voit feindre l'indifférence, faire comme s'il était normal de ne jamais sortir de la capitale qui n'est rien qu'une toute petite ville de province ; comme s'il était normal de parcourir indéfiniment les mêmes rues, où le seul étonnement vient d'un nouveau trou dans la chaussée ; comme s'il était normal de sursauter au moindre bruit inhabituel. Et, dans nos conversations, le même cynisme de circonstance, les mêmes plaisanteries sur les tirs de mitraillette... et surtout cette façon de taire les nouvelles victimes qui sont venues allonger l'interminable liste dont nul ne tient le décompte. Chacun veut croire que cette guerre perlée qui paralyse le pays depuis dix ans n'est pas très sérieuse : « C'est une histoire entre eux ; ils ne s'attaquent jamais aux étrangers... » « Ici, c'est comme ça depuis toujours ; il ne faut pas faire attention... Déjà, bien avant l'arrivée des Européens, vous savez... » Pourtant moi, je n'y arrive pas ! Je m'y refuse. Alors, dans notre petite communauté d'expatriés, je passe pour un inquiet. On me moque gentiment ; on raconte à qui veut l'entendre comment, durant la grande attaque de juillet dernier, j'ai téléphoné plusieurs fois à notre ambassadeur en pleine nuit. Leurs remarques ne sont pas méchantes, tout juste un peu condescendantes. Je sais qu'ils apprécient que l'un d'entre nous ne fasse pas semblant, comme les autres. Mon destin est de devenir, au fil du temps, l'incarnation un peu ridicule de l'inquiétude de tous. Sans être peureux, j'ai la conviction que les événements qui se déroulent ici sont graves et engagent bien plus que quelques factions d'excités avides de pouvoir. Ce matin, j'ai le cœur léger, pourtant. On m'entend plaisanter ; je fais part de mes projets, je ris de bon cœur... Ce matin, je me fiche un peu de ce qui se passe au Burundi. Tout à l'heure, je m'envole pour Dakar où je dois participer à un colloque international sur la restauration de la paix en Afrique centrale. Une dizaine de jours de répit. Je pourrai flâner librement la nuit sans me soucier du couvre-feu, sortir de la ville en voiture, parler de politique sans craindre les oreilles indiscrètes, manger tranquillement au restaurant. A l'idée de ces quelques jours de sérénité, j'en oublie l'absurdité du trajet qui m'est imposé. Car, pour me rendre en Afrique de l'Ouest, je dois d'abord rejoindre l'Est, l'Ethiopie, où j'attendrai une correspondance pour Lagos durant six heures. Une fois à Lagos, je devrai encore patienter huit heures avant de m'envoler pour Freetown. Et là, après encore quatre heures d'attente, je trouverai enfin mon avion pour Dakar. Ce trajet, qui aurait pu durer six ou sept heures en ligne directe, me prendra deux jours pleins – et à condition que tout se passe comme prévu. Deux jours... sans tenir compte des surprises que réservent inévitablement les voyages en Afrique.

A Addis Abeba, le nouvel aéroport international est enfin terminé. Ils ont ouvert quelques boutiques sympathiques où l'on vend des livres rares sur l'Ethiopie et sur le Soudan. Les femmes éthiopiennes sont belles, très belles. Le retour à la pudeur religieuse ne parvient pas à dissimuler leur érotisme naturel – au contraire, certaines sont encore plus désirables ainsi. On les aperçoit, marchant par deux ou trois, vêtues comme des nonnes de longues robes noires, le voile sur les cheveux, les jambes cachées jusqu'aux chevilles, mais les pieds cambrés par d'élégants souliers à talons hauts. La fine étoffe de leur robe, presque transparente, tombe en vagues d'insouciance sur leurs fesses rebondies. En les regardant passer, je m'invente d'improbables aventures d'une nuit. Les trois femmes qui déambulent bras dessus, bras dessous ont surpris mon intérêt. Conscientes de leur charme, elles me lancent un œil flamboyant, se poussent du coude, gloussent de rire en me regardant par-dessus l'épaule. Belles Ethiopiennes qui me rappellent cette liberté que nul ne pourra me retirer dans un monde que je trouve, de jour en jour, plus coincé – cette liberté d'éprouver en secret, les yeux mi-clos, l'ivresse des parfums de leur corps.

Il est 6 heures du matin lorsque mon avion se pose en douceur sur le tarmac de l'aéroport de Lagos, au Nigeria. J'ai le nez collé au hublot. Les balises lumineuses qui marquent la piste s'éteignent soudain. J'ai noté sans y prendre garde cet événement insolite. Mais, lorsque nous parvenons au guichet pour les formalités de débarquement, le hall est plongé dans l'obscurité. Seuls les ordinateurs sont branchés sur des batteries de secours. Les fonctionnaires de police scrutent les passeports à la lueur d'une bougie, leur visage grimaçant à la danse de la flamme. Panne d'électricité ! Je suis en transit. Il faut savoir qu'un passager en transit est la proie naturelle du douanier nigérian. Le mien, un grand type au crâne rasé et au visage épanoui qui s'est même dispensé de revêtir son uniforme, me confisque mon passeport – au cas où l'idée me traverserait de jouer les immigrés clandestins, sans doute... – et m'enferme avec un compagnon d'infortune burundais dans une minuscule salle sans lumière.

— Que se passe-t-il ?

— Rien, me répond-il en pidgin, je vous rendrai votre passeport lorsque vous embarquerez.

Une heure, deux heures, trois heures s'écoulent sans aucune information. Toutes les trente minutes, je pars interroger les fonctionnaires de l'aéroport. Immanquablement, je me fais refouler sans ménagement :

— On vous a déjà dit de rester dans la salle de transit. On viendra vous chercher lorsqu'il sera temps de partir...

Je glane néanmoins quelques nouvelles. Les techniciens ne parviennent pas à réparer la panne d'électricité. Plus aucun avion ne s'est posé après le nôtre. Certains parlent de sabotage, d'attentat... Je n'ai pas dormi plus d'une heure depuis mon départ de Bujumbura. Une étrange léthargie s'est emparée de moi, comme si je savais l'inquiétude inutile ; il me reste seulement à attendre, tout en restant vigilant. Soudain, mon policier fait irruption en hurlant :

— Vite, vite ! Sortez d'ici. Suivez-moi ! Vite !

Laconique, il nous informe que c'est une alerte au feu... Le feu ? Mais où ?

— Vous ne sentez rien ?

En effet, une odeur de caoutchouc brûlé, insistante, s'instille dans mes narines. Des centaines de personnes se ruent en hurlant vers la sortie dans un désordre dément.

— Et mon passeport ?

Fini de jouer : le douanier dévoile enfin son intention en tapant nonchalamment sur la poche arrière de son pantalon.

— Il est là ! Mais il faut me donner une bière ou deux...

J'obtiens finalement mon précieux document contre un billet de 5 dollars. Sans l'incendie, le passage m'aurait coûté au moins dix fois plus. Et le policier disparaît. Mais que faire ? Quitter l'aéroport avec un passeport sans visa en plein Lagos ? Ce serait folie... Lagos où kalach et bakchich sont devenus les seuls arguments.

Non, décidément, je renonce à gagner la ville. Je remonte le flux des voyageurs et m'engage carrément vers les salles d'embarquement. Au détour d'un couloir, je parviens dans une gigantesque cafétéria désertée. La petite charrette du vendeur de sandwichs a été abandonnée là, en plein milieu. Désemparé, je prends le temps de m'asseoir sur une chaise pour réfléchir et c'est alors que je l'aperçois. Devant moi, un petit homme, la cinquantaine légèrement bedonnante, le cheveu blond-roux et rare, est affalé sur la table, comme s'il attendait qu'on vienne lui servir à boire. La chaleur commence à se faire étouffante ; ce ne serait pas une si mauvaise idée de boire quelque chose – je ne dis pas un café ou un thé ; je me contenterais d'un simple verre d'eau. L'homme se lève soudain, passe derrière le comptoir d'un pas dynamique, en tire une bouteille d'eau minérale en laissant un billet de 1 dollar bien en évidence. C'est ce moment que choisit un policier pour surgir d'on ne sait où.

— Voleur ! s'écrie-t-il. Je vous ai vu prendre la bouteille d'eau. Je vais vous embarquer. J'ai le droit de vous retenir deux jours en garde à vue, vous le savez ?

Je le savais, moi ! Mon douanier m'avait menacé de la même sanction lorsque j'hésitais à lui confier mon passeport. Le petit homme ne se laisse pas intimider, pourtant. Il proteste, laisse éclater sa colère :

— Avez-vous seulement conscience de ce que vous nous faites subir ? Nous sommes là depuis près de cinq heures en pleine chaleur sans même un verre d'eau.

La discussion s'envenime très vite. Deux autres Nigérians, revêtus d'un vague uniforme impossible à identifier, flairant la bonne affaire, s'approchent du malheureux voyageur. Lui s'énerve, tempête, se fait même menaçant, tendant les poings. Il ne faut jamais se comporter ainsi en Afrique. Les vrais-faux policiers s'apprêtent visiblement à s'emparer de lui, tout en lorgnant sur sa petite valise et surtout sur son sac, à l'épaule, où l'on devine un ordinateur portable. C'est alors que je me décide à intervenir. Je m'avance, souriant :

— Calmez-vous ! Cet homme n'est pas un voleur. Je l'ai vu déposer le prix de sa consommation. Tenez, regardez, là...

Lagos ressemble décidément à une jungle ; là aussi les prédateurs détestent être découverts. Les trois hommes ne m'avaient pas vu. Du coup, ils acceptent de parlementer. La palabre dure une heure. Pour finir, l'homme s'en tire contre un billet de 10 dollars que nous décidons d'un commun accord de nommer « amende ».

Après cet épisode, nous voilà tous deux assis à la table qu'il occupait seul tout à l'heure. Il a l'air triste – coléreux aussi –, coléreux et triste, décidément. La médecine grecque prétendait avec raison qu'il s'agit d'une même chose ; que tristesse et colère sont produites par la même humeur qui tantôt s'en va au cerveau, produisant la colère, tantôt se concentre dans la bile en donnant la tristesse. Nous parlons en anglais, ressassant nos malheurs. Je remarque qu'il a un fort accent israélien, et lui demande :

— *Ma nishma* ? (« Comment ça va ? »)

Lui aussi a repéré mon accent :

— *Be seder* (« OK »), répond-il machinalement en hébreu avant d'ajouter : Vous êtes français ?

— Oui !

— De Paris ?

— Oui !

— Paris, mon Dieu, quelle ville splendide ! Le plus bel endroit du monde... Moi, j'arrive de Monrovia. Voilà deux jours que j'attends un avion. Je partais enterrer ma mère. Elle est morte la semaine dernière à Tel-Aviv. Mais ici, à Lagos, rien ne va plus ; rien ne se déroule jamais comme prévu. La nuit dernière, j'ai dormi ici, sur une banquette. Et ce matin, cette panne d'électricité. Je me demande quand nous pourrons quitter cet aéroport. J'ai réussi à parler à mon frère au téléphone ; ils ont renoncé à m'attendre ; ils ont finalement enterré la vieille...

— Vous êtes l'aîné ?

— Oui ! C'était à moi de dire le *kaddish*. Mais c'est mon frère – mon demi-frère, en vérité – qui l'a fait.

Dans le culte juif, c'est à l'aîné de prononcer la prière des morts, le *kaddish*. Je pense à moi, qui suis aussi un cadet. J'ai laissé un père très âgé, là-bas, à Paris. Je ne redoute qu'une chose : que mon grand frère ne m'informe pas de son décès ; qu'il agisse comme toujours : qu'il garde tout pour lui, en douce, y compris la mort du vieux.

— Votre mère était malade ?

— Elle était vieille, surtout ! Vous ne savez pas qu'on finit tous par mourir ? Pourquoi me demandez-vous si elle était malade ?

Je souris. Je lui demande maintenant :

— Les diamants ?

— Oui, les diamants ; mais aussi la guerre...

Il m'observe en coin, guettant ma réaction. Je comprends qu'il vend des armes, qu'il échange sans doute contre des diamants ; se livre à je ne sais quel trafic avec la rébellion... Mais je ne bronche pas. Maintenant que j'ai déniché un semblant d'être humain, je ne vais pas rompre la relation pour des raisons morales ! Il ajoute aussitôt :

— Et vous ? Vous travaillez dans l'humanitaire, je suppose...

— La coopération universitaire. Je suis psychanalyste.

Il éclate de rire. Il rit encore, et de bon cœur. A quoi donc peut servir un psychanalyste à Lagos dans un aéroport sans électricité, et donc sans climatisation, sans rien à manger ni à boire, et surtout sans avion ? Il répète :

— Psychanalyste ! Excusez-moi, je ris parce que j'ai entendu parler de psychanalyse durant toute mon enfance. Mon père a été psychanalyste – entre autres, mais psychanalyste tout de même –, l'un des premiers, tout proche du maître, à Vienne. Je ris parce que je m'attendais à tout sauf à rencontrer un psychanalyste ici.

Il s'appelle Jack Bean. Il porte exactement le nom de son père, mais lui, c'est son vrai nom. Le père, m'explique-t-il, ne s'appelait en vérité ni Jack ni Bean. Jack, c'était pour ne pas dire Isaac. « On a simplifié en Jack. » Et Bean, c'est une sorte d'abréviation, un abrégé de Rabinovitch. « C'était la guerre, vous savez... » Je comprends ! Je connais ces problèmes de noms. Tous les migrants racontent ce genre d'histoire. Il faut être nanti, n'avoir ni froid ni faim, pour penser que le nom est le support de l'identité ; qu'il permet d'être soi, de se reconnaître, de s'assumer. Les migrants, eux, savent par expérience que votre nom vous trahit ; qu'il est votre pire ennemi. Alors, s'ils en ont l'occasion, ils le changent, et sans aucun remords. Le père de Jack est né le 13 juin 1887 à Odessa. Il a quitté la Russie pour ne pas accomplir trois années de service militaire dans une armée antisémite dont nul ne savait s'il en reviendrait. Il a suivi des études de médecine à Vienne et c'est sous son nom de Rabinovitch qu'il a obtenu son doctorat en 1910, au mois de mai. La même année, il a rencontré Sigmund Freud, noué avec lui une relation si particulière qui ne prendra fin qu'en 1939... ou plutôt avec la mort de Jack Bean, premier du nom, en 1949, à Jérusalem, à l'âge de soixante-deux ans, bien après la mort de Freud.

Voilà que les policiers nigérians viennent nous chercher dans la cafétéria toujours déserte. Il faut évacuer l'aéroport qui menace, disent-ils, de prendre feu. Un responsable nous fournit enfin une explication : le transformateur qui se trouve au sous-sol a brûlé. L'incendie s'est transmis par les câbles au mobilier et commence à se répandre dans les escaliers. Mille questions inutiles se présentent à mon esprit : est-il possible qu'aucun transformateur de secours ne soit prévu dans un grand aéroport international ? Comment un transformateur peut-il griller sans que personne soit alerté ? Comment se fait-il que, depuis six heures que la panne s'est déclarée, nous n'ayons pas vu un seul pompier ? Mais à quoi bon toutes ces questions qui n'ont pas cours ici ? Nous sommes alors poussés dehors avec violence, puis parqués debout – plusieurs milliers de personnes – devant l'entrée de l'aéroport, en plein soleil de midi. Les heures s'étirent. De temps à autre, je tente une percée. Je voudrais au moins entrer dans le hall pour m'installer sur une banquette de bois. Un marabout sénégalais y est bien parvenu, lui... Mais il avait d'autres arguments ! Il a exigé de faire sa prière à l'ombre et les policiers l'ont ensuite oublié à l'intérieur. Ce n'est pas sans envie que je l'aperçois, là-bas, couché de tout son long, endormi... Surprenant quelques conversations en anglais, j'apprends les nouvelles par bribes. Il s'agirait d'un sabotage. La compagnie d'électricité aurait elle-même commandité l'incendie du transformateur pour se venger de l'administration de l'aéroport qui n'a pas payé sa facture depuis plus de six mois... Près de nous, deux Juifs, obèses, la chemise béante, la sueur dégoulinant sur leur barbe hirsute, ont enfilé leurs phylactères et, la tête recouverte de leur châle, prient en se dandinant d'avant en arrière. Sans doute sont-ils en train de supplier leur dieu de les épargner cette fois encore. Comme nous avons le même dieu, je décide de rester près d'eux pour bénéficier également de son aide. Soudain, on entend hurler des sirènes. Un convoi de voitures de marque américaine, de gros 4 x 4 flambant neufs, des Chevrolet, des Dodge, des Ford, de couleur sombre, s'immobilisent devant l'entrée de l'aéroport. Un homme en tenue traditionnelle, boubou immaculé et bonnet de laine retombant sur le côté, jaillit de la voiture de tête, suivi par des militaires en uniforme, les plus gros, qui sont aussi les plus gradés, devant ; les autres, derrière. Et la procession pénètre au pas de course dans l'aéroport. Mon compagnon d'infortune me glisse :

— Celui en boubou, tout devant, ce doit être le Premier ministre...

— Mais qu'est-ce qu'ils viennent faire ici, d'après vous ?

— Rien !... Rien ! Ils ne viennent rien faire. Ils viennent seulement constater...

Il a raison ! La visite ne leur prend pas plus de dix minutes, au bout desquelles la troupe ressort et s'engouffre dans les voitures officielles selon l'ordre hiérarchique... Et le temps poursuit son cours. C'est lui le véritable maître en Afrique : le temps qui finit par avoir raison de tout ! Il est maintenant 14 heures ; bientôt 15 heures et toujours rien. Pas une information, pas un mot de soutien, aucune ébauche de solution, rien ! L'Afrique est ainsi, dure, âpre. D'une certaine manière, elle est pure dans son refus de rien concéder à la modernité, et Lagos en est la quintessence. Soudain, nouvelles sirènes : cette fois, ce sont des voitures de ville, des berlines, de marque japonaise – des Toyota, des Mazda –, bien moins rutilantes que celles du premier convoi. Un homme en costume trois pièces s'extrait le premier en rajustant son veston. Il doit mesurer près de deux mètres. « Celui-là, dit Jack, ce doit être le ministre des Transports. » Il est suivi d'une quinzaine d'officiels qui entrent en rang dans l'aéroport pour en sortir moins de cinq minutes plus tard. Ils sont sans doute venus « constater » à leur tour. A nouveau le silence. Nous finissons par nous habituer à cette léthargie de l'instant, scandée par l'étrange manège des officiels. Je regarde autour de moi, apaisé, sans raison. Je souris en apercevant ces familles de voyageurs africains installés sur le bitume – les hommes se passant le journal local pour y jeter un coup d'œil, les femmes bavardant comme au marché. Nous nous sommes également assis à même le sol. Jack Bean n'est pas très loquace. Je lui demande :

— Vous pensez à votre mère ?

Il se raidit, me jette un regard noir. Et pourquoi penserait-il à sa mère ? Il s'étonne simplement que l'Afrique entière puisse supporter ainsi qu'on lui vole son temps. Il est furieux, voilà tout ! Il y a deux jours qu'il est coincé « dans ce putain d'aéroport » ; il n'en peut plus ! Il m'explique combien il est périlleux de se rendre à Tel-Aviv depuis Lagos. Le chemin le plus court serait sans doute un avion d'Egyptair pour Le Caire et puis Le Caire-Tel-Aviv en une demi-heure, voilà tout ! Mais c'est impossible ; tout comme il est impossible de passer par Khartoum ou Tripoli. Non ! Il doit d'abord se rendre à Nairobi et là attendre de trouver une place sur un charter de touristes rentrant en Israël après un safari ou une semaine de vacances sur les plages de Mombasa. Il peut aussi passer par Londres ou Paris... Je lui apprends qu'Air France vient de rouvrir la ligne ; leur Airbus se pose désormais à Lagos plusieurs fois par semaine. C'est d'ailleurs ce que je lui conseille : trouver un billet pour Paris au plus vite. Parce que ici, à Lagos, le moins qu'on puisse dire, c'est qu'il ne fait pas bon y traîner. Il surenchérit. Jack, il en connaît des histoires sur Lagos...

— Même les grands hôtels n'y sont pas sûrs. Vous

êtes tranquillement installé dans votre chambre et la réception vous appelle au téléphone :

— Il y a un message pour vous. Nous vous le portons immédiatement.

Si vous n'avez pas la présence d'esprit de répondre que vous descendez le chercher, une jeune fille se pointe et, sitôt que vous avez ouvert la porte, elle se met à hurler. Surgissent quatre gaillards à qui elle explique que vous avez essayé de la violer. En moins de cinq minutes, vous vous retrouvez à poil, sans un sou. Estimez-vous heureux s'ils ne vous piquent pas aussi votre passeport...

La conversation glisse sur son père. Au Liberia, me dit-il, durant ses longues nuits d'insomnie, alors qu'il guettait les bruits suspects alentour, Jack a scanné tous les documents qui constituaient le journal intime de son père, presque toute sa vie. Là, je suis suffoqué. Comment ? Son père tenait un journal ? Je lui demande aussitôt : y parle-t-il de Sigmund Freud ?

— Mais bien sûr ; il en parle beaucoup ! C'était un proche, un intime, peut-être l'ami le plus cher de Sigmund Freud !

— Vous rendez-vous compte qu'il s'agit d'un document exceptionnel ?

— Vous voulez le lire ? me demande-t-il l'air narquois.

— Si je veux le lire ? Certainement que j'aimerais le lire, et même tout de suite !

Il me regarde un long moment, un sourire ironique au coin des lèvres, et s'esclaffe :

— Si vous voulez le lire, voilà au moins quelque chose qui est possible ! Je l'ai là, dans mon ordinateur...

Je suis abasourdi ; comme si je venais de prendre un coup de poing dans l'estomac. Je balbutie :

— Mais savez-vous que... qu'il y a probablement plus de pépites dans votre ordinateur que tous les diamants que vous avez récoltés au Liberia ?

Quiconque s'intéressant à la psychanalyse sait que les documents authentiques concernant Sigmund Freud sont interdits de consultation – certains même jusqu'en 2113 : ses notes cliniques, ses lettres, tout est conservé à Washington, dans des coffres, sous clé – comme si ces archives contenaient un secret militaire de la première importance ; comme si le salut de l'Occident dépendait du maintien de cette chape de plomb. Si Jack était véritablement en possession d'un journal authentique relatant une relation qu'aurait entretenue Sigmund Freud à l'insu de sa famille, de ses proches, de ses disciples, et si jamais ce journal contenait des révélations sur la vie de l'illustre savant, sa fortune serait faite. Il pourrait négocier les droits de publication pour plusieurs millions de dollars – peut-être même davantage. Ce texte paraîtrait dans toutes les langues de la terre...

— Vous voulez le regarder ? me demande-t-il de plus en plus amusé... Vous voulez y jeter un coup d'œil, ici, tout de suite ?

Aussitôt, Jack entreprend d'allumer son ordinateur portable. Je me dis que la vie réserve parfois d'étranges surprises. Se retrouver coincé à Lagos, dans l'incertitude d'un temps suspendu, et au même instant accéder à un tel secret... J'en oublie la soif, la fatigue, la chaleur, l'absurdité de cette interminable attente. J'entends à peine les sirènes qui recommencent à hurler. Maintenant c'est un cortège de Peugeot 504 d'une autre époque, hâtivement repeintes en bleu terne. Et c'est le même manège qui recommence. Cette fois, le chef de la police vient prendre connaissance de la situation. Ses hommes sont tous en uniforme ; mais ceux-là hurlent à l'adresse des voyageurs. Il faut dégager l'entrée. C'est une question de sécurité. Personne ne doit rester à proximité des portes. Leur air sérieux, sévère, m'effraie tout en me paraissant quelque peu excessif. Jack lève la tête un instant pour remarquer :

— Plus ils crient, plus ils sont corrompus. Ce signe ne trompe jamais ! En vérité, c'est une sorte de code pour demander de l'argent. En général, les gens comprennent, par ici... Ça ne doit pas faire longtemps que vous vivez en Afrique. Allez, vous vous habituerez vite !

L'ordinateur de Jack a démarré ; quelques têtes se lèvent en entendant la musique d'accueil de Windows. Il recherche parmi ses dossiers. Et puis, il me le tend des deux mains. « Voici le début. Lisez ! » C'est écrit en anglais.

« Mon véritable nom est Isaac Rabinovitch ; Isaac Yosefovitch Rabinovitch. J'ai été psychiatre à Vienne, dans les années qui ont précédé la Première Guerre mondiale, avant de me consacrer à la politique. Oui, c'est ainsi que l'on peut désigner mon activité, quoique ma façon de pratiquer la politique n'ait pas été conventionnelle. J'ai voyagé à travers le monde entier. Peut-être ne suis-je pas allé dans tous les pays, mais assurément dans beaucoup ! J'ai connu les empires et leur chute ; j'ai assisté à la naissance du monde moderne et je peux dire que j'ai même quelque peu aidé à l'accoucher. Je suis pourtant toujours revenu à Vienne, presque machinalement, tous les ans – parfois plusieurs fois par an. J'y étais attiré comme par un irrésistible instinct, comme cette force qui pousse inexorablement les animaux migrateurs à revenir dans cette même rivière où ils ont été pondus, sur ce même rocher où a éclos l'œuf dont ils sont issus. J'avais noué une relation très intense avec l'homme sans doute le plus connu de Vienne. Alors que j'étais un jeune étudiant immigré, à peine sorti de l'adolescence, il m'avait reçu dans sa famille, m'avait traité comme un fils, me prodiguant ses conseils tant pour mes études que pour mon existence. J'avais la sensation d'avoir été un peu adopté par lui. Le temps passant, il avait pris l'habitude de me faire ses confidences. Il faut dire que cet homme qui avait inventé une méthode de traitement promise à un extraordinaire succès, prétendait que nul ne pouvait la pratiquer s'il ne l'avait lui-même subie. Je parle bien sûr de la psychanalyse. Or, lui-même n'avait jamais été psychanalysé – il fallait bien qu'il y en eût un premier, bien sûr ! Peut-être est-ce l'orgueil qui l'avait retenu de faire appel à l'un de ses collègues chevronnés. En me choisissant comme confident, moi le plus jeune et le moins connu des psychiatres qui évoluaient autour de lui, il ne courait pas le risque de voir ses petits secrets se répandre dans le milieu professionnel et même tout simplement dans le milieu intellectuel. Par la suite, il avait sans doute trouvé plus commode de se confier à un homme qui avait disparu et de Vienne et du milieu de la psychanalyse... Car, le temps passant, plus personne ne se souvenait encore de moi, et lorsqu'il venait me voir à l'hôtel Bristol, à l'occasion de mes séjours à Vienne, dans les années 30, nous nous retirions durant des après-midi entiers dans l'appartement que j'y louais. Malgré la différence d'âge et d'expérience qui nous séparait, cette relation – comment l'appeler sinon de ce terme le plus vague et le plus général possible ? –, cette relation s'était exclusivement centrée sur lui. Il me parlait des heures durant, demandant à peine de mes nouvelles, pressé qu'il était de se délivrer des secrets qui l'oppressaient. Les dernières années de sa vie – plus précisément après l'arrivée au pouvoir de Hitler en 1933, et jusqu'à sa mort, à Londres, en 1939 – il était tellement perturbé par les événements du monde qu'il pouvait ainsi parler plus de cinq heures d'affilée sans s'interrompre. »

Il est plus de 16 heures. L'électricité n'a toujours pas été rétablie. A Lagos, le soleil commence à se coucher à 18 heures. Passé cette heure, plus aucun avion ne pourra décoller, les pistes ne pouvant être balisées sans électricité. Soudain, un mouvement, comme une gigantesque houle. Je lève les yeux, les fonctionnaires de l'aéroport viennent de rouvrir les portes et la foule se rue à l'intérieur dans une cohue indescriptible. J'apprends que certains avions pourront peut-être décoller. Il faut se hâter vers les comptoirs des compagnies d'aviation pour mendier des renseignements. Je n'ai lu qu'une seule page du journal du père de Jack et déjà je frémis d'impatience. J'ose présenter ma requête au petit homme blond...

— Jack, nos routes vont sans doute se séparer. Je voudrais vous demander une faveur... Je sais ce qu'elle représente pour vous ; c'est pour cette raison que j'hésite à le faire.

— Mais allez-y ! Arrêtez donc de tourner autour du pot comme le font tous les Français !

— Jack, j'ai sur moi une clé USB. Vous savez ce que c'est, un minidisque dur accroché à mon porte-clés. Il peut certainement contenir tous les documents concernant votre père. M'autorisez-vous à en faire une copie ?

Je me suis senti devenir cramoisi. Moi qui lui expliquais il y a encore quelques minutes qu'il y avait sans doute plus de richesses dans cet ordinateur que dans tous les diamants qu'il avait pu se procurer au Liberia, voilà que je lui demandais maintenant de s'en dessaisir... Et cela sans me connaître, sans aucune garantie... Je l'ai alors regardé dans les yeux. Il m'a fixé un long moment, comme s'il cherchait à scruter les tréfonds de mon âme. Je ne sais ce qui a pu passer dans l'esprit de Jack. Peut-être s'est-il demandé s'il pouvait me faire confiance, moi une simple rencontre d'aéroport. Peut-être pensait-il qu'il n'était pas certain d'arriver là où il devait se rendre, qu'il était plus prudent qu'une copie des documents de son père soit mise à l'abri quelque part ? Ou bien souhaitait-il simplement se renseigner auprès de quelque professionnel sur la valeur réelle de ces documents ? Au bout d'un temps qui m'a paru interminable, Jack m'a simplement proposé en souriant :

— Allez-y ! Mais faites vite ! (Il m'a tendu son ordinateur en précisant :) Le dossier se nomme *Zahav*[1]. Pressez-vous ! Il se peut que nous parvenions à attraper un avion et à nous échapper de ce trou à rats. Nous n'allons pas bêtement manquer cette occasion... Allez !

Nous nous sommes salués. Il m'a tendu sa carte ; j'avais distribué toutes les miennes. Je lui ai répété mon nom et celui de mon agence à Bujumbura. La petite compagnie qui devait me conduire d'abord à Freetown puis à Dakar n'avait évidemment pas de bureau à Lagos. Nul ne pouvait me renseigner sur mon vol. Le marabout sénégalais que j'avais aperçu tout à l'heure durant sa sieste s'était levé de son banc. Comme je l'avais imaginé, lui aussi se rendait à Dakar. Nous avons bavardé quelques minutes.

1. En hébreu : « L'or ».

— Je reviens de Djeddah. J'étais à La Mecque.

— Mais ce n'est pas la date du pèlerinage...

— Je n'étais pas au pèlerinage. Je suis allé chercher des livres et du matériel pédagogique pour l'école coranique que je dirige à Dakar.

— Votre français est impeccable...

— Mais je suis français, s'est-il exclamé, tout comme vous... Si vous en avez les moyens, m'a-t-il conseillé, faites votre possible pour sauter dans l'avion d'Air Gabon qui décolle dans trente minutes pour Dakar ; sinon vous serez obligé de passer la nuit dans l'aéroport ; et, sans électricité, je ne donne pas cher de votre portefeuille, de vos vêtements et peut-être même de votre vie.

Le bureau d'Air Gabon était bien sûr fermé. Le chef d'escale se trouvait sur la piste, organisant l'embarquement des derniers passagers. J'ai couru. Tous les fonctionnaires de police avaient disparu, si bien que l'on pouvait passer sans aucune formalité. Je me suis finalement retrouvé au pied de l'avion. Le chef d'escale m'a accueilli en hurlant. Mais j'avais retenu la leçon de Jack. Les hurlements des hommes en uniforme, c'était une simple question d'argent. Combien allait me coûter un embarquement sans billet, à quelques minutes du décollage, sans avoir passé aucune formalité, aucune fouille ? Je m'en suis sorti pour 500 dollars. J'aurais sans doute pu payer moins cher, si j'en juge à la façon dont l'homme m'a remercié en s'exclamant à plusieurs reprises « Dieu vous bénisse »...

A bord, le personnel d'Air Gabon était aussi désagréable que possible, me refusant même un simple verre d'eau. J'ai fermé les yeux, recroquevillé dans mon siège. Je serrais le petit disque amovible dans ma main. Je n'aspirais plus qu'à trouver un ordinateur pour lire ce texte à loisir...

C'est seulement à mon arrivée à Dakar que je peux reprendre la lecture du document là où je l'ai interrompue hier, à Lagos. Il me faudrait pourtant préparer ma conférence pour le colloque de lundi, mais il me tarde d'en savoir davantage...

Les carnets de Jack Bean.

Depuis 1908, j'étais très lié au groupe formé autour d'Otto Gross. J'avais vingt ans et leurs idées généreuses sur la nécessité d'abolir la jalousie dans le couple m'avaient enthousiasmé. Sous l'impulsion initiale du maître, je veux dire de Sigmund Freud, ce groupe avait enfin identifié la nature du mal. Le mal, c'était la névrose, et sa cause, la « répression sexuelle ». Pour ma part, je considérais que la névrose – ou du moins ce que je désignais ainsi à l'époque, c'est-à-dire les petites habitudes de chacun ou ce à quoi l'on a l'habitude de rêvasser avant de s'endormir – constituait la partie la plus intéressante de la personne. D'ailleurs Otto était incontestablement le plus névrosé de nous tous, avec un « complexe paternel » monstrueux. Un complexe que l'on pourrait dire partagé puisqu'il était aussi obsédé par son père que son père l'était par lui. Malgré cela, Otto Gross était, et de loin, le plus intelligent et le plus créatif du groupe. Je me demande aujourd'hui si ce que j'ai aimé pardessus tout à Vienne en ce temps-là, n'était pas cette étrange duplicité ; souci de respectabilité d'un côté et son envers : une véritable passion pour les marges. Nous portions costume de flanelle et chapeau haut de forme, et c'est les mains gantées de blanc que nous

nous plongions dans l'exploration des recoins les plus saugrenus de l'âme. Il est dommage que l'histoire n'ait retenu que notre apparence et négligé notre dynamique, ce qui nous incitait à poursuivre toujours plus loin, quelquefois au mépris de notre propre vie. Otto, comme bien d'autres, en est mort – comme Herbert Silberer, comme Karl Schrötter, Karl Landauer et aussi, bien sûr, Victor Tausk. L'histoire nous a présentés comme des savants positivistes, enfants délurés découvrant le monde en toute innocence, alors que nous étions, tel Faust au début de la pièce de Goethe, lassés de la banalité de l'évidence, excités par l'attirance inavouable de l'enfer. C'est aussi en 1908 que j'ai rencontré Hanna. Ne devrais-je pas plutôt dire qu'elle m'a rencontré ? C'était au cours de l'une de nos invraisemblables soirées. Hanna était déjà très connue à l'époque. Elle avait publié trois romans. Son premier, *La Vie sexuelle de Rabbi Yehuda ben Abouya, dit « l'autre »*, avait provoqué un scandale retentissant mais l'avait rendue célèbre tant en Autriche qu'à l'étranger. En l'espace de dix ans, son livre avait été traduit en quinze langues. Cet ouvrage sulfureux racontait comment, lassé d'étudier la Torah qu'il maîtrisait à la perfection, l'un des personnages du Talmud avait décidé d'explorer personnellement les singularités de la sexualité humaine. Je ne l'avais pas encore lu lors de cette soirée qui comportait un salon littéraire, avec, comme toujours, deux ou trois commentaires sur les derniers livres sortis, mais aussi les spectaculaires démonstrations d'un médium qui devait nous mettre en communication avec nos morts. A 2 heures du matin, une fois les invités partis, cocaïne et morphine circulaient en abondance. Hanna en avait consommé plus que sa dose ; elle parlait le verbe haut, les yeux brillants. J'étais absorbé par une partie d'échecs qui opposait Oscar, mon ami juriste, et un journaliste littéraire dont j'ai oublié le nom. J'ai senti qu'elle nous observait. Elle était belle, altière. Longue sans être grande, fine, élégante, elle portait la tête droite et le menton fier. Nos regards s'étaient croisés. Sa chevelure abondante, toute de boucles noires en avalanche, mettait en valeur l'éclat de ses yeux d'un bleu profond. Elle s'était écriée en direction de Gross :

— Otto ! Otto ! Tu ne m'avais pas dit que tu avais invité un si beau jeune homme. Je sens qu'en me couchant tout à l'heure, je penserai que je n'ai pas perdu ma soirée.

J'ai rougi jusqu'aux oreilles. Je n'aurais jamais imaginé le moindre flirt avec elle. Elle avait une quinzaine d'années de plus que moi. Elle était alors mariée avec le président de la cour d'appel, un homme très en faveur auprès de l'empereur. Et personne n'ignorait qu'avec l'assentiment de son mari elle était devenue la maîtresse d'Eugen Morgensztern, le célèbre pianiste, spécialiste de Liszt. Mais la voilà qui insistait, hélant Otto tout à travers le grand salon :

— Otto ! Viens donc ici me présenter ce beau garçon !

Otto m'a présenté comme médecin alors que je n'étais qu'étudiant de quatrième année, et a déclamé un éloge dans des termes que je ne peux oublier :

— Hanna, je te présente Isaac Yosefovitch Rabinovitch. Il est russe, mais néanmoins très doué ! (Otto avait l'habitude de lancer ainsi ce genre de boutades sans se soucier de leurs conséquences. Il reprit :) Il a cette intelligence pure, que l'on peut seulement comparer à l'oreille absolue des musiciens. Aucune pensée ne lui est inaccessible ; aucune idée ne lui est interdite ; aucun lien ne lui fait peur… Il est de ces démons dont on dit qu'ils sont seulement constitués de feu. Goûte-le, tu n'y trouveras aucune trace d'eau ; respire-le, tu ne pourras percevoir un seul souffle d'air. Et même touche-le, si tu veux, si tu peux ; et en aucun endroit de son corps tu ne trouveras la mollesse de la terre.

J'ai remarqué par la suite que les histoires d'amour les plus fortes sont souvent initiées par un personnage que j'ai du mal à définir : entre devin et prédicateur. En les annonçant, en les déclarant possibles, ce personnage les rend inéluctables. Peut-être devrait-on le qualifier d'« annonciateur », mais alors l'annonciation ne serait pas une simple information ; elle serait ce par quoi advient la nouvelle annoncée. On peut dire que, cette nuit-là, j'ai vraiment été intégré au groupe d'Otto ; adoubé, mais pas encore « initié ».

Otto Gross habitait alors Munich. En fait, il n'y habitait pas vraiment, parce qu'il déménageait sans cesse, changeant de maison, de ville et même de pays du jour au lendemain, son adresse postale restant à Munich. Ce n'était pas seulement qu'il était instable – assurément il l'était, et ce n'était pas son seul symptôme – mais il proclamait l'obligation de déménager comme l'une des conditions de sa liberté. Il venait régulièrement à Vienne ; il logeait alors dans l'hôtel particulier qu'occupait Hanna – cette magnifique maison, proche du Prater, que son richissime mari lui avait offerte. C'était là, dans cette somptueuse demeure, qu'il organisait d'étranges réunions qu'il appelait « scientifiques ». Cette année-là, une chaleur torride s'était abattue sur Vienne. Nous recherchions les coins de fraîcheur dans les parcs de la ville et, à la première occasion, nous partions quelques jours en montagne en quête de quelque brise apaisante. Je me souviens de cette soirée avec une précision photographique. C'était le 5 juillet 1908. Deux semaines auparavant, le 17 juin très exactement, Otto s'était échappé de l'hôpital psychiatrique où son père l'avait fait interner, au Burghölzli, près de Zurich. Après sa fuite retentissante, qui avait même été relayée par la presse internationale, il avait erré à Munich, hébergé ici ou là, chez des amis. Mais il n'avait pas su résister longtemps à l'attrait de Vienne, la sensuelle ; ni sans doute au charme incandescent de la somptueuse Hanna. En vérité, je ne crois pas qu'Otto ait eu la moindre relation sexuelle avec elle. Il était plutôt son mentor, à la fois son guide spirituel et son maître des plaisirs. Il la guidait, la conseillait sur le choix de ses lectures, de ses idées philosophiques et surtout de ses amants. Je crois qu'il lui faisait aussi, de temps à autre, des séances de psychanalyse. Otto ne pouvait pas s'empêcher de psychanalyser. C'était une sorte de maladie, de « compulsion », comme on dit dans notre jargon psychanalytique. Qu'il fasse un faux pas, glisse sur un trottoir, oublie le nom d'une rue ou commette un lapsus et nous avions droit à d'interminables commentaires sur ses plus récentes pensées inconscientes qui, du coup, devenaient publiques. Il proclamait d'ailleurs bien volontiers que l'inconscient était destiné à être public. Comme il avait raison ! Je le sais aujourd'hui : si le mot « inconscient » a le moindre sens, c'est d'être le synonyme, l'autre nom de l'espace public. L'inconscient est ce qui lie les êtres d'une même communauté à leur insu. Un rapide coup d'œil suffit à s'en convaincre : l'inconscient est cet espace où chacun ressemble à l'autre ; où tous constituent un tout. Hanna s'est approchée de moi, m'offrant sa main d'une manière charmante, baissant les yeux comme une écolière. Je me suis levé de ma chaise, embarrassé de cette main que je ne savais comment baiser. Elle était un peu plus petite que moi. La tête baissée, mes yeux encore adolescents s'étaient fixés sur son corsage que gonflaient les rondeurs soyeuses de sa poitrine.

— Eh bien, Zack... (elle n'avait pas bien retenu mon prénom ; c'est cette erreur qui m'a donné bien plus tard l'idée d'adopter le prénom Jack), eh bien, Zack, eh bien... détendez-vous ! Laissez donc ces joueurs d'échecs s'entre-tuer pour une dame symbolique et venez vous asseoir près de moi. Vous me raconterez vos cours de psychiatrie... Car j'imagine bien que vous vous destinez à la psychiatrie, n'est-ce pas ?

Ma mère avait l'esprit libre ; déjà lorsque je me trouvais à Moscou, quatre ans auparavant, elle m'avait conseillé d'aller voir les filles dans les maisons de tolérance. Je m'étais cabré : les jeunes gens n'apprécient guère que leur mère se mêle de leur sexualité. Et depuis quatre ans que je me trouvais seul à Vienne, menant une vie d'étudiant à la fois sérieux et bohème, je n'étais pas allé une seule fois visiter les filles, comme si ma révolte d'autrefois continuait à m'en barrer l'accès. En vérité, je cultivais en secret l'illusion d'une rencontre idéale, parfaite, avec une pure jeune fille, bien élevée, modeste et discrète. Je détestais les plaisanteries grivoises que se lançaient volontiers les étudiants. Une fois, j'avais bien failli en découdre avec l'un de mes condisciples qui prétendait m'avoir croisé au bordel. Nous avions échangé quelques coups de poing en nous promettant la mort, mais l'intervention d'un plus vieux nous avait apaisés et réconciliés. Lors d'une conversation avec Otto, je lui avais avoué que j'étais puceau. Il n'avait pas réagi, comme je le craignais, par des quolibets, mais m'avait entretenu très sérieusement de l'urgente nécessité de libérer ma vie pulsionnelle. « La pensée ne se trouve pas dans le cerveau, mon ami... Réfléchissez bien à cela ! C'est tout le contraire ! Le cerveau est le frein de la pensée. Non ! La pensée est locataire aux étages inférieurs, comprenez-vous ? » Et ce soir, l'alcool et la drogue aidant, le verbe s'était fait plus haut, moins littéraire, aussi :

— Ma chère Hanna, s'est esclaffé Otto, savez-vous qu'en vous occupant de notre jeune ami, vous ôterez pour la première fois le capuchon qui lui recouvre la vue, comme un capuchon de Schlemihl. (Il faisait allusion à la célèbre nouvelle de Chamisso.)

Elle a haussé les épaules avec dédain et m'a entraîné par le bras.

— Laissons là ce donneur de leçon, Zack, accompagnez-moi dans mes appartements. Je suis si fatiguée...

Hanna a jeté un coup d'œil par-dessus son épaule, lançant à Otto :

— Vous dites n'importe quoi, Otto ! Demain matin, cet enfant sera un sage. Je m'en vais l'entretenir du Talmud.

J'ignorais alors leur habitude d'utiliser le mot *talmud* pour désigner les relations sexuelles. C'était une sorte de code, dont la signification était pourtant évidente – le mot hébreu *talmud* ne signifie-t-il pas « enseignement » ? Et Adam ne connut-il pas Eve ? Mais la phrase de Hanna a aussi eu un effet prédictif puisque nous avons effectivement parlé du Talmud et de ce fameux Rabbi Ben Abouya, le héros de son premier roman – tout au moins durant les premiers moments de notre conversation.

— A'her était aussi savant dans la connaissance du texte que l'immense Rabbi Akiba. On dit que, lorsque Akiba doutait d'une interprétation, il conseillait à ses élèves de consulter son rival. Et lorsqu'ils arrivaient chez Rabbi Elisha ben Abouya, puisque tel était son nom, les étudiants le trouvaient immanquablement au lit avec une fille. Les jeunes gens détournaient le visage devant la nudité d'un aîné. « Quoi ? disait A'her, quoi ? La vérité vous fait donc si peur que vous détourniez les yeux de mon corps ? Et qui donc a fait ce corps sinon Celui qui a écrit le texte ? Et je vous dirai plus encore : c'est de l'écriture du texte qu'est né ce corps, qui est donc aussi sacré que le texte. Car Dieu nous écrit pour nous créer et nous lit pour nous appeler... » C'était au temps, commenta Hanna, où les Romains étaient si furieux de la résistance des Juifs qu'ils avaient décidé leur anéantissement jusqu'au dernier. Ce temps où nous autres Juifs avons failli être définitivement rayés des peuples vivant sur la terre. Devant la fureur impitoyable des Romains, Akiba, on le sait, avait fait le choix de se réfugier dans le Texte pour préserver le peuple ; A'her, celui de partir chez les autres pour disperser le peuple. A'her s'était commis afin que les Romains ne trouvent plus de prise ; qu'ils ne sachent plus où trouver le peuple – vous comprenez ? Puisque nous ne pouvons plus diriger politiquement le peuple, nous enrichirons son âme, nous le réunirons autour de l'étude du texte. Telle était l'option d'Akiba. A'her, lui, pensait au contraire qu'il fallait investir le monde des Gentils, leur ressembler, les comprendre et les apprendre, jusqu'à se saisir des commandes du pouvoir. Eh bien, Zack, nous nous trouvons devant le même choix aujourd'hui : se cacher dans le Texte ou se diluer parmi les étrangers. Et moi, je dois l'avouer, j'aime A'her, j'aime sa solution – la dilution pour éviter la dissolution ; j'aime cette philosophie de l'« autre »...

C'est ainsi qu'au cours de notre premier échange elle me déclara à sa façon qu'elle était juive. Je n'avais pas étudié les textes bien longtemps – seulement de treize à seize ans – et ce n'est que durant la dernière année que mon vieux maître, le bon Rabbi Leibovits, m'avait initié aux commentaires talmudiques, mais je connaissais l'histoire d'Elisha ben Abouya, qui m'avait impressionné. Je pensais, tout comme Hanna, que les termes du choix (la destruction ou l'assimilation du peuple juif) avaient été posés dès l'Antiquité et que A'her en représentait bien l'un des pôles : celui que bien plus tard on a appelé « assimilation ». Mais aujourd'hui je sais que cette solution n'en était pas une, qu'elle conduisait à terme à une dilution, à la disparition des Juifs au sein des étrangers comme l'eau s'enfonce dans le sable et s'y évanouit. A mes yeux, pourtant, le véritable protagoniste d'Elisha ben Abouya n'était pas Rabbi Akiba, mais un personnage bien différent, un rabbin que je vénérais ; que ma famille vénérait depuis toujours : le merveilleux Rabbi Meïr Baal al ness. J'ai rappelé à Hanna que, si Elisha ben Abouya était surnommé *A'her,* ce qui signifie « l'autre », c'est *A'herim* qu'on appelait Rabbi Meïr. *A'herim* – ce qui signifie « les autres » !

— Rabbi Meïr... Rabbi Meïr Baal al ness, autrement dit, si on traduit littéralement son nom, *Meïr,* « l'illuminé », *Baal al ness,* « le maître des miracles ». On lui attribue, vous le savez, toutes sortes de prodiges. Encore aujourd'hui, dans les *shtetl,* en Russie, et même en Pologne, on enseigne aux enfants que, pour se défendre des chiens errants qui vous menacent, il suffit d'invoquer le « dieu de Rabbi Meïr » et les chiens s'en vont la queue entre les jambes. Lui, Rabbi Meïr, on l'appelait *A'herim,* ce qui signifie : « les autres ». Ainsi, Rabbi ben Abouya, celui qui, devant toutes les interdictions antijuives édictées par les Romains, avait choisi l'assimilation, la Tradition lui a donné le nom de « l'autre », car il était devenu autre à lui-même ; un « autre », car il avait renoncé à sa nature. Alors que celui qui était resté juif, si profondément juif, si viscéralement juif qu'il pouvait séduire une prostituée romaine ou manger du cochon sans en être souillé, on l'appelait « les autres ». C'est-à-dire celui qui est tellement, et si profondément, trempé de sa substance qu'il peut sans l'altérer se frotter à celle des « autres ». Il peut même partir chez les « autres », explorer leur monde pour le rapporter aux siens, s'en faire le témoin et l'avocat. C'est pourquoi Rabbi Meïr est resté jusqu'à nos jours notre médiateur auprès des « autres », de tous les « autres » : les étrangers, bien sûr, mais aussi les démons, les bêtes sauvages et les chiens errants...

Ce furent les deux premières idées que nous avons échangées. Nous étions assis tous les deux sur son lit recouvert de satin rose saumon, moi n'osant l'approcher, ne sachant où poser mes mains, elle les yeux flamboyants d'excitation. Ma réponse lui avait fait l'effet d'une douche glacée. Elle m'avait regardé, étonnée. Hanna avait l'intelligence profonde et acérée, mais elle était fière avant tout. De s'entendre dire par un petit morveux encore recouvert de sa coquille qu'elle n'avait pas perçu un pan du problème traité dans son livre l'avait agacée. Mais elle préférait n'en rien dire. Elle décida pour l'heure de porter le débat sur un autre plan. Et cela, je dois le dire, m'intéressait aussi bien davantage.

Hanna connaissait les hommes. Qui pourrait rêver meilleure initiation ? Elle m'a fait connaître l'amour et l'érotisme dans un même élan. Elle m'a permis d'accéder à la sexualité partagée, sans oublier sa nécessaire part d'interdit, de secret, de révolte et de provocation. Elle m'a enflammé d'amour ; l'amour, oui, mais sans nier sa violence et l'esclavage qu'il engendre. Lorsqu'un jeune Juif est initié à la Torah, le jour de sa *bar mitzva,* il doit lire, devant toute la communauté réunie à la synagogue, le chapitre de la semaine, à haute voix, comme s'il était devenu le chantre. Au plus jeune, à peine âgé de treize ans, au dernier arrivé à l'âge d'homme, on demande de faire ce qui est d'ordinaire réservé au plus vieux, au plus savant, au plus sage. Au fond, c'est ce que Hanna m'a demandé de faire cette nuit-là. Elle m'a déniaisé, m'a tendrement guidé dans la découverte des émois de mon corps ; elle m'a enseigné les vibrations de son ventre et, au plus fort de l'étreinte, elle a crié mon nom. Je ressentais une véritable dilatation de mon âme – oui, je la ressentais, dans ma poitrine, une force qui m'emportait vers l'avenir. Je me voyais à ses genoux, m'élançais à son service, renversais des royaumes, à la conquête du monde. Jamais par la suite je n'ai aimé une femme comme durant cette première nuit d'amour – pas même elle durant les trois années qu'a duré notre amour. Au fond, je peux dire que je n'ai jamais retrouvé cette Hanna de la première nuit, apparue dans la pénombre de mes premiers pas, disparue avec ma capacité d'en parler. Et durant l'infinité de cette nuit – je la dis « infinie » parce que cette nuit hante depuis chacun de mes endormissements –, durant cette nuit-là, une pensée me taraudait l'esprit : elle qui ne savait rien de moi, ne connaissait ni mon nom ni ma famille, qui n'avait aucune raison de m'aimer, elle s'était donnée à moi comme à une part d'elle-même.

Je n'ai jamais rien retrouvé de semblable sauf peut-être en 1947, au Soudan, lorsque j'ai assisté à une séance de *zar.* A cette époque, j'étais en mission en Egypte pour les services secrets soviétiques. La nuit était en train de tomber sur le petit village où nous avions fait halte lorsque le guérisseur est arrivé, monté sur son gigantesque bœuf. L'homme devait mesurer près de deux mètres et sa maigreur le rendait semblable à une ombre dans le soleil couchant. Il était vêtu d'une longue robe immaculée et, dans le silence qui s'était fait soudain en sa présence, on l'entendit chanter « *Allah, ya Allah* »... Et c'était une voix de femme. Lorsqu'il est descendu de son étrange monture et qu'il a avancé lentement vers nous, des grelots tintaient à ses chevilles et à ses poignets. Et son sourire a découvert deux magnifiques incisives d'or ; ses yeux étaient maquillés de kôhl comme ceux d'une courtisane. Les hommes ont murmuré *Lotti*... « Adepte de Loth », autrement dit efféminé, homosexuel... Mais ils n'osaient pas se moquer de lui, encore moins le chasser, paralysés de peur devant un *cheikh el jenoun*, un *baalazar*, un « maître des esprits ». On avait fait appel à lui parce que Djamila, la belle, la sensible, la timide Djamila, avait depuis trois mois sombré dans la plus profonde mélancolie. Elle venait de mettre au monde son deuxième enfant, une minuscule petite fille, si bien dessinée pourtant, aux traits si réguliers pour un bébé, qu'elle paraissait une adulte en miniature. Mais, depuis l'accouchement, Djamila refusait de s'alimenter, de parler, de dormir... Elle passait ses journées et ses nuits repliée sur une chaise, à l'entrée de sa maisonnette, en gémissant. Les vieilles avaient eu vite fait d'établir le diagnostic : les *zar*, les esprits, toujours prompts à se jeter sur les nourrissons des hommes ; les *zar*, ces êtres assoiffés du sang des couches, jaloux des hommes et aspirant pourtant à devenir leurs dieux... Les *zar* l'avaient prise... Elle était « frappée », « cinglée », « giflée », « lacérée », « prise », « habitée »... On avait fait mander Abdou el la'hs – « Abdou-la-folie »... Et lorsque, à l'orée de la nuit, après des heures de tambour sous l'autorité du maître, Djamila eut enfin trouvé son *zar*, je l'ai vue se métamorphoser. Elle s'est débarrassée de son vêtement d'un seul mouvement, apparaissant nue, noire et luisante, étincelle insaisissable bondissant dans le sable. Et les femmes qui formaient un cercle autour d'elle frappaient dans les mains ; et les joueurs de tambour ne parvenaient à soustraire leur regard de ce corps à la fois fou et savant. C'était pourtant la première fois qu'elle rencontrait son esprit ! Nul ne lui avait appris le pas de danse, le nom ni la langue du *zar*. Et cette rencontre d'une nuit entre deux êtres habitant deux mondes aussi disjoints que les deux faces d'une pièce de monnaie nous apparut aussi soudaine que parfaite – une épure... Là, beauté et harmonie étaient preuve d'existence. On a vu Djamila se redresser. Son corps amaigri qui se répandait tantôt comme un vieux chiffon était maintenant animé d'une intensité électrique. Ses mouvements n'étaient pas brutaux, pourtant ; la grâce de ses pas qui la faisaient virevolter entre les braseros incandescents a saisi l'assemblée qui prenait peu à peu conscience du prodige. Cambrée, elle s'est figée, saisie comme un bronze en poussant d'interminables hoquets. Si l'on avait pu en ce moment ne regarder que la femme, s'abstraire du public et des musiciens, des circonstances, des motifs de la danse, l'on aurait reconnu une allégorie du plaisir féminin. Par la suite, Djamila a retrouvé son *zar* bien des fois, lors de cérémonies offertes pour soigner d'autres femmes du village. Elle a dansé les mêmes pas, s'est vêtue des mêmes parfums, a déroulé les mêmes soies de couleur, mais le miracle de la première nuit ne s'est jamais plus reproduit. J'en ai parlé avec elle ; je lui ai fait part de mon étonnement et elle m'a répondu dans son anglais chantant : « On ne naît qu'une seule fois, Mister Jack ! » Voilà donc le mot qui aurait pu tout aussi bien caractériser ma première nuit avec Hanna, cambrée entre mes mains dans la même position que Djamila entre celles, invisibles, de son *zar* – « on ne naît qu'une fois »...

Cette nuit, j'ai signé mon acte de naissance... Et c'est pour cette raison que je commence mes carnets à cette date : le 5 juillet 1908. Après cela, je me suis jeté dans la vie et je peux dire qu'elle a été bien remplie. J'ai connu le monde d'avant les deux guerres – c'était le mien ! C'était notre monde, celui que nous avons perdu, nous autres qui sommes nés avant le siècle. Un monde de tranquille insouciance où les morts reconnaissaient les vivants comme des leurs et les protégeaient. La Première Guerre mondiale m'a propulsé chez les communistes, l'arrivée au pouvoir de Hitler dans les services secrets, la Seconde Guerre mondiale dans l'apprentissage du terrorisme et de la guérilla, et, aujourd'hui, je participe à la naissance d'une nation, tant il est vrai que les mythes imposent leur loi à l'histoire. Mais, durant la traversée de cette fête foraine endiablée que fut ma vie, il n'est pas un soir où je n'ai revu le corps de Hanna, cabré, offert, étincelant de sueur. En Afrique, on dit que chacun de nous a un double de l'autre sexe, tapi derrière lui, sur son côté gauche. On dit aussi que nous épouserons ce double le jour de notre mort... Moi qui connais l'identité de cet être, je n'ai jamais eu peur de mourir !

Journal de Léopold Caro.
Dakar, le 14 décembre 2003

J'interromps à regret la lecture des carnets de Jack Bean. J'ai rendez-vous à 17 h 30 avec des Canadiens croisés dans le hall à mon arrivée. Je leur ai promis de les accompagner chez un marchand de statuettes africaines. Ils connaissent mon goût pour les fétiches et me croient quelque peu expert. Il doit bien faire 35°. Je les trouve affalés dans les larges fauteuils de l'entrée, dégoulinants et poisseux. Entre eux, une magnifique jeune femme noire, drapée de soie sombre. Je ne la connais pas. C'est pourtant elle qui m'accueille :

— Ah, vous voilà enfin, professeur Caro ! Je crois que vos amis sont prêts à s'évanouir de soif. Il est grand temps de leur offrir une bière !

Mais d'où sort cette femme ? Au début, j'ai cru qu'il s'agissait d'une sorte de prostituée, comme il y en a tant en Afrique – pas vraiment une prostituée, plutôt une courtisane, comme dans l'Antiquité grecque, une hétaïre. En Afrique, lorsqu'elles sont intelligentes et lettrées, les femmes sont souvent des grisettes. Elles savent que leur corps est leur seul patrimoine, leur mise initiale – leur seule chance d'entrer dans le grand casino. Alors, plutôt que de le proposer au plus offrant et l'abîmer dans des grossesses à répétition, les plus fines préfèrent l'attrait de la découverte. Mais, lorsqu'elle s'est mise à parler, je me suis rendu compte qu'elle connaissait parfaitement notre organisation, son président, le prénom de sa femme et de ses enfants. Elle demanda même de leurs nouvelles. Alors, qui était cette femme ? La directrice de l'un de nos bureaux africains dont on n'entendait parler que lors des conseils d'administration : Ouagadougou ? N'djamena ? Port-Gentil ? Ou bien l'épouse d'un vice-président récemment élu ? Je n'osais poser la question. Hors de l'hôtel, la chaleur s'infiltre au plus profond, jusqu'aux sources des neurones, à la base de la nuque. Les sons me parviennent assourdis, à travers un bourdonnement qui laisse une sensation ouatée. A chaque pas, il faut se défendre des petits vendeurs à la sauvette qui vous agrippent pour proposer une fausse montre de marque, une statuette fraîchement vieillie ou simplement pour réclamer le partage des richesses entre le Nord et le Sud. Etienne, le plus grand des deux Canadiens, nous entraîne vers le marché. Chacun tient un bras de Préciose – car elle se prénomme ainsi ; et elle est burundaise ! Les Canadiens s'en vont plastronnant comme ces singes de Bornéo au grand nez, perpétuellement en érection. Moi, je reste à la traîne. Ainsi, je perçois parfaitement le manège d'un grand maigre, tout désarticulé, portant un sac en plastique jaune au bout du bras. S'approchant d'Etienne, il le heurte vivement de l'épaule et à ce moment précis lâche son sac. Un bruit de verre cassé. Du grand art ! Il faut le voir à présent, montrant sa seringue et ses ampoules d'antirétroviraux brisées. Et le voilà expliquant aux Canadiens qu'il n'aura pas sa piqûre aujourd'hui, qu'il va sans doute mourir et que tel est son destin ! Pourquoi ne pas retourner au dispensaire en réclamer une seconde ? Mais enfin, vous comprenez... Ils distribuent gratuitement les médicaments contre le sida, ils ne vont pas en donner deux doses à la même personne ! Il parvient même à verser une larme : « C'est triste de se voir mort, vous savez... » Etienne craque le premier. C'est normal après tout ; c'est lui qui a été bousculé. C'est comme si ça lui donnait un privilège :

— Combien coûtent vos médicaments ? lui demande-t-il.

— Pour vous, ce n'est pas grand-chose ; seulement 20 000 francs CFA, moins de 35 dollars. Un rien dont dépend ma vie. Monsieur, le hasard vous donne l'occasion de sauver la vie d'un homme pour moins de 35 dollars. Vous iriez passer votre chemin ? Je ne peux imaginer une chose pareille d'un homme comme vous.

— Un homme comme moi ? réagit Etienne, si fier de sa belle santé, de ses yeux bleus et de ses diplômes... Comme moi ? Que savez-vous donc de moi ?

— Je sais, monsieur ! Je sais ! Tu travailles pour une organisation internationale, tu as consacré ta vie à aider les autres, tu as divorcé deux fois et toujours parce que ta femme ne savait pas ce que tu vaux... Je n'ai pas raison ?

Il a presque tout bon, le bougre ! A ceci près qu'il n'a pas deviné que la troisième épouse d'Etienne a elle aussi quitté le domicile conjugal ; qu'il est de nouveau en instance de divorce, à nouveau en affaires avec les avocats. Mais qui donc pourrait supporter sa suffisance, lui qui est « chef de bureau » à tout moment de la journée et de la nuit, avec ses collègues comme avec ses femmes, ses maîtresses et ses enfants ? Préciose le regarde, un sourire en coin, sans intervenir. L'autre l'a prise à témoin :

— Dis-lui, ma sœur ! Dis-lui qu'ici les malades du sida ne vivent pas longtemps – dis-le-lui !

— C'est vrai ! confirme Préciose en souriant, c'est vrai ! Pas plus d'un an... deux tout au plus !

— Tu vois ?

— Mais qui me dit, demande Etienne, qui me dit que tu n'iras pas boire ces 20 000 francs ?

Le grand maigre fait mine de se fâcher :

— Boire ? Mais je suis musulman, monsieur ! Je suis mouride... Je ne bois pas. Si tu veux, tu peux venir avec moi jusqu'à la pharmacie, elle se trouve à Pikin.

Etienne a payé, bien sûr ! Il lui a payé une dose d'antirétroviraux – du moins ce que l'autre prétendait qu'elle coûtait. Il a payé pour se libérer de l'intrus et de la culpabilité ; pour rétablir l'illusion d'un monde transparent ; d'un monde où les Canadiens peuvent comprendre les Sénégalais. Le grand maigre a remercié Etienne, Dieu et le Prophète, et le cheikh Amadou Bamba, grand marabout des mourides, et la mère et le père d'Etienne. Et ces deux mondes se sont croisés, à peine frôlés, laissant sur le sol quelques fragments de verre.

Préciose a le visage d'une finesse inouïe. Un profil de monnaie antique, les cheveux coupés ras, le nez légèrement retroussé, de belles lèvres en avant, un long cou de reine égyptienne et son fier port de tête. Elle vous regarde et vous vous sentez méprisé, rabaissé. Elle semble avoir accumulé la sagesse du monde dans la noblesse de son visage. D'où vient qu'on se sent découvert, mis à nu, accusé aussi ? J'évite ses yeux. Je me sens soupçonné de pensées érotiques – pourrait-on ne pas en avoir en sa présence ? Elle se montre et dénonce ; il émane de sa présence une force mais aussi une pesanteur étrange : on dirait qu'ici va se décider le destin du monde. Elle est comme l'image d'un rêve qu'on veut préserver, mais que l'on se garde de saisir par peur de le voir s'évanouir. C'est elle qui s'adresse à moi la première :

— Vous avez eu un voyage tumultueux pour arriver jusqu'ici, m'a-t-on dit.

— Oui ! Quelques problèmes à Lagos ; mais je me suis débrouillé.

Je bredouille entre mes dents, la tête baissée. Et puis, je suis encore tout entier dans le récit de Jack Bean ; et je n'ai pas envie d'être confondu avec mes collègues canadiens. Je préfère me faire tout petit, passer inaperçu. Et surtout, je n'ai aucune envie d'être mêlé à de nouvelles histoires. J'ai quitté la France pour oublier la violence et les injustices de l'existence. Je me suis porté candidat pour ce poste réputé difficile de représentant d'une organisation humanitaire internationale dans la région des Grands Lacs – une région déchirée par des guerres interminables, dont les pays sont devenus les plus pauvres de la planète. Ici, un Blanc ne peut être qu'un pourvoyeur, la divinité secondaire d'un silencieux culte du cargo. Ce sont les Papous de Mélanésie qui ont inventé le culte du cargo. Constatant l'extraordinaire différence de richesse entre Noirs et Blancs, ils professent que les dieux, mécontents de l'inconduite des uns, ont tout donné aux autres. Alors, décidés à se racheter, ils s'en vont sur la plage et détruisent dans une sorte de chantage masochiste les maigres biens qui leur restent pour apitoyer les dieux. « Regardez-nous, leur chantent-ils, regardez comme nous sommes pauvres ! Prenez pitié ! » Ils s'attendent que, par compassion, les dieux leur envoient enfin un cargo contenant autant de richesses qu'en possèdent les Blancs. Et ils attendent. En Afrique, lorsque arrivent les organisations internationales, c'est comme si la prière des Papous avait été exaucée ; comme si l'Afrique recevait le cargo que les Papous avaient réclamé là-bas.

— L'Afrique, reprend Préciose, l'Afrique est ainsi : à la fois chaleureuse et cruelle.

— Cruelle, certainement ! Je ressens sa cruauté dans ma chair ! La cruauté d'une vérité primordiale. Je n'ai jamais eu autant conscience de mon corps comme une chair susceptible d'être percée, saignée, dévorée, que depuis que je vis en Afrique.

— Vous exagérez un peu, non ?

Je la regarde alors. Ses yeux, soulignés d'un léger maquillage, sont immenses et graves, d'un noir profond et brillant – inquiétants. Bien malin qui serait capable d'y lire les instants de désir qui doivent probablement les traverser. Je déclare forfait.

— Oui ! J'exagère, bien sûr ! Je cherche seulement à inquiéter mes collègues… pour les taquiner un peu, en quelque sorte.

— J'ai l'impression que vous le pensez vraiment, insiste-t-elle, un Africain vous a peut-être déçu ; ou bien une Africaine ?

— Mais oui ! reprend Etienne, une déception amoureuse ! C'est pour ça qu'il nous fait la tête. Il pense à une belle Africaine…

Le marchand de statuettes s'appelle Djibril. Nous le trouvons au fond d'un petit passage, assis à la porte d'une sorte de hangar obscur, son « magasin ». Pour arriver jusqu'à lui, il a fallu nous frayer un chemin à travers le marché, poursuivis par une dizaine de jeunes gens qui nous tiraient par la manche : « Chez nous, c'est moins cher ! Tu ne vas pas aller chez les Libanais. C'est cher, là-bas, très cher ! Chez nous, viens voir, c'est moins cher… Qu'est-ce que tu veux ?

Des boubous ? Je t'ai vu regarder les boubous ! Ou bien des bijoux ? De l'or ? Tu veux de l'or ? J'ai tout ce qu'il te faut, des bracelets, des boucles d'oreilles, des colliers... Non, tu veux des tapis, c'est ça ? Des tapis africains ? » Djibril, lui, sommeille, la tête dodelinant sur la poitrine au rythme de la prière du soir que psalmodie le petit transistor posé près de lui à même le sol. Il y a quelque chose d'épuré dans cette image de l'homme se laissant pénétrer par la prière durant sa sieste, à l'abri du feu du couchant, au bruit du jeu des enfants. Lorsqu'il prend conscience de notre présence, il se redresse, les yeux ensommeillés. Il doit être âgé d'une cinquantaine d'années, le visage rond et jovial, le ventre gonflé du nanti. Il entrouvre les yeux. Lorsqu'il aperçoit Préciose, son visage s'éclaire d'un sourire éclatant :

— Préciose ! Ma sœur ! Tu m'amènes des clients ? Que Dieu te bénisse !

— Pourquoi parles-tu de Dieu ? Tu ne crois en rien, vieux sorcier, lui réplique-t-elle en lui tendant une main nonchalante.

— Viens par ici, princesse !

Il s'empare de sa main et se prosterne, mimant un baisemain.

— Vous savez qu'elle est princesse, n'est-ce pas ? Une vraie princesse ! Si l'on rétablissait la royauté au Burundi, peut-être en serait-elle la reine...

Je comprends alors que c'est ainsi qu'elle a accroché mes collègues, en leur proposant de les conduire chez un marchand de statuettes. Mais comment connaît-elle mon nom ? Peut-être l'a-t-elle simplement obtenu en le demandant à la réception de l'hôtel. Je trouve néanmoins cette histoire étrange.

— Entrez ! Entrez ! J'ai certainement tout ce qu'il vous faut.

Le voisin de Djibril, alerté par ses sonores salutations, est sorti à son tour sur le pas de sa porte. Il me prend le bras.

— Vous viendrez voir ma boutique après avoir visité la sienne ? me demande-t-il. Il n'y a pas de raison que Djibril ait seul de la chance aujourd'hui, n'est-ce pas ? Vous n'allez pas laisser se perpétuer l'injustice ?

Mais les Canadiens sont déjà dans l'antre de Djibril. Et là, c'est comme un miracle. La faible lumière laisse deviner les mille visages d'un peuple de bois. Il y en a partout, surtout des statuettes et des masques, mais aussi quelques lances, des tabourets de cérémonie, des portes de cases rituelles. Les centaines d'yeux brillent dans la pénombre. Je ne peux m'empêcher de penser que ce commerçant tranquille est aussi le propriétaire d'une armée de démons. Je le taquine :

— Mais je vous croyais musulman...

— Nous sommes tous musulmans, répond-il, musulman, ça veut dire « soumis à Dieu ». Toi aussi, tu es musulman ! Est-ce que tu ne respectes pas Dieu ? Mais ne te trompe pas en voyant tous ces fétiches, moi, je suis un antiquaire.

Et il répète, savourant le mot : un « antiquaire » !

« Soumis à Dieu »... C'est précisément mon problème ! Je n'ai jamais réussi à croire. Ce n'est pas que la religion ne m'intéresse pas, bien au contraire ! Je lis depuis toujours des ouvrages sur les religions ; mais, depuis l'enfance, je ne suis jamais parvenu à me soumettre. C'est bien le terme qui convient : « me soumettre »... Accepter le caractère absurde des propositions religieuses... et puis, faire partie d'un ensemble, d'une communauté, ne pas distinguer le je du nous... Non ! Je ne suis pas musulman, du moins pas dans le sens où Djibril l'entend. Et puis, je ne me résous pas à cette habitude africaine du tutoiement. J'y perçois comme la tentative d'un rapprochement intempestif et intéressé. Je persiste à le vouvoyer.

— Mais pourquoi vous dites-vous antiquaire ? Vos objets sont-ils donc anciens ?

— Ils n'ont pas été fabriqués aujourd'hui, dis-moi ! Je ne prétends pas qu'ils ont cinq cents ans, non... Ou même deux cents, pas même cent ans. Mais certains d'entre eux ont dansé. Regarde ce masque sénoufo : il a dansé, tu ne vois pas ? Regarde, ici, les traces de sang. Combien de fois l'a-t-on lavé avec le sang des animaux du sacrifice ! Il a dansé et il a parlé, ce masque, je te le dis !

Je n'aime pas les masques ! La plupart ont servi à présentifier des morts. Et les morts me font peur. Ce n'est pas que je sois superstitieux, mais je n'aime pas ! Pour détourner son attention, je me saisis d'une petite statuette hérissée de lames de métal rouillé. Je la lui tends :

— Et celle-là, elle a tué ?

— C'est un fétiche fon du Bénin. Regarde sa main dressée, il tient une hache à double lame. Attends, je vais te retrouver la hache.

Il s'affaire à rechercher l'arme manquante.

— Où elle est, cette hache ? Pourquoi penses-tu qu'il a tué ? bougonne-t-il en piochant à quatre pattes dans son fouillis. Non, mon ami ! Il n'a tué personne, ce fétiche ; c'est un médicament ! Ce fétiche est un médicament vaudou. Il a guéri ! Il n'a pas tué ; il a guéri son propriétaire.

Il se garde de me dire que le fétiche a bien dû tuer quelqu'un pour guérir son propriétaire. L'objet a vraisemblablement servi. On reconnaît la patine de centaines de libations versées sur sa tête, creusant des ravines irisées le long des mêmes chemins des années durant. Je le prends délicatement entre les mains.

— Il faut se fier à ses impressions, reprend Djibril décidément intarissable, les objets t'appellent. Tu te sens attiré, tu les regardes et puis eux, ils cherchent à se faire adopter. C'est ça ! Un objet chez un antiquaire, c'est comme un enfant dans un orphelinat. Regarde comme il plisse les yeux : il pense déjà à l'endroit de ta maison où il va trouver sa place.

Je voudrais que Djibril se détourne de moi. Il se trompe ! Je ne suis pas son client. Ce sont mes collègues qui ont l'intention de lui acheter des statuettes, pas moi !

— Ecoutez, je sais parfaitement ce qu'est ce fétiche ! Il sert à ouvrir le chemin. Lorsque tout paraît encombré, lorsque le destin ne te sourit plus, tu lui donnes à boire et ton chemin se clarifie. Et, s'il y a des hommes qui te barrent la route, il les supprime. Je le connais, votre fétiche !

Et ça marche ! De m'entendre lui parler sérieusement du pouvoir du fétiche, les interdictions de l'islam lui reviennent au galop. Il m'abandonne la statuette entre les mains et s'en va rejoindre les Canadiens, non sans me lancer :

— Tu as raison, c'est une sorte de balayeur. Il nettoie le chemin devant toi !

Etienne achète un masque gouro représentant une antilope – impressionnant ! Il le paye 300 dollars américains ; une fortune ! Djibril lui a sorti le catalogue poussiéreux d'une exposition qui s'est tenue à Zurich il y a vingt ans, où figurait un objet similaire.

— Regarde, c'est un objet précieux. Je ne dis pas que celui qui est sur la photo est celui que je te vends, mais regarde bien, c'est le même ! Evidemment, si c'était celui de l'exposition, tu pourrais en tirer – je ne sais pas : 10 000 dollars, peut-être. Alors, moi, je te le propose pour dix fois moins : 1 000, 1 000 dollars, avoue que ce n'est pas cher...

Etienne a marchandé ; Préciose s'en est mêlée et Djibril a consenti à baisser son prix, mais pas moins de 300. Combien valent ces objets, en vérité ? Pas davantage que le prix que l'acheteur consent à mettre. Ces objets sont *stricto sensu* sans valeur. S'il est authentique, ce masque a été acheté dans un village par un négociateur itinérant l'équivalent de 50 cents, peut-être. Le villageois s'en est débarrassé, précisément parce qu'il était trop vieux et que le conseil du village avait décidé d'en fabriquer un neuf. Car, pour lui, il s'agit d'un objet d'usage : le neuf vaut mieux que l'ancien. Mais peut-être est-ce seulement une copie ? Peut-être l'artiste l'a-t-il simplement copié en prenant modèle dans le catalogue de Djibril ? Mais cela ne change rien... Il a servi ! Il a dansé, il a permis à des morts de revenir donner leurs instructions aux vivants... C'est ce que j'explique à Etienne sur le chemin de l'hôtel.

— Quelle importance ? me répond-il. Au fond, j'aime cet objet et je participe à la redistribution des richesses du Nord vers le Sud.

J'acquiesce tristement :

— Vous avez raison, Etienne ! D'ailleurs, le marchand était tellement heureux de son affaire qu'il a offert un collier à Préciose.

Nous dînons à l'hôtel. Le repas terminé, je m'éclipse dans ma chambre, prétextant la fatigue du voyage. J'ai à peine fini d'ouvrir le document Word, lorsque j'entends frapper à ma porte. J'ouvre. C'est Préciose.

— C'est difficile pour une femme noire d'aller demander un whisky au bar. Je me suis dit que vous accepteriez peut-être de m'offrir un verre...

Trois heures du matin. Préciose vient de partir. Je me sens complètement retourné. Elle m'a expliqué qu'elle se trouve à Dakar pour assister au colloque international sur la paix. Historienne, elle travaille pour une ONG qui se consacre à la résolution des conflits dans la région des Grands Lacs. Elle vit à Bujumbura, tout comme moi ; je ne l'y ai pourtant jamais rencontrée. Ce n'est pas vraiment étonnant : j'évite les soirées mondaines et en règle générale toutes les réunions auxquelles je peux échapper. Ces représentations « à la manière de » – à la manière de la démocratie, par exemple – sont mises en scène comme un décor de théâtre à l'intention des organismes internationaux et des bailleurs de fonds. J'ai du mal à me faire à ce perpétuel faux-semblant. Dans « démocratie », il y a *demos,* « le peuple » ; et le peuple burundais n'est pas invité à ce pauvre théâtre. Le peuple burundais, le petit peuple des collines, est tout juste bon à subir l'agression des bandes armées – tantôt les « rebelles », tantôt l'« armée », souvent des brigands sans uniforme. Ils débarquent presque toutes les nuits et massacrent les paysans par dizaines pour piller des biens dérisoires : un poste de télévision, un sac de riz ou une vache. Si bien que, dans ce pays adorateur traditionnel de la vache, plus personne ne veut en posséder. Car, ici, être propriétaire d'une vache, c'est s'exposer à l'agression nocturne d'un propriétaire de kalachnikov. Alors, la plupart des Burundais troquent dès qu'ils le peuvent la vache contre la kalach. Toutes deux coûtent à peu de chose près le même prix : deux petites centaines de dollars tout au plus.

Si moi, je ne la connaissais pas, Préciose n'ignorait rien de moi, en revanche ! Elle m'avait aperçu à la télévision burundaise lors d'une conférence. C'était il y a près d'un an, peu de temps après mon arrivée au Burundi. J'y avais tenu un discours de franchise. Au milieu de tous ces officiels qui ne parlaient que « culture de la paix », « résolution des conflits », « réconciliation », j'avais évoqué la rancune et la vengeance, qui infiltraient tous les comportements, tous les gestes. Dans ce pays où les apparences du *correctness* ont désormais pris le relais de cent ans de morale catholique imposée par les curés, j'avais mis les pieds dans le plat dès mon arrivée. Les visages des officiels burundais s'étaient aussitôt refermés. Ils baissaient les yeux, tournaient fébrilement les pages de leurs blocs-notes. Le président de séance est sorti de la pièce en plein milieu de mon discours. Aux petits fours, le ministre des Droits de l'homme m'a pris par le bras et m'a entraîné dans un coin :

— Vous savez que le représentant de l'OMS a été retrouvé au fond du lac... Je me trompe, a-t-il ajouté, pas au fond, il est réapparu à la surface. Parce que, voyez-vous, même les crocodiles n'en ont pas voulu...

— Je sais ! Je l'ai lu dans la presse. C'était il y a deux ans, n'est-ce pas ? Une enquête est ouverte, à ce que je sais.

— Oui, c'est vrai ! Mais ici les enquêtes n'aboutissent pas toujours... Votre épouse vous a rejoint ?

Il voulait sans doute s'assurer que j'allais être tenu par une femme, par des obligations familiales ; que, conscient de mon devoir, j'allais leur épargner ce type de remarques ridicules.

— Je suis divorcé et mes enfants sont autonomes. Je suis libre comme l'air. (Et j'ai ajouté :) Libre de vivre comme de mourir...

C'était exactement la phrase qui convenait. J'étais venu au Burundi pour décider si je voulais vivre ou mourir. Il s'est esclaffé :

— Au Burundi, l'espérance de vie est de quarante et un ans. C'est pour vous dire que moi, par exemple, j'ai déjà bénéficié de près de dix ans de bonus. Alors, je m'estime heureux, vous comprenez ? Je remercie Dieu.

Il se prénommait Bonus, précisément. Je n'ai pas osé lui demander si c'était pour forcer le destin que ses parents lui avaient donné un tel prénom.

Préciose avait suivi mon discours à la télévision et, depuis ce jour, elle cherchait une occasion de me rencontrer. En découvrant mon nom sur le programme, elle s'était dit qu'elle ferait tout pour provoquer une entrevue. C'est ainsi qu'elle avait demandé à la réception de l'hôtel si j'étais arrivé. La femme lui avait indiqué mes deux compagnons qui m'attendaient.

Je ne sais pas ce qui m'a pris. Je suis devenu fou de désir en un instant, comme un adolescent. Son parfum, peut-être..., une odeur de musc et de rose qui a envahi mon esprit jusqu'à l'embrumer ; jusqu'à seulement désirer enfouir mon visage au plus profond de sa peau. Ou était-ce l'ivresse, le bourgogne du dîner ? Plus vraisemblablement la frayeur de Lagos... Oui, c'est ça ! Pour sortir d'une frayeur, il fallait un acte de pure volonté ; un acte pour lequel on ne peut rien faire d'autre que de se demander : « Pourquoi ? Quelle était ton intention ? » Comme si, pour sortir de l'effroi, il fallait condenser en un seul moment toutes ses capacités d'être encore – oui, d'être !

Carnets de Jack Bean. Vienne, 6 juillet 1908

Lundi 6 juillet 1908, après ma première nuit avec Hanna, j'entreprends de noter les événements marquants de ma vie. J'ai pris la décision d'écrire au moins une page tous les soirs, comme une prière que l'on adresserait à un dieu du destin. Cette nuit me hante ; nous nous sommes aimés. Nous nous sommes aimés longtemps, et puis nous avons joué comme des enfants, à nous taquiner, à évoquer notre enfance. Nous nous sommes aimés de nouveau, les yeux injectés de sang, poisseux de sueur et d'humeurs, jumeaux dans un même ventre torride alors que nous parvenaient les premiers bruits de la ville qui s'éveillait. Et puis nous avons parlé. Nous nous sommes aimés encore une fois, alors que les cochers s'invectivaient sous les fenêtres, alors que la maison commençait à bruire des pas des servantes, et j'ai béni ce moment à disparaître, à m'évanouir. Hanna me faisait signe de ne pas faire de bruit, mettant un doigt sur ses lèvres incandescentes de mes baisers. C'est pourtant elle qui a craqué, s'abandonnant en un long hurlement rappelant celui d'une bête à l'agonie. C'est ce moment, très précisément, qu'a choisi Otto pour pénétrer dans la chambre, un plateau de petit déjeuner dans les mains.

— Alors, alors, alors..., s'est-il exclamé, qu'est-ce que j'entends là ? L'initiatrice s'est-elle laissé initier à son tour ? Sitôt sorti du ventre, le nourrisson s'est-il révélé un être déjà parfait ? Telle Artémis, dont on dit qu'elle sortit la première pour aussitôt accoucher sa mère de son jumeau. Regardez ce petit déjeuner : toasts, caviar, un peu de champagne... Du champagne ! Rien de tel pour se débarrasser d'une gueule de bois après une soirée bien arrosée...

Otto a la peau très blanche, les yeux très bleus, un visage d'enfant innocent si l'on ne prête attention à son long nez d'aigle qui lui donne des airs de supériorité. Grand, maigre, il promène une sorte de nonchalance hautaine, même lorsqu'il est vêtu de haillons. C'est ainsi qu'il se tenait ce matin, négligé et aristocratique tout à la fois, debout dans la pénombre moite de notre premier matin d'amour. Il nous observait en tenant une coupe de champagne à la main. Moi, je n'osais sortir des draps de peur de découvrir ma nudité. Mais Hanna, rejetant les couvertures d'un geste brusque, a surgi comme un diable, se jetant au cou d'Otto.

— Otto ! Quel amour tu fais ! C'est exactement de champagne que je rêvais ! Qu'est-ce que je dis ? Que j'en rêvais ? Non ! J'en avais besoin ! Imagine-toi que nous avons parlé toute la nuit avec Zack. (Elle a pouffé de rire.) Nous avons passé une longue nuit « talmudique ». Mais dis-moi, Otto, ce jeune homme..., as-tu seulement songé qu'il lui faut une psychanalyse ?

En été nous ne dormions jamais avant d'avoir vu le lever du soleil. Et en hiver nous aimions prendre un dernier café à l'hôtel Bristol vers 7 heures du matin, regardant avec condescendance les bourgeois qui s'agitaient. A ce régime, il était bien difficile de s'astreindre à la discipline quotidienne du journal intime. Je m'efforçais néanmoins de noter les événements importants dans le petit carnet qui ne me quittait jamais et, sitôt que j'en avais le temps – c'était souvent durant les cours à l'université –, je m'efforçais de rédiger ces notes de manière à ne rien oublier.

En 1908, Otto commençait à forcer le trait. On le connaissait original et révolté ; on le devinait couvant en son tréfonds des griefs personnels contre sa famille. J'ai appris que son père, le fameux professeur Hans Gross, écrivait sans cesse à l'empereur afin d'obtenir un titre de noblesse. Il se proclamait de descendance aristocratique, originaire de Lorraine. Arguant de sa carrière militaire, de ses décorations (il a été fait chevalier de l'ordre de François-Joseph et a reçu la croix de guerre), il exigeait que l'on reconnaisse son origine aristocratique, qu'on lui permette d'en porter officiellement le titre et les armoiries.

Otto se trouve à mille lieues de ces préoccupations. Pourtant, malgré leur opposition, une étrange relation lie le père au fils. Otto semble être tout pour le vieil homme : son fils, son ami, son compagnon de jeu et, sans nul doute, son seul interlocuteur intellectuel. Il a incité son fils à devenir psychiatre dans le seul but de travailler avec lui sur les cas de criminels fous. Ils ont même publié un ou deux articles ensemble. Et je reste persuadé qu'Otto, quoique se refusant à l'avouer, considère son père comme le seul homme apte à dialoguer avec lui. Jusqu'à l'année dernière, ils avaient encore de longs échanges théoriques au cours desquels ils s'affrontaient à coups de citations de philosophes. Le vieux Hans Gross invoquait Kant et parfois Hegel, et le jeune Otto ripostait en citant Nietzsche et même Sigmund Freud. Le père essayait de convaincre son fils que le but de l'existence était de poursuivre le travail accompli par les ancêtres. Il usait alors de métaphores biologiques, énumérait les animaux, prenait exemple sur les espèces qui ont traversé les millénaires grâce à la sexualité qu'une force immanente avait placée en chaque individu. Selon lui, c'était la force du désir au cœur de l'individu qui permettait à l'espèce de se perpétuer. Otto ne pouvait accepter ce type de raisonnement. Le seul moteur de l'existence est l'accomplissement d'un destin individuel, affirmait-il. Si nous n'avions qu'à poursuivre un destin familial ou tribal ou même national, alors la vie serait trop triste : « Autant, disait-il, se déclarer mort avant d'avoir commencé à vivre ; autant se donner la mort », plutôt que de se sacrifier à l'insatiable Moloch qu'était l'espèce. Le père d'Otto espérait jusqu'à l'an dernier que son fils reviendrait à la raison en ayant un enfant. Mais Otto a fait quelque chose d'incroyable, quelque chose de... comment dire ? Les bourgeois qualifieraient cet acte de « contre nature ». Pour ma part, je ne sais qu'en penser... Cette question doit me préoccuper au fond de moi parce que son souvenir me revient sans cesse à l'esprit. Comment Otto a-t-il pu engager ainsi le destin de deux êtres ? A peu près au même moment – peut-être au même instant ; en tout cas dans le même lieu, dans la même maison –, Otto a fait un enfant à deux femmes différentes, son épouse et sa maîtresse. Et lorsqu'elles les ont mis au monde – c'étaient deux garçons –, Otto leur a donné le même prénom : Peter. Il existe donc deux Peter Gross, tous deux fils du même Otto Gross, nés tous deux cette même année 1907, à quelques semaines d'intervalle, dans le même pays. Lorsque j'ai entendu cette histoire pour la première fois, j'ai d'abord pensé qu'il s'agissait d'une ultime provocation destinée à son père qui, dans le même temps, cherchait à faire reconnaître l'origine aristocratique de sa famille – une façon de tourner en ridicule les démarches du vieux. C'est sans doute ce comportement qui a convaincu le père de la démence du fils. Mais, à y réfléchir plus avant, je ne pense pas qu'Otto soit fou, bien au contraire ! Otto n'a rien fait d'autre que pousser sa pensée théorique jusqu'à sa limite. En premier lieu, il condamne le « couple bourgeois », à l'origine de toutes les névroses et de toutes les répressions. Et, s'il me vient de lui parler de mes sentiments d'amour, il me répond invariablement qu'il n'existe aucune exception. Ainsi se moque-t-il des poèmes que j'écris à Hanna, qu'il trouve puérils et qui lui inspirent des exposés grandioses sur les origines animales de la famille. En second lieu – et c'est là que se révèle le plus clairement son « complexe paternel » –, Otto veut abolir le « droit des pères » et tous les vestiges de « l'odieux patriarcat ». Il veut revenir au monde des origines, au temps du communisme primordial. Il veut rétablir un monde de femmes – plus exactement un monde où les règles, où la loi découlent des femmes. Il a tant insisté que j'ai fini par lire sa bible, *Le Droit des femmes* de Bachofen, et je dois dire que j'ai été ébranlé par l'érudition de l'auteur. D'après Bachofen, les hommes ignoraient autrefois leur rôle dans la conception des enfants et c'est ainsi que les familles étaient organisées autour des femmes puisque c'était alors un monde sans pères. Pour argumenter sa thèse, Bachofen s'appuie sur le résultat de fouilles archéologiques. Dans les couches inférieures, évidemment les plus anciennes, on trouve toujours des déesses. En remontant le temps, dans les couches plus élevées, ces déesses mères, déesses de la terre et de la fécondité, sont accompagnées d'un enfant ou d'un jeune homme, et ce n'est que dans les couches les plus récentes que l'on trouve des dieux mâles. Otto prétend que Zeus, Yahvé, Jésus, Mahomet ne sont que les avatars d'un même personnage – tous produits par le même projet de retirer leur pouvoir aux femmes, et donc d'abolir le communisme primordial. Otto veut revenir à ce monde d'avant où régnait l'égalité entre les hommes, tous soumis à une même matriarche. Otto n'est pas fou ; il est conséquent. C'est peut-être de l'être autant qui le fait paraître fou. Il veut modifier le comportement amoureux des êtres humains, fait tout pour y parvenir, brandissant son exemple à la vue du monde, soumettant à son pouvoir ceux qui l'approchent. Je le soupçonne d'être parfois machiavélique. Otto exige de l'amour qu'il soit avant tout un acte politique, philosophique, métaphysique.

— Ce jeune homme doit faire une psychanalyse, dites-vous. Mais, ma chère, il a déjà commencé ; il l'a commencée dans vos bras. N'oubliez jamais que l'amour est à la fois physique et métaphysique.

— Otto ! Cessez de philosopher. Il faut organiser un peu notre groupe, de peur que les choses soient reprises en main par la réaction. N'oubliez pas ce que vous dites vous-même : « Les gendarmes vont toujours par deux : l'un dans l'esprit, l'autre dans le sexe de chaque bourgeois... »

— Bien, bien ! J'accepte, s'est-il exclamé avec emphase. Puisque vous avez bien voulu vous occuper du second, je prendrai en charge le premier gendarme. Je le déclare solennellement aujourd'hui. Notez-le sur vos tablettes : j'accepte de recevoir le jeune docteur Rabinovitch en psychanalyse.

— Je ne suis pas encore docteur, me suis-je écrié, rouge de honte, en remontant les draps jusqu'au menton.

— Rabinovitch, Isaac Rabinovitch, a-t-il marmonné entre ses dents, mais comment peut-on porter un nom pareil ? Hanna, dites-moi franchement : peut-on réellement faire carrière à Vienne en s'appelant Rabinovitch – en se déclarant explicitement russe et juif ? Moi, je ne le crois pas ! Il devrait changer de nom, n'est-ce pas ?

Il me regarde de ses yeux perçants :

— Jeune homme, je n'ai plus de cabinet puisque je suis désormais un paria : honni des bourgeois, ignoré par mes pairs qui viennent pourtant piller mes idées en assistant à mes conférences dans tous les bistrots de Vienne, de Munich et de Berlin. Je suis de plus poursuivi par la haine de ma propre famille qui veut maintenant me placer sous tutelle. Nous tiendrons par conséquent nos séances de psychanalyse au café. Vous aurez celle de 14 heures... 14 heures pile, voyez-vous ! Et soyez à l'heure, car moi, peut-être, je n'y serai pas ! Mais j'ai horreur d'attendre !

— Otto, tente Hanna, voyons... Tu ne peux pas prendre Zack en psychanalyse, tu n'habites pas Vienne. Il ne peut pas se rendre à Munich tous les jours.

— Soit ! C'est vrai...

Il a fait mine de se gratter le menton. On avait toujours l'impression qu'il était sur une scène de théâtre, si bien que l'on ne parvenait pas à croire totalement à ce qu'il disait.

— C'est vrai, mais nous pouvons commencer ! Commençons ! S'il est certain que l'on ne peut créer le monde en un jour, on ne perd rien à essayer, n'est-ce pas ? Je suis à Vienne au moins pour un mois. Peut-être n'aura-t-il pas besoin de plus d'un mois de psychanalyse, qu'en savez-vous ? Nous commençons demain ! Mais, au fait, pourquoi demain ? Dites-le-moi, oui ! Dites-moi, ma chère Hanna : pourquoi seulement demain ? Aujourd'hui même ! Nous commencerons aujourd'hui même...

J'étais transporté d'enthousiasme. Que rêver de mieux que d'entreprendre une psychanalyse avec le célèbre docteur Gross ? Il se racontait même que le docteur Carl Gustav Alt et le professeur Sigmund Freud lui-même le plagiaient sans vergogne. Je lui ai demandé :

— Vous êtes sérieux, docteur Gross ? Vraiment ? Vous voudriez entreprendre ma psychanalyse ? Mais comment ferai-je pour vous payer ?

— Allons, allons, mon jeune ami, voilà que vous voulez parler d'argent, par-dessus le marché... On m'a dit que vos parents sont dans l'industrie, là-bas, dans les steppes sauvages de l'Est.

— Oui, monsieur, ce qu'on vous a dit est vrai ! Mon père a créé la chimie en Russie !

— Regardez-moi ça, a-t-il ironisé en parodiant ma voix, « mon père a créé la chimie en Russie »... Et votre mère, alors, que faisait-elle pendant ce temps ? Rien, peut-être ? Il dit ça comme il dirait « Dieu a créé le ciel et la terre »... « Mon père a créé la chimie »... Allons, vous avez du pain sur la planche pour accomplir votre psychanalyse ! Mais moi, je ne fais pas de commerce, jeune homme ! J'œuvre à la recherche pure, désintéressée, fondamentale. Vous apprendrez cela, mon garçon ; vous l'apprendrez à l'usage. Je cherche en soignant. Mon seul but est la recherche ! Et si je parviens à soigner, c'est précisément parce que je cherche ! Quant à mon salaire, je vous prendrai – disons... (Et il a éclaté de rire.) Disons de un à deux cafés par séance, peut-être avec une part de gâteau au chocolat, lorsque mon foie me le permettra. Mes maladies seront vos économies. Cela vous convient-il ?

La scène était cocasse, si l'on y réfléchit. J'étais occupé à discuter le prix de mes séances avec mon psychanalyste, marchandant pour l'augmenter, nu sous les draps, alors que Hanna, elle aussi nue comme un ver, avalait d'un trait sa troisième coupe de champagne en gloussant :

— Discutez, Zack, pouffa-t-elle, ne vous laissez pas faire ! Je ne sais pas pourquoi tout le monde se laisse ainsi impressionner par Otto. C'est ridicule ! Si vous voulez le payer, payez-le donc ! Je ne sais pas... vous pourriez par exemple accomplir quelques travaux de secrétariat pour le docteur Gross ; il en a bien besoin, d'ailleurs... Si vous voyiez l'état de son bureau...

J'ai saisi la balle au bond :

— Oui, me suis-je écrié, oui ! Je pourrai rédiger votre courrier, mettre en forme vos manuscrits, faire vos recherches bibliographiques, vous servir de secrétaire... Voilà ce que je ferai pour payer mes séances.

Ainsi avons-nous commencé ma psychanalyse le jour même, ce fameux 6 juillet, à 14 heures précises, au café. Il n'était pas en retard ; il était même en avance ! Il m'attendait en lisant le journal.

Otto est très vif malgré son attitude nonchalante. Durant la séance, il semble sommeiller, les yeux mi-clos, absorbé dans ses pensées, et vous attrape au détour d'une phrase, d'un seul mot, quelquefois...

— « Seul » ? C'est parce que vous êtes le seul garçon de votre famille, Rabinovitch, voilà pourquoi vous vous croyez seul, unique, sans pareil, parce que sans rival. C'est pour cette raison que vous êtes jaloux. La jalousie est la maladie du système patriarcal.

Il s'est levé de sa chaise, ravi de faire son effet, m'a désigné de l'index en élevant la voix :

— A-t-on idée d'être jaloux du mari de sa maîtresse ? C'est lui qui devrait l'être, ne croyez-vous pas ? Et pourtant il vous reçoit chez lui, comme un fils, vous accueille à sa table, vous honore de son amitié. Voyez-vous ça !

Je me suis senti rougir...

— Mais je ne vous ai pas dit que je suis jaloux. D'où tirez-vous cette conclusion ?

— De votre lapsus, mon cher, de votre lapsus ! Allez, allez, ce n'est pas la peine de jouer au plus malin avec moi ! Vous l'avez appelé Kadam au lieu d'Adam. C'est évidemment parce que le nom Cadmos a déteint sur le sien par une sorte de contagion. Et qui était Cadmos, hein ? Cadmos était un jaloux ! Fou de jalousie – c'était même la caricature de la jalousie –, vous ne pouvez pas l'ignorer, voyons ! Lorsque Zeus s'est emparé de sa sœur Europe, Cadmos a poursuivi les amants juchés l'un sur l'autre, la femme montée sur sa cavale d'amour. Vous le saviez ! Bien sûr que vous le saviez ! Pourquoi me fatiguer à vous le demander ?

Je n'étais pas certain de savoir qui était Cadmos, mais c'était sans importance ; il avait raison : j'étais fou de jalousie ; je ne pouvais supporter que Hanna dorme deux soirs par semaine chez son vieux mari.

Je parlai encore de mon père, me plaignant de ne pas l'avoir souvent vu à la maison, sauf les vendredis soir où nous tenions immanquablement des shabbats de prières et de chants, pleins de bonne humeur. Otto déteste ce type de récits à la gloire de mon père. Il déteste les pères ! Tous les pères ! Il m'interrompit en plein milieu d'une phrase :

— Vous vous demandez ce que je trafique lorsque vous ne me voyez pas ? C'est bien ça ?

— Je ne parlais pas de vous, docteur Gross, mais de mon père...

La vie d'Otto est pleine de mystère. Je ne sais

même pas où il habite à Vienne (« chez des amis ; de-ci, de-là », a-t-il l'habitude de répondre lorsqu'on lui pose la question), je ne sais pas pourquoi il reste éloigné de sa famille, de ses enfants. Mais ce n'est pas pour cette raison que j'évoquais mon père. Ce devait être la nostalgie ; sans doute aussi la multitude d'événements inhabituels qui surgissaient dans ma vie. J'avais soudain envie de revoir ma famille, de leur raconter, d'échanger avec eux.

— Vous parliez de moi, et non de votre père, je le sais. Mon jeune ami, c'est précisément ce phénomène que l'on nomme « transfert ». Il faut que vous compreniez cela, Rabinovitch. Vous parliez de lui pour parler de moi, voilà tout ! Est-ce que, formulé ainsi, vous pouvez l'accepter ?

Il s'est levé de sa chaise, comme cela lui arrivait toujours lorsqu'il avait le sentiment d'avoir saisi une de mes pensées secrètes. Et il élevait la voix en déclamant.

— Voilà ! J'ai trouvé la formulation correcte : *vous parlez de lui pour parler de moi,* pour dire votre méfiance, pour m'avouer le peu de confiance que vous m'accordez. Savez-vous ce que j'ai découvert ? Nous pouvons considérer le transfert comme une sorte de compulsion à dire la vérité ; une folie de l'aveu. Et nous pouvons affirmer qu'il s'agit d'une maladie provoquée par la psychanalyse : l'obsession inconsciente de révéler ce que l'on cache.

Puis il s'est assis, approchant son visage à toucher le mien, comme pour me révéler un secret :

— Approchez ! Je ne veux pas que tous ces pharisiens m'écoutent. Ils iraient aussitôt le rapporter au professeur Freud et je retrouverais mon idée dans un prochain article du *Verlag*... Venez par ici, je vais vous expliquer. Le transfert provient de la frustration.

C'est parce que je ne satisfais pas les demandes affectives que vous m'adressez – je veux dire : tendres, voire sexuelles –, c'est pour cette raison que vous opérez un transfert sur ma personne. Vous comprenez ?

Le raisonnement paraissait se tenir. Les confidences sans aucune satisfaction affective en retour peuvent, je l'imaginais, exciter la curiosité pour celui qui vous écoute. Mais enfin ! Je trouvais malgré tout qu'il exagérait. A moins qu'il s'agisse de processus profonds, invisibles, inconscients... Oui ! C'est sans doute ainsi qu'il l'entendait. Et puis « sexuelles »..., pourquoi a-t-il dit « sexuelles » ? Je n'éprouve aucun émoi sexuel envers Otto !

— Docteur Gross, je conviens que j'attends beaucoup de nos séances, si c'est ce que vous voulez dire... Je reconnais avoir... ce que vous appelez des « demandes affectives », un peu infantiles, je l'admets, sans doute, comme celles que l'on adresse à un aîné que l'on admire... mais des demandes...

— Sexuelles ! Oui ! J'ai bien dit cela, et alors ? J'ai dit : « sexuelles ». Quel mal y voyez-vous ? Seriez-vous encore prisonnier de vos préjugés bourgeois ? Ecoutez plutôt. Si le transfert provient de la frustration, plutôt que de laisser ces miasmes infantiles gâcher le processus thérapeutique, je suis d'avis de satisfaire les demandes du patient afin qu'il continue à se concentrer sur le travail psychanalytique ; c'est-à-dire sur ce qui est important, primordial, grand... Gross...

Et il s'est mis à rire. Il riait comme un fou. J'ai eu peur. Il avait l'air d'un insensé. Les conversations s'étaient tues dans le café autour de nous, et je sentais le regard de tous ces gens peser sur mes épaules. Et son jeu de mots sur son propre nom... cette allusion : *Gross*... grand... J'ai balbutié, maladroit :

— Soyez plus explicite, docteur... Gross ! Admettons que je développe un transfert sur votre personne – quoique, si ce que vous prétendez est exact, tout cela se passe entièrement à mon insu. Admettons encore que la manière la plus efficace d'interrompre un tel processus préjudiciable à la cure est de procurer des satisfactions au patient. Que vouliez-vous dire plus précisément me concernant ? Quelle satisfaction... comptez-vous m'apporter ? Enfin... je veux dire... de quelle nature ?...

Il m'a regardé un long moment de ses yeux perçants, d'un bleu étrangement pâle, étrangement flou. Puis, détournant le regard, recherchant une cigarette dans la poche de sa veste, il m'a soufflé :

— Vous le verrez ! C'est une surprise ! Une surprise ou plutôt un cadeau. Vous verrez ! Vous l'aurez samedi. Je vous invite samedi chez les von B. Nous ne convierons pas ce frelon qu'est Hanna ; nous irons tous les deux, seuls. Elle nous gênerait, elle nous empêcherait, n'est-ce pas, à tournoyer autour de nous en bourdonnant ? Nous irons tous les deux, vous et moi !

J'ai essayé d'insister :

— Elle nous empêcherait ? Elle nous empêcherait de quoi ?

Il avait une façon tout à lui de fumer. Il plaçait la cigarette au milieu de ses lèvres et tirait sans cesse de petites bouffées saccadées, comme s'il l'embrassait, si bien que nous baignions littéralement dans un épais nuage de tabac. Je l'ai regardé, effrayé. Je venais de penser que... Non ! Ce n'était tout de même pas possible ! Me ferait-il maintenant des propositions homosexuelles après m'avoir poussé dans le lit de Hanna ? La séance se poursuivait, mais mon esprit revenait sans cesse sur les sous-entendus que j'avais cru percevoir dans ses paroles. Je lui trouvais maintenant un air efféminé, avec ses traits délicats, son visage juvénile, son langage précieux... Tout cela pouvait indiquer des tendances homosexuelles. Et puis non ! Si Otto était homosexuel, tout Vienne le saurait.

Dakar, 15 décembre 2003

La nuit a été courte. Il faisait une chaleur d'étuve, mais j'ai tout de même coupé l'appareil d'air conditionné qui faisait un bruit d'hélicoptère cacochyme, sifflant et crachant des gouttelettes par rafales. Dans le silence du petit matin, observant la lumière qui revenait doucement, tournant dans mon insomnie, j'ai pris peur. Quelle idée d'avoir une relation avec cette femme ! J'aurais des problèmes à n'en plus finir. Je m'étais pourtant juré en arrivant à Bujumbura de rester à distance des Burundais et surtout des Burundaises. Mon titre de représentant d'une organisation internationale m'y contraignait en principe, et puis l'on m'avait distribué sans compter des conseils de prudence sur ce pays où toute personne est susceptible d'être à la tête d'une faction dissidente ; mais cette décision avait aussi une origine plus personnelle. Depuis mon divorce, j'avais besoin de me retrouver seul, loin de l'agitation de Paris et de son perpétuel jeu de chaises musicales. J'avais besoin de me purifier dans une sorte de désert affectif et il me semblait que je le trouverais au Burundi. Naturellement, les premiers temps, comme je m'y attendais, les femmes burundaises ont entamé leurs travaux d'approche. Mais je ne remarquais pas leur manège. Je restais ébahi, comme pétrifié par ce que je voyais autour de moi. Je n'étais d'ailleurs pas le seul dans cet état. Il faut dire qu'au Burundi tout le monde est choqué ! Ce traumatisme qui a ainsi pétrifié les habitants de ce pays comme des millions de femmes de Loth, le visage figé sur leur propre destruction, n'est pas seulement dû à la guerre et aux massacres. Curieusement, il me semble qu'ici le traumatisme le plus grave vient de la confrontation quotidienne avec les organismes internationaux qui déferlent sur ce pays. Il faut dire que cette rencontre est placée sous le signe d'une énorme disparité, bien plus grande que celle qui séparait les Barundi des Allemands, premiers Européens à coloniser le pays au tout début du siècle, ou même plus tard des Belges. Une simple Toyota comme il en circule des dizaines dans Bujumbura, griffée du sigle des Nations unies ou d'une ONG, coûte entre 40 000 et 50 000 dollars ; les fonctionnaires internationaux et les expatriés touchent des salaires allant de 5 000 à 15 000 dollars par mois alors que celui d'un Burundais dépasse exceptionnellement 50 dollars par mois – de cent à trois cents fois moins. Lorsque je roule dans ma voiture, je vois des dizaines d'yeux posés sur moi, écarquillés. Ce sont les pauvres, les gens du commun, des milliers de fantômes qui me regardent éberlués, comme un objet insaisissable, hors d'atteinte même de leurs rêves les plus fous, apparition aussi improbable qu'un billet de loterie gagnant. Et la présence de tous ces organismes internationaux vient leur rappeler que leurs propres choix, leurs traditions, leurs objets, leur langue ont contribué à leur gigantesque faillite. Les interventions des Nations unies, leurs remontrances, comme celles que l'on adresserait à des garnements, les discours des « spécialistes du Burundi »..., tout les contraint à penser qu'ils ont eu tort, qu'ils ont tort d'être nés Burundais. Que leur reste-t-il alors, sinon à se métamorphoser en autre chose ? En qui ? En quoi ? En moi ? Les voilà donc contraints de me ressembler sans ignorer le gouffre insondable qui nous sépare. Parfois, un Burundais feint d'ignorer la disparité, joue à mimer l'égalité de principe. Mais, avec les femmes, ce jeu n'est pas possible. Elles savent que leur seule chance est de forcer une passion amoureuse, un désir de Pygmalion chez le Blanc... Les anciens aiment raconter aux nouveaux arrivants qu'un tel, accompagné de sa femme et de ses deux enfants, est tombé amoureux d'une Burundaise – son épicière, la préposée de la banque, la fonctionnaire des douanes ou de la police de l'air et des frontières... La femme de Jean-Paul était sa secrétaire dans l'entreprise d'importation d'automobiles qu'il dirigeait. Mais son épouse, belge comme lui, n'a pas voulu quitter l'Afrique comme les autres femmes blanches abandonnées par leur mari. Elle est restée là, vivant à deux pas, le regardant passer quatre fois par jour, la haine au fond des yeux. Et voilà qu'il y a deux ans, Jean-Paul est tombé gravement malade : un accident vasculaire cérébral. Il a été hospitalisé six mois à Bruxelles. Après les deux premiers mois de coma, il est resté durant trois mois paralysé des quatre membres. Et puis il a progressivement récupéré l'usage d'un bras et d'une jambe. Aujourd'hui, il se traîne en boitillant de la chaise longue au fauteuil installé à un mètre de son téléviseur, lui qui écumait chaque soir L'Archipel, la boîte de nuit de Bujumbura. Lorsqu'il est rentré au Burundi après son long séjour à l'hôpital, sa nouvelle femme avait déjà repris l'entreprise en main. Elle lui a aménagé une petite chambre dans le jardin de leur grande villa près du lac et dort à l'étage lorsqu'il lui arrive encore de rentrer à la maison. C'est à Jean-Paul que je pense ce matin. A Bujumbura, on murmure que l'Africaine l'a ensorcelé – comme si les Belges ne savaient pas en faire autant ! Le Burundi est le pays de l'envie et de toutes les jalousies ! Et voilà que moi aussi je m'en vais entamer une relation amoureuse avec une Burundaise. Mais qu'est-ce qui m'a pris ?

Oui, le Burundi vit sous l'emprise des sentiments ! Le premier effet de la dissolution des liens traditionnels a été l'exacerbation extrême des passions jalouses. Allez donc expliquer cela lors d'une session des Nations unies. Qui oserait déclarer que l'impossibilité du développement économique du Burundi a une cause psychologique ? Ils se sont affranchis de leurs traditions pour entrer dans la modernité, et là ils ont rencontré l'individualité la plus obtuse, une véritable sauvagerie. Ils vous riront au nez, tous ces diplomates... Oui, la jalousie ! L'envie et la jalousie ! L'autre jour, je proposais aux deux seuls linguistes du pays de prononcer une conférence ensemble. Le plus vieux a refusé, arguant que l'autre, son cadet de quelques années, ne viendrait que pour piller ses idées : « Toujours derrière moi, se saisissant de chacune de mes idées pour pérorer... et c'est lui qui obtient les voyages et les *per diem.* » Quant au plus jeune, il a évidemment refusé de paraître en public aux côtés d'un homme qu'il juge compromis dans le gouvernement du président C... (« Je n'irai pas jusqu'à affirmer qu'il a lui-même participé aux exactions, mais enfin... ») Jalousie... Envie et jalousie ! Je finis par croire que les Viennois du début du XXe siècle, ceux que décrit Jack Bean dans son journal, avaient tout compris. On a tort de prétendre que les guerres anarchiques qui déchirent l'Afrique depuis la chute du mur de Berlin sont des « guerres ethniques »

– bien au contraire ! C'est parce que l'ethnie est justement introuvable qu'explosent les passions humaines les plus frustes. L'Afrique est devenue un monde étrange où le seul ressort de la vie sociale est désormais la recherche du *per diem*... Qui sait ce qu'était le Burundi autrefois, avant l'arrivée des Blancs ? Les Allemands, frappés par la disparité morphologique des Barundi, y avaient vu trois peuples d'origine différente : les Tutsis, venus d'Ethiopie, les Hutus, Bantous d'Afrique centrale ressemblant aux peuples du Congo, et les Twas, pygmoïdes occupant les forêts. Ces distinctions, instrumentalisées par les Belges, ont fixé le mythe de trois races, de trois peuples, probablement de langue et de culture différentes, ayant successivement occupé le pays. Il restait néanmoins un mystère : pourquoi les Tutsis, derniers conquérants, auraient-ils adopté la langue des conquis, les Hutus ? Car au Burundi tout le monde parle la même langue, et cela depuis aussi longtemps que se raconte la mémoire du lieu... – et il s'agit d'une langue bantoue. Après les massacres et les génocides qui ont ensanglanté le Burundi et le Rwanda, l'arrivée de nouveaux historiens, de nouveaux anthropologues européens a bouleversé une nouvelle fois le récit. D'après eux, Tutsis, Hutus et Twas seraient autant de classifications factices, mises au point du temps de l'empire selon le principe du « diviser pour régner ». Et les Burundais des classes supérieures imposent aujourd'hui la nouvelle idéologie avec la même assurance que celle des colons d'autrefois. Reste pourtant une question : pourquoi Hutus et Tutsis se sont-ils entre-tués ? Au nom de fausses catégories inventées par les colons d'autrefois ? Devant un tel constat, il ne leur reste plus qu'à choisir entre deux interprétations : leur niaiserie passée ou leur perversité actuelle.

J'avais bien mon idée sur la question mais, en temps ordinaire, je me refusais à la dire. Il est bien trop dangereux de discuter d'histoire par ici... Mais alors quelle idée j'avais eue d'en parler à Préciose ? L'envie de briller, de la séduire ? Quelle naïveté !

— Mais moi, je ne suis ni Hutu ni Tutsi, avait-elle objecté d'un air effronté ; je suis Ganwa, descendante directe de la dernière dynastie régnante...

— Tu es une princesse, alors..., une vraie princesse de sang royal ?

— Oui ! On peut le dire ainsi ! Et je ne désespère pas de voir réinstaller un jour une monarchie éclairée dans mon pays.

— Eh bien, moi, je pense que si vous parlez tous la même langue depuis toujours, c'est que vous êtes des réfugiés, fuyant l'esclavage des Etats voisins... Vous êtes tous marrons ! C'est pour cette raison que vous parlez la même langue ! Vous parliez tellement de langues au début qu'il vous a bien fallu adopter une langue commune. Je crois que le Burundi et le Rwanda étaient le refuge des esclaves échappés des razzias...

Elle s'est arrêtée, interdite, a semblé réfléchir un long moment...

— Tu me rappelles des phrases que prononçait mon grand-père après l'assassinat du prince Rwagasore, en 1962... Lorsqu'il a constaté l'installation du désordre, il répétait tristement : « Maintenant, plus personne ne pourra arrêter la razzia... »

Je me suis exclamé :

— La razzia ! Il disait bien « razzia »... Il savait encore, lui, que lorsqu'on fuyait les razzias du sultan de Zanzibar, c'était au Burundi qu'on se réfugiait !

Mais, bon Dieu !, demain, assurément, tout Bujumbura connaîtra ma conception de l'histoire du pays. Je n'avais pas besoin de ça !

Comme je le redoutais, le congrès de Dakar s'est révélé surréaliste. La convocation indiquait que l'on devait impérativement se retrouver à 8 h 15 dans le hall de l'hôtel pour nous rendre à la séance inaugurale qui devait débuter à 8 h 30 précises. Mais l'autocar qui devait nous conduire au palais des Congrès ne s'est présenté qu'à 9 h 30. A 10 heures, il ne devait pas y avoir plus de vingt personnes dans une salle de huit cents places. Les organisateurs se sont précipités dans les lycées et collèges pour recruter des auditeurs, trop heureux de rater l'école pour remplir le palais des Congrès. Vers 11 h 30, dans une salle pleine d'adolescents chamailleurs, nous avons subi successivement les discours du chef de cabinet du président de la République, du ministre de l'Education, du représentant des Nations unies, du représentant de l'Unesco. Puis, au moins une demi-douzaine de représentants, tous à ânonner leurs mêmes énoncés moralisateurs...

Empêtré dans mes angoisses burundaises, je repense à Jack Bean, à ce jeune homme qui avait compris dès 1908 combien la psychanalyse est un mouvement politique et non une quête de type scientifique. Il faut dire que l'Empire austro-hongrois avait sécrété les inventeurs des idéologies qui allaient faire et défaire l'histoire du XXe siècle – et cela dans un périmètre qui, j'en suis sûr, dépassait à peine celui de la ville de Bujumbura. Si la psychanalyse s'est imposée en Europe, c'est bien parce qu'elle proposait une sorte de révolution culturelle – et cette révolution était avant tout sexuelle !

Il me reste deux petites heures avant le dîner... et une envie : celle de reprendre la lecture des carnets !

Carnets de Jack Bean. Vienne, 26 juillet 1908

Je n'oublierai jamais ce mois passé avec Otto ; ma première « tranche de psychanalyse », comme on dit. Ce fameux mois de juillet 1908 restera gravé comme le plus beau moment de ma vie. Vienne était d'une beauté à couper le souffle. Les gens que je côtoyais ne se souciaient que de questions scientifiques, littéraires ou artistiques. On se disputait au sujet de la dernière pièce de Schnitzler ou de Zweig ; on critiquait cette symphonie de Mozart dirigée par Mahler, les dernières théories du psychiatre Krafft-Ebing ou du neurologue Wernicke. Cet été-là, Vienne était toute culture, seulement culture. Et moi, en l'espace d'un mois, j'y avais connu tant de premières fois : ma première nuit avec une femme, ma première séance de psychanalyse, et ma première « soirée » avec Otto.

Hier, je me suis même habillé comme Otto. Qu'il aille au diable s'il recommence à me parler de transfert et d'identification. J'ai enfilé un costume de velours marron, comme celui des ouvriers, sur une chemise sans col et sans cravate. Je me sentais étrangement libre dans cet accoutrement. Et s'il me prend l'envie de lui ressembler, quel mal y a-t-il à cela ? Il m'est bien difficile d'ébouriffer mes cheveux comme lui, cependant, lui qui a toujours l'air de sortir du lit.

Les miens sont trop lisses et si noirs – « mon petit Mongol », comme m'appelle quelquefois Hanna. A 20 heures tapantes, je me suis présenté ce samedi à la porte de l'hôtel particulier des von B. J'ai été reçu par deux serviteurs en livrée qui ont demandé mon nom et l'on ensuite crié, comme s'il s'agissait d'une soirée de bal.

« Monsieur Isaac Yosefovitch Rabinovitch ! »

C'est à peine si j'ai remarqué la moue de l'aboyeur lorsqu'il a dit mon nom. Et j'ai traversé la petite entrée pour arriver dans un salon de taille moyenne. Tous les regards se sont tournés vers moi. La scène ressemblait à celle d'un rêve que le professeur Sigmund Freud décrit comme typique, mais elle était inversée. Il s'agit du rêve de l'homme qui ne sait pas qu'il est nu. Les premiers instants, je n'ai pas pris conscience de l'étrangeté de la situation. Il y avait là une quinzaine de personnes et je n'en connaissais aucune. Ils étaient disposés comme dans un fumoir, après un dîner. Trois hommes en conversation par ici, deux femmes debout, en pleines confidences, par là, un homme et une femme parlant en marchant à travers la salle, un jeune homme isolé regardant pensivement par la fenêtre, et un groupe plus important, peut-être six personnes réunies autour de la cheminée, buvant des alcools. Et ils étaient tous nus. Entièrement nus, totalement nus ; pas un vêtement ne recouvrait leur corps, pas une étoffe, pas une écharpe – rien ! Je me suis senti d'un seul coup ridicule, pataud, emprunté. Et ils se sont regardés ; ils ont échangé des regards que je n'ai pas senti moqueurs. Puis le plus âgé, qui ne devait guère avoir atteint quarante ans, s'est avancé vers moi :

— Bonjour, docteur Rabinovitch ! Je suis le baron Maximilien von B. et voici ma femme, Helga. Nous sommes ravis de vous accueillir dans notre salon privé. A en juger par votre réaction, personne ne vous a prévenu qu'il s'agit d'une soirée costumée. Ne vous inquiétez pas, ce type de costume est facile à trouver. Lorsque vous voudrez vous préparer, il vous suffira de me le signaler et je vous conduirai dans un petit cabinet où vous pourrez vous isoler à votre aise. Sinon, ici, chacun est absolument libre de se comporter comme il l'entend. Nous appliquons la Constitution du professeur Mikhaïl Bakounine. Vous la connaissez, sans doute ! Première loi : « il n'existe aucune loi » ; seconde loi : « personne n'est habilité à faire appliquer la première loi ». Voulez-vous que je vous présente tout de suite nos convives ou préférez-vous d'abord vous réchauffer avec un verre de vin ?

Je crois que sur le moment je n'ai pensé à rien. Certes, j'aurais pu déguerpir, mais j'y ai vite renoncé ; Otto ne me l'aurait jamais pardonné. Il me semble avoir mesuré, durant ces quelques secondes d'hésitation, combien je m'étais attaché à lui de manière viscérale. Si j'avais quitté la soirée alors, c'en était fini de la psychanalyse, je me serais retrouvé sans Hanna... Plus de Vienne, non plus, sans doute ! Je serais reparti à Odessa ou à Moscou, honteux, humilié. Après mon premier verre de vin, je les ai regardés. Ils étaient pour la plupart jeunes et souvent athlétiques. Voilà qu'ils avaient décidé de jouer à un jeu idiot qu'ils disaient avoir emprunté aux salons du XVIIIe siècle français – une sorte de colin-maillard érotique. Ils ont bandé les yeux du baron qui devait reconnaître à ses formes l'identité de la femme qu'on lui présentait. Il parcourait d'abord son visage du bout des doigts, lui caressait ensuite les épaules, puis les seins. La femme, pourtant accompagnée de son mari, semblait beaucoup s'amuser. Elle étouffait son rire afin que

Maximilien ne la reconnaisse pas à sa voix. Les caresses du baron se sont faites plus insistantes. Les autres ont protesté en riant plus fort. Non ! C'était décidément trop facile. Ils semblaient penser qu'il était possible de reconnaître une femme au contact de son sexe aussi sûrement qu'en apercevant son visage.

— Rabinovitch, retenez bien ce que je vous dis : nous sommes entrés dans l'ère de la femme, la restauration de la déesse mère. Regardez ces jeunes gens ; regardez comme ils sont beaux. Ils se caressent, ils se donnent du plaisir, ils s'aiment ; ils sont heureux ! Ces jeunes gens sont l'avant-garde. Aujourd'hui que la paix s'est durablement installée en Europe, elle permet aux classes aisées de faire l'expérience du communisme primordial. Bientôt, après l'abolition du capitalisme, lorsque nous aurons installé une paix définitive sur le monde, la terre entière participera de ce même plaisir. Vous vous rendez compte : le communisme primordial deviendra ce qu'il était au début des temps : une orgie planétaire. C'est ainsi que nous vaincrons l'ordre patriarcal, de l'intérieur ! Nous le vaincrons à l'endroit même où il s'est installé : la morale et la religion ; nous le vaincrons par la restauration du plaisir ! Car le véritable moteur de la révolution sociale, c'est l'avènement du plaisir sexuel pour tous !

Otto était nu, à l'exception d'une écharpe de soie blanche qu'il gardait autour du cou et qui lui descendait jusqu'à l'aine. A la différence des autres, il était très maigre et sa peau diaphane accentuait son air maladif. Il était entré sans se faire annoncer. Il s'était glissé derrière moi pendant que je regardais leur jeu frivole. Sa voix était reconnaissable entre toutes : légèrement nasillarde, grave, un peu éraillée. J'ai sursauté, me retournant d'un bond, et je lui ai rétorqué vivement :

— Docteur Gross ! Vos méthodes ne diffèrent pas beaucoup de celles des carabins ! Ce que vous mettez en scène ici n'est rien d'autre qu'une sorte de bizutage. Vous ne m'avez pas averti de ce que je trouverais ici ; vous n'étiez pas là au moment où je suis arrivé. Vous vouliez savoir si je tiendrais. Eh bien, vous avez la réponse maintenant : je suis là et bien là ! Je suis resté ! Je ne suis pas parti !

J'avais été brutal ; n'est-on pas toujours en colère après un sursaut ? Au fond, il est persuadé qu'il travaille au bienfait des hommes ; on ne va pas venir le déranger pour des questions de moralité par-dessus le marché. Il m'a regardé de haut – il a bien dix centimètres de plus que moi –, fixant les yeux sur mon pantalon :

— Mais dites-moi, Rabinovitch, vous ne vous êtes pas mis en costume... Vous avez froid, peut-être, persifla-t-il.

— Parce que vous croyez que j'ai peur d'être nu devant le monde ? Vous me pensez engoncé dans ma gangue morale. Vous vous trompez, docteur Gross ! Et je vais vous le démontrer immédiatement !

— Je vous crois surtout névrosé, Rabinovitch. Vous savez ce que c'est qu'un névrosé ? C'est quelqu'un qui préfère les plaisirs de l'enfance à ceux de la maturité. Voilà ce que c'est !

Plus tard dans la soirée, nous avons repris notre discussion. Je ne comprenais pas cette relation qu'il cherchait à établir entre le règne de la déesse mère et le plaisir sexuel. Il a répondu à mes questions avec un certain entrain. Pour le moins, Otto aime enseigner.

— Lorsque la civilisation patriarcale a remplacé le matriarcat, m'a-t-il expliqué, les déesses sont devenues des épouses de dieux, les hommes ont pris possession des femmes et des filles, et chacun s'est mis en tête de défendre son bien. C'est précisément l'origine du capitalisme et des deux démons qui l'accompagnent depuis toujours : la propriété et la jalousie. Lorsque régnait le matriarcat, la femme était collective, comme la terre ; elle était ouverte à tous et distribuait le plaisir comme la terre donne ses fruits : à ceux qui la labourent.

Je lui ai demandé d'où lui venait une telle connaissance de faits qui s'étaient déroulés des dizaines de milliers d'années en arrière...

— La mythologie, Rabinovitch, aussi certaine que les annales d'un journal si on sait l'analyser ! Les religions les plus anciennes étaient des cultes à des déesses. Vous qui êtes juif, vous devez savoir qu'avant d'adopter ce dieu jaloux et violent, ce modèle de patriarche capitaliste, vos ancêtres adoraient des Astarté et des Ashera. Les cultes se pratiquaient au cours d'orgies collectives, comme si le plaisir que tiraient les humains pour eux-mêmes était une offrande adressée à la divinité. A l'époque des Astarté, les temples ressemblaient à des lupanars et, lorsqu'un voyageur arrivait dans une ville, on ne le laissait pas dormir seul ; pas même une seule nuit. Il se rendait au temple de la déesse où on lui offrait une vierge, et ce rapport sexuel d'un étranger que nul ne connaissait avec une vierge de la meilleure famille était considéré comme un véritable culte. Vous pouvez imaginer cela aujourd'hui, dans une famille juive de Vienne ? Regardez nos jeunes bourgeois, regardez le mal qu'ils ont à trouver une partenaire jeune et non professionnelle prête à partager leurs premiers ébats.

J'ai feint d'ignorer son allusion à ma relation avec Hanna.

— D'après les découvertes récentes des archéologues, ajouta-t-il, les Juifs n'auraient jamais vraiment renoncé aux cultes des déesses primitives. Le sol de Palestine est truffé de statuettes d'Astarté. C'est là mon premier argument. Le second provient des observations actuelles des ethnologues. Les descriptions de sociétés primitives arrivent de toutes parts : d'Amérique, d'Australie, d'Afrique. Toutes s'accordent à dire que, partout où la civilisation patriarcale n'a pas encore produit ses ravages, le matriarcat permet le bonheur des êtres humains. Imaginez que, dans certaines tribus, les hommes ignorent même leur fonction dans la procréation. Ils ne peuvent donc pas se prendre pour des patriarches, puisqu'ils ne sont même pas des pères.

Ce jour-là, je n'ai pas osé lui demander si c'était pour cette raison qu'il était allé la même année faire deux enfants à deux femmes différentes. Quelque peu ébranlé par ses arguments, je ne pouvais néanmoins m'empêcher de me demander si cet homme était un fou ou un génie – sans doute les deux ! Mais une telle force de persuasion, une telle aura émanaient de lui...

— Et si, après tout cela, vous n'êtes pas convaincu, a-t-il ajouté, allez donc demander à Helga !

— Helga ? Vous voulez dire la baronne ?

— Oui ! Helga von B. ! Elle en est déjà à sa troisième expédition en Afrique. Elle vous racontera. Elle a pris de si belles photographies des sauvages. Elle acceptera sans doute de vous en montrer quelques-unes. Allez-y ! Mais, de grâce, déshabillez-vous avant ! Vous avez l'air tellement ridicule dans ce costume de velours.

Je ne sais pas si je peux relater dans ces carnets tout ce qui s'est produit durant ma première soirée viennoise. Je me suis déshabillé, bien sûr, après d'infinies hésitations, un peu honteux malgré les incitations d'Otto, mais si gauche surtout. Otto est l'âme de ce groupe, le maître à penser de tous ces bourgeois aisés, mais aussi leur maître de cérémonie. Il leur explique et les invite à faire. Il leur enseigne une doctrine et imagine les rites qui l'animent. Il invente des scènes, des jeux, et durant ce temps il regarde, expérimente, pense et parle sans cesse. Je n'irais pas jusqu'à dire qu'il ne fait que les regarder, car Otto participe aussi à ces rites, mais il y tient une place à part. Il veille manifestement à ce que les vieilles habitudes – ce qu'il appelle les « sentiments bourgeois » – ne réapparaissent inopinément, comme les sentiments de propriété qui s'expriment à travers la jalousie. Il ne suffit pas de protester contre le capitalisme, il faut commencer par chasser les principes capitalistes de son propre esprit ; leur livrer bataille dans l'intimité de ses désirs. Car le capitalisme est installé au cœur de l'âme humaine sous la forme d'un monstre hideux : la jalousie. C'est sans doute la raison pour laquelle Otto n'a pas invité Hanna à cette soirée, de peur que je ne m'oppose à l'un de ces accouplements libérateurs. Tout au long de la soirée, Otto déborde d'énergie, est attentif au moindre mouvement, aux attirances soudaines, aux propositions. Il court là, répond aux questions de celui-ci, participe aux ébats d'un couple, il boit et rit, il va et vient, inlassable. Je l'ai senti heureux – plus que cela, une impression rare, joyeux. Par moments, Otto disparaissait dans le petit cabinet du fond ; s'y enfermait seul pour réapparaître, un peu plus gai, un peu plus vif, quelques minutes plus tard. C'est seulement en rentrant chez moi que j'ai compris qu'il s'injectait une dose de cocaïne. Et moi, qui restais debout, ne sachant que faire de mes mains, je ne savais que l'observer et l'admirer.

Durant ces cérémonies, la femme doit tenir le rôle de prêtresse. Sa fonction est d'attirer l'énergie des hommes, de la drainer jusqu'à son ventre par la séduction, de l'accumuler, de la condenser en elle, pour la restituer à la communauté sous forme de plaisir. Si le rite n'avait pas été organisé de cette manière, je serais sans doute resté appuyé contre le mur la soirée durant. Et, ce soir-là, la déesse, la mère, la terre, c'était Helga ! Je crains même d'y penser ; comment pourrais-je l'écrire ? En repensant à ce qui s'est passé, je me vois comme un jeune chien, seulement animé par ses pulsions, et j'en éprouve de la honte. J'étais arrivé à cette soirée amoureux fou de Hanna, la plus belle femme, la plus savante, la plus sensuelle, la plus joyeuse aussi. Et je me suis senti emporté par Helga von B., la belle Germaine, blonde jusqu'aux derniers recoins de son anatomie.

— Vous semblez songeur, docteur Rabinovitch. A quoi êtes-vous donc en train de penser ainsi ? On vous dirait sombre...

— Croyez-vous vraiment que l'on peut encore penser lorsque des yeux d'or vous fixent ainsi ? Je vous prie de m'excuser, madame, je ne parviens qu'à m'évanouir dans mes rêves pour m'imaginer votre chat, votre miroir... mieux que ça : votre main. J'aimerais, oui, devenir votre miroir qui vous regarde au lever, au coucher. Peut-être accepteriez-vous de me fixer à votre plafond d'où j'aurais vue sur l'harmonie de vos mouvements. Je vous regarderais dormir, alors ; j'épierais le moindre rayon de lumière pour tenter d'y fixer votre beauté.

Elle riait d'une joie qui ne m'a pas paru protocolaire.

— Vous semblez si jeune, docteur Rabinovitch, pour parler ainsi à une femme. Quel âge avez-vous, en vérité ?

— Vingt et un ans, madame ! Mais vous, vous semblez bien plus jeune encore. Vous ressemblez à l'une de ces déesses peintes par Klimt.

— Eh bien, vous ne savez pas si bien dire ! J'ai posé pour lui ! Vous avez sans doute exercé votre regard durant vos cours d'anatomie...

Et elle a pris ses seins entre ses mains, les tendant vers moi comme si elle me les présentait. En toute fin de soirée, j'ai appris que ce geste était une sorte d'invitation rituelle à la sexualité. Otto l'avait imaginé en observant une statuette rapportée d'Afrique centrale par Helga. Il paraît que l'invitation complète consiste à se tenir accroupie, la vulve ouverte, un sein dans chaque main. Et moi, je continuais à fixer ses yeux. Helga est toujours volontaire pour la sexualité ! Je crois qu'elle a un véritable don pour l'amour libre de toute entrave.

— Savez-vous, docteur Rabinovitch, de quelle façon l'éromène saluait son jeune éphèbe, à Athènes, chaque matin ? Je vous pose cette question parce que la différence d'âge qui nous sépare doit bien être équivalente...

— Non, madame, il ne me semble pas le savoir...

Et elle a saisi mon sexe dans sa main...

— C'est ainsi qu'il le saluait, docteur Rabinovitch ! En accueillant délicatement le sexe du jeune homme à peine pubère dans le creux de sa main. Vous est-il arrivé de regarder ces magnifiques vases teints à l'ocre au musée de Vienne ? On peut y voir de telles scènes de salut matinal.

Mon sexe dans sa main, elle me fixait au fond des yeux, tout en poursuivant :

— Otto dit que ce type de salut était une sorte d'hymne à Apollon et au soleil. Car, voyez-vous, chaque matin le soleil monte à l'azur comme l'érection du jeune homme à son réveil. Que voulez-vous, docteur Rabinovitch, nous sommes une part de la nature. Je suis la terre, et vous le soleil. Pourriez-vous imaginer rencontre plus belle que celle de la terre et du soleil ?

Nous nous sommes installés sur le canapé, à la vue des autres, bien trop captivés par leur propre sexualité pour prêter attention à nos ébats. Mais Otto veillait au bon déroulement de la soirée. Il considérait sans doute qu'une rencontre sexuelle non ritualisée, non accompagnée de ses commentaires, risquait de réactiver les habitudes bourgeoises. Il s'est bientôt rapproché de nous, prenant place sur le même sofa.

— Regardez, s'est-il exclamé à voix haute, regardez la hiérogamie parfaite, l'accouplement des deux divinités, l'hymne à notre terre mère. Le héros de beauté et la terre féconde unis dans un même mouvement de chaleur et d'humeurs, offert à la nature...

Les visages se sont tournés dans notre direction ; Otto poursuivait :

— Elle est sa mère, il est Œdipe rentrant chez lui, accueilli par celle qui lui a donné vie ; enfin prêt à recevoir le secret. Elle est la terre, il est le soleil lui apportant sa chaleur. Elle est la source, la matière, lui, la chaleur, le mouvement.

Il savait pourtant, cet insensé, qu'attirer ainsi l'attention sur notre couple risquait de me faire perdre mes moyens. Je me suis senti désemparé. Mais Helga ne craignait rien. Avec gentillesse, avec une sorte de bonne humeur grivoise, elle m'a accompagné – que dire d'autre ? Ou plutôt : comment le dire ?

Bien plus tard, au petit matin, juste avant de quitter la maison des von B., je me suis retiré un bref instant avec Helga dans le cabinet du fond. Nous avons échangé quelques mots et pris rendez-vous pour le lendemain.

Helga est allemande de naissance. Elle est l'héritière d'une très riche famille de l'aristocratie prussienne. Elle a grandi à Berlin, où elle a rencontré Maximilien à l'âge de seize ans pour l'épouser un an plus tard. Quant à la famille de Maximilien, elle est plus riche encore. Le grand-père a fait fortune dans le commerce du sucre, puis dans celui du café. Son père, qui s'occupe toujours des affaires, est à la tête de la plus grande compagnie autrichienne de transport, propriétaire d'une flotte de navires marchands. Les deux jeunes gens ont vécu un début de mariage oisif, seulement préoccupés de sport et de mondanités. Mais, après la naissance de leur second enfant, qu'ils ont eu bien tardivement, dix ans après le premier, Helga est tombée malade. Durant une année entière, elle a refusé de sortir de son lit. Elle passait des journées à pleurer ; nul ne savait pourquoi. Malgré les hospitalisations dans les maisons de santé, les séjours à la campagne, l'état de Helga empirait de jour en jour. Maximilien, lassé, semblait se désintéresser de son épouse, qu'il aimait tant naguère. Après bien des démarches, ils avaient fini par consulter le docteur Gross. Il a d'abord reçu Maximilien durant deux semaines, tous les jours et même deux fois par jour lorsqu'il l'estimait nécessaire... Il entreprit de lui expliquer combien la bigamie était la quintessence de l'homme et lui conseilla de prendre une maîtresse au plus tôt... La semaine suivante, il lui a présenté une de ses malades, Laetitia von R., une veuve, aristocrate comme lui, âgée d'une quarantaine d'années, l'esprit en feu. L'affaire a, paraît-il, été réglée en l'espace d'un mois. Se voyant libérée de l'hésitation coupable de son mari, Helga a commencé à respirer. C'est alors qu'Otto l'a prise en analyse à son tour, espaçant progressivement les séances avec Maximilien. Et l'inévitable se produisit : le transfert – ce fameux transfert dont Otto aime tant parler ! Sitôt sortie de son lit, Helga s'est attachée à Otto comme un chien à son maître. Je commence à deviner l'homme. Il cherche ; il avance dans sa théorie, l'expérimente... Otto est un chercheur... Il a sans doute sauvé Helga en la rendant consciente de l'intérêt qu'elle prenait aux plaisirs de sa chair ; mais il est allé plus loin avec elle. Il lui a présenté ses ancêtres, lui a raconté les mythes solaires et tous les secrets des dieux. Helga prétend aujourd'hui être la première femme initiée de cette façon. Qui sait ? Nous nous sommes d'abord revus au café, où, selon les recommandations d'Otto, je l'ai questionnée sur ses voyages...

— Le premier, nous l'avons entrepris ensemble, Maximilien et moi. Nous nous sommes rendus dans ce que l'on nomme l'Afrique orientale allemande. Mais, avant cela, nous avions tout lu : Speke, Cameron, Burton, Grant, Stanley. Et puis, il y a bientôt trois ans, nous avons embarqué pour Zanzibar. C'était aussi un voyage d'affaires pour le compte de nos entreprises. Le projet était d'installer des plants de café dans nos nouvelles colonies – je veux dire : dans les nouvelles colonies allemandes. Mais le commerce intéressait peu Maximilien. Il voulait avant tout retrouver l'origine du monde, se rendre aux sources du Nil. Savez-vous qu'en vérité il y en a plusieurs ?

J'ignorais tout sur ce sujet des sources, mais j'ai pris un air entendu.

— Les sources du Nil ? Mais ne dit-on pas que le

Nil prend sa source dans un lac gigantesque situé au centre de l'Afrique ?

— Oh, ce n'est pas si simple ! Il existe en vérité deux Nils qui se rejoignent ensuite pour former un fleuve – et chacun a non une, mais plusieurs sources... De plus, à cet endroit, deux fleuves prennent naissance : le Nil et le fleuve Congo, que l'on appelle aussi fleuve Zaïre... Il y a là, au cœur de l'Afrique, une sorte de maelström liquide énorme, grand comme l'Autriche peut-être, qui s'en va irriguer le continent entier. D'après Maximilien, c'est de cette matrice turgescente qu'un jour a surgi la vie. Là l'Afrique est humide, chaude, compacte, bourdonnante. Je pense que, dans cette espèce de bouillon de culture, de nouvelles espèces animales naissent encore chaque jour. Maximilien a raison ; cet endroit est probablement l'origine du monde.

— Quel courage ! Les hommes que vous avez rencontrés là-bas doivent être terriblement primitifs.

— Imaginez, cher docteur Rabinovitch, que nous y sommes allés avec la troupe ! Nous étions accompagnés de plus de cinquante fusiliers marins. Nous avons été reçus par le sultan de Zanzibar, dans son palais...

— Le sultan de Zanzibar ? Il est turc ?

— Mais non ! Il est de là : de Zanzibar ! (Helga a ri de son rire cristallin...) Le sultan de Zanzibar est bien de Zanzibar. C'est parce qu'il est musulman qu'il bénéficie du titre de sultan. C'est un petit homme, aux traits fins extraordinaires, d'une très grande beauté...

— Il est noir ?

— Aussi noir que la chaise sur laquelle vous êtes assis, et beau comme un prince... Vous voulez le voir ?

Elle a sorti de son sac un carton de photographies. L'homme posait entre Maximilien et un militaire prussien en uniforme. Il était revêtu d'une sorte de capeline blanche et de toutes ses dents souriait à l'objectif.

— Cet homme est à lui seul probablement plus riche que notre empereur et toute la cour d'Autriche-Hongrie.

— Riche, dites-vous ? Mais riche de quoi ?

— Ah, vous ne savez pas ? De Zanzibar partent toutes les razzias d'esclaves. Et ce fameux sultan est un expert. Il les capture par milliers pour les revendre ensuite à prix d'or à des trafiquants indiens, américains, anglais, français... Mais voyons, docteur Rabinovitch, comment pouvez-vous ignorer cela ? C'est pour cette raison que nous sommes allés en Afrique orientale : pour abolir l'esclavage !

Pensait-elle réellement que la Prusse avait décidé de libérer les esclaves noirs assujettis par les sultans musulmans ? Peut-être laissait-elle entendre que nous avions utilisé ce prétexte pour coloniser de nouveaux territoires ? Je n'entendais rien à toute cette Afrique qu'elle semblait connaître si bien.

— Mais alors, pour quelle raison vous a-t-il reçus, ce fameux sultan, si nous lui faisons la guerre ?

— Nous ne lui faisons plus la guerre ! Il a ratifié les traités internationaux sur l'abolition de l'esclavage ; il prétend même que son armée pourchasse les trafiquants. Tout le monde sait, cependant, qu'aucun trafiquant ne peut passer par Zanzibar sans négocier le prix des Cafres avec les comptables du sultan. Et puis, si vous souhaitez pénétrer dans les terres, si vous avez l'intention de vous avancer vers les Grands Lacs, vous ne pouvez vous passer de l'escorte de ses armées.

— Diable ! Vous avez été contraints au double jeu pour obtenir le passage...

— Même plus que cela ! Si vous n'êtes pas escorté, vous serez attaqué non seulement par les autochtones, mais aussi par les armées du sultan.

Puis elle m'a montré d'autres photographies.

— Regardez, là, c'est au bord d'un lac gigantesque, grand comme une mer, avec des vagues et des tempêtes ; on l'appelle le Tanganyika. L'endroit se nomme Usumbura. Et c'est une terre allemande.

Je me suis penché sur la photographie. Devant une sorte d'habitation assez fruste, bâtie de bois et de jonc, il y avait deux missionnaires en soutane, la tête couverte d'un casque colonial, entourés d'un groupe de femmes aux seins nus, seulement vêtues d'un petit pagne noué autour des reins.

— Ce sont des missionnaires allemands ?

— Oui ! Allemands et catholiques ! Des jésuites. Ils sont venus apporter la civilisation et le Christ aux sauvages, mais au final il semble que ce sont les sauvages qui leur ont enseigné le culte de la terre mère.

Je me suis penché sur la photographie.

— Que voulez-vous dire ? Je vois simplement des femmes posant devant votre objectif.

Helga m'a présenté un deuxième cliché. On y voyait une troupe de joueurs de tambour, ceints de peaux de panthère, empanachés de longues plumes, qui sautaient autour de leurs instruments alors que des jeunes filles dansaient, totalement nues. La photo était superbe. Helga avait su préserver le mouvement des tambourinaires et saisi avec une netteté absolue quelques visages de femmes. Les deux missionnaires participaient à la danse, tournant avec les femmes autour des tambours.

— Mais je ne vois pas ce que vous évoquez... Les

prêtres participent peut-être aux danses pour montrer qu'ils font partie de la communauté... sans doute dans l'intention d'évangéliser les sauvages.

— Le reste, ce que vous ne voyez pas, docteur Rabinovitch, il me faut vous le raconter. Nous avons vécu trois mois dans la mission, invités par les pères. Un jour, tout le village s'est préparé à partir tôt le matin – il devait être 5 heures, peut-être. Le soleil n'était pas encore levé, mais déjà les oiseaux commençaient leurs invites. Nous allions nous rendre au palais du roi, du *mwami* – c'est ainsi qu'ils désignent leur roi.

— Vous parliez leur langue ?

— Non ! Pas nous, docteur Rabinovitch ! Nous ne parlions pas leur langue, mais les missionnaires la parlaient parfaitement. Ils étaient même en train de traduire les Evangiles en kirundi (c'est leur langue). Nous avons traversé une épaisse forêt dans le plus grand silence. Et puis, nous sommes parvenus dans un lieu, tout au bord du lac, où s'élevait une case très semblable à celles qu'habitent les autochtones, mais infiniment plus grande, peut-être dix fois plus grande. Tenez, regardez ici : c'est le palais du roi, ou plus exactement le *rugo* du roi, comme ils disent...

Elle m'a présenté un autre cliché. On y voyait une case ronde, haute d'une dizaine de mètres si l'on en jugeait par la taille des hommes qui se tenaient à proximité, bâtie de bambous, entourée d'une palissade élevée. Devant la case, un homme était assis sous un auvent, entouré d'une demi-douzaine de compagnons, tous vêtus d'une longue toge de peaux d'animaux. Elle a posé le doigt sur la tête de l'homme...

— Lui, c'est le roi !

C'était un homme de très grande taille, mince, la tête surmontée d'une étrange coiffure faite de deux pointes proéminentes partant des tempes.

— Mais dites-moi, Helga, qu'est-ce qu'il porte sur la tête ?

— Ce sont ses cheveux, voyons ! C'est la coiffure typique des puissants : le roi et les aristocrates qui l'entourent. Regardez !

Elle m'a montré un autre cliché sur lequel on distinguait parfaitement des personnages de la cour, coiffés comme leur roi de leurs pointes de cheveux. Je me suis étonné :

— Quelle étrange coiffure !

— Ce sont des cornes !

— Des cornes ?

— Non, bien sûr, ce sont leurs cheveux, mais s'ils les coiffent ainsi, c'est qu'ils portent des cornes. Car ces hommes se prétendent des vaches.

— Vous voulez dire qu'ils adorent la vache, qu'ils la considèrent sans doute comme leur ancêtre et portent une coiffure qui, à leurs yeux, les rend semblables à la vache ?

— Non, docteur Rabinovitch, ils sont des vaches ! Du moins, ils le deviennent tout au long de leur vie. Du jour de leur naissance jusqu'à celui de leur mort, rien n'entre dans leur bouche si ce n'est de la substance de vache. Ils mangent de la viande de vache, boivent son lait et son sang, et c'est tout ! Pas d'eau, pas de végétaux, pas d'autre viande animale – de la vache, rien que de la vache !

— C'est extraordinaire !

— En outre, ils ne mangent jamais la viande de la vache dont ils ont bu le lait. Otto me dit que c'est sans aucun doute l'origine d'un interdit alimentaire que l'on rencontre aussi chez les Juifs.

— En effet ! Les Juifs s'interdisent de mélanger la viande et le lait...

— Otto me presse de publier cette information,

mais moi, je ne suis pas un écrivain. Je suis une femme d'action ! Lorsqu'il a vu ces photographies, Otto s'est écrié, pensant qu'il s'agissait de Déméter, la terre mère : « La vache, la vache, hurlait-il, ils ne parlent pas de taureau ou de bœuf, n'est-ce pas ? Il est clair que, pour eux, c'est seulement de vaches qu'il s'agit... » Otto était certain qu'ils rendaient un culte sexuel à une déesse. Et ce qui est extraordinaire, c'est que dans son intuition, sans rien connaître de leurs coutumes, il avait raison !

Elle m'a présenté un dernier cliché, beaucoup plus flou, où l'on distinguait à peine un groupe de personnes debout dans un espace fermé.

— Cette photographie est bien moins nette. Il était impossible de faire entrer la moindre lumière dans l'endroit. La seule lueur était celle qui perçait au travers des bambous, très serrés. J'ai laissé des poses de plus de dix secondes. Je n'ai rien pu obtenir de mieux. Là, tous ces hommes, toutes ces femmes entièrement nus que vous voyez... savez-vous ce qu'ils font ?

— Comment pourrais-je le savoir ? On les distingue à peine.

— Ils assistent à l'accouplement du roi ! Ils sont tous là, debout, les femmes d'un côté, les hommes de l'autre, et le roi et la reine s'accouplent sur le lit. Mais, avant cela, chaque visiteur a offert au couple royal une jarre de lait. Vous pouvez voir ces jarres de terre au long goulot, là...

J'ai en effet deviné, plus que je ne les ai vus, dans un coin de la photographie, un alignement de récipients. Et, tandis que j'étais penché sur l'image, Helga poursuivait :

— Savez-vous, docteur Rabinovitch, si l'un des assistants est pris d'une érection en contemplant l'accouplement royal, savez-vous ce qu'on lui fait ? On le châtre ! Oui, tout simplement ! On le châtre. Le professeur Sigmund Freud a raison qui prétend que la castration est l'un des complexes fondamentaux organisant la psychologie humaine...

Lorsque Helga raconte l'Afrique, son visage s'éclaire de mille feux ; ses joues rosissent, ses yeux deviennent brillants, son corps s'affermit. Elle s'anime, se passionne. L'Afrique est pour elle le contraire de la mélancolie dans laquelle elle a sombré durant une année, ce trou noir d'où Otto l'a tirée. L'Afrique est le salut de Helga ! Son plaisir à la raconter est contagieux. Je m'emportai à mon tour, l'interrogeant encore, l'invitant à me décrire toutes les scènes dont elle avait été le témoin...

— Il y a quelque chose que je ne comprends pas, Helga. Où donc se trouve la déesse mère dont vous me parliez ?

Elle s'est approchée de moi, comme si elle allait me révéler un secret.

— Derrière le couple royal ! Vous ne pouvez pas la voir, elle n'apparaît pas sur les photographies. Cette chose, ils l'appellent la « grande mère ».

— C'est une statue ?

— Non, pas une statue !

— La représentation d'une vache ? Un dessin ?

— Encore moins, mon ami ! Je ne les ai jamais vus dessiner quoi que ce soit. Ce qu'ils appellent la « grande mère » est un amas informe de poils, de la hauteur d'un homme, caché tout au fond de la case royale. Je ne suis pas parvenue à identifier l'origine de ces poils. Poils d'animaux, sans doute, d'êtres humains, aussi, certainement. Mais une telle masse...

— Vous êtes soudain avare de renseignements. Je me demande si vous ignorez ce qu'est cette déesse mère ou si vous me le cachez. Mais racontez-moi encore. Que se passe-t-il ensuite ? Qu'arrive-t-il après l'accouplement royal ?

— C'est à cet endroit de mon récit que je dois reconnaître ma dette envers Otto. Si je n'avais pas été instruite par lui, je n'aurais rien compris à ce que j'ai vu. Avant l'accouplement royal, un soldat passe dans le rang des spectateurs répétant « Ce que tu as vu, tu ne l'as pas vu ; ce que tu as entendu, tu ne l'as pas entendu, car sinon ce que tu croyais être ta vie sera ta mort ». Après l'accouplement, tout le monde sort en hurlant et les couples se constituent dans une sorte d'agitation frénétique. Il s'agit de couples inattendus – non pas les époux avec les épouses, mais des voisins qui s'ignoraient jusque-là, des étrangers, des femmes âgées avec des jeunes gens. Et les couples s'en vont dans les champs alentour s'accoupler. Et c'est là que j'ai vu les missionnaires participer aux rites rendus à la terre mère...

— Les missionnaires ? Vous voulez dire : les prêtres ?

— Mais bien sûr, que croyez-vous ? Là bas, loin de la civilisation, les prêtres deviennent ce qu'ils sont en vérité : des pères.

— Vous voulez dire qu'ils font des enfants ?

Et elle s'est de nouveau esclaffée :

— Beaucoup !

J'ai hésité un long moment, mais la question me brûlait les lèvres.

— Et vous, Helga ?

— Moi ?

— Oui, vous ! Que faisiez-vous durant ces rites ?

— Je prenais des photographies.

— Oui, sans doute ! Mais qu'avez-vous fait durant les cérémonies dont vous me parlez ? Je veux dire : avez-vous... avez-vous participé aux ébats rituels ?

— Personne ne me l'a proposé, mon pauvre Rabinovitch ! Personne ! Je crois que, pour eux, j'étais trop étrange pour être une femme. Imaginez-vous que c'était la première fois qu'ils apercevaient une femme blanche !

Dakar, 15 décembre 2003

C'est étonnant comme Jack Bean entre dans les détails. Son texte est bien plus élaboré que celui d'un journal. Je commence à penser qu'il s'agit plutôt d'une sorte de manuscrit, sans doute déjà travaillé en vue d'une publication. Et je suis éberlué devant la coïncidence. La ville d'Usumbura dont parle Helga von B. dans les carnets est l'ancien nom de Bujumbura, datant de la colonisation allemande. Les rites qu'elle décrit sont peut-être ceux des anciens Barundi avant leur christianisation ; mais j'ai appris à me méfier des récits fantasmagoriques des premiers voyageurs, et même de ceux des ethnologues qui les ont suivis. J'avais déjà entendu parler de rites semblables, néanmoins.

Et puis il me revient que lors d'un récent voyage au Rwanda, alors que je me rendais de Kigali à Butare où se trouve l'Université nationale, je me suis arrêté à Nianza où j'ai pu voir la « case du roi ». Je l'ai même visitée, cette grande case qui correspond assez bien à la description qu'en donne Rabinovitch. A l'intérieur, au-dessus de la couche royale – un lit de très grande taille –, sur une pancarte, une phrase en kinyarwanda, la langue des Rwandais, très proche de celle des Burundais. J'ai demandé au guide ce que signifiait cette phrase et il m'a répondu : « Ils n'écrivaient pas en ce temps-là, mais nous avons reproduit la phrase qu'ils répétaient aux élus qui assistaient à la cérémonie royale. Elle dit que tu dois te taire ; ne pas révéler les secrets que tu as vus dans cet endroit. » Il faudra que je vérifie si cette Helga ne serait pas la célèbre photographe allemande dont on a exposé il y a peu les magnifiques clichés africains.

Je dois maintenant descendre dîner ; ils sont probablement tous à m'attendre dans le hall. Ma tête bourdonne encore des histoires de mes jeunes Viennois. Lorsque j'ai étudié la psychanalyse, voilà près d'une trentaine d'années, j'ai été surpris par la candeur de l'historiographie officielle. Le professeur Sigmund Freud y était présenté comme un petit-bourgeois tranquille, amoureux de sa femme rencontrée à l'âge de vingt-cinq ans, d'une fidélité exemplaire durant soixante ans de mariage. Et Carl Gustav Alt y jouait le rôle d'un fils révolté contre un père autoritaire. La scène était dressée, les personnages brossés pour l'éternité. Le bourgeois et le fils révolté. Pouvait-on ainsi réduire des hommes, que l'on présentait par ailleurs comme des génies, à ces images d'Epinal ? Je trouvais l'histoire officielle du mouvement psychanalytique non seulement improbable, mais passablement triste. Les rares biographies iconoclastes avaient été contestées par les historiens officiels du mouvement. Je me souviens du livre de Paul Roazen sur Victor Tausk qui évoquait les embrouillaminis psychanalytico-sexuels impliquant le professeur Sigmund Freud et ses élèves. Ainsi Tausk aurait-il terminé schizophrène, se suicidant devant un miroir. Et ce fameux livre sur une disciple russe d'Alt et de Freud, une certaine Sabina Spielrein, qui serait passée du lit de l'un au divan de l'autre. Ou encore ces lettres échangées entre Freud et Ferenczi qui, elles aussi, montraient combien il était courant, à cette époque, d'aller du divan psychanalytique au lit nuptial. Les exemples abondent. Il faudrait que je relise tout cela.

Au dîner, un professeur d'histoire congolais, enseignant à l'université de Kinshasa, se joignit à nous. Préciose était là – elle ne m'avait pas quitté de la journée. Dès les hors-d'œuvre, Etienne prit la parole :

— Comment avez-vous trouvé la conférence du représentant des Nations unies ?

Des perles de sueur ravinaient le front du professeur Muganga, bien trop gros pour un pays aussi chaud. Il était enthousiaste :

— Excellente, une très belle conférence ! J'ai trouvé fort judicieux de venir souligner combien pardon et réconciliation sont des processus indispensables au rétablissement de la paix dans la région. Quoique, à mon avis, il ait tendance à généraliser. C'est normal, il est nigérian ; il ne maîtrise pas les spécificités locales ; il ne connaît manifestement rien au Congo.

Etienne est aussitôt tombé dans le panneau :

— Vous voulez dire que ses propos ne s'appliquent qu'au Rwanda et au Burundi ?

— Mais oui ! Absolument ! C'est au Rwanda et au Burundi qu'ils se sont massacrés entre voisins. A Kinshasa, on n'a rien vu de pareil. Nous autres, Congolais, sommes habitués depuis toujours à vivre en harmonie entre groupes ethniques. Ce n'est pas pour rien qu'on appelle notre capitale « Kine la belle ».

Il était incroyable, ce type ! Nous prenait-il pour des ignorants ? Ou bien cherchait-il à provoquer Préciose ? Oui ! c'était sans doute cela ; il cherchait à attirer son attention, à entrer en débat avec elle. Elle n'a pas bronché. Elle conservait cette espèce de réserve qu'affichent toujours les femmes burundaises en public. Elles n'ouvrent jamais la bouche en présence d'un étranger à moins d'y être contraintes. Et Muganga de poursuivre :

— Ce sont les Tutsis, vous comprenez, ceux du Rwanda, surtout, mais aussi un certain nombre qui provenaient du Burundi... Ce sont eux qui ont apporté la guerre !

Et dire que ce type est professeur d'histoire à l'université ! En vérité, toute la région a explosé à la chute du mur de Berlin, les Etats s'effondrant les uns derrière les autres comme un gigantesque château de cartes. L'Afrique ne survit que du désir des autres, comme si c'était là son noyau, sa colonne vertébrale. Tant qu'il s'agissait d'obtenir des votes aux Nations unies, les pays africains étaient courtisés soit par les Soviétiques, soit par les Américains, les Français ou les Anglais. Désirés, flattés, objets de luttes stratégiques et de toutes les séductions, les régimes tenaient tant bien que mal, même si la plupart étaient de sinistres dictatures. Mais, sitôt que les pays africains n'ont plus constitué un enjeu, sitôt que les grandes puissances s'en sont désintéressées, un continent entier s'est révélé n'être qu'un gigantesque faux-semblant.

J'avais décidé de ne pas me compromettre dans cette discussion. Je regardais Préciose assise en face de moi. Ce soir, elle portait une simple robe de soie blanche, mais elle s'était couverte de tous ses bijoux d'or. Je la regardais et je pensais que la peau doit être noire pour se couvrir de soie ; que l'or n'a été créé que pour illuminer des yeux de feu comme les siens, que les fleurs ne produisent leur parfum que pour encenser sa présence. Cette femme est d'une beauté saisissante. Elle a glissé son pied déchaussé entre mes jambes, sous la table. J'ai levé la tête, surpris, et mes yeux ont rencontré les siens. Je n'ai pu soutenir son regard, je m'y perdais. C'est elle qui m'a parlé :

— Eh bien, Léopold, tu n'as pas envie de répondre à notre collègue ?

J'ai balbutié... Nous dînions au bord de la piscine de l'hôtel. Pour couper court, j'ai proposé :

— Quelqu'un viendrait faire un plongeon avec moi ? Il fait tellement chaud ce soir...

— Je n'en ai pas le courage, a soufflé tristement Etienne.

Quant à Muganga, il n'a même pas levé le nez de son assiette de charcuterie.

— Je viens avec toi, s'est exclamée Préciose, je file chercher mon maillot de bain et je te rejoins dans cinq minutes.

J'ai plongé d'un coup, sans aucune hésitation. Le contact de l'eau m'a instantanément détendu. C'est alors que j'ai pris conscience que j'étais en colère ; en colère contre le monde que je n'arrivais pas à saisir, qui se montrait trop complexe ; contre l'Afrique que j'aimais tant naguère et qui se dérobait aujourd'hui, me glissant entre les mains ; en colère contre moi surtout, qui avais décidé de tout quitter sur un coup de tête – l'université, mes étudiants, mes patients – pour partir au Burundi. J'ai traversé la longueur de la piscine sous l'eau, en apnée. Lorsque j'ai réapparu à l'autre bout, ma colère s'était évanouie comme par enchantement. Préciose m'a rejoint. Elle s'est glissée derrière moi, entourant ma tête de ses bras. Elle m'a murmuré à l'oreille :

— On monte se coucher ?

— Tu veux venir me voir dans ma chambre ?

— Oui, mais ce soir je ne repars pas dans la mienne ; je dors avec toi !

Dès l'ascenseur, nos corps se sont collés l'un à l'autre.

Nous étions maintenant assis sur le lit. Je songeais que, malgré les théories viennoises, la sexualité, ce n'était pas grand-chose. Ou plutôt, non ; je pensais que la sexualité était une sorte de simplification, d'absolue simplification. Après l'amour avec Préciose, j'aurais voulu partager mes questionnements, mes inquiétudes ; lui faire part de mes interrogations concernant le professeur Sigmund Freud ; lui parler d'Otto Gross, de Helga, de Hanna aussi... Mais je la sentais dans un autre monde – d'un autre monde...

— Tu es tellement secret, murmura Préciose.

— Mais non ! Je ne suis absolument pas secret. Je suis transparent, au contraire. Je n'ai simplement pas envie de parler de moi...

Non ! Je n'avais aucune envie de parler de moi. Je devinais ce qu'elle voulait savoir : si j'étais marié, si j'avais une maîtresse à Bujumbura, si je voulais la revoir, elle, si je l'aimais – déjà. Et puis sans doute s'inquiétait-elle. Est-ce que j'allais rentrer en France ? Pourrait-elle m'accompagner ? Quelles étaient mes relations avec l'ambassade de France ? Tout cela me paraissait tellement prévisible, en vérité : nécessaire. La sexualité, c'est ce qui peut survenir avec n'importe qui ; la sexualité, c'est le culte du quiconque... Tout y est prévisible ; tout y est connu d'avance. C'est sans doute pour cette raison qu'Otto Gross prétendait que la sexualité était le véritable moteur de la révolution sociale. Oui, la sexualité, c'est la démocratie, l'espace où chacun vaut un, simplement un – mais seulement un. Qu'avaient donc les Viennois à y voir les secrets cachés de l'humanité ? La sexualité est une sorte de jeu de la chance démocratique, la possibilité que se redistribue autrement la hiérarchie du pouvoir et de l'argent. C'était certainement ce que pensaient les femmes burundaises ; sans doute ce que cultivait Préciose dans le secret de ses nuits.

— Raconte-moi ce qui t'est arrivé à Lagos, m'a-t-elle demandé.

— Lagos ? Mais pourquoi reviens-tu sans cesse à mon aventure de Lagos ?

— Pourquoi ? Pour rien ! Parce que tu sembles choqué par ce qui t'est arrivé là-bas. Tu devrais en parler, te soulager...

Parler pour se soulager ? Les personnes choquées ont surtout besoin d'oublier ; non de se souvenir... De cela, j'en étais certain !

— J'ai toujours réussi à éviter Lagos, il paraît que c'est un véritable coupe-gorge. Pendant tout ce temps où tu es resté enfermé à l'aéroport, tu n'as rencontré personne ?

J'ai levé les yeux. Mais pourquoi me posait-elle cette question ? Etait-ce simplement par jalousie ? Imaginait-elle que l'on pouvait faire des rencontres amoureuses dans de telles conditions... coincé entre deux avions, dans un aéroport en flammes et en folie ?

— Tu ne veux pas te coucher ? J'ai sommeil.

Trop d'idées se bousculent dans mon esprit ces derniers jours. Je pense à Jack Bean, aux expériences qu'il relate, tellement proches de la mienne, si l'on y réfléchit, celle de Helga la blonde, la blanche, la Germaine, rencontrant la sexualité des Burundais...

Carnets de Jack Bean. Vienne, 1er février 1909

Helga m'expliquait la psychanalyse vue par Otto, me racontait ses aventures africaines, me décrivait la petite communauté que leur groupe commençait à constituer. Après un mois de séances intensives, Otto était reparti, nul ne savait précisément vers où. Helga le disait à Munich, où il serait allé rejoindre sa femme et son fils. Mon ami Oscar, dont la famille était apparentée à celle d'Otto, m'assurait qu'il avait des informations, provenant du vieux Hans Gross lui-même, d'après lesquelles il serait parti en Italie rejoindre sa maîtresse Sophie. Mais Hanna, qui semblait la mieux informée de nous tous, m'a fait part de sérieuses inquiétudes à son sujet. Elle le trouvait de plus en plus volubile et agressif. Il oscillait sans cesse entre de grands discours politiques sur l'imminence de la révolution sociale et des développements philosophiques inspirés de la pensée de Nietzsche sur l'inéluctable nécessité du suicide.

Qu'ont-ils tous avec cette mystique du suicide ? Je désire Helga et je n'ose pas le lui dire de peur de me révéler ridicule, de peur d'apparaître comme un imbécile qui n'aurait pas compris que l'accouplement rituel lors de la soirée « costumée » était seulement destiné aux divinités et non pas au plaisir trivial des humains. Désirer Helga serait un problème mineur si, dans le même temps, je n'aimais Hanna de toutes mes forces. Je désire Hanna parce que je l'aime et j'aime Helga parce que je la désire. Et ce singulier double amour – comment l'appeler autrement ? –, j'y tiens comme à mon objet le plus personnel, le plus intime. Ma relation avec Hanna reste marquée par une sorte de sensualité endiablée, quoique ponctuée de moments d'intense souffrance. Et notre rencontre presque fusionnelle s'explique sans doute par le fait qu'elle est juive. Nous ne parlons certes pas beaucoup de nos origines, pourtant – à part une seule fois, au tout début –, mais je devine que cela compte dans l'intensité des émois de nos corps. Au plus fort de nos transports, je la sens ma sœur, ma chair, l'âme de mon corps inopinément projetée hors de moi. Lorsque par bonheur je me retrouve avec elle durant un long moment, lorsque je peux partager tranquillement deux jours pleins avec elle, deux jours séparés d'une nuit, c'est alors comme si j'étais parvenu à la fin de ma vie – non à la mort, mais à l'aboutissement d'une vie pleine ; comme si tout le chemin qui me restait à accomplir avait déjà été achevé en un instant, par magie.

Il reste cependant qu'elle n'est pas mienne et ne veut en aucun cas le devenir. « Mais voyons, Zack, je pourrais presque être ta mère… ta grande sœur, tout au moins. On n'épouse pas sa sœur… » Hanna éclate de rire. Quelquefois, même après des nuits entières à nous aimer, je reste épuisé, mais toujours en manque, à la fois repu et paradoxalement affamé. Le moindre contact avec son corps vient me rappeler qu'elle est ailleurs, dans un autre monde que le mien.

A y réfléchir, le comble est peut-être que mon rival le plus dangereux n'est ni son mari ni son amant officiel, mais son amour d'elle-même. Je crois que Hanna tuerait sa propre mère si cela pouvait lui donner une nouvelle idée de roman, de pièce de théâtre ou simplement le texte d'une chansonnette. Lorsqu'elle commence à évoquer son écriture, elle en devient comme folle. Elle est excitée, parle au rythme d'une mitrailleuse, déroule des scènes imaginaires comme si elles étaient réelles. Elle se voit adulée, primée, princesse des lettres. C'est à cet amour d'elle-même que j'attribue nos disputes.

Notre première crise est survenue trois semaines après notre rencontre. C'était le 27 juillet, le lundi 27 juillet 1908. Après ma soirée chez les von B., j'avais dormi toute la matinée de dimanche. Il faut dire que, depuis trois semaines, nous passions nos dimanches ensemble à nous promener, à parler, à nous aimer. Avec elle, le jour est une nuit et la nuit un jour. Mais, le dimanche 26 juillet, je ne suis pas allé la voir ; je suis resté dans ma chambre. Trop d'idées se bousculaient alors dans mon esprit. D'une voix, je me reprochais ma conduite de voyou ; de l'autre, je me sentais honnête dans ma recherche, même si elle s'opposait à la morale commune. L'oreiller sur le visage, je restais là, immobile, à respirer les effluves de ma nuit. Dans la soirée, j'ai entamé une partie d'échecs avec Oscar qui s'est prolongée jusqu'à une heure avancée de la nuit, si bien que je suis rentré me coucher sans lui avoir donné la moindre nouvelle.

Le lendemain, ce fameux lundi, donc, je l'ai croisée par hasard – c'est du moins ce que j'ai cru – vers 10 heures du matin alors que je sortais de chez moi. Je me suis précipité vers elle, véritablement heureux de la rencontrer ainsi, mais Hanna a détourné le regard comme si j'étais un importun. Je l'ai poursuivie dans les ruelles, la suppliant de m'écouter, et elle continuait d'avancer, mimant l'indifférence. J'ai tenté de lui prendre le bras et elle m'a frappé en hurlant, les yeux exorbités. Des passants ont commencé à s'attrouper, et moi qui ne pensais même pas à esquiver les coups, tellement j'étais stupéfait... Hanna hurlait en yiddish : « *Meshuggeh...* », ce qui veut dire « fou »... Sans doute avait-elle appris mon escapade de la nuit, l'accouplement rituel avec Helga. Peut-être Otto lui avait-il lui-même glissé l'information à l'oreille ? C'était bien dans ses façons de faire. Nous sommes allés dans un café où nous nous sommes très longuement regardés devant une tasse de chocolat. Son visage était défait, ses cheveux hirsutes envahissaient son visage, ses yeux rougis par une nuit de larmes étaient devenus si clairs, presque translucides. Elle me regardait sans rien dire, épiant ma réaction, guettant ma première parole. Et je l'ai dite :

— Tu exagères, Hanna... Je t'aime !

C'est alors qu'elle s'est saisie du cendrier en cristal qui devait bien peser un demi-kilo et me l'a lancé au visage de toutes ses forces. J'ai esquivé instinctivement le redoutable projectile qui est allé fracasser le miroir derrière moi.

— Tu n'es qu'un faiseur, Zack ! Comment as-tu pu aller raconter à cette grosse Teutonne le plan de mon prochain roman ?

— Quoi ? Mais de quoi parles-tu ? Qu'est-ce que j'aurais fait ? Raconter le plan de ton roman ? Où es-tu allée chercher cette histoire ?

— Mais voyons ! Je la tiens de la principale intéressée ! De la mère Helga, la grosse Helga ! C'est elle qui m'a raconté le sujet de son prochain roman et c'était mot pour mot celui que je t'ai raconté. Tu ne vas pas prétendre qu'elle l'a imaginé toute seule... Tu es découvert, reprit-elle, furieuse. Ce ne peut être que toi ! Helga m'a dit qu'elle avait décidé d'écrire l'histoire d'une femme prise entre deux hommes qu'elle aime tout autant l'un que l'autre... qu'elle en ferait une sorte de pamphlet philosophique contre la jalousie.

Une femme aimant deux hommes d'un amour égal... Je me demande même si toutes les femmes présentes à la soirée chez les von B. ne correspondaient pas à ce cas de figure. S'il n'existe pas d'interdit – mieux encore : si un mentor encourage toutes les transgressions ; si, de plus, l'idéologie les légitime –, qui pourrait échapper au plaisir de la multiplicité ? L'étonnement de Hanna est désarmant, comme si la monogamie était une pulsion naturelle. Je lui dis :

— Hanna, réfléchis un instant...

— Non ! N'en parlons plus ! De toute façon, Helga n'a de talent que pour les travaux manuels.

Jeudi 5 novembre 1908. Il fait un froid glacial depuis deux jours. Le temps a brutalement tourné. Nous avions une arrière-saison bien agréable, à tel point qu'il y a encore une semaine nous pouvions nous promener en manches de chemise sur le Prater. Otto a totalement disparu. Nous avons perdu sa trace entre Munich et Graz... Si bien que le petit groupe, privé de son leader, se réunit maintenant sans grande conviction. Nul ne s'aventure à organiser des soirées « costumées » et nos salons littéraires manquent singulièrement de piment. Une angoisse plane au-dessus de nos têtes concernant le destin d'Otto. Son père aurait-il réussi à le faire interner une nouvelle fois ? Est-il malade, physiquement malade ? Helga a raconté que, lorsqu'il a de la fièvre, Otto refuse toute médication, se couche nu sous une couverture, attendant que la nature décide de son sort. Il prétend qu'il agit à l'exemple des animaux blessés. Il déclare à qui veut l'entendre qu'il est médecin et qu'il sait ce qu'il fait. D'après lui, la plupart des maladies guérissent sans aucun traitement. Peut-être est-il en ce moment même enfoui sous une couverture, transpirant, toussant et haletant. Du coup, nos séances se sont interrompues. Lors de la dernière, me regardant fixement, il m'a certifié que ma psychanalyse était terminée.

— Comment, terminée ? Mais vous n'y pensez pas, docteur Gross, je n'ai pas eu plus de trois semaines de séances...

— Que voulez-vous de plus, à la fin ? Que le transfert nous embarque dans des discussions infinies ? Que vous commenciez à nourrir des sentiments de haine, des récriminations, des reproches à mon égard ? Et puis que vous vous en sentiez coupable, et que vous ruminiez votre malheur et *tutti quanti*... Le scénario est écrit d'avance ; un peu d'imagination, que diable ! Vous aimez, vous baisez, vous réussissez dans vos études. Je vous le répète : que voulez-vous de plus ? La psychanalyse n'a jamais donné du génie à un imbécile ; mais, lorsqu'on en abuse, elle peut parfaitement transformer n'importe qui en imbécile – et arrogant de surcroît ! Mon pauvre Rabinovitch, voulez-vous faire le choix d'être un névrosé ou bien accepterez-vous de vous laisser porter par ce vent révolutionnaire qui gonfle nos poitrines ?

Durant quelque temps je n'ai plus songé à ma psychanalyse mais, depuis que mes disputes avec Hanna sont devenues presque quotidiennes, les séances avec Otto ont commencé à me manquer. Je ressens le besoin de ses rappels à l'ordre, de ses phrases à l'emporte-pièce, de ses énoncés philosophiques qui vous transportent et vous travaillent des journées durant.

J'aurais besoin de m'arracher à ces tourments qui vous collent à la peau comme un parfum, qui vous pénètrent, vous imprègnent. Je ne sais plus qualifier les sentiments que j'éprouve pour elle. De l'amour, certainement, à certains moments tout au moins, mais aussi de la colère et puis une peur – plus que cela : une sorte de terreur. Je la sens capable de tout : de n'importe quel esclandre, de se donner la mort, de me tuer... capable de tout ! L'autre matin, elle s'est réveillée en cherchant sa petite boîte de nacre. Elle la cherchait d'une main hésitante, tout en dormant à moitié, tâtonnant maladroitement sur la table de nuit.

— Tu devrais arrêter de renifler cette poudre, Hanna, c'est un poison, tu le sais !

Quelquefois, un simple mot pouvait déclencher sa rage. Cette fois, elle m'a fait une véritable crise.

— Tu as pris ma poudre ! Tu l'as prise ?

Je dormais encore. Je l'entendais hurler et je voulais que cela fût seulement dans mon rêve. Et elle m'abreuvait d'injures...

— Tu es une ordure, Zack, un profiteur ! Tu te vautres dans mon lit, tu te nourris de ma fortune, tu vends mes idées à la première roulure venue et, pour couronner le tout, voilà que maintenant tu vas vendre ma poudre...

Dans un demi-sommeil, j'ai bougonné :

— Tu es folle ! Tu as été rendue folle par la drogue, Hanna. Tu devrais te faire soigner...

Elle m'a battu ! Oui ! Elle frappait comme une enfant, des gifles... Je suis précipitamment sorti du lit et me suis réfugié contre le mur, nu comme un ver. Elle continuait de hurler.

— Folle ? Je suis folle ? Misérable voleur ! Toi qui sors à peine de ton shtetl où tu croupissais dans la boue avec les primitifs et les Tziganes. Tu vas y retourner, s'écria-t-elle, tu vas y retourner... et pas plus tard que tout de suite !

Elle hurlait de plus belle. Je ne savais comment faire pour la calmer. Finalement, je me suis souvenu d'avoir aperçu sa petite boîte de nacre glissée sous un vêtement. Je la lui ai tendue.

— Regarde ! La voici, ta poudre ! Tu vois bien que je n'y ai pas touché. Mais tu as tellement perdu la raison que tu ne te souviens même plus de l'endroit où tu l'as posée.

Elle m'a regardé d'un air suspicieux. Ses cheveux défaits, son teint livide, ses traits grimaçants... elle faisait peur. J'ai cru apercevoir Lilith, princesse des ténèbres, l'ange de la mort...

— C'est ma boîte ?

— Mais oui, Hanna, c'est bien ta boîte de cocaïne. Regarde !

— Ce n'est pas la mienne ! Tu l'as échangée contre une autre. Dieu sait ce que contient celle-là ! Du poison, sans doute. Tu veux m'assassiner, c'est ça ? Pour me voler. C'est pour cette raison que tu veux te débarrasser de moi...

J'ai ouvert la petite boîte et lui ai présenté le contenu.

— Mais non, Hanna ! Regarde, c'est bien la tienne. Tiens, prends-la.

La pulsion était trop forte. Elle s'est approchée doucement, comme si ma présence recelait un danger, prête à une nouvelle agression. Elle m'a arraché la boîte des mains et s'en est allée s'accroupir dans un coin de la pièce. Une heure plus tard, elle était redevenue normale, ronronnant tout contre mon dos.

— Zack, tu n'es pas fâché, au moins ?

— Fâché ? Pourquoi serais-je fâché ?

— Tu es tellement beau, Zack... Tes yeux... tes

yeux sont comme des perles noires ; ils sont à la fois la nuit et le soleil. Et tes mains, si douces, si savantes, tes mains sont la soie de mon corps. Zack… Oh, Zack… Et tes lèvres, comme des cerises, gonflées de pulpe, tes lèvres sont le réveil de mes sens…

Elle parlait et l'alchimie s'opérait à nouveau. Je ne voulais qu'une chose, encore une fois : son corps tout contre le mien. Et nous nous sommes aimés, longtemps. Il faisait jour depuis des heures lorsque nous nous sommes posés, repus, encore tremblants…

— Zack ?

— Oui, mon amour…

— Zack…

— Oui…

— Je crois que tu as raison. Je vais me faire soigner… Je vais arrêter de prendre de la cocaïne…

27 janvier 1909. Je ne sais comment relater tous ces événements. Ce matin, je suis abasourdi, comme dessoûlé. Hanna a encore fait une crise et, cette fois, durant toute la nuit. C'était une vraie crise de manque, qui m'a rappelé, mais en bien plus fort encore, les crises de delirium tremens des alcooliques que j'ai pu voir à l'hôpital. Je ne savais comment l'aider, réfugiés comme nous l'étions dans ma minuscule chambre d'étudiant, effrayé par la clameur de ses cris qui allaient sans doute alerter les bourgeois des étages inférieurs. Malgré sa promesse, elle a augmenté encore sa dose de cocaïne, sans rien me dire. J'ai lu plusieurs articles sur les effets de cette substance. Tout ce que l'on pensait se révèle aujourd'hui totalement erroné. On imaginait naguère que la cocaïne, cette plante magique des Indiens d'Amérique, allait permettre de se désintoxiquer de l'alcool, de l'héroïne, de la morphine. Or, on le sait maintenant, non seulement la cocaïne ne protège pas des autres drogues, mais elle les appelle, donnant l'envie de boire, de fumer, réclamant la morphine comme son alliée, sa compagne naturelle ; de plus, la cocaïne rend fou. Le professeur Sigmund Freud, qui a écrit plusieurs articles vers 1885, la présentait à cette époque comme la panacée. Il disait qu'elle distribuait sans compter aux Indiens des Andes l'énergie leur permettant de traverser les montagnes à pied, sans dormir ni manger durant des jours. Il prétendait qu'elle guérissait de la neurasthénie et des pensées morbides. Il l'avait abondamment essayée sur lui-même.

Otto a l'habitude de citer ces textes pour justifier l'usage excessif qu'il fait de la poudre. Je sais que c'est lui qui fournit Hanna. Je n'ose rien dire tant il semble considérer combien cette substance est indispensable pour atteindre le degré d'intelligence qu'il attend de nous. Mais moi, je refuse obstinément d'en consommer ; à vrai dire, ce sont des raisons religieuses qui me l'interdisent. La cocaïne, comme aurait certainement dit mon bon maître Leibovits, qui m'enseignait la Bible naguère, c'est *'avoda zara*, c'est-à-dire « servir les dieux étrangers », autrement dit s'adonner à l'idolâtrie. Car il faut dire que la coca, cette plante que mâchent les Indiens pour en extraire le jus, est un dieu ; c'est l'un de leurs dieux. Comment peuvent-ils penser un seul instant, tous nos célèbres docteurs, que l'on pourrait consommer la substance et oublier le dieu qu'elle contient ?

La vérité est qu'Otto est un drogué ! Au mois de juin dernier, le professeur Sigmund Freud lui-même, en dépit (ou à cause) de la réputation de cocaïnophile qui traîne à Vienne à son sujet, a ordonné de l'hospitaliser pour le désintoxiquer. Il l'a longuement reçu dans son cabinet pour le persuader d'accepter l'hospitalisation. Otto nourrit une sorte d'adoration pour le professeur ; il a fini par se laisser convaincre. Il a finalement été enfermé près de Zurich, dans la clinique du Burghölzli, sous la responsabilité du docteur Carl Gustav Alt. Au bout de quelques semaines, nos grands professeurs ont chanté victoire, prétendant que la psychanalyse avait nettoyé le corps et l'âme d'Otto, lui supprimant tout désir de drogue par la compréhension de ses fantasmes sexuels infantiles. Hélas, aussitôt sorti de clinique, l'après-midi même du jour où les médecins l'avaient libéré, Otto avait déjà recommencé.

Cette nuit, Hanna a vu des insectes, des millions de fourmis géantes. Elle les a vues, mais surtout elle les a senties s'infiltrer sous la peau de ses bras, de son ventre – « entre la chair et la peau », criait-elle. Elle se grattait frénétiquement jusqu'à se déchirer. Par moments, elle tremblait de tous ses membres. Je la tenais tout contre moi pour la réchauffer, la serrant aussi fort que je pouvais pour la contenir. Mais, lorsque je me suis absenté pour aller chercher de l'eau au fond du couloir, elle a tenté de se jeter par la fenêtre. Je suis arrivé à temps pour la tirer en arrière. Nous sommes tombés tous les deux sur le sol. Elle a alors été traversée d'un petit moment de lucidité et m'a supplié de ne pas l'abandonner.

— Tu vas partir, Zack, je le sais ! hurlait-elle. Tu finiras par te lasser. Je sais que je suis une malade. Tu vas me quitter et j'en mourrai...

Puis, elle s'est mise à grelotter. Sa peau était devenue jaune verdâtre ; elle se craquelait, comme si elle était faite de carton. Le malheur est que, cette fois, il n'y avait plus un atome de cocaïne dans la petite boîte de nacre et nulle part où en trouver à cette heure de la nuit.

— Je vais mourir, Zack, je vais mourir !

Je l'ai serrée contre moi. Elle grelottait tant que mon menton heurtait son épaule ; et elle répétait qu'elle allait mourir. Je me suis résolu à un acte qui, à la réflexion, aurait pu me coûter la vie...

— Calme-toi ! Viens, nous allons chercher de la poudre.

— A cette heure-ci, dans Vienne... Où ? Comment ?

— Habille-toi ! Couvre-toi ! Viens, je ne peux pas te laisser dans cet état.

Il était peut-être 2 heures du matin. J'ai enfilé mon vieux manteau noir, celui que ma mère m'a donné en partant. Il était déjà trop grand pour moi lorsque j'ai quitté la Russie mais, après mes années de potache, il flottait sur mes épaules, me donnant des airs d'oiseau de proie. Je me suis enveloppé le visage d'un gros foulard de laine et nous sommes partis ainsi à travers la ville. Je suis resté un long moment devant la pharmacie Stein. Le rideau de fer m'impressionnait. Je n'arrivais pas à imaginer la façon d'y pénétrer. Mais la pharmacie Heiden, place du Steinhoff, avait une porte de bois, simplement fermée à clé. J'ai pris mon canif et j'ai essayé de forcer la serrure. Je n'y parvenais pas. Le froid avait engourdi mes mains au point que je n'avais plus aucune sensation au bout de mes doigts. Finalement, j'ai appuyé sur le canif avec la paume de la main, aussi fort que je pouvais, tout en poussant la porte avec l'épaule. Elle s'est entrebâillée. J'ai ordonné à Hanna de rester cachée au-dehors, dans le recoin d'une porte cochère, et j'ai pénétré dans l'officine.

Les reflets du clair de lune éclairaient très légèrement les étagères de bois. Nous avions déjà acheté de la poudre pour Hanna dans cette pharmacie. Je me souvenais de l'endroit où le docteur Heiden posait le pot de cocaïne. Dans les moments de tension extrême, une sorte d'intuition vous guide sans hésitation vers le lieu que vous cherchez. Il y a sans doute un dieu pour les voleurs. J'ai pris le pot et l'ai fourré tel quel dans la poche de mon manteau. Mais, en me retournant pour partir, j'ai accroché du pied une chaise qui est tombée avec un vacarme épouvantable. Je me suis figé sur place, le souffle coupé, cherchant à me protéger derrière une avancée du mur. Soudain, j'ai aperçu une lumière vacillante dans la cage d'escalier ; une lumière qui se rapprochait. Il me fallait passer devant cet escalier pour atteindre la sortie. Je ne pouvais attendre plus longtemps. Je me suis élancé. En courant, j'ai heurté une table et un pot en verre s'est écrasé par terre. C'est alors qu'une voix dans l'escalier s'est écriée : « Ne bougez plus, je suis armé ! » Mais j'avais déjà atteint la porte. Je me suis précipité.

Je me suis retrouvé dehors, accueilli par un vent glacial. Hanna était déjà au coin de la rue d'où elle me criait : « Cours vite, Zack, il est derrière toi ! » C'est alors que j'ai entendu le coup de feu. La balle a ricoché contre le mur avec un sifflement sinistre. J'ai pris la main que me tendait Hanna et nous avons couru comme des fous. Nous avons couru longtemps, à travers les ruelles, n'en finissant plus d'enfiler des détours. Elle s'agrippait à ma main comme une naufragée. De retour dans ma petite chambre sous les toits, j'étais haletant. Je ne parvenais pas à retrouver mon souffle. Hanna tremblait – je ne saurais dire si c'était de froid ou de peur. Mais elle a trouvé la force de demander :

— Donne, Zack ! Donne-moi la poudre !

— Il y a quelque chose dans cette poudre qui transforme les êtres humains. Je comprends pourquoi les Indiens la considèrent comme un dieu. Elle attire les hommes par des prodiges, puis, lorsqu'ils sont pris, les transforme, les métamorphose. Regarde-toi ! Regarde ce que tu es devenue... Regarde ton visage. On dirait une vieille femme. Ton nez est devenu crochu, tes yeux se sont refermés, tes cheveux sont hirsutes, tes hanches sont creuses et, lorsqu'on te caresse, on ne touche plus que des os.

— Donne, Zack ! Je t'en supplie. Je serai ton esclave, ta chose. Je ferai tout ce que tu me demanderas. Je te le jure !

Et elle est tombée sur les genoux, s'agrippant au bas de mon pantalon. En voyant ainsi la belle Hanna, la célèbre Hanna von Kessler humiliée à mes pieds, j'ai senti un déclic ; j'ai compris que quelque chose s'inversait. Je n'étais plus l'apprenti, l'étudiant. Je crois qu'à ce moment j'ai quitté la position de celui à qui on raconte le monde. Cette nuit-là, je suis devenu celui qui pose les questions – aux autres, mais aussi à lui-même. Celui dont la seule présence impose les questions auxquelles tout le monde doit répondre !

Bujumbura, 22 décembre 2003

Préciose dormait auprès de moi. Malgré la chaleur qui régnait dans la petite chambre d'hôtel, elle avait entrelacé ses jambes aux miennes tel un serpent. Nous étions moites de sueur. Aux premières lueurs de l'aube, j'ai été réveillé par l'appel à la prière. J'en connais les paroles par cœur ; je l'ai entendue si souvent. Qu'un homme, un parmi les autres, se réveille ainsi avant le soleil pour tirer sa communauté du sommeil, pour la prévenir que son dieu – leur dieu – est le plus grand de tous les dieux..., je trouve cette attitude majestueuse. J'ai été ému comme chaque fois – ému et triste de ne pouvoir partager la même tension du jour qui se lève par la volonté d'un dieu. Je devais prendre l'avion pour Paris en début de matinée. Car j'ai décidé d'éviter Lagos au retour. Donc, Dakar-Paris, puis Paris-Amsterdam, Amsterdam-Nairobi de nuit d'où, après six heures d'errance à travers l'unique couloir de l'aéroport Jomo-Kenyatta, je trouverai enfin un avion pour Bujumbura. Si tout se passe bien, je pourrai être au Burundi demain dans l'après-midi.

Mais, après tout, cela m'est un peu égal. Mon monde intérieur a changé. Il a suffi que je m'éloigne de l'ambiance confinée du Burundi pour être soudain propulsé à nouveau au cœur des enjeux du monde. J'ai quitté le cadre universitaire de Paris parce que je ne supportais plus les jalousies, les disputes, les agressions sournoises qui régnaient parmi mes collègues. Mais cette ambiance délétère n'est pas seulement française. J'ai rencontré cette même Université sinistrée dans tous les pays où je suis passé. L'Université est partout un monde hybride, aussi malveillant que celui de la politique, aussi rétréci que celui de l'Eglise. J'ai quitté l'Université sans amertume, pourtant, certain qu'en trente ans je lui avais donné le meilleur de ce que je savais faire. J'étais un professeur de psychologie raisonnable – pas de ceux qui organisent des happenings pseudo-philosophiques ou des séances de sexualité pédagogique. Je m'efforçais d'enseigner la psychopathologie la plus moderne, incitant les étudiants à lire les textes américains, à s'interroger sur les réflexions épistémologiques, les introduisant aux apports décisifs de la dernière décennie en neurologie, en anthropologie, en histoire. Mais mon enseignement passait de moins en moins. Car si les étudiants s'engageaient dans des études de psychologie avec tant d'entrain, c'est qu'ils souhaitaient rejoindre une sorte de parti politique dont la ligne se résumait au plus démagogique et au plus fruste des slogans : « faire le bien ». Finies les illusions que j'avais nourries durant mes études, d'après lesquelles atteindre le vrai était la seule façon de faire le bien. Non ! Eux voulaient faire le bien tout de suite – sans se soucier du vrai, sans même vouloir connaître le mal. Ils voulaient surtout être et paraître dans un même mouvement. Soigner des traumatismes en Afrique, découvrir les secrets de l'inconscient, tout en étant des notables reconnus, des bourgeois respectés. Et ils venaient à l'Université, non pour apprendre, puisqu'ils savaient déjà, mais pour entendre célébrer une messe dont ils connaissaient toutes les paroles d'avance. La dernière année, il s'était créé une tension entre nous – moi les incitant à plus d'originalité, à plus de pensée critique, et eux classant par avance chacune de mes remarques dans la catégorie des pensées réactionnaires.

L'attente à Nairobi vous fait redescendre sur terre. Une fois que l'on a épuisé l'intérêt pour l'exotisme des belles voilées revenant de Dubaï chargées d'immenses sacs en plastique, des belles en sari en provenance de Delhi et des incroyables militantes du bien-être international aux jambes de joueurs de rugby, il ne vous reste plus qu'à vous affaler dans un fauteuil.

Au poste de sécurité, mon bagage de cabine attire l'attention du fonctionnaire de l'aéroport...

— Stop !

Appel des policiers, fouille au corps... Ils sont trois maintenant qui examinent l'écran de leur scanner. Je demande ce qui les inquiète ainsi. Ils m'ordonnent d'ouvrir mon sac. Je demande de nouveau ce qu'ils y ont vu. Ils finissent par me dire que mon coupe-ongles long de moins de cinq centimètres a une lame – en vérité une minuscule lime à ongles...

— Non, monsieur ! Vous ne pouvez pas embarquer avec cette arme !

Je dois briser la lame si je veux avoir la permission d'embarquer. Ils insistent. Il suffit de la casser, de leur laisser l'objet du délit...

Arrivé à Bujumbura, je suis arrêté par le préposé à la santé qui vérifie les carnets de vaccination. Il va de soi que tous mes vaccins sont à jour et, d'ailleurs, il les a déjà vérifiés à chacun de mes retours. Mais, cette fois, je n'ai pas mon carnet de vaccination. Je l'ai sans doute égaré dans le café de l'aéroport de Nairobi. Il m'arrête, me conduit dans son bureau. Je fouille mon sac et finis par mettre la main sur une photocopie récente du carnet.

— Vous aggravez votre cas, monsieur Caro ! Ne savez-vous pas qu'il est strictement interdit de photocopier des documents officiels ?

— Ah bon ? Je ne le savais pas. Peut-être s'agit-il d'une loi burundaise, alors...

— Oui, oui ! Je pourrais vous poursuivre en justice si vous me présentiez cette photocopie. Me la présentez-vous ?

— OK ! Je ne vous la présente pas ! Mais que puis-je faire ? Je veux dire : voilà une demi-heure que l'on m'attend à la sortie de l'aéroport et j'aimerais partir maintenant – ne serait-ce que pour prévenir mes amis...

— Il vous faut un carnet de vaccination à jour...

Il se balance d'un pied sur l'autre, la cravate rouge trop longue descendant jusqu'à mi-cuisse. Je commence à m'énerver.

— Je comprends, je comprends... Mais nous avons constaté ensemble que je ne suis pas en mesure de vous le présenter. Qu'allez-vous faire ? Me réexpédier à Nairobi ?

— Ce serait tellement mieux d'avoir un carnet de vaccination à jour. N'est-ce pas, monsieur Caro ?

— Certes ! Je suis d'accord. Ce serait en effet souhaitable que je puisse vous présenter un carnet de vaccination. Mais je n'en ai pas, alors... Que faire ?

— Vous pourriez en avoir !

— Oui, sans doute !

— Vous pourriez ! insiste l'homme.

— Sans doute, sans doute ! Mais comment ?

— Avec un minimum d'effort. Regardez, j'en ai ici de tout neufs...

Je commence seulement à comprendre.

— Oui, je les vois ! Mais les carnets neufs ne sont pas dans mes prix. Je n'en ai jamais eu, du reste. Tous les carnets de vaccination que j'ai possédés durant ma vie étaient déjà écrits. Je n'ai jamais eu entre mes mains un carnet neuf...

— Pas si chers, monsieur Caro, ils ne sont pas si chers ! Moins chers qu'une visite chez le médecin – et tellement moins douloureux qu'une vaccination...

Je m'en sors pour 20 000 francs burundais ; c'est-à-dire un peu plus de 15 dollars. Il m'en rédige un tout neuf, le décore fièrement de plusieurs tampons sur lesquels il appose sa signature et me le tend avec un sourire épanoui, me gratifiant d'un : « Monsieur l'ambassadeur ! S'il vous plaît... passez donc par ici ; c'est le salon des invités de marque... »

A la sortie, Stéphane m'attend dans le grand hall, le dos appuyé contre une colonne, en fumant des cigarettes. J'aime bien Stéphane, qui est gendarme à l'ambassade, avec sa gueule de cochon rose, son nez retroussé et son air de demeuré. Je l'aime bien, lui qui représente à la perfection la dérive mentale des expatriés. Au fond, si on veut comprendre comment il en est arrivé là, il suffit de savoir que l'on a confié charge d'âmes à un adolescent à peu près illettré. Entré dans la gendarmerie depuis à peine trois ans, il a aussitôt déposé une demande pour partir en mission à l'étranger. Et puis, les hasards de l'administration aidant, sa demande a été acceptée et le voilà en poste à Bujumbura au sein d'une petite équipe de trois gendarmes. Et, lorsqu'il est de garde – ce qui lui arrive tous les trois jours –, il reste seul maître après Dieu. Il régente les entrées et les sorties, laisse accéder ou bloque les demandeurs de visa, répond au téléphone. En Afrique, une position pareille fait de vous le maître du destin d'une multitude. D'autant que Stéphane, né par hasard d'une nuit de beuverie après un bal de campagne, s'était retrouvé gendarme par hasard, et marié par hasard à la première femme qui avait accepté de coucher avec lui. Françoise, son aînée de vingt ans, en était, elle, à son troisième mariage. Son expérience lui avait collé au corps une sorte d'exigence mystique : elle voulait l'entendre au moins une fois... Pas le voir, non, tout de même ; mais au moins l'entendre ! Elle l'avait senti si souvent ; je veux dire : ressenti sa présence. Il lui arrivait même parfois de le reconnaître en celui-ci ou en celui-là. Avant Stéphane, elle avait été mariée à un Juif séphararde, dont la famille provenait de Tunisie ; un passionné de Kabbale qui lui avait expliqué que Dieu ne venait pas comme ça, n'importe comment, n'importe quand ; qu'il ne se présentait jamais devant n'importe qui. Il lui avait expliqué que Dieu, il fallait le convoquer, le forcer, pour ainsi dire. Mais nul n'était capable de proposer les formules infaillibles permettant de le faire apparaître. Elle ne s'était pas rendu compte, pauvre Françoise, qu'il ne s'agissait pas du même dieu. Elle, c'était le Christ qu'elle voulait rencontrer, alors que lui, c'était Dieu – Dieu, simplement Dieu ! Si bien que, lorsqu'elle avait vu Stéphane pour la première fois, si entier, si simple, blond et rose, jeune gendarme stagiaire, elle avait été persuadée qu'elle avait enfin rencontré le Christ. Et elle était venue avec lui au Burundi. Au début, ils avaient une vie sociale presque normale, quoique pas nécessairement ensemble ! Elle recevait chez elle les expatriées belges et françaises qui achetaient leurs sous-vêtements aux mama-benz venues du Congo. Lui accompagnait l'attaché militaire dans ses virées auprès des filles dans les bars louches des environs de Bujumbura. Lorsqu'on lui demandait ce qu'il faisait à traîner ainsi dans les bas-fonds, il se refusait à répondre, prétendant qu'il aidait au travail de renseignement. Les choses ont fini par se gâter lorsque, s'étant amouraché d'une fille, l'attaché militaire a cessé de se soûler dans les bars, passant ses deux derniers mois de séjour au lit avec la belle. C'est alors que Stéphane, se voyant désœuvré, a commencé son trafic. Il récupérait les kalachs saisies par les troupes de l'Onu pour les revendre au plus offrant – aux rebelles de-ci, aux armées de-là. Il stockait les armes et tout le matériel qu'il trafiquait dans un entrepôt non loin de la Brasserie du Burundi, la Brarudi. Nous passons précisément devant la brasserie. Il me dit :

— J'ai une affaire à vous proposer, professeur Caro...

Je lui réponds sans y prêter attention :

— Une affaire ? Je ne suis pas doué pour les affaires !

Il arrête la Toyota devant son entrepôt, coupe le moteur, me tend une cigarette :

— Vous êtes historien, je crois, professeur Caro ? Ou bien quelque chose comme ça...

— Pas du tout ! Je suis psychologue. Mais voilà un moment que je ne pratique plus mon métier. L'administration de l'Agence occupe tout mon temps.

Il a l'air ennuyé ; reprend, insistant :

— Je vous ai pourtant entendu raconter toutes sortes d'histoires sur le Burundi ancien au Centre culturel. Honnêtement, je vous prenais pour un historien.

— Je m'intéresse à l'histoire du Burundi, il est vrai ; mais c'est du fait que j'y vis en ce moment, tout comme vous, Stéphane ! Vous vous y intéressez certainement aussi...

Ma réponse le rassure un peu. Il ajoute :

— Oui, oui ! Sans doute ! Vous pourriez m'aider à débrouiller une histoire compliquée, j'en suis sûr ! Après tout, vous êtes professeur, n'est-ce pas ? Vous devez savoir des tas de choses...

— Qu'est-ce qui vous préoccupe, Stéphane ?

— Savez-vous qu'avant les événements de 93 Bujumbura était une plaque tournante pour le commerce de l'or et des diamants ?

— J'en ai entendu parler comme tout le monde. C'est de l'histoire ancienne. On m'a également parlé du coltan...

— Voilà déjà dix ans que le coltan n'est plus une bonne affaire. Une autre question : vous êtes-vous déjà demandé d'où provenaient cet or et ces diamants ?

— Je n'ai jamais réfléchi à la question. Je suppose que l'or provenait des mines de l'Ituri, d'où il passait clandestinement au Burundi, au Rwanda ou en Ouganda où on pouvait le revendre plus cher qu'au Congo...

— Oui ! Mais pas seulement !

J'attends qu'il m'en dise davantage. Il garde les yeux fermés, la bouche arrondie, soufflant précautionneusement des anneaux de fumée de cigarette.

— Que voulez-vous dire, Stéphane ? Vous m'amusez avec vos airs de conspirateur...

— Non, professeur Caro ! Ce ne sont pas des airs ! Je sais qu'une partie de cet or venait du Burundi, de l'ouest de Bujumbura ou d'Uvira...

— Je ne suis pas bien renseigné sur la question. Il me semble qu'il n'existe pas de mine d'or par là-bas. Mais je pourrais questionner le professeur Jimmy Habimana, le géographe.

— Ce n'est pas la peine ! Je sais que l'or provenait de là-bas ; je sais aussi qu'il arrivait en lingots déjà moulés avec des poinçons belges.

— Allons bon ! Prenez garde, Stéphane ! On raconte toujours des histoires rocambolesques en Afrique. Vous ne devriez pas attacher d'importance à tous ces récits merveilleux.

Il empoigne ma veste avec une certaine violence :

— Arrêtez de me traiter comme un enfant ! Et si je vous disais que je les ai vus ? Que j'ai vu des lingots, parfaitement moulés, que j'ai vu les poinçons « Royaume de Belgique » et même la date... Hein ?

Je comprends que je n'échapperai pas si facilement à la discussion.

— La date ? Et quelle date avez-vous lue sur ces lingots ?

— 1934 ! Oui ! 1934 ! Tous les lingots que j'ai vus – peut-être cinq ou six –, tous portaient la même date : 1934. Avant la guerre ! Vous comprenez, Caro ; c'est la raison pour laquelle je m'interroge. Des lingots belges datant de 1934... Il y a peut-être une très grosse affaire derrière tout ça.

— Calmez-vous, Stéphane, je vais me renseigner...

Il empoigne ma veste à nouveau, le visage cramoisi :

— Non ! Vous n'allez pas vous renseigner ! Vous n'irez en parler à personne – en tout cas pas sans moi ! Vous me prenez pour qui ? Je ne suis pas idiot. Ce que je vous propose, c'est une association ; pas de me faire arnaquer ! Vous, vous chercherez la raison de cette affaire, vous irez fouiller dans les livres, vous compulserez des documents, vous établirez des cartes et des itinéraires ; et moi, je me chargerai du travail pratique. La tête et les jambes, si vous voulez. Si vous faites correctement votre boulot, on partage, sinon...

Et il éclate de rire...

— Sinon... professeur, l'aventure s'arrête là ! Je veux dire : votre aventure africaine... finie !

Je me redresse, incrédule. Comment ? Le petit Stéphane, l'adolescent presque imberbe, me menacer de cette façon ? J'en reste suffoqué.

— Allons, Stéphane, ne faites pas l'enfant. Je comprends qu'une telle découverte vous excite, mais gardez votre calme. Il s'agit d'abord de vérifier.

— Vous ne vérifiez rien du tout ! me hurle-t-il au visage. Vous consultez les archives, c'est tout ! Vous glanez toutes les informations disponibles et vous venez m'en rendre compte ! Point, trait. Exécution !

A la villa, sur la colline de Kiriri, Alexis, mon cuisinier, m'accueille avec une bouteille de bière fraîche. Il l'ouvre devant moi, comme je le lui ai expressément demandé. Il est plus de 17 heures. Le soleil se faufile entre les branches, là-bas, au bord du lac Tanganyika. La brise du soir me caresse doucement la joue. Je suis un peu essoufflé par l'altitude ou bien impressionné par la beauté du paysage. Je m'effondre dans le fauteuil et sirote doucement la mousse en contemplant les lumières qui jouent sur l'eau, comme hébété.

Carnets de Jack Bean. Vienne, 13 janvier 1910

Le mercredi 12 janvier 1910 fut un jour mémorable entre tous. Dans la soirée, j'ai assisté pour la première fois à la réunion de la Société psychanalytique, chez le professeur Sigmund Freud lui-même. J'en suis sorti comme porté par le vent chaud du désert, des ailes aux talons et la tête dans les étoiles... Je me sens si fier d'avoir rencontré les plus grands psychanalystes de Vienne ; les plus célèbres : Adler, Graf, Heller, Hitschmann, Rank, Sadger, Tausk, Wittels et surtout Stekel. Oui, Stekel ! Je suis encore ébloui par ce petit bonhomme qui cache son intelligence derrière un masque de jovialité presque vulgaire.

J'étais arrivé en avance. Une servante m'a fait entrer dans un salon d'attente cossu, bourgeois, mais qui sentait un peu trop le neuf. Les tableaux sur les murs, les meubles, les porcelaines, tout respirait la volonté de paraître, comme si l'on pouvait acheter un passé à sa famille. J'entendais les bruits de la maison ; je sentais les odeurs de cuisine et j'avais des pensées ridicules, quelque chose comme : « Tiens, il arrive même au grand professeur Sigmund Freud de manger de la soupe. » Stekel est apparu, comme un diable surgi de sa boîte. Il sortait de chez le professeur. Il m'a salué, me posant d'emblée mille questions. Il a fallu lui dire en quelques minutes qui j'étais, quel âge j'avais, ce que je cherchais, comment je connaissais la psychanalyse, si je pratiquais, si je comptais la pratiquer, si je souhaitais entreprendre une psychanalyse didactique... Je ne sais pas ce qui m'a tant plu chez cet homme : sa façon de m'approcher, peut-être, de me toucher la main en parlant, de sourire sans cesse. Je me suis senti comme avec un parent, un oncle. Il était au courant de l'invitation qui m'avait été faite d'assister aux débats de la Société.

Deux semaines plus tôt, j'avais écrit une longue lettre au professeur lui racontant mon parcours, ma si brève psychanalyse avec Otto et surtout ma relation avec Hanna. Je nourrissais l'espoir qu'il accepterait de la prendre en traitement ou au moins qu'il me guiderait, me conseillerait sur la meilleure façon de lui porter secours. Avec Hanna, les violences sont de plus en plus fortes. Les derniers mois ont été si difficiles que je commence à craindre pour sa vie. Il y a chez elle quelque chose de si radicalement désespéré, une volonté d'aller jusqu'au bout – elle me fait peur. Deux jours plus tard, je recevais une brève réponse, sur une carte postale, m'invitant à me rendre à son cabinet, au 19 Berggasse.

Freud est un homme de taille moyenne, plutôt petit, à la mise élégante, très soigné, vêtu à l'anglaise d'un costume trois pièces en tweed, portant au cou une drôle de cravate que l'on dirait sortie d'une photographie du Far West américain. Sa façon de se vêtir lui donne un petit côté suranné, mais bien élevé. Il paraît très soucieux de l'effet qu'il produit, vous inspectant sans cesse comme pour surveiller l'écho de sa parole. C'est un professionnel de l'influence. Il compte sur sa présence pour modifier l'état du malade. Même si, dans sa théorie, il s'agit d'une action sur ce qu'il appelle la partie refoulée de la personne et non pas d'un simple acte de suggestion, sa présence, ses vêtements, son comportement doivent être de la plus haute importance. Il a fixé sur moi un regard perçant ; deux billes noires brillantes derrière ses épaisses lunettes de myope. J'ai ressenti comme deux flammes qui voulaient me pénétrer l'âme. J'ai instinctivement fermé les yeux. Il a gardé ce visage tendu quelques secondes encore, puis il a élégamment posé son menton au creux de sa main et s'est lové, tel un chat, au plus profond de son fauteuil, m'invitant à m'expliquer. Je n'étais pas sitôt installé, j'avais à peine ouvert la bouche que, sans même lever les yeux, il me demandait ce que j'avais pu raconter à « ce monsieur Stekel »... « Dites-moi donc, m'a-t-il demandé, dites-moi ce qu'il vous voulait... » Apparemment, la paix ne règne pas entre les membres de la Société psychanalytique de Vienne. Durant la réunion, il y avait le célèbre docteur Alfred Adler. D'après le professeur, la seule pensée d'Adler serait de faire sécession. Freud prétend même qu'Adler utilise la réputation durement acquise de la psychanalyse dans le but de promouvoir sa seule personne. Le professeur m'a même affirmé que la méthode que voulait lancer Adler, la « psychologie individuelle », portait bien son nom ; il s'agissait bien de promouvoir un individu : lui-même.

Avant de le connaître, je ressentais *a priori* une certaine attirance pour Adler, dont les convictions socialistes me plaisaient davantage que l'attitude bourgeoise de tous ces petits docteurs ventripotents. Mais, après l'avoir entendu parler, ses idées me paraissent plus faibles que celles de Freud, certes plus raisonnables mais tellement plus banales. Et puis, il y a l'extraordinaire docteur Stekel, tellement pétillant, tellement drôle que, lorsqu'il se met à parler, tout le monde s'interrompt, s'installant pour l'écouter... pour la journée entière, a-t-on l'impression, ou même pour la nuit ! Le professeur l'interrompt pourtant systématiquement en le traitant de menteur en des termes à peine voilés. « Mais oui, docteur Stekel, vous allez certainement nous raconter comment l'un de vos patients vous a rapporté un fantasme qui corrobore la théorie que vous venez de nous présenter... ce matin même, précisément, comme par hasard, bien entendu. »

J'ai aussi bavardé quelques instants avec le docteur Tausk, aux yeux d'un bleu si clair. Lui semble être l'exact opposé du professeur, aussi négligé que l'autre est soigné. Vêtu d'un vieux pantalon élimé et d'une veste dépareillée qui n'a sans doute jamais connu le fer, Tausk est d'une beauté authentique, violente, crue. Il y a une certaine provocation à se présenter ainsi, Apollon en haillons, à exhiber une bénédiction indûment reçue du Ciel. Le professeur l'évitait systématiquement, détournant son regard, refusant de lui donner la parole. Tausk m'a demandé si je suis marié ; que voulait-il savoir ?

J'ai aussi été impressionné par l'érudition du docteur Otto Rank, citant de longs passages d'Eschyle et de Sophocle, en grec. Il a un air à la fois juvénile et sérieux, et cette façon qu'il a de regarder fixement son interlocuteur à travers ses épaisses lunettes d'écaille met vraiment mal à l'aise. Cet homme souffre d'évidents problèmes de timidité.

Nous étions donc réunis, une bonne quinzaine, pour écouter un exposé de Wittels sur Karl Kraus, le fondateur du *Flambeau*. Je sais que Kraus est très lié à Otto Gross, dont il publie régulièrement des articles dans sa célèbre revue. Kraus a même écrit plusieurs textes pour défendre Otto. C'est sans doute mon amitié avec Otto, longuement évoquée dans ma lettre à Freud, qui m'a valu d'être invité là malgré mon jeune âge et ma totale inexpérience. Car mon ami Otto devient de jour en jour un problème plus aigu pour ses collègues de la Société psychanalytique. A leurs yeux, il compromet la psychanalyse tant par ses pratiques inconsidérées que par ses prises de position publiques. Ses diatribes révolutionnaires, ses encouragements à une sexualité débridée ternissent l'image de la profession. Ne dit-on pas partout que la psychanalyse participe de cette dissolution généralisée des mœurs ? Son usage inconsidéré des drogues et ses comportements incompréhensibles, si proches de la folie, lui ont fait perdre ses derniers appuis dans le mouvement. Les psychanalystes le tiennent carrément pour fou. Stekel s'est même exclamé à plusieurs reprises : « Malgré toute son intelligence, il faut dire clairement que le docteur Gross est un schizophrène ! Je ne comprends pas pourquoi il n'a pas été interné de force dans un asile psychiatrique. Cet homme a besoin de soins, grands dieux ! Qu'attend-on pour lui venir en aide ? Qu'il se suicide ? »

Le professeur est venu nous retrouver dans le salon d'attente. Il a passé un long moment à saluer chacun, distribuant des paroles aimables, questionnant les uns et les autres sur la santé des épouses et des enfants. Nous nous sommes installés dans la bibliothèque et deux servantes sont venues nous offrir café et strudel aux pommes. Cette bibliothèque est impressionnante, non tant par ses livres que par les dizaines de statuettes antiques qui encombrent les étagères. Toutes les conversations se sont interrompues au moment précis où le professeur a tiré un de ses cigares d'une boîte en bois précieux. Un silence religieux est soudain tombé sur l'assistance. Il l'a allumé en un geste lent, presque rituel. Il regardait s'élever en épaisses volutes la fumée, jouissant de l'attention de chacun suspendue à ses lèvres. Après plusieurs minutes d'un silence total durant lesquelles nous nous étions retirés à l'intérieur de nous-mêmes, il a finalement pris la parole pour présenter Wittels, l'un de ses jeunes élèves. Puis il lui a passé la parole.

Fritz Wittels a manifestement moins de quarante ans mais parle déjà d'un ton assuré, quelque peu solennel, comme si ses déclarations engageaient l'avenir du monde. Lui aussi est vêtu comme un bourgeois, d'un costume trois pièces sombre, mais son maintien paraît plus élégant, plus naturel, comme si ce type de vêtements convenait mieux à son corps, à son être, plutôt. A la différence de la plupart des autres psychanalystes, Wittels vient d'une grande famille bourgeoise. Lui, au moins, ne redoute pas sa propre fortune. Depuis plusieurs années, il était fâché avec le professeur Freud précisément à cause de sa liaison avec Karl Kraus. L'on fêtait le retour de l'enfant prodigue. Wittels venait injurier Kraus en public. Son exposé était une façon de faire amende honorable, une sorte d'exercice de contrition obligatoire, un acte d'allégeance. Il a chargé le pauvre Kraus, le présentant comme un enfant masturbateur, sombrant dans la mélancolie après avoir constaté la petite taille de son « organe » comparé à celui de son père. Son raisonnement était le suivant : Kraus, brillant journaliste, avait au tout début de sa carrière réussi à travailler pour la *Neue Freie Presse*, le quotidien de la bonne société bourgeoise de Vienne. Puis il s'était révolté, lançant son propre journal critique,

Die Fackel, le « flambeau » qui, chaque jour, remet en cause les articles de la *Neue Freie Presse*. Selon Wittels, s'appuyant sur un simple jeu de mots, Kraus attaquait la *Neue Freie Presse*, l'« organe du père », cet organe que le fils n'avait pas. Et il le décrivait, enfant, ne sachant pas lire, regardant plein d'envie son père qui tenait le journal entre ses mains, et tentant de l'imiter.

Sidéré, j'écoutais Wittels décrire le célèbre Kraus comme un enfant faisant mine de lire, inventant les mots du journal de son père jusqu'à produire ses célèbres calembours, simple survivance de ses borborygmes d'enfant. Et il voyait dans cet événement hypothétique et trivial l'origine des virulentes critiques sociales de Kraus. Le brillant éditorialiste, le pamphlétaire de génie souffrait donc seulement d'une grattouille infantile, la *Fackel Neurose*, car ainsi s'intitulait l'exposé de Wittels : la « névrose du flambeau ». Quoi qu'on puisse penser de Kraus, on ne peut qu'être admiratif devant l'œuvre du journaliste et de l'écrivain qui assume à lui seul la rédaction, l'illustration et la publication d'une des revues les plus connues de Vienne. Pourquoi diable le rabaisser en le traitant d'enfant névrosé ? N'est-ce pas Wittels qui se comporte comme un enfant devant le professeur Freud en lui disant tout ce qu'il désire entendre ? J'ai rencontré Kraus, qu'Otto m'a présenté une nuit d'ivresse dans un café. C'est un bohème, l'exact opposé de tous ces docteurs. Il passe ses nuits à boire et à rechercher des aventures féminines, rentre chez lui au petit matin pour se saisir de sa plume qu'il ne lâche qu'épuisé de fatigue, s'endormant tout habillé sur une dernière phrase. Il se lève d'un sommeil de quelques heures vers 7 heures du soir pour se préparer à une nouvelle nuit dans les cafés et les cabarets. C'est ainsi que vit cet homme de l'envers, cet amoureux de la nuit, si habile à saisir la négativité du monde.

Une fois l'exposé terminé, les critiques ont explosé de toutes parts. Le professeur Freud les écoutait sans aucune réaction. Il restait enroulé dans son fauteuil, le visage au creux de sa main, les yeux mi-clos, donnant même l'impression qu'il n'écoutait pas. Il a attendu la fin de la séance pour s'exprimer à son tour. Il s'est fait un silence de mort lorsque l'on a entendu sa voix à la fois aigre et rocailleuse, métallique de fumée de tabac, juvénile de passion :

— Je dois dire qu'à la différence de mes jeunes collègues, commença-t-il d'une voix faible, je suis d'accord avec nombre d'idées exprimées par le docteur Wittels. Et, avant toute chose, je voudrais remercier notre orateur d'avoir consenti à tant de sacrifices. Oui, je le répète : de sacrifices ! Sans doute êtes-vous étonnés par le mot « sacrifice » et je vais d'abord m'en expliquer ! Il s'agit bien de sacrifice au sens d'un renoncement à quelque chose de cher. Il nous a parlé ici d'une personne qui est encore en vie et je comprends la virulence de vos critiques comme une réaction de dégoût devant cette sorte de vivisection – je veux dire un découpage sous nos yeux d'un être humain vivant. Un homme a été dépecé devant vous ; cet homme, tout le monde le connaît ! Votre réaction s'explique par le caractère inhumain d'une telle vivisection sans compromis. Chacun sait combien la pratique de la psychanalyse rend tolérant. Nous entendons chaque jour les horreurs les plus insupportables, les fantasmes les plus obscènes, et nous aimons tout de même nos patients. Nous les aimons parce que nous les comprenons – je veux dire : c'est en les comprenant bien au-delà de leur conscience que nous les aimons ; c'est de ce fait que nous les aimons.

Or, notre collègue, le docteur Wittels, a découpé la personnalité de Kraus sans tendresse, sans fausse pudeur et sans retenue. J'ai souffert pour lui car, pour ce faire, il a renoncé à la compassion inhérente à notre métier. Voilà le sacrifice auquel le docteur Wittels a dû consentir : renoncer à la compassion et, pour cela, je le remercie !

C'est à ce moment que j'ai pris conscience du génie exceptionnel du grand professeur Sigmund Freud. En quelques phrases, effilées comme une dague, il avait, dans un même mouvement, condamné Karl Kraus, critiqué Wittels, laissé Adler muet et enlevé la parole à quiconque aurait imaginé soutenir l'un ou l'autre. Moi qui connaissais la victime expiatoire, j'en suis resté consterné. Wittels a sacrifié Kraus, son ami intime, pour obtenir le pardon de Freud. Il l'a déchiré sous nos yeux, a partagé ses chairs et invité chacun à en avaler une part. Et j'ai assisté sans réagir à ce repas cannibalique – sans y participer, certes, mais complice par mon silence. Il n'est guère que Tausk qui a murmuré dans un souffle alors que l'on sortait de l'immeuble :

— Comme nous avons tort de ne pas réagir ! Qui consent à déchirer ainsi un ami et un allié sera nécessairement dépecé à son tour. Ma propre lâcheté me dégoûte !

Et il nous a quittés sans nous saluer.

Mais moi, j'étais animé d'une joie intérieure. J'avais obtenu un rendez-vous avec le grand professeur Freud. Il me verrait le lendemain, mais il me recevrait seul. Non, il n'avait pas accepté que je vienne avec Hanna. Non, il voulait d'abord m'écouter, comprendre mes motifs, curieux, m'a-t-il dit, d'accueillir un jeune homme plein d'avenir... et je sautais inconsciemment d'une jambe sur l'autre.

Le lendemain, je n'étais pas encore entré dans son bureau qu'il me demandait déjà :

— Comment avez vous trouvé notre séance d'hier au soir, docteur Rabinovitch ?

— Souhaitez-vous que je vous réponde sincèrement ? Eh bien, j'étais tellement fier de participer à cette réunion, voyez vous...

— Oui ! Je l'imagine. Vous deviez vous sentir comme un enfant pénétrant dans la chambre de ses parents et surprenant leurs ébats : tout à la fois excité et coupable...

— Oui, peut-être... sans doute, Herr Professor, sans doute ! Mais j'ai été scandalisé par ce qui a été dit sur Karl Kraus. Je vous le dis d'un trait, comme je l'ai ressenti : scandalisé...

Il a pris un air étonné, s'est enfoncé plus profondément dans son fauteuil :

— Scandalisé, dites-vous ? Comme dans la chambre des parents, n'est-ce pas ? Mais précisez votre pensée ! Pourquoi ? Quelqu'un d'autre dans l'assistance vous a-t-il fait part d'un sentiment semblable ? Dites-le-moi, je vous prie. La responsabilité d'un tel groupe m'impose d'être au courant du moindre mouvement qui l'anime.

— A vrai dire, professeur, je suis persuadé que je n'étais pas le seul. Pour vous répondre honnêtement, je n'ai entendu les protestations que du seul Victor Tausk...

— Ah, quelle horde de chiens ingrats ! Tausk ? Ce fou ? Et qu'a-t-il trouvé à redire à l'exposé de Wittels ? Savez-vous seulement que je finance les études de l'honorable docteur Tausk, comme de quelques autres dans l'assistance, d'ailleurs ? Savez-vous qu'il s'est mis en tête d'entreprendre des études de médecine après avoir réussi son droit ? Le saviez-vous ? Il ferait mieux de travailler pour nourrir sa famille ! Et il ne trouve rien de mieux que de me critiquer derrière mon dos. Cet homme déteste qui l'honore et honore qui le déteste ! Vous savez ce que je crois ? Qu'il souffre d'une forme grave de narcissisme pathologique. Vous ne connaissez pas sa femme ? Eh bien, il est inutile de vous raconter la souffrance qu'elle endure auprès de lui...

Je le sentais prêt à accuser, à pourfendre, à lancer des anathèmes. Mon projet d'évoquer avec lui les problèmes de Hanna me paraissait alors de plus en plus compromis. Et j'étais si étonné, perplexe. Comment ? Cet homme, ce savant, que l'on disait l'homme le plus intelligent de Vienne, n'avait pour plus grand souci que de savoir ce que ses disciples pensaient de lui ?

— Je ne sais vous dire davantage, professeur ; je regrette de vous avoir parlé ainsi. Je tiens maintenant tout ce que j'ai pu dire pour de l'insolence. Je vous supplie de me pardonner. Peut-être me suis-je trompé dans mes interprétations. Je ne connais pas les membres de la Société psychologique du mercredi. Je crains d'avoir parlé sans discernement...

Il a tapé du poing sur le bras de son fauteuil.

— Non, en aucune manière ! Que dites-vous ? Je vous remercie pour votre franchise, au contraire ! Et, d'ailleurs, je vous demande instamment de poursuivre votre récit. Qu'est-ce qui a motivé votre humeur ? Pour quelle raison vous disiez-vous « scandalisé » ?

— J'ai été scandalisé par toutes les mauvaises paroles dites contre Kraus. Je l'ai rencontré à deux reprises avec Otto Gross. C'est un homme exceptionnel – fantasque, sans doute, singulier, mais créatif et très cultivé. Et puis il est doué d'un véritable talent littéraire. Par ailleurs, tout le monde sait que Wittels agit par jalousie. Vous n'ignorez pas qu'ils aiment tous deux la même femme...

— Bien sûr que je le sais ! Une sorte de chanteuse de cabaret...

— Oui, une artiste ! Personne n'ignore leur double liaison et, pour ma part, j'ai été scandalisé que Wittels fasse appel à la psychanalyse pour assouvir une vengeance personnelle...

— Je comprends ce que vous avez pu ressentir, je comprends !

— Il n'a proposé cette analyse que pour se venger de Kraus...

Freud ne m'a pas contredit. Il s'est retiré dans un long silence. Je me sentais gêné. Puis il a levé les yeux, m'a regardé, étonné :

— Vous êtes bien jeune, docteur Rabinovitch, mais une véritable force morale vous porte. Ce serait dommage que vous ne conserviez que cette image de la psychanalyse... Nous y reviendrons ! Pour l'heure, voulez-vous me parler de votre affaire ?

— Mon affaire ?

— Oui, votre affaire ! La raison pour laquelle vous souhaitiez me rencontrer.

Je me suis mis à parler, à tout lui raconter. Je ne sais trop ce qui vous pousse à parler à cet homme impavide, les yeux mi-clos, dont ne s'échappent guère que de vagues grognements ou parfois une question lapidaire. Je lui ai raconté Hanna, notre rencontre à la fois inattendue et programmée, les folles soirées sexuelles orchestrées par Otto ; je lui ai enfin parlé de la cocaïne. J'avais mon opinion sur cette poudre maudite qui pervertit tout. Cette poudre semble douée d'une intelligence démoniaque pour détruire le lien social et encore plus le lien amoureux. Je voulais qu'il débarrasse Hanna de ce parasite qui s'était emparé de son âme.

— Voyez-vous, Herr Professor, il lui faut désormais d'incroyables quantités de poudre pour parvenir à se calmer, surtout lorsque nous rentrons d'Ascona.

La phrase m'avait échappé. Je ne souhaitais pas porter la discussion sur Ascona. Je le devinais avide de racontars. Il a évidemment saisi l'occasion :

— Mais que se passe-t-il donc à Ascona ? m'a-t-il demandé.

— A Ascona ?

J'avais honte d'Ascona. Non pas tant des exercices sexuels auxquels nous invite Otto et dans lesquels je suis devenu quelque peu expert, mais des rituels ridicules qu'il nous impose. J'aime Ascona, pourtant ; j'aime les soirées au coin du feu, dans le pavillon de bois, lorsque Erich Mühsam nous lit ses poésies sans quitter son grand chapeau, lorsque Gustav Landauer se dispute avec Franz Jung au sujet de l'imminence de la révolution socialiste, et lorsque nous en sommes à notre cinquième bouteille de vin blanc et qu'à 4 heures du matin, Helga se met au piano pour accompagner nos chansons... Mais comment raconter cela au grand professeur Freud ?

— A Ascona, ai-je répété, à Ascona ? C'est une très jolie petite ville au bord du lac Majeur, en Suisse...

— Je connais, me coupa-t-il d'un ton sévère, je connais ! Elle se trouve dans le Tessin, près de Locarno.

— Oui ! Bien sûr que vous connaissez ! C'est une sorte de colonie... heu, comment dire ?

— Je vais vous dire ce qu'est cette colonie : c'est exactement une « utopie »... étymologiquement, *u-topia* : un « sans-lieu ». Une pensée qui n'a pas trouvé son lieu !

— Mais professeur, si vous permettez, elle a parfaitement trouvé son lieu ! Henri Oedenkoven a acheté le terrain et voilà près de dix ans qu'ils ont construit la maison de bois. Karl Gräser s'occupe de l'organisation et l'on voit défiler les artistes les plus célèbres, les plus grands penseurs...

— Des penseurs ? Vous plaisantez ? Vous voulez parler de dandys à la mode...

Je ne comprenais pas ce qu'il voulait savoir, à la fin. J'étais piqué au vif.

— J'y ai rencontré des hommes célèbres – peut-être s'agit-il des mêmes personnes que vous appelez « dandys à la mode ». Le dernier en date était votre assistant ou bien... je ne sais comment le nommer ? Votre plus fidèle collaborateur, en tout cas : le docteur Carl Gustav Alt.

Il n'a pas bronché. Sans lever la tête, il m'a invité à poursuivre :

— Allez-y, je vous prie !

— Carl Gustav Alt, et bien d'autres, aussi !

Il n'a pas bronché, mais son attitude a changé à mon égard. J'ai senti que je devenais une source d'information utile. Il m'a écouté bien plus attentivement, son silence s'est approfondi, devenant plus dense, plus absolu... On remarque toujours l'intérêt de celui qui écoute à son souffle. J'ai poursuivi :

— Des peintres, des poètes, des théoriciens de la politique, toutes sortes de savants y passent – quelques heures pour certains, des semaines entières pour d'autres...

— Vous n'avez pas mentionné Erich Mühsan tout à l'heure ?

— Si, bien sûr, je l'ai évoqué en passant...

— Savez-vous qu'il m'a écrit, voici peut-être deux ou trois ans, une lettre de remerciement pour le traitement psychanalytique qu'il a suivi avec votre ami le docteur Gross ? Attendez, je vais la retrouver. Vous me donnerez votre avis.

Il s'est levé d'un pas alerte, est parti fouiller dans ses dossiers et n'a pas mis plus d'une minute avant de retrouver la lettre.

— La voici, reprit-il. Je vais vous en lire un passage : « Je souffrais de symptômes pathologiques graves, écrit Mühsan : une forte irritabilité qui conduisait à des accès de rage, se terminant par des états nébuleux pendant lesquels je restais étendu, privé de tout contrôle de mes sens, et sans pouvoir rassembler l'énergie nécessaire pour bouger et agir. Parfois, les attaques conduisaient à des états de complète confusion mentale et amenaient même un dysfonctionnement de certains sens, tels qu'une totale cécité temporaire. Le docteur Gross [...] m'accepta en traitement à ma demande. La réussite dépassa toutes les espérances. Je fus complètement guéri en l'espace d'environ six semaines... Je souhaiterais que les observations que j'ai faites durant le traitement ne vous restent pas inconnues. »

— Cette lettre ne m'étonne en aucune manière, professeur Freud, le docteur Gross est exceptionnellement doué. Pour ce qui me concerne, ce qu'il a appelé ma psychanalyse n'a pas duré plus de trois semaines...

— Trois semaines ? Voilà bien ce dont les artistes sont capables. Moi, en trois semaines avec un patient, je ne parviens même pas à connaître la nature de son trouble.

Car telle est, c'est ce que j'ai découvert, la technique de l'adroit professeur Freud : se faire passer pour un laborieux technicien de l'investigation mentale, faire mine de se ranger derrière l'opinion d'un plus compétent que lui.

— Et de quoi souffriez-vous ? ajouta-t-il. Pourquoi donc vous êtes-vous soumis à une psychanalyse avec le docteur Gross ?

— Je souffrais d'être un peu trop jeune, il me semble...

— Et il vous a fait grandir ? m'a-t-il demandé en riant.

— Grandir n'est pas le mot, professeur, mûrir, plutôt...

— Vous savez, sans doute, que lorsque certains fruits mûrissent trop vite, ils pourrissent.

— Qui d'autre que vous pourrait mieux juger du résultat ?

A cet endroit des Carnets, en marge, Jack Bean a porté de sa main un ajout daté de 1946 : « C'est sur ce mode que se sont institués mes rapports avec Freud et ils sont restés tels tout au long. Lorsque j'y pense, notre relation était faite de passes d'armes et de remarques critiques en demi-teinte, comme si, dès notre première rencontre, dès le premier instant, il avait fallu se mesurer l'un à l'autre. Freud veillera à ce que la violence ne dépasse jamais un certain seuil, pour ne pas rompre le contact. Ce que j'ai aimé chez cet homme, alors âgé de cinquante-quatre ans, connu pour ses recherches, objet de toutes les sollicitations, c'était sa pugnacité. Dieu sait pourquoi, il n'a pas considéré le jeune homme de vingt-trois ans que j'étais alors comme un futur disciple, mais immédiatement comme un rival ou plutôt comme un autre choix d'existence. Je le voyais m'observer comme l'autre face de son destin – comme ce qu'il n'avait jamais osé faire, ce à quoi il ne savait peut-être pas qu'il aspirait de toutes ses forces. »

— Erich Mühsan est un anarchiste, n'est-ce pas ? Anarchiste... Ah ! Comment peut-on penser un seul instant que l'on pourrait se passer de lois ? D'après ce que l'on m'a dit, son père l'a éduqué avec la plus grande sévérité. Vous qui le connaissez, pensez-vous que ses pensées anarchistes sont seulement une réaction à la violence de son éducation ? D'ailleurs, toutes ces idées de révolte qui circulent à Vienne me semblent la nécessaire réaction à un mode d'éducation d'une férocité inouïe, notamment par les pères, et plus précisément à l'égard des garçons. Je crois que la révolution sociale que nous voyons pointer aujourd'hui est une réaction à l'interdit de la masturbation. Il y a vingt ans les pères ont inventé le pyjama pour interdire aux enfants de se caresser le pénis et, vingt ans plus tard, les fils inventent la révolution anarchiste pour se venger des pères.

Bujumbura, 31 décembre 2003

Les zombis sont très nombreux à déambuler dans la ville en préparation du jour de l'an. Je les vois passer sous ma fenêtre et je ne peux m'empêcher de me demander si, sous ces cheveux coupés en brosse, il existe vraiment âme qui vive dans leur crâne. Et moi, je tourne en rond dans mon bureau, attendant un appel de Préciose. Tout à l'heure, une femme en haillons est entrée, un tee-shirt crasseux lui dessinant de gros seins fatigués. Elle montrait son pied enflé, énorme, son mollet couvert d'une plaie purulente. Elle hurlait, exigeait de s'expliquer avec le responsable... Le responsable, c'est moi ! Le directeur précédent lui aurait promis de l'embaucher pour s'occuper du nettoyage. Pourquoi diable les deux gardiens en uniforme, employés de la société Securundi, l'ont-ils laissée passer ? Et voilà qu'elle se répandait sur le sol, s'agrippant au bas de mon pantalon, me suppliant de faire quelque chose pour elle. Cette plaie, ce volcan puant qui se répand sur sa jambe, ce sont les soldats qui l'ont faite, lorsqu'ils sont passés dans son village pour piller et violer. Après l'avoir battue, ils lui ont tiré dans le mollet avec une mitraillette. Non, personne n'a retiré la balle... Je lui conseille de se rendre d'urgence à l'hôpital Régent-Prince-Charles. Mais, me répond-elle, ils ne la laisseront jamais entrer. Je sais parfaitement que nul n'est admis à l'hôpital sans verser au préalable une caution de 10 000 francs burundais.

Comment savoir ? Ce qu'elle raconte est vraisemblable. J'en ai vu des centaines, blessées comme elle, hagardes, errant entre des lits nauséabonds au centre d'accueil pour blessés de Mutanga Nord. Pressé de la voir quitter le bureau, je lui tends deux billets de 5 000. C'est alors qu'elle se met à hurler : elle a faim ; voilà trois jours qu'elle n'a rien avalé. Désemparé, je cherche du regard le secours de mon assistante, ou bien de sa secrétaire, mais elles ont toutes deux déserté le bureau. Elle parlemente encore. Les 10 000 lui permettront peut-être d'être admise à l'hôpital, mais comment se nourrira-t-elle pendant son hospitalisation ? Certainement qu'elle devra encore se prostituer, se soumettre aux infirmiers et aux malades pour gagner un morceau de pain. Elle a fini par repartir avec 20 000 « francs bu », un pain d'un kilo, un fromage du Congo et une bouteille de Fanta. J'étais furieux, surtout lorsque les gardiens se sont moqués de moi. J'avais été moins adroit que le chargé d'affaires de l'Union européenne, qui avait réussi à s'en tirer pour 10 000 tout rond, avec la même femme, une heure avant moi. Mais qu'aurais-je pu faire ? Lui refuser l'aumône ? Et pourquoi l'aider, elle, parmi tant d'autres ? Parce qu'elle crie plus fort, tout simplement !

Aujourd'hui, il règne une atmosphère de panique. Dans le petit monde des représentations diplomatiques et des organisations internationales, tout le monde est très énervé, sans doute à cause de l'assassinat du docteur Abdurahmane Seck, chef de la Mission panafricaine de paix pour le Burundi. Hier au soir, toutes les radios ont diffusé le même type de message : « Le porte-parole adjoint de la Mission panafricaine de paix pour le Burundi a confirmé lundi soir que le véhicule du docteur Seck, cinquante-huit ans, est tombé dans une embuscade à Minago, à une cinquantaine de kilomètres au sud de la capitale Bujumbura. Les coupables l'ont extrait de l'automobile et l'ont abattu à bout portant de quatre balles dans la tête. Pour l'heure, l'identité des tueurs n'a pu être établie. Deux des trois autres passagers de la voiture, molestés au cours de l'exécution, ont été légèrement blessés. L'armée burundaise accuse les rebelles du FLNBu (Forces de Libération nationale du Burundi) d'être à l'origine de l'assassinat du médecin et de l'homme de paix. Le porte-parole du FNLBu, Pasteur Nzinahora, a démenti formellement cette accusation. » De son côté, le président de la République, Pierre Claver Nkunzimana, a déclaré que le docteur Seck avait été tué « sciemment » par des éléments armés que tout le monde a reconnus. Le président de la Conférence des évêques du Burundi, Mgr Prosper Ntamwana, archevêque de Gitega, a également accusé le FLNBu, seul groupe rebelle refusant encore l'accord de paix, d'être à l'origine de l'assassinat. Parfait Nsabimana, chef des FDPP (Forces démocratiques de Paix et de Progrès) et ministre d'Etat chargé de la bonne gouvernance, a déclaré : « Le docteur Seck a offert sa vie pour le Burundi. Le sang versé exige que nous, Burundais, renoncions définitivement à la guerre. » Le docteur Seck sera inhumé tout à l'heure au cimetière musulman de Bujumbura. J'irai, bien sûr ! En même temps que l'office musulman, une messe œcuménique sera dite en la cathédrale Regina Mundi de Bujumbura. Je m'y rendrai également.

Qui a donné l'ordre d'exécuter le docteur Seck ? Je

le connaissais pour l'avoir rencontré à de nombreuses reprises lors de soirées sénégalaises. Au Burundi, on appelle « sénégalais » tous les musulmans originaires d'Afrique de l'Ouest : les Maliens, mais aussi les Guinéens et des Burkinabés arrivés ici dans les années 80, au temps où Bujumbura était la plaque tournante de l'or et du diamant du Congo. Ils ont été rejoints depuis deux ans par quelques fonctionnaires internationaux sénégalais et béninois, qui se sont facilement intégrés aux communautés en place. Abdurahmane Seck était un homme paisible, cultivé, un peu maniaque. Sa pipe occupait ses mains une grande partie de son temps. Il la bourrait, la fumait un peu, puis la nettoyait minutieusement durant des heures avant de la bourrer de nouveau, et ainsi de suite. Tout en manipulant sa pipe, il regardait son interlocuteur pardessus ses lunettes dorées, d'un air malin.

Je crois que sa pipe lui permettait surtout de se taire – car il savait qu'ici, quoi qu'on dise, il n'est jamais bon de parler. Il y a deux semaines de cela, nous avions eu une longue discussion sur l'évolution inquiétante de l'épidémie de sida au Burundi. Il était de ceux qui travaillaient sans relâche pour l'introduction massive des trithérapies dans le pays. Je me souviens qu'il m'avait alors parlé d'un trafic de médicaments offerts par des organisations caritatives qui arrivaient gratuitement au Burundi et disparaissaient aussitôt sans laisser de trace. Certains prétendaient qu'ils étaient revendus en grandes quantités en Europe, générant ainsi des bénéfices colossaux à quelques notables occupant les plus hautes responsabilités. A-t-on abattu le docteur Seck parce qu'il avait découvert un trafic de médicaments ? L'a-t-on abattu pour l'empêcher de parler, lui qui aimait tant se taire ? Saura-t-on jamais qui a commandité son assassinat ? Une fois de plus, la mort agite les Burundais en cette veille du jour de l'an – la mort qui s'est à nouveau manifestée, la semaine dernière, à plusieurs reprises sous les traits du tueur le plus célèbre du pays : Gustave.

Gustave est un crocodile gigantesque – le plus grand crocodile vivant en liberté au monde ! Il faut dire qu'il n'est pas rare de rencontrer un crocodile au bord du lac Tanganyika, ainsi que tout au long de la rivière Ruzizi. On peut même parfois en croiser, à peine est-on sorti de la capitale, de taille raisonnable, traversant la route sur le chemin de Saga Plage. Mais un crocodile comme celui-ci, de mémoire d'homme, personne n'en a jamais vu. Il est long de plus de sept mètres et doit bien peser sa tonne. Gustave a commencé à faire parler de lui en 1993, quelques semaines après les premiers massacres. Au début, les villageois mettaient les disparitions des pêcheurs sur le compte des assassinats en série qui se perpétraient partout à travers le pays. Jusqu'à ce qu'un spécialiste des reptiles, installé à Bujumbura, repère le monstre et en publie les premières photos dans des magazines européens. Depuis lors, on a tout essayé pour le capturer vivant, sans jamais réussir. On l'a guetté, on lui a tendu des pièges, offert des chèvres comme appât et même des vaches. Mais Gustave ne se trouve jamais là où on l'attend, n'approche jamais du piège, ne se saisit jamais de l'appât. Lorsqu'on le guette au nord, près de Cibitoke ou de Rugombo, il se prélasse au sud, en compagnie de ses femelles, sur les plages de Rumonge. A croire qu'il devine l'intention des humains. Depuis dix ans que Bossi l'épie, le suit, le photographie, l'étudie, il a tout naturellement fini par se prendre d'affection pour l'animal. C'est d'ailleurs lui qui lui a trouvé son nom, aussitôt adopté dans tout le pays.

Gustave n'est pas un mangeur d'hommes occasionnel, un mangeur de viande qui se trouve par accident être de la chair humaine, c'est un spécialiste, un chasseur d'hommes ! On lui attribue plusieurs centaines de victimes ; certains disent trois cents, d'autres cinq cents. Il glisse en silence au cours de l'eau, tel un vieux tronc, et happe au passage le pêcheur qui s'est aventuré ne serait-ce qu'à cinquante centimètres du rivage. Et, lorsque je demande à Jean-Pierre Bossi de m'expliquer comment un crocodile peut développer une telle appétence pour l'humain, peut ainsi se spécialiser dans la chasse à l'homme, il ne sait que répondre.

Je reste persuadé que Gustave a été mis en appétit par les centaines de cadavres de Tutsis jetés dans les rivières durant les événements de 93. Les Hutus prétendaient que les Tutsis étaient des Juifs venus du Nord, du Moyen-Orient, en passant par l'Ethiopie. Après les avoir abattus à la machette, ils découpaient les dépouilles qu'ils jetaient dans les rivières, les « sources du Nil », pour les renvoyer « chez eux », en Egypte. C'est sans doute à cette occasion que Gustave a connu la chair humaine, qu'il y a pris goût.

Mais l'on ne peut pas ne pas avoir de pensées étranges à propos de Gustave. Sa compétence exceptionnelle de chasseur, son habileté à éviter tous les pièges, et surtout son identification au malheur qui flotte sur ce pays, en font une sorte d'être surnaturel. Gustave semble être la conscience incarnée du Burundi. Gustave, c'est la terre se vengeant de ses fils qui l'ont arrosée de sang à en dégorger ; Gustave, ce sont les forêts disparues se transformant en troncs d'arbres carnassiers et pervers ; Gustave, ce sont tous les êtres disparus du culte du Kubandwa, ses dieux et ses héros qui reviennent exiger leurs offrandes et leurs sacrifices ; Gustave, c'est la revanche des Batwas, les Pygmées, les petits hommes de la forêt réduits en esclavage par les adorateurs du bétail. Et Gustave a dévoré deux pêcheurs et la jambe d'un troisième la semaine dernière. La ville est en émoi, tout le pays effrayé. Non pas que Gustave soit perçu comme un danger réel – que sont trois cents ou cinq cents morts au Burundi au regard des centaines de milliers délibérément assassinés ? – mais du fait du caractère surnaturel de sa présence. On a certes pensé à l'abattre. Certaines photographies publiées par Jean-Pierre montrent sur son flanc les traces de rafales de mitraillette qui sont allées ricocher dans l'écho des montagnes sans pénétrer l'épaisseur de sa peau. Il est clair qu'on ne peut pas tuer Gustave, comme on ne peut pas se débarrasser des exigences des morts, comme on ne peut faire taire la voix du vent...

Et voici Espérance, mon assistante, qui entre dans mon bureau pour m'annoncer une visite.

— Un homme veut vous voir, monsieur Caro.

— Un homme ? Qui est-ce ?

— Je ne sais pas ; il n'a pas voulu dire son nom.

Décidément, aujourd'hui, rien n'est comme d'habitude. Il est fort connu que le 31 décembre est le jour de tous les dangers, comme si ce jour-là Dieu faisait ses comptes, décidait de la vie ou de la mort de chacun. Aux Antilles, on vous conseille de ne pas répondre à l'appel de votre nom, de peur que la mort elle-même ne vienne vous chercher...

— C'est un *muzungu*, un Blanc, ou bien un Burundais ?

— Un Burundais, monsieur, un Burundais que je n'ai jamais vu !

C'est très étonnant : Bujumbura est une très petite ville. Comment peut-elle ne pas connaître mon visiteur ? A moins que ce ne soit un étranger, un voyageur...

— Vous ne l'avez jamais vu ? Vous a-t-il au moins dit son nom ?

— Non, monsieur Caro, il a seulement demandé à vous voir.

Je sens une bouffée de colère m'envahir. Comment cela ? Je lui ai répété des dizaines de fois que je souhaite connaître l'identité du visiteur, le motif de sa demande. J'en ai assez d'être envahi par tous ces traîne-savates. Mais je me calme aussitôt. Ici, il ne faut jamais se mettre en colère, je le sais. Le Burundi n'est pas un pays comme les autres et les Burundais sont des êtres étranges, choqués, suspendus, comme sidérés. On ne peut avoir les mêmes exigences envers eux... Le Burundi est le seul pays où les règles de la vie sociale sont encore plus opaques que les lois de la nature. Et je pense : elle s'appelle Espérance. Espérance de vie au Burundi, chiffres officiels de l'Organisation mondiale de la Santé (1970) : quarante-quatre ans ; 2003 : quarante et un ans... Revenu national brut annuel par habitant en 2003 : 100 dollars... Je me calme :

— Faites-le entrer, Espérance !

L'homme mesure plus de deux mètres. Vrai ! Il se penche légèrement pour passer le pas de la porte. Sous un costume noir élimé, il arbore un petit col blanc, sans doute veut-il se faire passer pour un prêtre ou un pasteur. Peut-être l'est-il vraiment, du reste ! Au Burundi, pour six millions et demi d'habitants, on compte plus de deux cents Eglises, deux cents obédiences, toutes chrétiennes. Il faut dire qu'ici il n'existe que deux métiers susceptibles de vous faire gagner de l'argent : chef de groupement religieux et homme politique. Il a un beau visage, aux traits réguliers, la peau très noire ; mais, quand il sourit, il lui manque deux dents sur le devant, une incisive du haut et une autre en bas.

— Monsieur le délégué, je vous présente mes salutations les plus respectueuses, susurre-t-il.

Je lui demande de m'expliquer le motif de sa visite et le voilà qui se contorsionne :

— D'abord, je voudrais vous dire, monsieur le délégué, que j'ai beaucoup entendu parler de vous ; l'on dit partout que nous avons pour une fois hérité d'une personnalité de très haut niveau...

— Oui ? Je vous remercie !

— On me dit aussi que vous avez déjà entrepris des choses magnifiques, déjà mis en œuvre des programmes qui vont révolutionner le pays. Et je n'utilise pas mes mots au hasard ! Monsieur le délégué, au nom du Burundi, je tiens à vous remercier chaleureusement !

— Oui, merci encore, monsieur... Je crois que vous ne m'avez pas dit votre nom. Monsieur ?

— Japhet !

— Japhet, ce n'est pas votre nom ; seulement votre prénom, j'imagine...

— Mais, vous autres Européens, vous ne savez pas prononcer nos noms. Appelez-moi Japhet ! Japhet Ntagwirumugara.

— Comment dites-vous ?

— Vous voyez bien ! Japhet Ntagwirumugara.

— Bien ! Appelons-nous par nos prénoms, si vous voulez, ai-je repris en souriant. Je m'appelle Léopold.

— Léopold est un prénom que nous connaissons bien au Burundi ; à cause du roi des Belges, vous comprenez ? Moi, c'est Japhet !

Les présentations ont duré une demi-heure avant d'en arriver à l'objet de la visite de Japhet. J'ai finalement compris pourquoi il avait mis si longtemps. Il lui fallait laisser monter la tension, induire la peur. Au détour de la conversation, sans me regarder, fixant le tapis, se contorsionnant les mains dans un geste d'évêque, il a fini par lâcher :

— Vous connaissez Préciose Mwambutsa, je crois...

Interloqué, je ne sais que répondre. Certes, on a pu nous voir à plusieurs reprises en train de boire une bière au cercle nautique de Bujumbura, à la tombée du soir, guettant l'apparition des hippopotames. Mais quelle importance ? Il n'y a rien là de suspect, d'autant que nous avons quelques affaires en commun. Mais il a ajouté :

— Vous savez que la princesse est mariée, n'est-ce pas ?

J'ai plaisanté :

— Ce serait dommage qu'elle ne le soit pas, avouez-le !

— Savez-vous qu'elle a été responsable de la Brasserie nationale du Burundi en Belgique et en Hollande durant des années ? C'est une véritable femme d'affaires, une *business woman*, comme on dit...

— Une femme remarquable, en effet !

— Oui, remarquable ! Dans notre Eglise, voyez-vous, nous prions pour qu'elle parvienne à restaurer la royauté au Burundi – une royauté constitutionnelle, bien sûr, comme en Angleterre !

Et j'ai commencé à perdre patience :

— Où voulez-vous en venir ? Je connais Préciose, avec qui nous sommes en train de concevoir un projet de prise en charge des orphelins du Burundi. Vouliez-vous seulement vous assurer que nous connaissons bien la même personne ?

— Puisque vous la connaissez, professeur Léopold, vous savez donc qu'elle est mariée, n'est-ce pas ? De plus, son mari est un membre éminent de notre Eglise, tout comme elle, vous ne l'ignorez pas. Et notre Eglise, voyez-vous, est extrêmement respectueuse des traditions, pas comme toutes ces sectes qui apparaissent du jour au lendemain.

Je n'ai pu me retenir, je lui ai décoché un trait :

— Si vous êtes aussi respectueux des traditions, qu'avez-vous fait de celles de vos ancêtres ?

— Nous les respectons encore, détrompez-vous ! Pour vous donner un exemple, dans notre Eglise, nous récitons le Notre-Père à la manière burundaise. Nous disons : « Notre Père qui êtes aux cieux, que votre tambour résonne sur la terre comme au ciel. » Vous voyez ? Quant à moi, je voulais vous parler des traditions chrétiennes, et tout particulièrement de l'interdiction de l'adultère.

Mais cet horrible pasteur est invraisemblable de cynisme. Je lui réponds :

— Oh, vous savez, le mot adultère a tellement de sens en hébreu...

— Peut-être, mais il est interdit de convoiter la femme de son prochain, vous le savez, n'est-ce pas ? Un homme aussi érudit que vous ne peut l'ignorer.

Ainsi donc, il connaissait ma liaison avec Préciose et comptait sans doute en retirer quelque bénéfice. En un mot : il voulait me faire chanter...

— Vous savez, mon cher Léopold, je suis le confesseur de la princesse. Préciose est très croyante, très pieuse. En vérité, je venais vous adresser une requête. Notre Eglise s'est engagée dans un programme humanitaire sans précédent ; un programme de solidarité avec nos frères atteints de cette terrible maladie, le sida. Nous avons déjà recueilli des dons auprès de nos fidèles, des sommes considérables. Pour finaliser notre programme, il nous manque une bagatelle, seulement 100 000 dollars ! Pas grand-chose, pour une personnalité comme vous !

Je me suis levé d'un coup. Surpris par la brutalité de mon mouvement, il s'est levé aussi. En dépit de mon mètre quatre-vingts, je paraissais tout petit face à lui. Il se penchait vers moi, l'air condescendant...

— Je me vois dans l'obligation de vous quitter, cher monsieur. Et je regrette de ne pouvoir honorer votre demande. Voyez-vous, Japhet, je ne suis malheureusement pas de la même religion que vous !

Il a serré les dents ; sa mâchoire a commencé à trembloter.

— Et de quelle religion êtes-vous donc ? me demanda-t-il avec une violence contenue.

— Juif ! Je suis juif !

— Juif ? Comment ça, juif ?

Il était totalement incapable d'imaginer qu'il existât encore des Juifs. Pour lui, c'était comme les Assyriens, les Cananéens ou les Philistins, un peuple disparu dans les sombres batailles de l'Antiquité.

— Juif, dites-vous, mais chrétien ? essayait-il de se rassurer.

Je ne voulais pas trop l'attrister tout de même. Je lui ai répondu :

— Oui, chrétien, bien sûr ! Théophile d'Antioche explique que le mot « chrétien » signifie « oint de l'huile de Dieu ». Dans ce sens, je suis aussi chrétien, bien sûr ! Enfin, je l'espère...

On m'avait prévenu, ce monde produit des forces et des contre-forces aussi sauvages et violentes les unes que les autres. Jean-Pierre est vraiment passionné par les reptiles. Voilà près de vingt-cinq ans qu'il est arrivé au Burundi, soixante-huitard, gaucho, écolo, alcoolo, au grand chapeau de toile, « Crocodile Frenchie », l'appelait-on alors. Il a tout de suite pris le parti des animaux contre celui des hommes, circulant à travers le pays à la recherche des vipères heurtantes et des cobras cracheurs. Il a accueilli chez lui ces animaux détestés des villageois, leur fabriquant de petits palais de verre dans son jardin. Dans les villages, on le recevait à bras ouverts car il payait chaque animal rubis sur l'ongle : 100 francs bu le petit serpent ou le lézard ; 500 le grand et il allait parfois jusqu'à 1 000 ou 2 000 francs bu (2 dollars) pour un vrai cobra cracheur de bonne taille. Mais en 1993, en pleine guerre civile, il s'est retrouvé dans un village expliquant à des miliciens armés jusqu'aux dents et saturés de cannabis qu'il était impératif et urgent de sauvegarder les espèces en voie de disparition. Ils ne pouvaient en aucune manière croire qu'un Blanc circulait à travers le pays par temps de génocide pour sauver vipères, varans et caïmans. Il s'est retrouvé enfermé dans la cellule en terre battue d'un commissariat de chef-lieu. Les miliciens l'ont battu, torturé, humilié. Je crois que c'est ce jour-là que Jean-Pierre Bossi, l'amoureux du Burundi, est mort, laissant place à un être hybride, le couple Bossi-Gustave, l'homme et le crocodile géant, unis à la vie à la mort. Voici ce que je pense : Gustave est l'autre face de Jean-Pierre Bossi, se vengeant sous sa forme animale de la bêtise meurtrière des villageois.

Aujourd'hui, après avoir entendu les menaces de Japhet Ntagwirumugara essayant de me faire chanter à cause de ma relation avec Préciose Mwambutsa, j'aurais bien demandé au Ciel de me transformer en crocodile du Nil.

Carnets de Jack Bean. Vienne, 28 janvier 1910

Quinze jours plus tard, c'était le jeudi 27 janvier 1910 à 18 heures, le professeur Sigmund Freud reçut Hanna pour la première fois dans son cabinet de la Berggasse.

La veille, nous avions dormi dans ma petite chambre d'étudiant au-dessus des toits de Vienne. Il faisait un froid à fendre la pierre. Le poêle à charbon sifflait en dégageant une odeur de locomotive. Hanna avait réussi à m'arracher la promesse que, pour la dernière nuit avant le début de son traitement, je l'autoriserais à se faire une orgie de poudre. Ce soir, elle voulait aussi qu'exceptionnellement j'accepte de partager son plaisir. Elle m'assurait que, si nous en prenions tous deux, notre orgasme en serait multiplié, apocalyptique. « C'est une poudre qui ouvre les yeux, Zack, me répétait-elle comme une litanie, qui ouvre les sens. »

Et moi, je n'y crois pas ! Cette substance me révolte. Elle agit comme la murène, tapie dans son trou de rocher, se déguisant en pierre pour mieux happer le poisson curieux qui musarde. Ou bien au caméléon, si semblable à la branche d'arbre à laquelle il se cramponne des quatre mains et lançant sa langue pour saisir dans son haleine gluante la mouche égarée.

Je ne veux être ni mouche ni poisson. J'ai refusé de partager sa poudre blanche. J'ai de plus en plus de difficulté à éprouver du désir pour Hanna. En quelques mois, elle est devenue l'ombre d'elle-même. Amaigrie, de profondes poches sous ses yeux creux, c'est maintenant presque une vieille femme. Sa peau est grise, tirant sur le jaune, ses cheveux, ses magnifiques boucles noires qui s'envolaient naguère vers le ciel étoilé, retombent raides et cassantes sur ses joues blafardes, sans aucune coquetterie. Elle ne dégage plus cette odeur de printemps, de fleur généreuse et gorgée de soleil. Seul son esprit a gardé sa causticité, surtout dans les instants qui suivent sa piqûre. C'est sans doute pour cette raison qu'elle se pique de plus en plus souvent – pour se sentir belle et brillante, telle que naguère. Je hais la cocaïne qui retourne les yeux de sa proie jusqu'à lui faire croire que sa pensée est matière et sa sensation fidèle au réel ! Je hais cet être odieux, animal sans corps aux intentions humaines, bête qui ne rêve que captures et ripailles. La nuit fut terrible, la pire sans doute que nous ayons jamais connue !

— Zack, me hurlait-elle, tu es une ordure ! Tu vas me conduire chez ce professeur Freud. Il est la cause de tous les ennuis d'Otto, de son arrestation par la police, de son internement de force ! Tu veux te débarrasser de moi, je le sais ! Tu veux qu'il m'enferme. Tu veux que je moisisse dans un asile d'aliénés où je mourrai de froid et de faim.

Je la tenais serrée sous ma vieille couverture militaire. Je savais que la sensation d'être tenue diminue cette folle angoisse qui s'empare d'elle durant la décrue. Tout en l'entourant de mes bras, je lui parlais calmement, essayant de la rassurer, lui répétant toujours les mêmes mots :

— Hanna, ma douceur, mon étoile, ma lumière... Tu es ma sœur et ma tante. Je suis né entre tes cuisses. C'est là que j'ai vu la lumière et découvert la joie.

— Si ce que tu dis est vrai, pourquoi caches-tu donc un revolver derrière ton dos ?

— Un revolver ? Mais où as-tu vu un revolver ?

— Bien, bien, répliqua-t-elle l'air entendu, tu crois que je ne t'ai pas vu ?

— Hanna, je n'ai pas de revolver, regarde...

— Vas-y ! Tire ! Tue-moi. Je t'offre mon corps nu.

Elle s'est radoucie, s'est rapprochée de moi. Je l'ai caressée, l'ai sentie vibrer sous mes doigts. Elle se laissait aller, je croyais la partie gagnée. J'imaginais qu'après avoir eu du plaisir, elle s'endormirait comme une enfant, comme cela s'était produit si souvent par le passé. Mais, alors que nous commencions à être pris par nos jeux amoureux, elle s'est levée à nouveau, comme une furie...

— Il y a quelqu'un, là, derrière la tenture !

Comment imaginer qu'une troisième personne pouvait se cacher sans être vue dans une chambre aussi petite ? La tenture n'était qu'un vieux drap que j'avais étendu pour cacher le désordre de mes livres et de mes dossiers. Mais elle insistait en tremblant...

— Je l'ai entendu, il est là ! (Elle montrait encore le vieux drap, les yeux exorbités.) Il se cache là-derrière ! J'ai entendu le déclic de l'appareil photographique ; j'ai vu l'éclair du flash. Tu me crois demeurée, Zack. Tu crois que je n'ai pas compris que tu prends des photographies pour me compromettre auprès de mon mari ?

Elle s'est recroquevillée dans un coin de la chambre, assise par terre, refusant que je l'approche. Elle a fini par tomber de sommeil, à 5 heures du matin, épuisée.

Je l'ai portée dans le lit et me suis serré contre elle. Je n'ai pas la sensation d'avoir dormi ; je crois pourtant que j'ai été traversé de rêves fulgurants. Une femme s'avançait vers moi, vêtue d'une robe blanche, de soie et de satin. Des boucles blondes lui descendaient sur les épaules en cascades. Son visage était souriant ; elle paraissait vouloir s'offrir à moi. Elle m'invitait à danser. Nous nous trouvions dans la salle de bal d'un grand hôtel ou peut-être même d'un palais. L'orchestre jouait, mais je ne l'entendais pas. La salle était pleine de monde, mais je n'apercevais personne. J'ai accepté l'invitation et me suis avancé vers elle. Et, lorsque j'ai saisi sa main, elle a commencé à s'effriter, comme si elle était de plâtre. J'ai regardé mes doigts et j'ai vu qu'ils étaient parsemés de traces d'une poudre blanche. Je me suis réveillé aussitôt et j'ai levé la tête. Hanna dormait profondément. Je percevais sa respiration saccadée. A trois ou quatre reprises, j'ai ainsi été traversé de cauchemars qui m'ont réveillé en sursaut. Il ne faut jamais croire un drogué, quoi qu'il arrive, quoi qu'il dise ! C'est Protée en pleine métamorphose, passant des supplications aux menaces, de la séduction à l'exercice de la terreur.

Nous sommes arrivés au cabinet de Freud en avance de plus d'un quart d'heure ; j'avais si peur que Hanna ne changeât une nouvelle fois d'avis. La domestique nous a installés dans le salon d'attente et je suis resté près d'elle, lui tenant la main. Curieusement, Hanna avait retrouvé une part de sa beauté. La perspective de rencontrer un homme aussi célèbre excitait sans doute tant sa curiosité que son désir de séduire. Elle badinait en chuchotant :

— Zack, crois-tu que le grand professeur Freud est sensible au charme des jeunes femmes ?

— Je n'en suis pas certain ! A vrai dire, j'en doute... Je t'en prie, ne parle pas si fort, il est sans doute en consultation.

A 17 h 55, nous avons entendu les portes s'ouvrir et se refermer, des pas résonner sur les planchers, et des courants d'air glacés ont traversé le salon d'attente. Puis, ce fut à nouveau le silence. A 6 heures, très précisément, le professeur Freud ouvrit la porte. Il s'avança vers nous en souriant, salua Hanna d'un baisemain.

— Madame, vous me voyez honoré de vous accueillir dans ma maison, commença-t-il d'un air un peu compassé. (Son obséquiosité m'évoquait celle des habitants du shtetl devant le sergent recruteur de l'armée russe.)

Hanna s'était levée, très digne. Elle avait spontanément retrouvé sa dignité. Malgré l'épais manteau, sa taille était celle d'une adolescente. Je l'avais vue, en s'habillant tout à l'heure, fourrer son corsage de chiffons pour paraître plus féminine. J'avais pensé que c'était de bon augure.

— Monsieur le professeur, je dois d'abord vous remercier d'avoir accepté de me recevoir. Lorsque je dirai à mon amie, la baronne von R., ajouta-t-elle d'un air mutin, que j'ai commencé une psychanalyse avec le professeur Freud, elle en mourra de jalousie.

Freud baissa la tête sans répondre, puis, se tournant vers moi, il me dit d'un air sévère :

— Docteur Rabinovitch, quelles que soient vos relations avec Madame, vous comprendrez que je ne peux en aucun cas vous autoriser à rester. Vous pouvez, si vous le désirez, passer dans la bibliothèque. Vous y trouverez certainement quelque chose à lire en attendant.

Plus tard, Hanna m'a raconté sa première séance.

Elle lui avait d'abord demandé de boire quelque chose : sa bouche était sèche. Il avait refusé, lui faisant observer que c'était l'inquiétude et qu'il n'allait tout de même pas encourager son anxiété. Mais elle avait insisté, prétendant qu'elle ne pourrait parler si elle n'obtenait pas un thé bien chaud et très sucré.

— Je restais debout, prête à repartir aussitôt s'il refusait. Il a dû percevoir ma détermination : « Soit, m'a-t-il répondu, vous aurez un thé et peut-être également une part de strudel aux raisins, mais asseyez-vous ! – Je n'ai pas faim, professeur, seulement soif ! » Je restais toujours debout. Il me regardait par en dessous. « Je ne vous offre pourtant pas de viande... »

» Dis-moi, Zack, comment a-t-il pu deviner ainsi sans me connaître que je suis végétarienne ? C'est alors que je me suis installée dans le fauteuil qu'il me proposait. « Le docteur Rabinovitch est très inquiet pour votre santé, vous le savez ! commença-t-il. – Zack est bien jeune, il n'est pas certain qu'il soit déjà capable de mesurer la gravité réelle d'une situation. En vérité, je ne suis pas malade. Il est vrai qu'il m'est parfois arrivé de commettre des excès. C'est souvent le cas des femmes libres, n'est-ce pas ? » Il a froncé les sourcils d'un air faussement sévère : « Les femmes libres ? Est-ce des femmes qui pensent qu'elles sont trop libres que vous voulez parler ? demanda-t-il en souriant. De quels excès parliez-vous, madame ? – Des excès... en toute chose, et plus particulièrement en matière de plaisir. Lorsque je goûte à un plaisir, il faut que j'en épuise la source. Je ne peux me résoudre à l'interrompre, quel qu'en soit le motif. Je suis excessive, c'est ainsi ! Peut-on modifier sa nature ? – J'ai lu votre vie sexuelle de Ben Abouya lorsque le livre est paru – il y a peut-être une dizaine d'années. J'ai aimé ce roman. Vous savez que je suis un passionné d'Antiquité. Je l'ai trouvé très réussi, captivant et franchement érotique. N'est-ce pas l'érotisme que l'on recherche toujours en secret dans un roman ? Je n'avais qu'une seule réserve, je vous l'avoue : malgré la finesse de vos descriptions, le portrait de votre rabbin est peu crédible. Je me souviens d'avoir pensé à l'époque que vous deviez être excessive. » Il m'a impressionnée, Zack, vois-tu ? Non seulement il avait lu mon roman, mais il était capable d'en parler et de me proposer une critique constructive.

J'ai apprécié l'habileté du professeur. Il s'était d'abord soucié de l'apprivoiser en flattant ses qualités d'écrivain pour mieux ensuite la convaincre de se soumettre au traitement.

— Et puis, Zack, tu as beau dire, il me fouillait du regard. Ses yeux n'ont pas quitté les miens un seul instant. Je veux bien te croire lorsque tu affirmes qu'il s'agit d'un bourgeois aux mœurs austères, mais ses questions portaient toutes sur ma sexualité.

— Que veux-tu dire ?

— Le professeur m'a expliqué que je souffre d'un mal connu, celui des gens qui ne savent pas se priver d'un plaisir à partir du moment où ils l'ont connu. Et ça c'est vrai, Zack. Je ne peux pas me priver de la poudre ; je ne peux pas ! Il a développé une théorie assez compliquée pour m'expliquer qu'il s'agit de ma bouche.

— Je comprends ! Il t'a parlé du stade oral, n'est-ce pas ?

— Pas seulement ! La drogue est un plaisir, c'est certain, mais il a insisté sur le fait qu'il s'agit d'un plaisir solitaire. C'est alors qu'il m'a demandé si j'avais souffert de pertes blanches durant mon enfance. Il m'a regardée au fond des yeux et puis il s'est levé pour prendre un cigare. Il l'a allumé, marchant de long en large dans le bureau, puis il est revenu s'asseoir face à moi. Et à ce moment il m'a dit : « Il faut appeler un chat un chat, et, puisque nous devons parler de votre sexualité, parlons-en franchement ! Je vous le dis tel que je le pense et je vous parle en médecin. Je suis persuadé que vous vous masturbiez durant votre enfance. Je peux même vous affirmer que la période où vous le faisiez le plus, c'est entre votre septième et votre huitième année. Vous le faisiez tout le temps, le soir, au lit, bien sûr, mais aussi à l'école, en cachette, sous le pupitre. Et, lorsque vous ne pouviez pas vous adonner à votre vice, parce que votre mère vous surveillait, vous le faisiez encore en serrant vos cuisses l'une contre l'autre, le plus fortement que vous pouviez. – Je ne sais que vous répondre, professeur Freud, je n'en ai gardé aucun souvenir. – Mais enfin, c'est certain ! Ne croyez pas que j'avance là une hypothèse, il s'agit d'une certitude ; c'est un fait que je peux parfaitement déduire de votre comportement actuel. Votre masturbation infantile était très exactement à l'image de votre attachement à la drogue ; c'est bien naturel puisqu'elle en a été pour ainsi dire le modèle. Vous vous disiez, tout comme aujourd'hui, "Encore une fois, une dernière fois et puis j'arrêterai"... et vous recommenciez aussitôt après ! Quelles que soient les résolutions que vous pouviez prendre, lorsque cette impulsion s'emparait de vous, il vous devenait impossible de ne pas y céder. C'était comme une force sauvage, irrépressible, inéducable. – Peut-être, peut-être... Il se peut que vos déductions soient exactes, professeur Freud, mais je vous répète que je n'en ai gardé aucun souvenir. Vous me faites penser à un détective qui reconstitue un crime partir d'indices. Mais, avouez-le, si c'est un crime, il s'agit d'un crime mineur ! S'agit-il vraiment d'un crime, après tout ? Et même si cela était, un crime commis par un enfant, est-ce encore un crime ? Quant à moi, j'avais une tout autre idée de la genèse de mon attachement à la drogue. – Eh bien, vous vous trompiez, madame ! – Voulez-vous tout de même l'entendre ? – Cela va de soi ! J'aimerais entendre votre explication mais, à vrai dire, il me semble que je la connais déjà. Vous allez me dire que vous avez été conduite à consommer de la drogue par une personne que vous aimiez – je présume qu'il s'agit d'un homme. Vous allez prétendre que, certes, il ne vous y a pas contrainte, mais qu'il avait un tel ascendant sur vous qu'il vous a été impossible de résister. Et puis, vous rajouterez, n'est-ce pas, que, de fil en aiguille, ce comportement s'est installé, qu'il est devenu une habitude – une *mauvaise habitude*, ajouterez-vous sans doute. C'est très précisément ainsi que l'on désigne la masturbation des enfants : "une mauvaise habitude" ! – On ne peut rien vous opposer, professeur, votre argumentation est sans faille, vous voyez des signes en toute chose. Et puis, je vous répète que je ne m'oppose pas vraiment à votre hypothèse ; je conçois que vos déductions pourraient être exactes. Mais je ne parviens pas à vous suivre – tout au moins sur un point : la masturbation est mortellement ennuyeuse, répétitive, décharnée, si vous me permettez cette métaphore. Lorsque aujourd'hui il m'arrive de m'y laisser aller – parce que cela m'arrive quelquefois lorsque je suis très angoissée –, je mesure à quel point cette pratique est ennuyeuse. C'est comme si l'on avait ôté la part vivante de la sexualité, alors que la drogue est tout le contraire, surtout la cocaïne. Vous le savez, au-delà du plaisir qu'elle procure, elle rend le monde différent. En un mot : elle est intéressante ! Comment avez-vous deviné qu'un homme est mêlé à ma passion pour la drogue ? Le docteur Gross est l'homme le plus intelligent et le plus généreux que j'aie jamais rencontré. Mais vous m'impressionnez de l'avoir ainsi compris sans que je vous aie rien dit. Je dois avouer, professeur Freud, que votre réputation n'est en rien usurpée. En vérité, vous êtes une sorte de voyant ! »

Hanna sautait de joie dans la rue en me racontant sa première séance avec le professeur et une bouffée d'espoir m'a traversé. Si elle s'amourache de lui, si elle l'écoute et suit ses recommandations, il existe peut-être un espoir qu'elle s'affranchisse de la drogue, qu'elle retrouve sa beauté et sa joie de vivre. Et, quoiqu'il arrive entre nous par la suite, cela, je le souhaite de toute la force de mon âme ! Freud lui avait aussi parlé de moi :

« Il y a longtemps que vous entretenez cette relation avec le docteur Rabinovitch ? – Longtemps, je ne sais pas... deux ans, tout au plus ! – Savez-vous qu'en vous engageant dans une psychanalyse, vous serez très certainement amenée à vous séparer de lui ? – Comment pouvez-vous affirmer cela avec une telle certitude, professeur ? – Cet homme est bien plus jeune que vous, n'est-ce pas – une quinzaine d'années, je présume... – Treize ans ! – Cet homme, disais-je, est la part infantile de vous-même. La psychanalyse vous détachant des plaisirs de l'enfance, vous conduira inexorablement à vous détacher de lui. – Voyons ! Qu'allez-vous penser, professeur ? Des hommes, j'en ai connu de tous les âges. Un vieux que j'ai épousé – serait-ce donc la partie sénile de moi-même ? –, un plus vieux encore, qui est mon amant disons "officiel", et ce charmant jeune homme, Zack – je veux dire : le docteur Rabinovitch – qui veille sur moi comme sur un trésor. Je suis une femme libre, docteur Freud, je vous le répète, je multiplie les amants par plaisir et non pour l'argent ou pour les honneurs. Je leur donne toujours plus qu'ils ne pourraient espérer : le plaisir de l'intelligence associé à celui des sens. Je suis une courtisane, et fière de l'être – une hétaïre, Aspasie, Judith... – Judith a décapité son amant et Aspasie était probablement une prostituée. On ne peut pas dire qu'elles furent des modèles de vertu et de maturité psychologique. La psychanalyse est ainsi, voyez-vous, en vous libérant des entraves de la névrose, elle vous délie du même coup de vos attachements infantiles. C'est pour cette raison que je peux prévoir que vous vous détacherez de ce jeune homme. »

C'est à ce moment de son récit que j'ai demandé à Hanna :

— Mais dis-moi, comtesse Hanna von Kessler, et si le professeur avait raison ? S'il se révélait que nous ne sommes pas destinés – non seulement à vivre ensemble, mais pas davantage à écrire ensemble ou même à goûter au même plaisir... s'il nous fallait nous séparer... s'il se révélait, comme l'affirme le professeur Freud, que notre passion n'est rien d'autre qu'illusion, fantasme et névrose...

Nous marchions sans but par les rues de la ville. Un soleil éblouissant faisait miroiter des fragments de givre sur les rebords du trottoir. Elle s'est arrêtée, m'a saisi brutalement par le revers de mon manteau :

— Crache, Zack, me dit-elle les larmes aux yeux, crache !

— Crache ? Pourquoi me dis-tu cela ? Tu veux que je crache ?

— Oui ! Crache par terre, Zack ! Crache ! Lorsque les paroles sont prononcées par certaines personnes, elles se réalisent. Tu ne sais pas qui tu es. Peut-être l'âme réincarnée d'un rabbi, qu'en sais-tu ? Dans ce cas, chacune de tes paroles pourrait se réaliser...

J'ai voulu cracher, mais je n'y suis pas parvenu. J'aurais dû insister, mais quoi ? Je ne comprenais pas vraiment ce qu'elle voulait dire.

Elle a éclaté en sanglots :

— Si tu venais à me quitter, Zack, me dit-elle en hachant les mots pris dans ses hoquets, ou bien s'il m'arrivait de te quitter, quelles qu'en soient les raisons, j'en mourrais sur l'heure – que dis-je ? sur l'instant !

— C'est à ton tour de cracher, Hanna !

— Non, je ne cracherai pas, me répondit-elle, parce que ce que je viens de dire, non seulement je le sais, mais je le veux !

Et nous avons continué à marcher. Nous avons marché au moins une heure, sans prononcer une parole. J'ai fini par rompre le silence :

— Mais enfin, que t'a-t-il dit sur la poudre ? En avez-vous seulement parlé, au moins ?

— Un peu ! Nous en avons parlé un peu, mais en passant, comme si c'était un détail secondaire. Le professeur Freud m'a dit qu'il allait de soi que j'acceptais de me faire hospitaliser pour me sevrer de la cocaïne, que c'était évidemment la condition pour entamer une cure psychanalytique. Et il a ajouté qu'il n'était pas certain de disposer d'une place en psychanalyse. Tu comprends, il reçoit ses malades six fois par semaine, tous les jours sauf le dimanche, à la même heure. Tu peux ainsi être le malade de 3 heures ou bien le malade de 6 heures. Et ainsi des mois durant, des années durant pour certains, à ce qu'il m'a dit. Je ne parviens même pas à imaginer une chose pareille. Et les séances durent une heure. C'est une simple question d'arithmétique : même s'il travaille douze heures par jour, il ne peut pas accepter plus de douze malades à la fois. En ce moment, sa liste est au complet. Il m'a assuré que, si une place venait à se libérer, il me la réserverait en priorité. Pour l'heure, cependant, l'urgence reste l'hospitalisation. Il ne sait pas *a priori* combien de temps pourrait durer ce séjour en clinique.

Je suis resté interdit. Voici que Hanna parlait maintenant de son séjour en clinique, envisageant le traitement qu'elle entreprendrait à sa sortie... La séduction du bon professeur Sigmund Freud était encore plus puissante que je ne l'avais imaginé.

— Que se passera-t-il si, une fois sortie, une place ne se libère pas chez le professeur, que feras-tu alors ? T'a-t-il proposé une solution de rechange ?

— Il m'a assuré que, quoi qu'il arrive, je serai en psychanalyse à ma sortie de clinique. Et, si ce n'est pas chez lui, ce sera chez son assistant, le docteur Carl Gustav Alt. Je crois que je préfère !

Je ne la comprenais pas. Comment pouvait-on préférer la copie à l'original, les saints à Dieu, la photographie au modèle ? Hanna ne finira jamais de m'étonner !

— Tu comprends, Zack, le docteur Carl Gustav Alt habite Zurich. Ainsi, je serai plus proche d'Ascona. Peut-être me laissera-t-on sortir de temps à autre. J'irai rejoindre nos amis à Monte Verita. Et puis, le professeur Freud m'a assuré que, si j'entreprenais une psychanalyse avec son assistant, il serait pour moi comme une sorte de parrain. Il me recevrait de temps à autre, me guiderait, commenterait le traitement, veillerait sur moi, s'assurerait que je progresse correctement. Zack, j'ai faim ! N'aurais-tu pas envie d'un schnitzel et d'un verre de vin blanc ?

— Tu as faim, me suis-je étonné, voilà bien un an que je ne t'ai pas entendue prononcer cette phrase.

— Oui, Zack ! Isaac Yosefovitch Rabinovitch, petit-fils de rabbin, j'ai faim, j'ai soif et j'ai envie d'amour et de joie...

Décidément, le professeur Sigmund Freud réalisait de véritables prodiges ; et en moins d'une heure – en cinquante-cinq minutes pour être précis !

Carnets de Jack Bean. Ascona, 26 avril 1910

J'écris ces pages à Ascona, dans la grande salle commune de la maison de bois, sur la table rustique, au coin du feu. Il est 3 heures du matin ; voilà une heure que tout le monde est parti se coucher. Nous passons quelques jours à Monte Verita. Nous avons quitté Vienne jeudi matin par le train, Helga et moi. Otto nous a rejoints samedi ; il venait de Munich en compagnie de Sophie, avec qui il vit désormais. Depuis son arrivée, il se promène du matin au soir accompagné de Hugo, le jardinier à l'air quelque peu demeuré. Hier soir, durant le dîner, Otto a pris la parole durant deux heures pour expliquer que cet homme n'est en aucune manière idiot ; qu'il souffre en vérité d'une forme pernicieuse de psychonévrose doublée d'un mal social lié à l'exploitation capitaliste. Il trouve en effet que le métier de jardinier, si proche de la terre, qui oriente l'ouvrier vers le soleil comme un tournesol, mériterait d'être le plus payé de tous. Pour lui, quelqu'un qui pratique un tel métier depuis son adolescence a nécessairement atteint une sorte de génie immanent. Otto cherche à mettre à jour chez le pauvre garçon qui lui est tombé sous la main la puissance créatrice de la terre mère. Et ce sont d'interminables séances de psychanalyse, tantôt en se promenant dans les champs avec Hugo, main dans la main, tantôt dans l'une des chambres, fumant cigarette après cigarette.

J'ignore ce que pense le brave jardinier, mais il s'est sans doute pris d'amitié pour Otto et le suit comme un animal apprivoisé dans toutes ses pérégrinations. Je soupçonne Otto de lui faire aussi découvrir très concrètement les plaisirs de son corps. Ce soir, Otto a poursuivi ses explications. Il a montré comment les paysans, ces hommes si près de la terre, dont l'esprit est issu de la glaise – ces hommes que la terre a produits par sa seule force – littéralement *autochtones* –, ne souffrent d'aucune répression sexuelle. Cela lui paraît naturel puisque le contact quotidien avec la terre, la force du soleil qui burine la peau produisent sur l'être humain, par une sorte d'alchimie naturelle, la pensée la plus libre. D'ailleurs Hugo a fini par lui raconter qu'il avait eu des relations sexuelles avec sa propre fille, alors qu'elle était âgée de quinze ans, ainsi qu'avec sa nièce guère plus vieille. « N'est-ce pas extraordinaire ? s'était exclamé Otto, une telle liberté de pensée, une telle absence d'idées morales répressives. Tout ce que nous cherchons à atteindre par nos moyens les plus sophistiqués, par la psychanalyse, par l'art, par la théorie anarchiste, nous autres gens de la ville, sans jamais y parvenir... » Et de nous expliquer que, en latin, paysan et païen sont deux mots quasiment identiques. « C'est de cela que provient leur liberté intérieure, de leur indifférence aux divinités monothéistes. Les paysans, gens de la terre, sont païens par nature ! Naturels et païens. »

Je suis un peu perplexe quant à la théorie d'Otto. Mais je dois être franc avec moi-même et reconnaître que mon scepticisme découle aussi d'un sentiment de frustration. Oui, je me sens délaissé ! J'espérais qu'Otto trouverait quelques heures à me consacrer afin de poursuivre ma psychanalyse. Or, depuis près de deux ans que je suis « en traitement », j'ai dû bénéficier, en tout et pour tout, d'une quinzaine de séances. J'aurais tant voulu lui parler de Hanna, lui faire part de mes inquiétudes, connaître son avis. Il est tellement fasciné par ses nouvelles idées sur la terre mère, qu'il m'a à peine écouté. Je ne suis pas certain que mes paroles soient parvenues jusqu'à son esprit, il est devenu si hermétique aux gens qui l'entourent. On a l'impression que les amis n'ont plus guère d'importance ; que rien ne compte plus pour lui hormis ses idées. Il m'a écouté d'une oreille distraite, et puis il est parti retrouver son paysan qui l'attendait, couché sur le dos, absorbant les rayons solaires par tous les pores de sa peau.

Il y a un monde fou à Monte Verita en ce moment, une vraie cohue, surtout le soir, au moment de choisir sa chambre. J'ai été impressionné par la danseuse Mary Wigman, qui nous a emmenés, à 6 heures du matin, prier pour l'apparition du soleil. Elle était vêtue de voiles transparents jaune d'or et l'on pouvait parfaitement deviner jusqu'au détail des muscles de son corps. Nous étions une douzaine, formant un cercle autour d'elle, et Otto, légèrement en retrait, dirigeait la prière. Il a prétendu que notre prière avait permis au soleil de briller. Cette femme est une véritable acrobate ; elle est capable d'être un arbre tendant toutes ses branches vers le ciel, souffrant et jouissant de son asservissement au sol. Les pas de danse de Mary sont totalement féeriques ; c'est une grande artiste, même si elle prétend que ce ne sont là que mouvements « naturels » qu'il est facile de reproduire à condition de se laisser aller. Nous étions bien maladroits, tous autour d'elle, nus comme des vers dans le froid glacial de l'aube, à mimer le bruissement des feuilles agitées par le vent. « Chaque feuille est une idée, une pensée, et c'est de la nature qu'elles nous viennent, comme le vent qui les agite. » Il y avait quelque chose de bouleversant dans cette volonté délibérée de rompre avec les conventions sociales, avec l'hypocrisie et la violence du monde capitaliste.

La nudité est la façon la plus simple et la plus immédiate de se débarrasser des contraintes sociales. Juste nus à invoquer les éléments de la nature, à les apostropher, à leur demander des faveurs à haute voix, et voilà que s'opère une sorte de mécanisme obligatoire – une magie nécessaire. Les gens s'ouvrent les uns aux autres ; on se tient par la main, on se caresse sans se connaître, on s'abandonne à l'amour aussi facilement que l'on boirait un café ou un verre de vin. On se surprend à reconnaître et à aimer l'odeur de l'autre. Car les êtres humains ont une odeur – ou plus exactement : chaque être humain a une odeur différente. Et l'être humain perçoit comme désagréable l'odeur qui n'est pas la sienne. Ma participation aux rituels à la terre a tout à la fois aiguisé et socialisé mon odorat.

Moi qui participe régulièrement aux réunions de la Société psychologique du mercredi, je constate avec stupéfaction que les psychiatres bien-pensants de Vienne parlent de la même chose que les artistes d'Ascona. Eux aussi évoquent séance après séance les ravages de la répression, les désastres de l'éducation bourgeoise. Ils ont consacré la séance dernière, celle du mercredi 20 avril, à discuter du livre de Baer sur le suicide des enfants. Et leurs débats pouvaient se résumer à l'idée suivante : les enfants se suicident pour échapper à la répression de leur sexualité. Eux aussi dénoncent l'hypocrisie d'un monde qui n'éprouve pas le besoin de penser le plaisir, mais ne savent pas s'engager dans une action collective. Pourtant, leur tête bouillonne.

« Si les psychanalystes ne savent rien faire contre la répression sexuelle, c'est par la faute du concept de sublimation, a déclaré Otto de manière solennelle. Oui, absolument ! Du concept de sublimation... Supprimez ce concept et vous les verrez revenir à la normalité. »

Il y a une certaine vérité dans son assertion. Certes, la psychanalyse repère derrière chaque symptôme un désir sexuel refoulé, mais s'interdit d'encourager sa réalisation. On a beau révéler que vous êtes malade de désirer sexuellement votre mère, qui oserait vous inviter à vous accoupler avec elle ? Qui à part Otto, je veux dire... La psychanalyse engage le monde à « sublimer » sa sexualité infantile, c'est-à-dire à la transformer en réalisations artistiques, littéraires ou scientifiques. Mais pourquoi le fait de peindre un tableau, d'écrire une poésie ou de composer une symphonie détournerait-il de la sexualité ? Ce que je constate à Ascona est tout le contraire ! Au sein de cette communauté tournée vers la réalisation de la moindre pulsion sexuelle, on voit passer tout ce que l'Autriche et l'Allemagne comptent d'artistes et d'écrivains – ou presque ! J'y ai rencontré des architectes du Bauhaus, comme Walter Gropius ; des peintres comme Alexeï Jawlensky ou Arthur Segal, et des poètes exceptionnels comme Erich Mühsam ou Franz Jung, sans parler des danseurs et de ce véritable génie qu'est le chorégraphe Rudolf von Laban. Dans cette ambiance saturée de sexualité, les créateurs s'épanouissent comme fleurs au soleil. Je suis certain que les plus grandes réalisations de notre époque sortiront de Monte Verita. Otto a trouvé la formule qui convient pour se moquer de la sublimation : « Comment peuvent-ils donc parler de sublimer la sexualité ? Le sublime est insublimable ! » Je suis d'autant plus enclin à penser comme lui après ce que je viens d'apprendre de Hanna.

Durant la première semaine de son hospitalisation, Hanna m'avait écrit tous les jours. Elle me racontait par le menu son traitement avec Carl Gustav Alt, dont la technique ne semblait pas beaucoup différer de celle du professeur Freud, sinon que les séances se déroulaient dans le cadre de la clinique. Le docteur Alt est plus chaleureux que le professeur ; il lui arrive de déjeuner ou même parfois de dîner avec ses malades – avec Hanna, tout au moins. Elle m'écrivait :

« Mon petit Mongol,

« Ici, comme tu t'en doutes certainement, la vie est insupportable. Non pas que les conditions d'hospitalisation soient difficiles. Ne t'inquiète pas, l'hôtellerie est parfaite – presque luxueuse à vrai dire –, mais je me sens humiliée d'avoir besoin d'un traitement. Le plus dur est encore d'aller quémander une dose d'héroïne à Alt, à son assistant ou, en désespoir, à un infirmier de nuit. La décision du docteur a été de m'octroyer un gramme par jour la première semaine, un demi-gramme la seconde, un quart la troisième et ainsi de suite durant deux mois. Il m'a assuré qu'à l'issue de cette période, aidée par les séances de psychanalyse, je serai totalement sevrée. Tu as bien lu : *de psychanalyse*. Car A. a décidé de son propre chef de commencer immédiatement le véritable traitement : *le traitement psychique* [c'était souligné]. Selon lui, le professeur Freud applique une méthode ancienne, désormais dépassée. Il vaut mieux ne pas perdre inutilement son temps en attendant le sevrage total pour commencer la véritable thérapeutique. Le problème est qu'ils refusent de me fournir de la cocaïne – seulement de l'héroïne, qui ne me convient pas, comme tu le sais. Du coup, je suis totalement abrutie et je sens que mon cerveau ne me sert plus à rien, sinon à m'informer du lamentable état de mon corps. Je souffre d'épouvantables douleurs d'estomac, j'ai un mal de chien à respirer et je dors près de quinze heures par jour. Heureusement il y a ces séances. Il faut d'abord que je te raconte. Le docteur A. est un homme de grande taille, aux larges épaules de sportif, vêtu avec beaucoup de goût et d'une politesse exquise qui dénote avec son physique un peu brutal de militaire prussien. D'une famille de pasteurs, il connaît fort bien la Bible et, lorsqu'il termine ses consultations, nous passons de longues soirées à parler de religion. Il semble très intéressé par mes connaissances en matière de religion juive. Savais-tu seulement que c'est lui qui a soigné Otto lors de son hospitalisation de 1908 ? Il m'a affirmé qu'après quelques semaines Otto avait été totalement guéri de son attachement aux drogues grâce à la psychanalyse et que c'est sans doute une atteinte physique – peut-être une infection pulmonaire – qui a été la cause de sa rechute.

« Je dors dans une jolie chambre donnant de plain-pied sur le jardin ; la bibliothèque est très fournie. Ce pourrait être un merveilleux hôtel de vacances, s'il ne me manquait l'essentiel : tes bras pour me serrer et ta bouche pour me bercer.

« Ton oiseau,

« Hanna. »

Je répondais à chacune de ses lettres, lui donnant des nouvelles de Vienne, des événements littéraires, des gens qu'elle aimait. Mais, dès la deuxième semaine, ses lettres sont devenues plus rares et, au bout d'un mois, elles se sont interrompues. La dernière était datée du mercredi 2 mars 1910. Elle était distante ; étrange, surtout. Ce n'était ni « mon petit Mongol » ni « mon Zack chéri », mais...

« Cher docteur Rabinovitch...

« Toi qui t'intéresses à ma santé, tu seras sans doute heureux d'apprendre que je me porte de mieux en mieux. Tu as toujours prétendu qu'il était impossible de soigner quelqu'un sans que sa maladie lui ait procuré un bienfait dont il ignorait l'existence. Eh bien, cher docteur, cher ami, c'est fait ! Ce n'est pas un bienfait qui m'a été donné, mais deux ! Le docteur A. m'a montré le chemin vers l'âme que je me cachais : la mienne. J'ai découvert que j'ai été, il y a peut-être deux mille ans (sans doute davantage), une prêtresse païenne, une sorte de vestale d'un temple à Astarté ou à Aphrodite, dans une ville marchande de la Grande Grèce – en Anatolie ou Dieu sait où... Ephèse, peut-être ? J'étais grecque, et c'est là, d'après A., qu'il faut chercher l'origine de mes grands yeux bleus. J'ai même fait un rêve qui confirme sa découverte. Je me suis vue, nue sous une toge blanche très courte, présentant l'agneau entravé au couteau de sacrifice du grand prêtre. Quant à la seconde nouvelle, je te la livre sans détour : le docteur A. considère que je suis très douée pour la psychanalyse. Je lui suis tellement utile pour déchiffrer les énigmes des nombreux malades qu'il soigne, qu'il a décidé de m'initier à la pratique de la psychanalyse. Ce n'est donc pas une psychanalyse "thérapeutique" que j'entreprends ici, mais une psychanalyse "didactique". Je sais que tu connais la différence et que tu sauras apprécier le sentiment de bonheur qui m'a envahie lorsque A. m'a annoncé sa décision ce matin. J'envisage de prendre une chambre en ville à l'issue de mon traitement, ici, à Zurich, pour bénéficier aussi longtemps que possible de son enseignement au quotidien. Je resterai quelques mois – peut-être six – ou bien davantage encore si je commence à soigner des malades.

« J'espère que tu prends bien soin de toi, cher docteur Rabinovitch, et que, désormais, tu ne t'inquiéteras plus pour ma santé. »

Et elle avait signé « Comtesse Hanna von Kessler ».

Au début, je n'avais pas attaché d'importance à cette interruption. Je suis habitué à ses fantaisies et à ses brusques revirements d'humeur. Je consacrais mon temps à mes études, je rencontrais mes amis, je profitais goulûment de la sensualité de Vienne. Un mois passa ainsi et je restais sans nouvelles. Je n'étais pas vraiment inquiet, seulement assailli d'amertume en y pensant. Je me suis décidé à en parler au professeur Freud.

— Je vous l'avais bien dit, docteur Rabinovitch, que la psychanalyse vous séparerait...

Mais de quoi parlait-il ? J'étais inquiet au sujet de sa santé ! Ne pouvait-il pour une fois comprendre un sentiment simple ?

— Vous ne comprenez pas, professeur Freud ! Ce n'est pas la séparation qui me préoccupe, mais l'évolution de sa maladie.

— Vous êtes bien comme tous les maris qui ont une femme en traitement, *a fortiori* quand ils sont médecins, vous voulez tout savoir ! Vous ne supportez pas que Hanna ait son propre fonctionnement mental, ses propres intérêts, ses désirs inconscients.

Savez-vous, docteur Rabinovitch, l'inconscient est bien le seul espace propre ; il ne saurait se partager, surtout entre amants !

J'ai eu le plus grand mal à le convaincre qu'il était anormal que Hanna ne me donne plus aucune nouvelle. Pourrait-il utiliser son ascendant sur le docteur A. pour lui en demander ?

— La psychanalyse a ses propres règles de déontologie, voyons ! Si j'étais le docteur A., je ne répondrais ni à mon maître, ni à la police, ni même à l'empereur ! Le psychanalyste est le seul responsable du traitement. Il est comme un capitaine de vaisseau, seul maître à bord... et sans Dieu !

Finalement, Freud avait écrit. C'est ce que j'aime chez le professeur ; malgré son côté revêche, il n'est pas têtu. Une semaine plus tard, il avait reçu une carte postale laconique de A. :

« Cher monsieur le professeur,

« Vous vous inquiétez de cette patiente viennoise que vous avez bien voulu m'adresser pour une cure de sevrage. Je vous confirme que j'ai reçu la comtesse von Kessler, qui réside à la clinique depuis le 1er février dernier. Elle a entamé son traitement avec beaucoup d'entrain. Cette petite Juive est décidément très intelligente. Je vous en parlerai plus longuement en avril prochain, à Nuremberg, au congrès.

« Votre fidèlement dévoué,

« A. »

Freud m'a montré la réponse :

— Regardez, railla-t-il, êtes-vous rassuré ? Je peux parfaitement garantir la compétence du docteur Alt. Votre amie ne saurait être en de meilleures mains...

— Merci, professeur, merci, lui ai-je répondu un peu honteux. J'étais inquiet. Elle m'a effrayé tant de fois. Je crois que j'en suis resté traumatisé !

— Mais, plaisanta le professeur Freud, mais c'est vous la *yiddishe mama*...

Je me suis efforcé de ne plus penser à Hanna. Néanmoins, chaque fois que son souvenir me revenait à la mémoire, j'éprouvais une désagréable sensation, comme une sourde prémonition. Bientôt Helga m'invita à passer quelques jours avec elle à Ascona, j'ai immédiatement accepté, pensant en secret y recevoir des nouvelles de Hanna. Ne m'avait-elle pas dit avant de partir pour la Suisse qu'elle choisissait cette clinique pour pouvoir se rendre plus facilement à Ascona ? Je lui écrivis une carte postale pour l'informer des dates auxquelles je me trouverais en Suisse. Cette carte est, elle aussi, restée sans réponse.

Hanna est arrivée à Monte Verita ce matin, à 11 heures. Le docteur Carl Gustav Alt l'accompagnait. Lorsqu'il l'a aperçu, Otto s'est mis à courir partout, comme un fou, en criant : « Au secours ! La police... La police est entrée ! » Il m'a tiré de mon sommeil en frappant contre les volets comme un forcené. Quelques instants plus tard, il faisait irruption dans la chambre...

— Debout, s'écriait-il, faites vos bagages, on déguerpit ! La police est là...

Bien au chaud, serré contre Helga, je devinais audehors la fraîcheur de l'air de la montagne. Je ne comprenais pas ce que disait Otto :

— La police ? De quelle police parlez-vous, docteur Gross ? La police suisse ?

— Pas du tout, mon jeune ami ! Ou plutôt si ! Elle est bien suisse, cette police des mœurs, la surveillante des humeurs, qui combat l'amour et la liberté jusque dans vos culottes ! La pire des polices, qui allie la science et la bonne conscience. Debout, abandonnés de la terre, et fuyons !

Otto est sorti de la chambre poursuivant ses vociférations à travers toute la colonie. J'ai enfilé le manteau de fourrure de Helga, trop petit pour voiler entièrement ma nudité, et me suis précipité à l'extérieur. C'est alors que je les ai vus. Ils étaient là, à deux pas. Elle se cramponnait à son bras et lui, il se tenait droit comme un hussard. Ils avançaient très lentement – « comme un couple de jeunes mariés se dirigeant vers l'autel », me suis-je surpris à penser.

— Hanna !

Elle s'est retournée :

— Bonjour, cher docteur Rabinovitch, a-t-elle répondu avec un sourire crispé du coin des lèvres.

J'aurais voulu la réveiller, la tirer de sa torpeur.

— Hanna ! Hanna, mais c'est moi !

— Je crois bien vous avoir déjà salué, docteur Rabinovitch ! Croyez-vous que je ne vous ai pas reconnu ?

Et, se tournant vers Alt, elle ajouta :

— Ces petits Juifs de l'Est sont d'un sans-gêne, ne trouvez-vous pas, docteur Alt ? Des sauvages, à vrai dire – ou plutôt, des demi-sauvages, n'est-ce pas ?

Et ils ont poursuivi leur visite. Je n'ai pu m'en empêcher, je les ai suivis. Hanna présentait chacun au docteur Alt et il écoutait attentivement ses explications. Je me demandais ce qu'elle allait pouvoir dire devant Otto. Otto connaissait fort bien Alt, pour avoir séjourné à plusieurs reprises dans la fameuse clinique de Zurich. On dit que le docteur A. a été très influencé par les idées d'Otto, notamment par ces idées sur la polygamie « naturelle » de l'être humain. Il le considérait comme l'un des plus brillants théoriciens de la psychanalyse et ne manquait jamais une occasion de le citer. Mais Otto lui a fait deux affronts : s'enfuir de sa clinique et rechuter aussitôt.

Il n'avait semble-t-il jamais cessé de se droguer, y compris durant son hospitalisation. Il existait un petit trafic au sein de la clinique qui s'est évidemment beaucoup développé avec la présence d'Otto. Cela peut paraître paradoxal mais, malgré son internement, Otto m'a toujours présenté Alt comme le malade. Il prétend même avoir consacré son séjour pour tirer Alt de la mélancolie dans laquelle il se morfondait :

— Alt était sinistre, m'a un jour raconté Otto, il se promenait d'un pas martial à travers la clinique avec son col dur et ses chaussures vernies comme un collégien le jour de son *abitur*. Vous savez comme sont ces pervers rentrés : ils s'attachent de partout ! Lorsque vous voyez un homme enserré dans sa chemise, serré dans son pantalon, ligoté par ses souliers, ne doutez pas un instant : il s'agit d'un pervers sexuel. Je n'ai rien contre la perversion : les plus grands artistes, les plus grands auteurs de littérature peuvent être classés dans cette catégorie – à commencer par Goethe lui-même... Mais lui, le docteur Alt, est un pervers peureux, un pleutre, qui ne sait pas jouir de l'ambiguïté de la perversion. Vous me demandez d'où provient notre brouille, n'est-ce pas ? Eh bien, de cela, précisément ! Il était triste parce qu'il rentrait chaque soir retrouver Irena, son épouse ; il était triste parce qu'il devait répondre tous les deux jours aux lettres autoritaires du professeur Freud ; parce qu'il ne pouvait librement penser aux histoires de démons et de revenants qu'il aimait par-dessus tout, de peur de passer pour un benêt... Il était triste surtout parce que sa peur de passer pour un benêt était plus forte que ses désirs !

— Et qu'avez-vous fait pour lui, docteur Gross ?

— En moins d'une semaine, les pensionnaires, les

infirmiers ainsi que le médecin de garde se rassemblaient autour de moi tous les soirs. Vous me croyez, n'est-ce pas ? Et je voyais Alt qui, au moment de quitter la clinique, nous regardait en coin, la tête basse...

— Il regrettait de ne pas être des vôtres, j'imagine...

— De ne pas être de la fête, vous voulez dire ! Tous les soirs, ça y allait, je vous assure ; ça forniquait dans tous les coins.

— Et il le savait ?

— S'il le savait ? Bien sûr qu'il le savait ! Il ne se privait jamais d'un plaisanterie grossière le matin en arrivant. J'avais remarqué sa façon de loucher sur les fesses d'une infirmière qui se nommait... comment s'appelait-elle déjà, cette petite Bavaroise ? Else, je crois... Oui ! Else Richt... c'est ça ! Alt débutait toujours les séances en me proposant de parler de mon père, et moi, je lui glissais une remarque sur Else. Puis, je parlais de mon père – une ou deux phrases convenues, toujours les mêmes – quelque chose comme : « Mon père, le brave docteur Hans Gross, n'aurait jamais dû avoir d'enfant. Il était trop... comment dire, trop adulte, si vous voulez... » Je n'avais pas le temps de terminer qu'il revenait aussitôt sur Else... « Vous croyez vraiment qu'elle accepterait une relation avec moi ? » Je le rassurais : « Vous plaisantez, docteur Alt, elle en rêve ! » Et nous reprenions la séance au sujet de mon père... pas bien longtemps, vous pouvez me croire ! Il m'interrompait aussitôt : « Comment pouvez-vous être aussi affirmatif ? Elle vous l'a dit ? » Et c'est ainsi, de fil en aiguille, de question en réponse, par une thérapie active d'injection de fantasmes sexuels, qu'au bout de quelques jours j'ai pu les surprendre dans le jardin, la nuit tombée.

— Vous les avez surpris ?

— En réalité, je ne les ai pas surpris. Je les ai suivis...

Et il s'est mis à rire. J'ai ajouté :

— Je vous connais un peu, ne trouvez-vous pas ?

— Oui, je l'avoue, je les ai suivis et je les ai vus. J'étais à quelques mètres lorsqu'il l'a prise contre un arbre, comme ça, tout habillé, comme un soudard. Allez, je suis certain qu'il a pensé qu'un génie païen caché dans le bouleau s'était emparé de sa volonté.

Amusé par le récit, j'avais ri de bon cœur. Ainsi, Alt prétendait avoir psychanalysé Otto, le faisant savoir à toute la communauté scientifique et littéraire, alors qu'Otto lui avait tout simplement appris à trousser les jeunes infirmières.

— Les pensionnaires de la clinique ont dû vous regretter...

— Je n'ai pas vérifié, mais je suis certain qu'il n'y a jamais eu autant de guérisons que durant les trois semaines qu'a duré ma première hospitalisation. Car, mon jeune ami, la seule véritable thérapie dans un asile d'aliénés, c'est bien la sexualité – ce que Bachofen appelle « la sexualité de marécage » –, celle des crapauds qui se jettent les uns sur les autres sans aucune discrimination.

La thérapie qu'Otto a appliquée à son médecin s'est révélée efficace puisque, depuis ce temps, Alt propose à ses patients névrosés de s'initier à la bigamie. Il s'en est même confié au professeur Freud – je le sais, Freud me l'a dit ! C'était lors de leur voyage en Amérique, l'an dernier, sur le bateau. Ils passaient leurs longues heures de loisir à échanger des confidences, à demi couchés sur des chaises longues, des couvertures sur les jambes. Alt lui avait raconté comment il avait su sortir un chef d'entreprise de la névrose dans laquelle il s'était embourbé en l'incitant à prendre une maîtresse. Depuis, l'homme, un industriel en vue, ne tarit pas d'éloges sur la psychanalyse.

Et, lorsqu'ils ont aperçu la côte américaine au loin, le professeur Freud a dit à Alt : « Quelle ne sera pas leur surprise d'entendre ce que nous avons à leur dire. Vous savez comme ils se réjouissent de nous accueillir et dire que nous leur apportons la peste ! »

J'ai été impressionné par le corps de Hanna. Elle a encore maigri, son teint est couleur de pierre et, lorsqu'elle a fini par ôter ses lunettes de soleil, j'ai pu constater combien ses yeux étaient petits, enflés et cernés d'une auréole violette. Ses yeux, ses étranges yeux bleu sombre, qui vous emportaient naguère dans des rêves sans fin, étaient comme deux petites cavernes éteintes dans un visage de terre craquelée. Etait-ce là le résultat de ce fameux double traitement – « sevrage et psychanalyse » ? Je ne suis pas dupe. Elle est distante, agressive, méprisante. Comme je le lui disais parfois, lorsqu'elle est sous l'effet de sa drogue, elle ne peut s'empêcher de faire la comtesse. J'étais furieux et j'avais peur. Furieux de ce qu'avait fait le docteur Alt. Le professeur aurait sans doute été plus prudent. Je ne me pardonnerai jamais qu'il lui arrive malheur. Mais alors, qui prévenir ? Son mari ? Je ne lui ai jamais parlé. Il irait sans doute penser que je suis jaloux et ne m'accorderait aucune attention. Otto me rirait carrément au nez. En outre, j'ai le sentiment que l'état d'Otto est encore pire que celui de Hanna. Il ne me reste plus que le professeur Freud Lui demander un entretien. Oui, c'est ce que je dois faire. Et au plus vite !

J'ai frileusement serré le manteau de Helga contre moi, en restant derrière le couple. La scène me paraît onirique. Le docteur Alt, enserré dans un manteau de cuir noir à col de fourrure, le cheveu ras, l'œil perçant, marchant tel un prince visitant ses sujets ; à son côté Hanna, dans son énorme pèlerine d'automobiliste, faisant négligemment tournoyer son casque de cuir qu'elle tient par la lanière. Sa tête haute, son menton volontaire avaient un côté dérisoire tant on était saisi par son aspect maladif. C'est alors qu'a surgi Otto.

— Ah ! Qui voilà ? s'écrie-t-il à la cantonade. Le docteur Alt ? N'est-ce pas le grand docteur Alt ? Ici, le voici, le voilà ! (Puis, s'approchant de lui, le regardant dans les yeux, il ajoute :) Venez-vous ici, à Ascona, dans la communauté de Monte Verita, pour faire subir quelque métamorphose à votre libido, docteur Alt ? Vous auriez dû considérer le nom de l'endroit : *Monte Verita* – le « Mont Vérité »... Ici, vous ne pourrez trouver que des hommes nus, l'esprit nu, l'âme nue, les mains nues... Voyez comme vous êtes couvert, docteur Alt ! Peut-être votre gland est-il nu ? Eh bien, non ! Je ne le crois pas ! Vous n'êtes certainement pas circoncis ! Lorsque Monte Verita sera un phalanstère, nous nous doterons d'une brigade de déshabillement. Et ce commando se jettera aussitôt sur vous pour vous mettre à nu avant de vous laisser entrer.

Alt n'a pas bronché. Il regardait de côté, admirant le paysage. Finalement, il a franchement tendu la main vers Otto pour le saluer :

— Mon cher docteur Gross, comment allez-vous ? Apparemment, vous n'êtes pas au mieux de votre forme. Vous comprendrez que je ne puisse vous accorder une consultation aujourd'hui mais, si vous le souhaitez, vous pouvez prendre rendez-vous auprès de Mlle von Kessler. Hanna, voulez-vous proposer un horaire au docteur Gross ?

Hanna la fière, Hanna la muse, la poète, la révoltée, n'a pas hésité un seul instant. De sa pèlerine elle a sorti un petit carnet recouvert de cuir et un crayon :

— Voyons, docteur Gross, disons le mardi 4 mai à 15 h 15... Il me reste aussi le 7 mai à 17 h 30. Mais j'ai cru comprendre que vous étiez pressé. Malheureusement, je ne peux rien trouver avant le 4...

Et elle a levé des yeux vagues et distraits. En quelques semaines, elle était devenue la secrétaire particulière du docteur Carl Gustav Alt. J'ai pensé que cet homme devait être diabolique pour avoir réussi à métamorphoser Hanna de manière aussi radicale. Otto ne lui a même pas jeté un regard. Je ne crois pas qu'il ait même entendu sa proposition. Il est tombé face en avant dans une sorte de crise d'épilepsie. Il tremblait de tous ses membres et de la bave écumait aux commissures de ses lèvres. Je me suis précipité pour lui porter secours. J'ai posé mon bras sous sa tête pour éviter le traumatisme crânien et cherché à vérifier qu'il ne s'étouffait pas avec sa langue. Il s'est calmé peu à peu. Je tremblais de tous mes membres – de froid, de rage, de peur aussi, sans doute... L'épilepsie fait toujours peur. C'est comme si l'on voyait un corps se vider de son âme en quelques instants, un corps bientôt inhabité, seulement traversé de décharges électriques désordonnées.

Il est bientôt 5 heures. Je ne sais plus où aller me coucher. L'ethnologue Westernius a pris ma place dans le lit de Helga. Ils ont d'abord échangé des informations sur l'Afrique et sont partis ensuite explorer les sensations de la déesse mère. Aujourd'hui, quelque chose s'est cassé en moi. J'ai l'étrange impression d'avoir bel et bien quitté la Russie, ma famille, mes parents, aujourd'hui.

Carnets de Jack Bean. Munich, 28 avril 1911

Cela fait exactement un an que je n'ai pas touché à mes carnets. J'ai écrit pour la dernière fois cette nuit du 25 au 26 avril 1910 ; cette nuit où j'ai vu le monde perdre ses couleurs sous mes yeux. J'en parlais avec Franz cet après-midi ; je lui parlais de Hanna et du docteur Alt. J'en parle sans cesse et à tout le monde ! En ce moment, Franz écrit un roman extraordinaire qu'il veut intituler : *Le Livre du crétin*. Il m'a permis d'en lire un chapitre. Il est très doué. J'ai le sentiment qu'il réinvente la littérature – les mots, les phrases, l'ambiance, l'odeur... Lui n'en a pas conscience, pourtant. Il écrit machinalement, comme mû par un génie intérieur – sans doute possédé par cette effervescence qui s'est emparée de tout notre groupe, certains que nous sommes de hâter l'accouchement d'un nouveau monde. Il écrit la nuit et passe ses journées à militer, à parler aux ouvriers, aux miséreux, aux mendiants. Il parle à qui veut l'entendre de la victoire imminente du prolétariat, de la lutte à mener sur tous les fronts si l'on veut qu'elle advienne au plus vite. Mais il boit trop et cela m'inquiète, d'autant qu'il se promène partout avec son revolver. Je crains qu'au cours d'une dispute il ne finisse par tirer sur quelque policier ou même sur un simple passant qui s'opposerait à ses idées.

L'autre jour, au café Stéphanie, il vociférait contre Otto. C'était la première fois que je l'entendais dire du mal du docteur Gross, à qui il voue une véritable vénération. Pour lui, Gross est bien plus que le théoricien du mouvement ; c'est un messie – le Christ qu'un miracle aurait libéré tant de la morale que de la religion. Il y a du vrai dans cette perception. Otto est entièrement voué à l'expression d'une pensée extrême. Rien d'autre ne l'intéresse, ni la carrière, ni l'argent, ni l'amour.

Pourtant, ces derniers temps, nous étions quelques-uns à le croire un peu assagi. Il vivait avec Sophie à Ascona depuis des mois et nous le pensions amoureux, tout simplement. Obnubilés que nous étions par l'espoir d'une accalmie, nul n'a réfléchi sur l'incongruité d'une telle hypothèse. Il y avait un moment que nous n'avions entendu ni scandale, ni arrestation, ni complot, ni procès à son sujet. En vérité, il se livrait, infatigable démiurge, à une nouvelle expérimentation des limites du monde. La nouvelle est tombée comme une bombe : Sophie s'était suicidée en avalant des doses massives de médicaments. Depuis lors, Otto se répandait à travers le Schwabing en expliquant qu'il l'avait aidée à mourir puisque tel était son désir. Il ne l'avait pas empêchée ; il lui avait même fourni le produit puisqu'elle le demandait... Malgré la plainte déposée contre lui par les parents de Sophie, il développait son éloge de la face cachée. « Ils peuvent nous exploiter, nous poursuivre, nous mettre au pas parce que nous ignorons que la nuit est notre indéfectible alliée. Notre drapeau est noir car la nuit est notre lumière ! Nous ne tremblons pas, ne craignons ni les accusations ni les coups, car la mort est avec nous ! » Je crois malgré tout que Franz aimait en secret cette artiste infatigable qu'était Sophie, dont il possède plusieurs tableaux. C'est pour cette raison qu'il est aussi véhément envers Otto. Aujourd'hui, il le traite d'égocentrique, de mégalomane, de meurtrier.

Je me sens indécis et même déchiré par moments, lorsque j'entends critiquer Otto. Il m'a enseigné tant de fois comment ne pas se laisser happer par l'évidence ; il m'a tellement habitué à faire naître la vérité du paradoxe que j'hésite à suivre Franz. J'entends déjà Otto argumentant : « Et pourquoi faut-il accepter que la mort est mauvaise alors que tout montre que si vous n'en faites pas une alliée, vos ennemis l'utiliseront contre vous ? C'est par elle qu'ils engendreront la peur et c'est la peur qui nous contraint. Qui s'allie à la mort est le maître ; qui la craint est l'esclave... » Je garde pour Otto une admiration intacte, mais j'ai renoncé depuis longtemps à poursuivre une psychanalyse avec lui. J'ai bien remarqué que ça ne l'intéressait plus guère. Otto est un inventeur, un découvreur, en aucun cas un médecin ! Et puis, il prétend que je n'ai aucun besoin de psychanalyse ; que je suis psychologiquement normal – et il ajoute « désespérément normal ».

Curieusement, son jugement rejoint celui du professeur Freud. Lui aussi me déconseille d'entreprendre une psychanalyse. « Je comprends votre curiosité, m'a-t-il malicieusement fait remarquer, j'en devine les raisons, mais vous perdriez votre temps. Vous êtes bien plus utile au mouvement en gardant intacte votre soif d'apprendre de tous et de tout. » Depuis un an, je fréquente très régulièrement les soirées de la Société psychanalytique de Vienne. Il me semble que le professeur s'est pris d'une sorte d'amitié pour moi. Il faisait très froid ce soir de décembre où j'ai été admis dans son intimité. N'ayant pas un sou vaillant pour me rendre au café, j'étais arrivé en avance. J'ai décidé de demander au professeur de patienter dans son salon. Il a refusé, m'ordonnant de venir dîner à la table familiale. J'étais embarrassé, mais il insistait. Nous nous sommes retrouvés cinq à table, les enfants ayant déjà eu leur repas. Il y avait son épouse, Frau Professor, et la sœur de son épouse que tout le monde appelle « tante Minna », et aussi le docteur Rank. Nous avons d'abord échangé quelques banalités tandis que Freud restait taciturne, fixant sa soupe, les yeux dans le vague.

— Vous ne pensiez tout de même pas que je vous laisserais assister à la séance de la Société vous sachant le ventre vide ? m'apostropha-t-il soudain. (Puis, se tournant vers le docteur Rank :) Qu'en pensez-vous, Rank ? Il s'agit manifestement d'une mise à l'épreuve inconsciente, n'est-ce pas ? Ce jeune homme voulait me pousser à adopter un comportement inhumain... Pour me le reprocher ensuite, naturellement !

— Sans doute, professeur, répondit Rank, les jeunes gens sont coutumiers de ce genre de mises à l'épreuve. Il ne faut pas leur en tenir rigueur. Ils sont comme des nourrissons qui palpent le monde de leurs doigts incertains.

— Je suis parfaitement d'accord avec vous, Rank – d'autant que vous êtes concerné, n'est-ce pas ? Quoi qu'il en soit, je trouve votre remarque à la fois judicieuse et amicale. Je vous en félicite !

Je ne savais où me fourrer. J'ai encore dû rougir jusqu'aux oreilles. Après cela, tout le monde est resté silencieux un long moment avant que tante Minna ait finalement pitié de moi :

— Voyons, Ziggy, reprocha-t-elle au professeur, tu vois bien que ce garçon se sent mal à l'aise.

Le professeur Freud l'a regardée et son visage s'est

éclairé. La matrone a été traversée d'un éclair joyeux. Son visage est alors apparu délicat, l'espace d'un instant, presque juvénile, avec un air canaille qu'elle devait avoir, j'en suis sûr, lorsqu'elle avait vingt ans. Il lui a souri. Et c'était comme une autorisation qu'il y a lue puisque, depuis lors, il me convie à sa table tous les mercredis soir. Quelquefois, il me propose de venir plus tôt et nous pouvons alors bénéficier d'une demi-heure de discussion, parfois davantage. Nos discussions roulent toujours sur le même sujet : Hanna et le docteur Alt. Lui s'intéresse plutôt au docteur Alt et moi, toujours à Hanna. Ce jour-là, il avait reçu des nouvelles de Zurich qui l'inquiétaient passablement :

— La comtesse von Kessler vous a-t-elle écrit ? me demanda-t-il.

— La dernière fois qu'elle m'a écrit, ce devait être à l'automne – à la fin du mois de septembre, il me semble. Et c'était seulement pour me demander de lui envoyer un livre. Je crois qu'elle se trouve toujours à Zurich.

— Oui ! Elle vit à Zurich, mais elle a quitté la clinique. Elle loue une maison sur les bords du lac.

— Ah, mais vous êtes mieux renseigné que moi, professeur ! Je connais pourtant la plupart de ses amis ; elle ne leur donne pas signe de vie depuis des mois. Personne n'a été capable de me dire où elle se trouve.

Le professeur Freud s'est à nouveau concentré sur la contemplation de sa soupe, dont il avait à peine goûté quelques cuillerées. Toute le monde restait silencieux. J'avais la sensation que chacun ici était au courant de ce qui tracassait le professeur. Il s'est finalement résolu à parler :

— Elle m'a envoyé une lettre.

— Comment va-t-elle ? me suis-je écrié. Dites-moi, je vous en supplie. Elle me manque tellement !

Freud s'est alors décidé à avaler sa soupe et, moi, j'attendais sa réponse. Son silence m'inquiétait. J'ai insisté :

— Mais enfin, vous a-t-elle donné des nouvelles ? Que lui arrive-t-il ?

— Je l'ignore, finit par répondre Freud, mais la lettre que je viens de recevoir était vraiment étrange.

J'ai sursauté. J'ai senti ma gorge se serrer.

— Etrange ? me suis-je surpris à balbutier comme un automate.

— Elle y défend avec vigueur les nouvelles hypothèses du docteur Alt sur la persistance des âmes – une sorte de réincarnation, si j'ai bien compris. Ce n'est tout de même pas Alt qui a inventé la métempsycose, tout de même ! Elle veut pourtant me convaincre qu'il s'agit là d'une percée décisive de la psychanalyse que je devrais reconnaître et saluer.

« Ah, ce n'est que cela », ai-je pensé, rassuré...

— Elle vous a dit qu'elle était une vestale grecque, n'est-ce pas ? Si c'est ainsi, me suis-je laissé aller à plaisanter, moi je préférerais me réincarner en chat plutôt qu'en être humain. Je trouve leur vie tellement plus confortable. Quelle triste idée de passer de vestale à comtesse, c'est presque le même rôle...

— Il y avait tout de même quelque chose d'étrange dans ce courrier, reprit Freud. Cette femme que je connais à peine, puisque je ne l'ai rencontrée qu'une fois, qui commence seulement sa psychanalyse, se permet de m'indiquer les voies de réflexion que je devrais suivre... moi ! Ne trouvez-vous pas cela étrange, docteur Rabinovitch ?

Je suis resté silencieux, sentant bien que l'implicite m'échappait. Le professeur Freud s'est alors adressé au docteur Rank :

— Et vous, Rank, qu'en pensez-vous ?

Le docteur Rank s'est raclé la gorge, hésitant un moment avant de répondre :

— Je pense que le docteur Alt glisse sur une mauvaise pente. Cela fait quelque temps qu'Abraham et moi vous attirons l'attention sur ses dérives. Dans peu de temps, on le verra proposer une nouvelle forme de psychanalyse, plus efficace et surtout plus acceptable, plus morale. On s'est à peine débarrassé d'Adler, et maintenant c'est lui qui tente à son tour d'abandonner la théorie sexuelle. Voilà ce que je pense, professeur ! Je vous le dis en toute franchise, même si je sais que vous le défendrez toujours...

— Voyons, Rank, grommela sévèrement Freud, je ne le défends pas aveuglément. Je reste convaincu que le docteur Alt nous est indispensable. Outre son intelligence hors du commun, il présente à mes yeux deux avantages que je ne trouve chez aucun d'entre vous : il n'est ni viennois ni juif !

Telle était donc l'inquiétude de Freud : il craignait de perdre le seul *goy* de son groupe, sa caution aux yeux du monde. Je suis resté décontenancé. Moi, je me préoccupais de la santé de Hanna et lui se souciait seulement des querelles intestines au sein d'un petit mouvement scientifique qui n'intéressait pas plus d'une centaine de personnes dans le monde. Par la suite, nous sommes revenus à plusieurs reprises sur ces questions et, plus le temps passait, plus il s'est rangé à l'avis de ses proches : d'Otto Rank, d'Ernest Jones, de Karl Abraham, de Ferenczi – de Sandor Ferenczi, surtout ! Ils ne parlaient plus désormais que de l'éventuelle dissidence du docteur Alt.

Avant-hier, je suis arrivé à 19 heures à l'appartement de la Berggasse, comme le professeur me l'avait proposé. Il souhaitait que nous allions nous promener dans les jardins du Belvédère. A 19 heures très précises, il m'a lui-même ouvert sa porte. Il était prêt à partir, déjà vêtu de son pardessus, de ses gants et de son chapeau. Il a attrapé sa canne en passant et nous avons dégringolé vivement les escaliers. « Vous venez, docteur Rabinovitch ? Mais qu'avez-vous donc à traîner ainsi ? » Le professeur Freud marche d'un pas alerte, en agitant sa canne d'avant en arrière. Dans la rue, il tient la tête haute d'un air fier et ne manque de saluer personne. « Mon rêve, m'a-t-il confié un jour, est que n'importe qui – un cocher, un revendeur, un mendiant, que sais-je –, n'importe qui pense en me voyant : voici l'homme le plus intelligent de Vienne. »

— Pourquoi vous tenez-vous courbé en avant comme un vieillard ? me demanda-t-il en riant. On dirait que je suis l'étudiant et vous le professeur...

— Je ne sais pas ! J'aime inspecter le sol ; peut-être pour vérifier la fiabilité du support où je pose les pieds...

— Voilà la différence entre nous : moi, je fixe au loin le point que j'aspire à atteindre.

Il était vif et joyeux. Le patient de 19 heures avait terminé son traitement et il ne lui avait pas encore trouvé de remplaçant. Il devait se sentir libéré, comme un gamin faisant l'école buissonnière.

— J'arrive à peine à vous suivre, professeur...

Lorsque nous sommes arrivés aux jardins, son pas a pris un rythme qui convenait mieux à une promenade. C'est lui qui, comme toujours, a pris l'initiative de l'échange :

— Vous avez reçu des nouvelles de la comtesse von Kessler ?

— Non ! Aucune. Et vous ?

— Je l'ai vue, murmura-t-il, narquois.

J'ai bondi :

— Comment ? Vous avez vu Hanna ?

— Mais oui, mon jeune ami, je l'ai vue ; vue, de mes yeux vue...

Il me taquinait ! Mais qu'est-ce qui le rendait joyeux jusqu'à se livrer à des facéties ? Ça ne lui ressemblait pas, c'est sûr !

— Vous l'avez vue, dites-vous, et où ça ? A votre cabinet ?

— Mais oui, docteur Rabinovitch, à mon cabinet ! Elle est venue me consulter. Et je dois dire que je me suis senti rassuré. Non pas tant par ce qu'elle m'a confié, mais du fait qu'elle ait pris l'initiative de me demander une entrevue.

Hanna lui avait demandé un rendez-vous trois semaines auparavant. Et il ne m'en avait rien dit...

— Pourquoi ne pas m'avoir prévenu ? Est-elle encore à Vienne ? Ou bien est-elle déjà repartie ? Que vous a-t-elle dit ? Racontez-moi, professeur, de grâce, parlez !

Il s'est arrêté devant une sphinge – il y en a des rangées entières dans les allées du Belvédère – et l'a tapotée, caressant ses seins proéminents du bout de sa canne.

— C'est la sphinge qui pose les questions !

J'ai compris qu'il était inutile d'insister. J'ai continué à marcher en silence. Je savais qu'il y reviendrait. Nous nous sommes assis sur un banc.

— Nous nous faisions inutilement des soucis au sujet du docteur Alt, a-t-il commencé. Il s'agissait tout simplement d'une histoire d'amour – ou plus exactement d'une histoire de transfert, de transfert amoureux, si vous préférez...

Le « transfert »... voilà bien un notion qui m'a toujours laissé perplexe. Les sensations d'une femme au cours de sa psychanalyse – car il s'agit le plus généralement d'une femme –, enfermée une heure par jour seule avec un homme, et durant des mois..., à parler de sa sexualité, qui plus est... quand elle n'y est pas expressément invitée... me semblent couler de source. En toute logique, je m'étonnerais qu'elle n'éprouve aucun émoi, aucune sensation. J'en ferais même un critère diagnostique majeur si c'était le cas. Mais il faut dire que j'ai été à l'école d'Otto. C'est lui qui m'a expliqué que le transfert est constitué des pensées sexuelles qui naissent naturellement lorsque deux êtres humains entretiennent un commerce régulier, quelle qu'en soit la nature. Et Gross insiste : tous les êtres humains, dit-il, quels que soient leur âge ou leur sexe, tout comme les singes, les souris ou les poules. De telles pensées peuvent perturber le déroulement d'une cure psychanalytique. C'est la raison pour laquelle Gross préconise d'organiser une réalisation des désirs nés du transfert. Je simplifie, bien sûr, puisque les mises en scène d'Otto sont souvent d'une singulière complexité. Pour lui, il ne s'agit pas simplement d'avoir des relations sexuelles, mais d'utiliser la force des désirs pour parvenir à une prise plus intense, plus profonde sur le monde. Mais aussi pour ne pas entraver la marche de la thérapie.

Je ne serais certainement pas allé dire tout cela au professeur. Je connais fort bien sa pensée à ce sujet. Il a l'habitude de relater une histoire qui lui est arrivée au début de sa pratique et qui l'aurait mis sur la voie de ce fameux « transfert ». Il avait endormi une patiente par l'hypnose et, au réveil, elle s'était jetée à son cou. Lorsqu'il évoque ce cas, il prononce toujours cette même phrase : « J'ai compris que ce n'était certainement pas pour mes beaux yeux qu'elle s'était prise d'amour pour moi... » L'amour de cette femme ne lui était pas adressé, à lui, Sigmund Freud, mais à quelqu'un de son entourage proche : son père, son oncle, son frère...

Le professeur Freud adhère-t-il vraiment à des pensées aussi naïves, que l'on pardonnerait à peine à un adolescent, sur la grandeur de l'amour authentique ? Et que serait un amour authentique ? Tristan n'aime pas Iseult pour elle-même ; c'est le philtre qui les a rendus fous d'amour ! Et la légende de Tristan et Iseult est bien le modèle parfait de l'état amoureux. Cette légende ressemble plus à la réalité du monde que la théorie du professeur.

— Ainsi, Hanna est venue vous parler de son transfert ?

— Exactement, m'a-t-il répondu en souriant, et dans ces termes, très précisément ! Je m'imaginais que le docteur Alt se livrait à je ne sais quelles expérimentations. En vérité, il s'était laissé prendre comme un débutant aux mailles du transfert de sa patiente.

— Que voulez-vous dire ?

— Hanna est venue m'expliquer qu'elle... Mais ma déontologie m'interdit de vous révéler le contenu de la séance...

— Je vous en prie, professeur...

— Après tout, vous êtes médecin ! Et puis, vous êtes plus ou moins initié à la psychanalyse, vous saurez en faire bon usage. Elle m'a dit qu'elle s'était éprise du docteur Alt...

Sinistre printemps ! Sophie s'est suicidée, Otto est de nouveau en fuite et nul ne sait dire où il se cache. Le professeur Freud travaille à d'incompréhensibles stratégies et Hanna est amoureuse – amoureuse d'un autre homme que moi. Triste, profondément triste, je suis si triste !

J'ai pris le train pour Munich et j'ai cherché Otto

dans les endroits qu'il a l'habitude de fréquenter. J'ai passé de longues heures au café Stéphanie où j'ai vu défiler tous ses amis. Personne ne l'a aperçu depuis des semaines. J'ai erré, sous la pluie, dans le Schwabing. Finalement, j'ai pris une chambre à l'hôtel Hauser et j'ai essayé de dormir. Mais les mots du professeur me revenaient sans cesse. « Remarquez, docteur Rabinovitch, que l'amour de transfert peut aussi être un véritable amour... » Mais pourquoi ? Pourquoi s'ingéniait-il à remuer le couteau dans la plaie ? J'ai pensé qu'il voulait que je haïsse le docteur Alt, que je le haïsse à mort. Peut-être veut-il me manipuler jusqu'à ce que j'en vienne à l'assassiner ? Cependant, à y réfléchir, je n'éprouve aucun sentiment. Il m'arrive même de penser que, si Hanna a réussi à troquer la cocaïne contre une relation amoureuse avec son psychanalyste, il faut que je m'en réjouisse. Ce sont les scènes qui me reviennent, comme si j'y avais assisté, alors que je les ai seulement reconstruites à partir du récit de Freud... Ce sont ces scènes qui me font souffrir.

Elle a raconté à Freud. Elle trouvait Alt si beau, fier, dressé comme un coq... Elle lui a écrit des poèmes. Elle lui en portait un chaque jour, c'était comme une prière, un hymne... Elle voulait qu'ils s'en aillent par le passé, jusqu'à l'origine, au temps où les chrétiens étaient juifs, afin que rien ne puisse les séparer... qu'ils restent réunis à jamais. Et c'est arrivé ! C'est arrivé dans le cabinet de consultation, son bureau de directeur adjoint de la clinique. Il s'est approché d'elle ; il se tenait derrière son dos. Il la trouvait crispée. Il lui a posé les mains sur les épaules, pour la masser, la détendre. Pour que sa parole devienne plus fluide... Lorsqu'elle a senti ses mains sur la chair de son cou, un frisson l'a parcourue de la tête aux pieds. Elle lui a demandé s'il était troublé. Il a passé les mains dans ses cheveux. Les cheveux de Hanna... Elle a laissé sa tête retomber en arrière, l'abandonnant entre ses mains. Il a posé un baiser sur sa tête. Elle s'est emparée de sa main, l'a portée à ses lèvres et l'a couverte de baisers. Elle s'est levée alors. Il est grand, elle lui arrive à peine à la poitrine. Elle s'est dressée sur la pointe des pieds, s'offrant à lui. Il a pris sa bouche, longuement, la caressant au travers de sa robe.

Puis il s'est éloigné, soudain inquiet. Il s'est assis sur son fauteuil, derrière son bureau, en la réprimandant : « Pourquoi faites-vous cela, comtesse ? Vous savez qu'il ne faut pas ! » Il l'appelait toujours « comtesse ». Elle a souri. Elle a compris sa réticence, les reproches qu'il s'adressait à lui-même. Il est plus jeune qu'elle ; c'est à elle de s'efforcer de comprendre. Elle ne lui a pas fait remarquer que c'était lui qui avait pris l'initiative du premier rapprochement. Elle lui a seulement dit qu'elle l'attendrait dans sa chambre. Cinq minutes plus tard, il grattait à sa porte. C'était l'heure du dîner ; on entendait l'agitation fébrile dans les couloirs. Elle lui a ouvert la porte et il s'est jeté sur elle. Il était pressé... de la voir, de la toucher, de la sentir... Il était pressé en tout... Il n'a pas su se retenir... Le professeur lui a fait une remarque : « Ce que vous dites est parfaitement exact, madame ! Le docteur Alt ne sait pas se retenir. »

Et il est revenu. Il est revenu le lendemain, tous les soirs... Chaque soir, il lui disait que c'était la dernière fois, qu'ils ne devaient pas... Qu'ils ne se reverraient plus une fois son traitement terminé. Elle a demandé au professeur : « Est-ce vrai qu'il ne faut pas ? Mais qu'est-ce qu'il ne faut pas ? Ne faut-il pas aimer son psychanalyste ? » Non... « Il ne faut pas que le psychanalyste croie à l'amour de sa patiente... » C'est ce que lui aurait répondu Freud. Elle ne pense plus à rien d'autre qu'à cet amour. Elle a supplié le professeur :

— Je vous en conjure, ne soyez pas sévère envers lui. Il est si fragile malgré les apparences. Et il vous aime tant. Il vous respecte et vous craint. Vous êtes son père et son maître, presque un dieu pour lui. Soyez clément ! Acceptez cet amour qui est un don du Ciel. Ce n'est pas lui qui m'envoie, je vous le jure ! J'ai lu vos travaux, professeur ; et les siens aussi ! Ils se complètent admirablement ! Je viens vous faire une offre...

— Une offre ? a demandé le professeur, intrigué.

Le professeur était calme, presque tranquille. Il est toujours serein lorsque les malades sont difficiles.

— Oui, a minaudé Hanna, une offre que vous ne refuserez pas ! Laissez-nous nous aimer ! Acceptez-le et permettez-lui à son tour de l'accepter. Si vous l'acceptez, il l'acceptera aussi !

« Mon cher Rabinovitch, la comtesse von Kessler est d'une intelligence redoutable – cette intelligence absolue de la guerre qu'ont certaines femmes qui ne se privent d'aucun argument, d'aucune arme : la raison et le charme ; la menace et la séduction... »

— Poursuivez, madame ! Vous ne vous attendez certainement pas que je vous réponde. Dites-moi ce que vous avez imaginé...

— Voilà, a poursuivi Hanna, j'interromps la psychanalyse que j'ai entamée avec le docteur Alt et je la poursuis avec vous. Je continue, en revanche, à me former auprès de lui. Il me confie des malades, me supervise, m'introduit à sa pensée. Mais je travaille auprès de vous tout aussi bien ! Je suis les séances de la Société psychologique du mercredi, j'écris dans votre revue. Regardez-moi, je suis à genoux et je dépose mon talent littéraire à vos pieds comme une offrande. Je serai le lien qui vous unit, votre bru, puisqu'il vous est arrivé de le considérer comme votre fils... Votre fille aussi si vous le voulez, et vous gagnerez alors un nouveau gendre. Professeur, vous êtes un héros ! Je veux dire : un héros civilisateur ! Prométhée volant le feu aux dieux pour le donner aux hommes ; Moïse apportant la loi aux Hébreux ; Héraklès, le fer aux Achéens... Mais vous êtes bien plus que tous ceux-là ! Vous êtes l'apôtre Paul, je l'ai compris ! L'apôtre Paul, ce Juif qui permet aux Juifs de ne plus être une tribu de primitifs enfermés sur eux-mêmes. Je sais que tel est votre désir secret. Je suis la personne qui vous permettra de le réaliser. C'est cela que je vous propose en échange de votre intervention.

Diabolique Hanna ! Devant les hésitations du docteur Alt, elle comprend ; elle craint les sursauts de sa conscience morale – trop fine, trop expérimentée pour ne pas savoir que de telles passions sont toujours suivies de retours de bâton. Elle imagine l'intervention du professeur qui apaisera l'assistant, l'autorisant à quitter femme et enfants, à construire une autre vie avec Hanna. C'est ce qu'elle veut et elle est prête à en payer le prix. Elle accepte de mettre son intelligence et ses dons littéraires au service de la psychanalyse pour atteindre ce but.

Mais elle est plus fine encore. Elle sent que de venir proposer un tel marché à Freud excitera sa curiosité. Il voudra relever le défi. Elle se présente comme l'espionne du docteur Alt, Freud n'aura de cesse de la retourner. Il la défendra auprès de A., fera son éloge et nécessairement provoquera sa jalousie. C'est évident – quasi mécanique ! Et alors, A. reviendra vers elle, fou d'amour, de peur de la perdre.

Mais elle est téméraire, aussi. Ces deux hommes ne

sont pas sans force. Ils peuvent finir par se liguer contre elle. Ils se ressemblent, appartiennent au même monde, celui de la bourgeoisie besogneuse dont ils s'extraient par leur créativité. Ils savent que l'avenir leur est promis. Hanna provient d'un autre univers, cette aristocratie éclairée de la Mitteleuropa qui sait que ses jours sont comptés. Ses atouts sont l'éphémère et le chatoiement de l'ombre au coucher. Les autres avancent du pas assuré du guerrier. S'ils l'identifient comme ennemie, ils n'en feront qu'une bouchée. Je les entends déjà la condamner en écho, la qualifier d'« hystérique manipulatrice », de « perverse infantile »...

— Imaginez ma perplexité, docteur Rabinovitch ! Cette femme, pardonnez-moi le caractère un peu cru de mes propos..., cette femme est très perturbée. Je ne sais pas ce que fait Alt durant ses séances ; certainement pas de la psychanalyse ! En outre, elle n'a jamais cessé de se droguer, au contraire ! A la cocaïne, elle a ajouté maintenant l'héroïne, qu'elle se procure très facilement à la clinique. Si c'était dans d'autres circonstances, je l'aurais vertement éconduite. Mais j'ai fort bien compris qu'elle était entrée au cœur de notre mouvement, infiltrée jusqu'aux postes de commande. On ne peut pas la laisser se répandre à travers l'empire avec les informations dont elle dispose maintenant. D'autant qu'elle connaît tant de monde : les journalistes, comme ce Karl Krauss que vous aimez tant. Imaginez un peu les dégâts qu'elle pourrait causer !

J'ai été pris d'un malaise. Voilà que le professeur raisonnait comme un stratège militaire alors que la pauvre Hanna essayait de sauver son existence mentale.

— Qu'en pensez-vous, docteur Rabinovitch, vous

qui la connaissez bien ? N'hésitez pas à me parler franchement.

J'ai pensé qu'il fallait la rapprocher de Vienne. Je me suis dit que je pourrais peut-être la rencontrer, lui parler, la ramener à la raison...

— Acceptez, professeur ! Prenez-la en traitement ! Vous saurez analyser ce transfert qui a échappé au docteur Alt. Elle finira par lâcher prise.

— Oui, certainement ! Mais il faudrait qu'elle arrête cette relation amoureuse qui ne débouchera sur rien. Et cela, elle ne l'acceptera jamais ! Il lui faudra renoncer d'un même mouvement à deux types de plaisir infantile : la drogue et son attachement transférentiel. Je crains de m'aventurer dans une tâche impossible. Vraiment impossible ! J'hésite...

Je comprenais pourquoi il souhaitait me voir longuement ; pourquoi il m'avait proposé cette promenade dans les jardins du Belvédère. Le professeur Freud était confronté à un problème technique. Moi, je souhaitais seulement donner une chance à Hanna. J'ai finalement trouvé un argument qui, curieusement, s'est révélé décisif :

— Mais il existe un élément positif que vous ignorez peut-être, ai-je suggéré. Savez-vous que son mari vient de mourir ? Certes, ils se rencontraient peu, mais ce changement profond dans sa vie lui donnera peut-être la force d'en amorcer un autre... d'autant qu'elle hérite d'une immense fortune. Donnez-lui sa chance !

Le professeur Freud est resté un long moment silencieux. Puis, il s'est levé du banc, m'invitant à reprendre notre promenade. Son pas était plus lent, comme s'il se calait sur le rythme de sa réflexion, que je devinais méthodique. Sa réponse m'a surpris :

— Vous m'avez convaincu, docteur Rabinovitch !

Je vais la prendre en psychanalyse. Mais n'allez pas croire que ce sont vos arguments cliniques qui ont emporté ma conviction car, sur ce point, j'ai toujours les mêmes doutes. Vous savez que je suis un joueur d'échecs. Nous allons faire de la stratégie, profiter de son deuil pour nous infiltrer, occuper la place. Peut-être cette nouvelle solitude changera-t-elle son économie psychique ?

— Bravo, professeur ! Je vous préfère ainsi, combatif, aventurier... Quel travail terrible que le vôtre ! Si incertain par moments...

Maintenant qu'il avait pris sa décision, Freud a manifesté de nouveau sa joie en accélérant le pas.

— Je vais vous étonner, docteur Rabinovitch ! Savez-vous pourquoi nous acceptons ce travail d'esclave ? Pas de repos, la tête dans la misère et les mains enfouies dans les douleurs des hommes... Pas pour la gloire, ni pour la vérité – ces motifs sont des vues trop lointaines pour motiver notre travail quotidien. Non, nous accomplissons ce travail pour le tintement d'une pièce de monnaie !

— Vous voulez dire que vous travaillez seulement pour l'argent ?

Enigmatique, il m'a répondu :

— Je n'ai pas dit « pour l'argent ». Pour le tintement d'une pièce de monnaie...

A la Société psychanalytique de Vienne, durant cette soirée du 26 avril, nous avons discuté du livre de Stekel, *Le Langage du rêve*. Tout le monde était là – Adler, Federn, Heller, Rank, Sadger, Tausk, Sachs, Silberer... Tout le monde était là puisque l'exclusion d'Adler et de Stekel était imminente. Je me demandais comment le professeur s'y prendrait pour se débarrasser de ses deux Viennois les plus connus sans déclencher une révolte. En vérité, le livre de Stekel est excellent ; je suis certain qu'il aura un énorme succès ! Il est aussi passionnant à lire que les Clés des songes de nos grands-mères. On y prend plaisir, mais un plaisir singulier, avec la même honte que nous pouvons éprouver à lire des livres pour enfants. Je n'ai pas pris la parole ; je sentais bien qu'un mot d'ordre avait été lâché par le professeur. Il fallait attaquer l'auteur, rechercher les moindres failles du livre, le critiquer, s'en moquer. Ils sont tous partis à l'assaut. Ils ont reproché à Stekel d'avoir été trop systématique, mais aussi d'avoir donné trop d'exemples particuliers ; ils lui ont reproché d'avoir écrit un livre pour le grand public, laissant penser que la pratique de l'interprétation psychanalytique était aisée, et d'avoir une théorie trop complexe, notamment cette notion d'« équation symbolique ». Ils l'ont tellement critiqué que le professeur, qui a parlé à la fin de la séance, a pu se montrer conciliant.

Le plus drôle a été la discussion du symbole du serpent. Le serpent est un indubitable pénis, prétendaient les uns. Le serpent est associé aux femmes, rétorquaient les autres. Stekel, lui, avançait que le serpent représente à la fois le sexe de l'homme et celui de la femme. Car, disait-il, il n'est pas d'épée sans fourreau. J'ai eu envie de pouffer de rire. Finalement, cette séance m'a détendu après les révélations sur Hanna. J'aimerais questionner tranquillement le professeur sur les rêves. La semaine prochaine, peut-être ?

Carnets de Jack Bean. Weimar, 23 septembre 1911

Je suis à Weimar pour le congrès international de psychanalyse. J'accompagne le professeur Freud qui m'a invité à faire le voyage avec lui. Dans le train, nous avons pu très longuement bavarder. Une fois de plus, j'ai été saisi par sa capacité à développer des idées abstraites, qui deviennent par la grâce d'une étrange alchimie des êtres nouveaux allant peupler le langage. Cet homme est véritablement surprenant. Est-ce donc la marque du génie que d'imprimer sa psychologie personnelle au monde ? Ces idées qui le traversent à un moment ou à un autre sont destinées à prendre corps, à devenir des vérités. Il les expérimente d'abord en famille, puis les fait partager à ses proches, à ses élèves. Et, lorsqu'il les a suffisamment affûtées, il les présente à un public plus large. Mais alors, les choses changent. Ce ne ne sont déjà plus des opinions ou des hypothèses ; elles sont presque devenues des principes. Ceux qui ne le suivent pas aussitôt se cachent la réalité. Sans doute se voilent-ils la vérité à eux-mêmes du fait de problèmes psychiques ou bien, pire encore, sont-ils animés d'intentions malveillantes ?

Au congrès, il a présenté son analyse de l'autobiographie de Daniel Paul Schreber, l'ancien président de chambre à la cour d'appel du Land de Dresde, qui a sombré dans la folie. Il a présenté son cas comme celui d'une psychose paranoïaque. A partir de ce qu'a écrit Schreber, et notamment d'une scène où il a vu, où il a même senti dans son corps, que son psychiatre usait de lui comme d'une femme, Freud déduit que la paranoïa (tout symptôme paranoïaque) est une organisation défensive contre l'homosexualité. Mais l'homosexualité, alors ? Quelle serait la nature de l'homosexualité dans ce cas ? Eh bien, a-t-il expliqué à un autre moment de son exposé, l'homosexualité serait une façon de se défendre contre l'irruption de pensées délirantes de persécution... Je lui ai fait remarquer tout à l'heure qu'il y avait là un cercle vicieux. La paranoïa protège de l'homosexualité et la sexualité de la paranoïa. Quelle est la cause, quel est l'effet ? Freud a rejeté ma question d'un geste de la main, comme si j'étais une fois de plus victime de mon penchant à l'insolence.

Je commence à le connaître. Cette question lui tournera dans la tête. Il y reviendra demain, dans un mois, dans trois mois, mais il finira par me démontrer que j'ai tort. Rien dans le monde ne saurait résister à sa pensée. Il y a quelque chose de véritablement révolutionnaire chez cet homme... révolutionnaire par cette conviction selon laquelle la pensée possède la capacité de transformer radicalement le monde. Je me demande pourquoi il ne s'est pas consacré à la politique. Il possède une telle assurance... Pour ma part, je me sens totalement incapable d'accorder un tel crédit à l'une quelconque de mes pensées.

— C'est normal, m'a répondu Freud, vous êtes un homme d'action, pas un théoricien !

— Vous voulez dire que les hommes d'action sont reconnaissables à leurs hésitations... Un homme d'action ? Et quelle action ai-je donc entreprise ? Je suis seulement allé là où il y avait quelque chose de neuf à apprendre. C'est bien tout ce que j'ai fait !

— Je répète : vous êtes un homme d'action ! Je redoute seulement que vous ne vous engagiez corps et âme dans l'un de ces mouvements qu'animent vos amis.

Il voulait évidemment parler du groupe qui se réunit à Ascona autour d'Otto. Freud est maintenant très bien renseigné par Hanna, qui a accepté de se rendre chez lui les trois premiers jours de la semaine pour ses séances de psychanalyse avant de rejoindre son docteur Alt à Zurich à partir du jeudi. Je me demande si la psychanalyse n'est pas destinée à devenir l'outil principal de l'Okhrana, la police secrète du tsar. Quelle économie de moyens et d'efforts ne feraient-ils pas ! En psychanalyse, nul besoin d'interroger les informateurs, ni même de les payer – ce sont eux qui insistent pour parler et même qui vous paient pour ça. J'ai beau être cynique, je dois avouer que je me suis tout de même senti rassuré de savoir Hanna désormais en traitement chez le professeur – du moins jusqu'à notre rencontre, la semaine dernière, à la Berggasse, devant la porte d'entrée...

— Zack, s'écria-t-elle, mais que fais-tu ici ?

— Je venais seulement porter à Freud les épreuves de son prochain livre. Je suis tellement heureux de te voir !

Je lui tenais les mains. Nous nous regardions au fond des yeux, comme si nous cherchions, l'un et l'autre, ce petit fragment inaliénable, cet atome de mémoire qui contient notre première nuit d'amour. Je ne savais que dire... n'importe quoi... la première phrase qui me venait à l'esprit :

— Il y a si longtemps !

— Au moins un an, n'est-ce pas ?

— Bien plus, Hanna : presque deux ans, à mon avis...

— Que me dis-tu là ?

C'est bête ; on sentait bien qu'il fallait parler. Et ça m'est venu comme ça, du fond de mon enfance, ce proverbe en yiddish...

— *Ven a ferd volt guéhat épés tzou zoguen, volt er guéredt*, « Si un cheval avait quelque chose à dire, il parlerait »...

Elle a éclaté de rire...

— Tu te rends chez Freud pour ta séance de psychanalyse ?

Elle était vêtue d'un manteau sombre à la coupe banale, ses cheveux, coiffés maintenant à la garçonne, tombaient tristement sur ses joues et ses yeux ne brillaient plus guère, cachés derrière de petites lunettes d'intellectuelle. Où est passée la comtesse ? Où est passée la maîtresse de maison qui recevait naguère tout ce que Vienne produisait d'artistes, d'écrivains et de cinglés... Où donc est passée l'égérie des musiciens et des anarchistes ?

— Tu as raison, Zack, cela fait bien plus longtemps ! Depuis ma première visite chez le professeur Freud, juste avant ma première hospitalisation, n'est-ce pas ? Ça fait des lunes ! Comme le temps a passé !

— Oui ! Mais rien n'a changé, tu sais...

Je voulais parler des sentiments que j'éprouvais lorsque je pensais à elle ; de mes rêves, avant de m'endormir, où je la voyais m'emportant dans une course effrénée vers le plaisir ; de mes yeux qui s'embuaient à l'idée de ses souffrances, de ses douleurs... Pour moi, rien n'avait changé, en effet !

— Si, Zack ! Tout a changé ! Je suis devenue une vieille femme en quelques mois.

— En quelques mois ?

Et elle s'est éclipsée par la porte cochère, s'excusant de ne pouvoir rester plus longtemps, le professeur ne supportant pas qu'on le fasse attendre.

Durant les deux journées qu'a duré le congrès, Freud était vraiment heureux. Il circulait de l'un à l'autre, un verre à la main, le sourire aux lèvres. Il la tenait enfin, son organisation internationale ; il allait enfin sortir de ce qu'il appelait son « ghetto viennois ». Car, même si Stekel résistait encore aux pressions, Adler avait finalement démissionné en juillet. Freud m'a assuré qu'il parviendrait à exclure tous les adeptes et les crypto-adeptes d'Adler avant la fin de l'année. Il incluait Stekel dans le lot, Tausk et même Sadger… Ceux que je préférais dans le groupe ! Il n'y a guère que Rank qui échappait quelque peu à ses critiques.

A Weimar, nous étions plus de cinquante réunis dans cet hôtel luxueux, à la mode ancienne. Il y avait bien sûr tous ceux de l'association viennoise, mais aussi les autres ! Les Suisses d'abord ! Keller, Pfister, Bleuler, Alt… Sur leur insistance, nous avons failli tenir le congrès à Lugano, mais Karl Abraham, voulant affaiblir l'influence d'Alt, a réussi à convaincre Freud de le tenir à Weimar. Des Hollandais, Van Emden et Van Renterghem… Ernest Jones, un petit Anglais rigolard dont je ne parvenais pas à comprendre un seul mot lorsqu'il parlait l'allemand… Mais ce qui nous a tous beaucoup impressionnés fut la présence de quatre Américains, dont le célèbre James Putnam. J'ai l'impression que l'on n'y a parlé que d'homosexualité. Il y a eu la conférence du professeur Freud, une communication de Ferenczi, une encore de Magnus Hirschfeld, et tout le monde en parlait dans les couloirs… J'ai ironisé :

— Pourquoi parlent-ils soudain tous d'homosexualité ? ai-je demandé à Freud.

Nous nous promenions dans les jardins, après le déjeuner. Il m'a entraîné à part.

— Il existe bien plus d'homosexuels qu'on ne l'imagine, et ces hommes sont obligés de cacher leurs habitudes, de se fabriquer une existence factice pour être admis à partager la vie sociale du commun. Ne serait-ce qu'ici même, parmi les membres de ce congrès, j'en connais au moins trois...

— Je comprends, professeur ! Mais pourquoi ce sujet est-il devenu en quelques semaines la question théorique du mouvement ?

Nous nous tenions sous l'auvent, à l'entrée de l'hôtel. Une petite pluie fine commençait à tomber. Il a tiré une longue bouffée de son cigare avant de me répondre :

— D'abord, ce que vous dites est faux ! J'ai développé une première analyse de l'homosexualité comme perversion dans les *Trois Essais sur la théorie de la sexualité*, dès 1905. Et puis, vos questions m'embarrassent toujours – non qu'elles soient absurdes, mais elles sont froides. Je ressens parfaitement votre agressivité derrière son masque d'impartialité ; je la perçois comme un refus de vous engager vraiment dans notre mouvement. Vous aimez relever les incohérences, les contradictions. Mais vous ne vous étonnez jamais des percées théoriques considérables que nous faisons chaque jour. Je pourrais vous envoyer paître, docteur Rabinovitch, mais je pressens une sorte d'intérêt authentique, comme si, là encore, vous vouliez vérifier la solidité du support où vous posez vos pieds. C'est pourquoi je vais tâcher de vous répondre. Les travaux des psychiatres officiels, des gens comme Krafft-Ebing ou même Magnus

Hirschfeld que vous apercevez là-bas, donnent une telle image négative de l'homosexualité qu'ils poussent ces malades à plus de dissimulation encore, et donc à plus de souffrances. Je voudrais pour ma part les inciter à s'engager dans un traitement psychanalytique. J'en ai eu quelques-uns dans ma clientèle que j'ai suivis avec des succès prometteurs...

Je n'ai pas osé poursuivre la discussion. J'aurais voulu lui demander si la diffusion des idées psychanalytiques sur l'homosexualité n'était simplement qu'une sorte de campagne promotionnelle. Et puis il y avait une autre question qui me préoccupait – peut-être l'avait-il devinée ? Otto estime que l'homosexualité, de même que toutes les formes de sexualité, est naturelle et ne peut en aucun cas être considérée comme une maladie. Pour Otto Gross, chacun doit essayer la gamme des plaisirs offerts par la nature : masturbation solitaire et mutuelle, sexualité à l'aide d'objets, enrichissement de la vie sexuelle par toutes sortes de fantasmes ou d'accessoires, homosexualité, bisexualité... Si Otto a raison, il est absurde de gloser sur l'étiologie ou sur les différents stades de l'homosexualité. Il suffit d'en autoriser la pratique et l'on verra disparaître le problème. Il m'aurait sans doute répondu que la jeunesse fait des choix radicaux par paresse, comme il me l'a dit bien des fois...

Au congrès, j'ai aussi rencontré Lou, la tumultueuse, la somptueuse Lou Andréas-Salomé ! D'après ce qu'on raconte, elle aurait cinquante ans. Elle en fait largement dix de moins ! C'est indubitablement une très belle femme, vêtue avec beaucoup de goût, qui plus est. Elle n'est pas comme les autres femmes présentes ici, qui avaient plutôt l'air de militantes de mouvements de charité. Son sourire, lorsqu'elle vous tend la main, vous rend fou d'amour sur l'instant.

Comment fonctionne cette sorte de magie ? Elle ne fait rien d'autre que vous sourire et vous voilà transporté dans des rêves de conquête du monde. Elle s'est montrée très chaleureuse avec moi. Elle est russe, de Saint-Pétersbourg, et connaît ma famille, mais n'a jamais rencontré mes parents. Nous avons échangé quelques banalités en russe. Tausk ne la quittait pas d'une semelle. D'après Stekel, il en est éperdument amoureux. Il paraît qu'elle a été la maîtresse de Rainer Maria Rilke et même de Nietzsche. Elle a décidé de se consacrer désormais à la psychanalyse.

Hier matin, je l'ai vue parler très longuement avec Hanna. D'un certain côté, elles se ressemblent un peu, toutes deux romancières et poètes, toutes deux grandes amoureuses. Mais Lou a une personnalité plus affirmée que celle de Hanna. En revanche, on peut dire que Hanna est une romancière bien plus douée que Lou. Je sais que c'était la première fois qu'elles se rencontraient. Que pouvaient-elles se raconter ? Parlaient-elles des personnalités qu'elles connaissent, comme le font toujours les célébrités qui se croisent ? Parlaient-elles de psychanalyse, des qualités comparées des théories de Freud et d'Alt ? Ou bien de leurs amours ?

Je suis resté seul à Weimar, dans ma chambre d'hôtel. Tout le monde est reparti. Je ne veux plus rentrer à Vienne. J'ai pleuré durant plus d'une heure, ne parvenant pas à interrompre mes sanglots. C'est la première fois que je pleure ainsi depuis l'enfance. Hier, à la fin de la journée, Hanna a finalement accepté de parler avec moi. C'était après la dernière conférence, après l'allocution de clôture qu'a prononcée le professeur Freud. Les autres étaient partis se changer avant le cocktail offert par la direction de l'hôtel. Nous nous sommes installés au bar, dans un large canapé de cuir, l'un près de l'autre. Nous avons commandé deux verres de vodka. Elle avait les yeux que je lui connais lorsqu'elle vient de se piquer, la pupille dilatée, le regard à la fois vague et excité. Elle a avalé son verre d'un trait et l'a posé sur le table en le faisant claquer bruyamment. J'ai allumé une cigarette. Elle s'est alors saisie de mon verre et l'a avalé de la même façon que le premier. Je restais silencieux.

— Tout a commencé par un rêve, marmonna-t-elle entre ses dents, un rêve de transfert, d'après le professeur Freud.

— Un rêve... Tu veux dire un vrai rêve, rêvé dans la nuit, en dormant ?

— Oui, bien sûr, dit-elle de manière plus affirmée, non pas un rêve éveillé, pas une fantaisie, non ! Un rêve ! J'étais dans un pays d'Orient – la Palestine, l'Irak, la Turquie, je ne sais pas... Tu ne veux pas commander une autre vodka ? Je suivais les berges d'une rivière ou d'un ruisseau. Je me souviens d'avoir retiré les chaussures que j'avais aux pieds, des sortes de sandales avec des lanières qui me liaient les mollets assez haut. Et je faisais des bonds, tantôt dans l'eau, tantôt au-dehors. Il y avait des gens... beaucoup ! Des hommes, des femmes, nous allions tous dans la même direction, en remontant le cours de l'eau. Au loin, on apercevait un homme sur un promontoire, vêtu d'une longue toge blanche – un prêtre, sans doute. Il nous regardait. Tout le monde se dirigeait vers lui et, lui, il nous regardait monter dans sa direction. J'étais frappée par le fait que dans ce rêve chaque personne était seule. Nous étions nombreux, mais pas un seul d'entre nous n'était accompagné. Nous étions une foule de solitudes se dirigeant en silence vers ce prêtre. Je n'étais pas parmi les premiers et je voyais que chaque personne qui parvenait jusqu'à lui lui offrait un animal vivant ; qui une poule, qui un agneau ou une chèvre. Il les jetait dans une sorte de caisse située derrière son dos et s'occupait du suivant. Vint mon tour. J'ai grimpé la petite colline sur laquelle il était perché et, au dernier moment, j'ai pris conscience que, à la différence des autres, je n'avais rien à lui donner, aucune offrande à lui présenter, pas un animal, pas même un gâteau, un morceau de pain ou je ne sais quoi. J'étais gênée. Les autres arrivaient derrière moi et me pressaient de leur laisser la place. C'est alors que j'ai passé ma main dans mes cheveux et j'ai constaté avec effroi qu'ils s'arrachaient avec facilité par touffes entières et qu'ils étaient blancs. Je me suis réveillée avec une sensation d'anxiété diffuse.

Le garçon nous a servi deux verres de vodka. De nouveau, elle a avalé le sien d'un trait. Cette fois, j'ai saisi mon verre, je l'ai levé dans sa direction :

— Je le trouve vraiment triste, ce rêve...

— C'est également ce que j'ai pensé ! Moi aussi, j'ai eu la sensation que ce n'était pas un bon rêve. Mais, lorsque je l'ai raconté à Carl, il est soudain devenu volubile. C'était notre séance du soir, puisque nous en avions deux par jour à cette époque, au début de mon hospitalisation. Il l'a interprété immédiatement, sans me poser une seule question, sans m'inviter à donner mon sentiment. « Votre âme se souvient, comtesse. Tel est le sens profond de votre rêve. La rivière est le chemin de la mémoire. Votre âme se souvient du temps où elle vivait là-bas, en Orient. Mais vos vêtements indiquent que vous étiez alors grecque ou romaine – non, grecque, plutôt, oui, grecque ! La géographie que vous décrivez dans votre rêve, ce cours d'eau, cette végétation rare, ces rochers qui affleurent... Vous viviez en Turquie ; en Anatolie, sans doute. C'est ce que confirme cette marche silencieuse d'un groupe dans la même direction. Aujourd'hui encore, à ce qu'on m'a dit, c'est ainsi que les Turcs vont en pèlerinage. Entrons maintenant dans le détail, m'a-t-il annoncé. Le prêtre va se livrer à des sacrifices animaux, dites-vous, alors que vous n'avez pas d'animal à offrir. Le sens est transparent ! Cela signifie que vous êtes destinée à devenir l'assistante du prêtre. Car, dans ce cas, nul besoin d'animal de sacrifice. Tel est le sens de votre ascension vers ce prêtre. Voici la traduction de votre rêve, ma chère comtesse. »

Cette fois, c'est moi qui ai avalé mon verre de vodka.

— Je ne suis pas convaincu par l'interprétation, Hanna ! As-tu raconté ton rêve au professeur Freud ?

— Naturellement ! Je le lui ai raconté et il m'a posé tant de questions que j'ai bien dû répéter le même récit à trois ou quatre reprises... Je ne sais pas pourquoi il semblait gêné par les interprétations de Carl. Il a dû grommeler quelque chose comme : « Alt est obsédé par la mythologie grecque. J'ai bien peur qu'il n'en voie des représentations partout. Cette remontée du cours du temps, a-t-il remarqué, ne me paraît pas de très bon augure. Il s'agit bien évidemment d'une régression, soulignée par ailleurs par votre position en contrebas alors que le prêtre se trouve surélevé. Autrement dit, vous reprenez une position de votre enfance. C'est probablement un souvenir qui réapparaît dans le rêve. Vous êtes en bas parce que vous êtes une petite fille, en présence d'un adulte, qui se tient face à vous – sans doute votre père... »

— C'est donc cela qui a attiré l'attention du professeur. Les positions respectives dans l'espace.

— Oui ! C'est après ce rêve et l'interprétation qu'il en a donnée qu'Alt s'est montré de plus en plus empressé envers moi. Il ne tarissait pas d'éloges, me trouvait intelligente, cultivée, créative et si jolie. Il me frôlait sitôt qu'il en avait l'occasion, me passait une main dans les cheveux, ne manquait jamais une occasion de me faire une confidence sur lui-même. Il m'a par exemple relaté comment Otto avait attiré son attention sur son absence de plaisir conjugal – je connais Otto, va ! Il ne manque jamais une occasion de gagner un adepte. Il aurait remarqué cette attitude de Carl qui tient ses jambes raides, comme un adolescent qui voudrait masquer son érection. Mais c'est lorsqu'il m'a proposé de devenir son adjointe – « comme dans le rêve où vous deveniez l'assistante du prêtre » –, c'est de ce moment que je suis tombée amoureuse de lui !

J'ai eu un coup au cœur. Hanna m'avouait tout à trac qu'elle était amoureuse du docteur Alt. Sans imaginer un seul instant que je pourrais en éprouver de la jalousie, de l'amertume, de la tristesse... de la tristesse, surtout, oui ! Sans doute me perçoit-elle comme un frère – un jeune frère qu'elle aurait initié – plutôt que comme un amant ou un éventuel mari... Je ne savais que dire, je ne savais que faire de mes mains. J'aurais voulu fumer pour occuper mes doigts, boire ou chiquer pour occuper ma bouche, occuper mon esprit, le détourner de toute cette douleur. Pour la première fois, je comprenais ce que le professeur désignait lorsqu'il parlait de « souffrance morale »...

— Hanna, veux-tu un autre verre de vodka ?

Et elle a repris son récit. Aidée par l'alcool, aiguillonnée par une sourde souffrance que j'allais bientôt découvrir, elle m'a tout raconté. Son installation à Zurich en tant que maîtresse officielle de A., sa fréquentation de son séminaire à l'université, ses visites quotidiennes à sa maison familiale. Et cette scène où Hanna a dû assister à l'exposé en règle fait par le docteur Alt à sa femme, pour la convaincre des bénéfices de la bigamie. Elle m'a tout raconté. Une douleur s'est emparée de moi, une terrible douleur qui m'a saisi au cou, comme si une gigantesque pince d'acier m'enserrait pour me courber, me faire plier, me mettre à genoux.

— Tout cela a duré des mois, ai-je balbutié.

— Ça dure encore, Zack ! Du moins, ça durait jusqu'à la semaine dernière...

J'ai levé la tête, surpris par son silence. Elle pleurait – j'allais écrire « enfin »... Oui ! Elle pleurait enfin ! Elle redevenait humaine, elle redevenait Hanna. Je lui ai tendu mon mouchoir :

— La semaine dernière, disais-tu...

— Il y a une quinzaine de jours, j'ai constaté que j'étais enceinte.

C'est à ce moment que je me suis effondré. Un sanglot, un autre, encore un... C'était mon tour !

— Enceinte, reprit-elle, j'en étais heureuse.

Une fois de plus, le professeur avait raison ! Décidément ce Carl Gustav ne savait pas se retenir...

— Et je lui ai annoncé ma grossesse durant notre séance de travail. « Vous en êtes certaine ? Vous êtes enceinte ? Etes-vous au moins sûre que c'est de moi ? » Et j'ai éclaté de rire, vois-tu, Zack... J'ai éclaté de rire parce que le célèbre docteur Alt réagissait comme le premier employé de banque venu après avoir engrossé sa servante. « Enceinte de vous, mon cher Carl, enceinte pour la première fois de ma vie. – Est-ce Dieu possible ! A votre âge, vous n'avez jamais été enceinte ? » Lorsque je l'ai raconté au professeur, il n'en a pas été étonné. Il m'a même dit : « Vous vouliez un enfant du père. Vous n'avez accepté de tomber enceinte que lorsque cette configuration pouvait enfin se réaliser... » Mais je n'y crois pas, Zack ! Mon mari, le comte von Kessler, avait près de trente ans de plus que moi. S'il y avait quelqu'un qui aurait pu être considéré comme mon père, c'était bien lui. Et je n'ai jamais été enceinte avant, jamais !

— Tu es donc enceinte...

— Non ! Enfin, plus... Je ne suis plus enceinte.

— Tu as perdu l'enfant ?

— Ils l'ont pris !

— Qui ?

— Carl et le professeur, ils me l'ont pris ! Carl m'a d'abord servi un long discours pour m'expliquer... sa femme, le scandale, sa carrière, l'Université... Puis je suis passée entre les mains du professeur qui m'a entreprise à son tour : le scandale encore, la cause, la psychanalyse, ma carrière... J'ai cédé...

— Pourquoi ne m'as-tu rien dit avant ? Hanna, je l'aurais accepté, moi, ce garçon...

— Tu es drôle, mon petit Mongol, tu es drôle ! Comment sais-tu qu'il s'agissait d'un garçon ?

Et, après cela, elle s'est affaissée, la tête en avant sur ses bras croisés. Au début, son corps était secoué de quelques sanglots ; j'ai pensé qu'elle pleurait. Puis elle s'est calmée, sa respiration s'est faite plus lente. Sans doute s'était-elle endormie. Les premiers participants du congrès commençaient à arriver pour le cocktail. Je restais sur ma banquette. Et Tausk est passé, il voulait m'interroger sur mon amie qui connaissait Lou. Je me suis levé, j'ai fait quelques pas avec lui. Et Stekel voulait me faire traduire un article écrit par un Polonais sur le professeur Freud, un certain Jaroszynski...

— Mais je ne parle pas le polonais, je suis russe...

— Ce n'est pas la même chose ? Ou presque ?

— Non !

Et le docteur Alt est venu me saluer, très froid,

distant, glacial. Il cherchait Hanna. Je me suis retourné. Elle avait disparu. J'ai pensé qu'elle était montée dans sa chambre pour se rafraîchir. J'ai parlé ici, écouté là. Je ne voulais plus penser aux confidences de Hanna. Lorsque je regardais Alt qui tourbillonnait, discutant de sa conférence sur l'importance de la mythologie dans l'interprétation des pathologies psychotiques, je l'imaginais au lit avec Hanna et je fermais les yeux, comme un enfant, pour chasser cette pensée. Et me revenait ce rêve qu'elle m'avait raconté et l'interprétation qu'il en avait donnée. Il s'était vu, prêtre païen, extorquant les sacrifices des pauvres gens. Il n'avait pas compris que Hanna, lectrice accomplie de la Bible, reprenait sans doute dans ce rêve une scène des Rois, de Samuel, plus précisément – cette scène où le prophète dénonce la voracité des prêtres qui se nourrissent aux dépens des pauvres paysans ; qui plongent sans vergogne leur fourchette à trois pointes dans le chaudron. Et Hanna, la pauvre Hanna qui n'avait pas d'animal à offrir en sacrifice ; et Hanna qui n'avait plus d'enfant et qui en était triste à ne plus même savoir pleurer...

Le professeur Freud était en grande discussion avec Putnam et Brill. Lui souhaitait la création d'une grande association américaine de psychanalyse, alors que Putnam était plutôt partisan de créer des sections locales. Il voulait surtout éviter que l'association de New York qu'il comptait fonder soit inféodée à une éventuelle association américaine dont le contrôle lui échapperait nécessairement à terme. Le petit Jones était là aussi, qui servait de traducteur, riant, plaisantant, tâchant de rendre la relation entre Freud et les Américains la plus fluide possible. J'ai eu l'impression qu'il voulait également s'imposer comme secrétaire de la future grande association du nouveau continent.

A deux pas, Alt lorgnait dans notre direction. Je voyais qu'il brûlait d'envie de se mêler à la conversation, mais ma présence l'importunait. Il hésitait. Les Américains valaient-ils de subir le désagrément de mon regard ? Il avait dû nous apercevoir, Hanna et moi. Il avait compris que je savais... J'écoutais, distraitement, mes yeux glissant de l'un à l'autre au rythme des répliques.

— Assez de ces discussions sérieuses, coupa sèchement Freud, la solution finira par s'imposer d'elle-même. La psychanalyse m'a appris qu'il ne sert à rien de forcer les résistances ! Il suffit de les analyser.

Changeant de sujet, il se retourna vers moi :

— Et notre cher docteur Rabinovitch, notre jeune homme, notre benjamin, que pense-t-il donc de l'Amérique ? Vous n'avez pas envie de commencer votre carrière médicale dans un nouveau monde ? Si j'avais votre âge, je crois bien que je me laisserais tenter...

Je me sentais vieux ce soir, au contraire, très vieux. Je ne lui ai pas répondu. Je voulais seulement me recroqueviller et dormir. Je n'ai pas revu Hanna. Je me suis réfugié dans ma chambre, sous ma couverture, et j'y suis encore, vingt-quatre heures plus tard. Demain, je me lèverai certainement... Demain sera un autre jour.

Carnets de Jack Bean. Vienne, 15 février 1912

J'ai peur d'oublier ma longue conversation avec le professeur. C'était hier, elle a duré près de trois heures. Il m'avait proposé de venir à son cabinet à 18 heures pour une promenade au Prater, et nous ne sommes pas sortis. Il faisait un temps de chien, une sorte de bruine gelée qui vous collait à la peau et vous glaçait les pieds. Le professeur avait enfilé une veste d'intérieur molletonnée sur son éternel costume trois pièces pied-de-poule. Il est vrai que cet appartement est plein de courants d'air. Il est resté assis sur son fauteuil, à son bureau, à moitié caché derrière ses statuettes, glissant ses mains dans ses manches pour les réchauffer.

— J'ai appris que vous commencez votre internat en psychiatrie, docteur Rabinovitch, m'a-t-il lancé sitôt que je suis entré. J'en suis heureux et quelque peu fier ; je m'en attribue une part de responsabilité. N'est-ce pas vous qui disiez naguère que, si vous vous étiez aventuré en médecine, c'était pour soigner des malades et non pour parler de philosophie ? Vous voilà attrapé par le même microbe que nous tous, mon jeune ami. Vous serez psychiatre et vous vous engagerez dans la psychanalyse, je vous le prédis ! Je me réjouis doublement de l'avancement de vos études, puisque vous quittez le service de cette vieille canaille de professeur Wagner-Jauregg. Vous savez que nous nous sommes fort bien connus durant nos études de médecine. Nous étions amis ; nous le sommes toujours, du reste. Mais je ne comprends pas son attitude. Pourquoi dit-il tant de mal de moi partout ?

— Je dois reconnaître, professeur, que j'ai passé six mois dans son service et n'ai jamais entendu la moindre critique... ni contre vous ni contre aucun de vos proches.

— Vous adorez me contredire, docteur Rabinovitch ! Je vous prends une nouvelle fois en flagrant délit d'opposition caractérielle. Peut-être Wagner-Jauregg ne s'est-il pas permis de m'attaquer devant vous, connaissant les relations que vous entretenez avec moi. Je sais en tout cas qu'il n'est pas favorable à la psychanalyse – c'est le moins qu'on puisse dire – et qu'il exprime ses critiques partout.

— Il est vrai qu'il ne partage pas vos vues sur la maladie mentale. Il considère que vous vous occupez de personnes qui n'ont pas de problèmes. « La névrose, a-t-il l'habitude de répéter, ces petits problèmes de cœur des femmes inoccupées... alors que les asiles regorgent de déments précoces, de mélancoliques et de paranoïaques. » Mais, chaque fois qu'il évoque votre nom, il a l'habitude d'ajouter : « Quel homme brillant ! L'un des plus grands cerveaux de notre temps... » Et il ajoute toujours : « Je le connais fort bien... »

— Ah, répondit Freud, ah bon ? Vous ne me l'aviez jamais dit... Bon ! Il paraît qu'il cherche toujours un traitement contre la paralysie générale. Mais il ne le trouvera jamais ! C'est bien trop difficile...

Lorsque le professeur parle de Wagner-Jauregg, il

perd toute objectivité, je ne sais pourquoi. Peut-être parce que ce sont des pairs, ayant commencé leurs études ensemble. Il se compare inévitablement à lui. Freud m'a raconté qu'au début de sa carrière il faisait des recherches dans un laboratoire de physiologie. Mais là, comme dans toutes les institutions académiques, il est trop difficile de percer. Il faut d'abord se soumettre, être conforme, ne pas faire peur aux supérieurs. Lui est bien trop attiré par l'originalité, la découverte exceptionnelle qui bouleversera le monde. Il est aussitôt revenu sur le problème qui l'intéressait :

— Avez-vous eu des nouvelles de la comtesse von Kessler ? me demanda-t-il.

— Mais c'est vous qui la voyez, professeur, et très régulièrement, à ce que je sais. Si quelqu'un avait des nouvelles, ce ne pourrait être que vous. Quant à moi, elle ne cherche pas à me rencontrer, bien trop occupée qu'elle est par ailleurs. Que pourrait-elle apprendre d'un jeune blanc-bec comme moi ? Depuis le congrès de Weimar, je n'ai pas reçu une lettre, pas une carte postale, rien !

Il avait l'air contrarié. Il a ouvert sa boîte à cigares, vide... Il a ouvert nerveusement un tiroir, un autre tiroir, rien... Le troisième lui résistait... Il était furieux de ne rien trouver à fumer.

— Attendez un instant, s'il vous plaît, dit-il en sortant du bureau.

Il est revenu quelques minutes plus tard avec un cigare tout neuf dont il s'est mis à sucer l'extrémité, tout en parcourant le bureau de long en large.

— Je dois vous dire quelque chose, repri-t-il. Il me faut parler avec vous de votre amie. Comprenez que c'est pour son bien...

Il s'est arrêté devant la fenêtre pour allumer son cigare. Je suis resté silencieux. Je me demandais quel problème grave il avait pu rencontrer avec Hanna, et en quoi je pourrais contribuer au traitement.

— Vous comprenez, cette affaire avec le docteur Alt commence à m'inquiéter très sérieusement, grommela-t-il sans retirer son cigare du coin des lèvres. Savez-vous qu'elle s'est installée chez lui, à son domicile, avec sa femme et ses enfants, le savez-vous ? Je suis atterré.

Que répondre ? Et pourquoi cette colère à mon endroit ? Croit-il que j'ai quelque responsabilité dans les frasques de Hanna ? Je suis conscient qu'elle s'est engagée dans des affaires difficiles depuis sa soudaine passion psychanalytique ; j'apprends aujourd'hui qu'elle a franchi un pas de plus. Que cherche-t-elle ? Son implication dans le groupe que nous formons autour d'Otto, d'Erich et de Franz à Ascona lui a fort bien réussi sur le plan littéraire – elle n'a jamais été aussi prolifique. Les nouvelles qu'elle publie sous forme de feuilleton dans *Die Fackel,* la revue de Karl Krauss, lui valent une renommée considérable. Tout Vienne parle des aventures amoureuses de son personnage, une jeune ingénue qui découvre dans un même mouvement la sexualité des hommes et le monde moderne. Elle y raconte la subtile initiation de la jeune fille qui joue du désir animal des hommes pour accéder au savoir interdit aux femmes : la science et la politique. Hanna est féministe à sa manière. Ces nouvelles sont d'une telle liberté de ton, il s'en dégage un tel érotisme que le bruit court que Hanna von Kessler est le pseudonyme d'un auteur célèbre – certains parlent d'Arthur Schnitzler, d'autres de Stefan Zweig. Que cherche-t-elle de plus ? S'est-elle laissé capturer par sa créature ? Est-elle devenue l'otage du personnage qu'elle a inventé ? Joue-t-elle avec Alt et Freud l'une des scènes de ses nouvelles ? Mais j'ai peur : une fois encore, elle se trouve sur le fil du rasoir. Dans cette lutte entre la liberté et la loi, la frêle Hanna risque de se fracasser. Elle qui pense apporter un souffle de fantaisie salutaire aux petits savants viennois, allemands et suisses, elle risque fort d'y perdre la raison.

— Et j'imagine que vous approuvez ce genre de comportement, poursuivit Freud, vous, le disciple d'Otto Gross ! Parce que c'est ce que vous êtes, n'est-ce pas ? Un disciple ! Je suis certain que le docteur Gross a influencé Alt jusqu'à l'inciter à installer sa maîtresse dans la maison familiale. C'est bien sa façon de faire, allez... D'ailleurs, je le sais ! Alt me l'a lui-même avoué. Ils se sont vus à plusieurs reprises à Munich. J'avais pensé que l'hospitalisation de Gross allait le calmer, mais il est encore plus dangereux depuis qu'il est devenu totalement fou. Parce que les gens le défendent maintenant ; ils le prennent en pitié. Il s'est même constitué une sorte de comité de soutien qui veut faire savoir à la face du monde que juges et psychiatres se sont ligués pour enfermer le fils à la demande du père. Mais moi, je n'ai rien à voir avec Hans Gross, son père. Nous avons seulement échangé deux lettres pour des raisons médicales ; qu'on se le dise ! Et que l'on n'aille pas m'accuser de collusion avec le pouvoir. Lorsque j'ai préconisé son hospitalisation, je n'ai fait que mon devoir de médecin ! Et dire que des personnalités importantes se proposent de signer la lettre : on m'a parlé de Blaise Cendrars, de votre ami Erich Mühsam, de Simon Guttman. Je suis certain que Karl Krauss la publiera dans son torchon, par-dessus le marché...

J'ai laissé passer l'orage. Je ne voulais pas exciter sa colère en lui rappelant que Gross se réclamait de lui, Freud, qu'il le considérait comme son maître. Otto rappelait volontiers qu'il avait trouvé sa théorie de la libération sexuelle en 1908, dans un article intitulé « La morale sexuelle civilisée et la maladie nerveuse des temps modernes », dans lequel Freud accusait l'hypocrisie sexuelle bourgeoise d'être la cause principale des névroses. Et le petit docteur Jones qui court partout en clamant que la psychanalyse défend la liberté sexuelle, ce n'est pas Otto qui l'a inventé... Et puis, quel intérêt aurais-je à soutenir la liaison de Hanna avec Alt ? Je n'ai rien dit. Il s'est enfin calmé.

— Je sais, docteur Rabinovitch, vous n'y êtes pour rien. Mais écoutez-moi : lorsqu'un symptôme névrotique s'appuie sur une théorie générale et se justifie par elle, que voulez-vous qu'un pauvre médecin puisse y changer ? Je peux travailler des années, je ne parviendrai à rien. Le véritable ennemi en l'affaire, c'est la théorie – la théorie du communisme primitif. Car, s'ils imaginent qu'ils sont en train de réformer le monde, ils se laisseront aller à tous les excès. Oui ! Je parle de la comtesse et du docteur Alt. Ils croient travailler au bonheur des générations futures, rien de moins. Moi, naïvement, je me proposais de faire d'une pierre deux coups. Soigner la comtesse et empêcher le docteur Alt de se commettre et de salir avec lui tout notre mouvement. Vous comprenez ? Et je n'arrive à rien, bien au contraire ! Comme dit le proverbe yiddish : « Pourvu qu'on soit en bonne santé, on peut toujours se pendre après. » Et voilà le résultat de mon travail acharné !

Je savais que le professeur imaginait que, s'il parvenait à guérir Hanna de sa névrose, elle se détacherait du docteur Alt. Mais Hanna n'est pas accessible à la raison. Elle cherche la chaleur et le vent, le mouvement. C'est un oiseau qui n'est heureux qu'au plus haut du ciel – Hanna est un milan ! Elle ne saurait résister à un envol. Pour l'inciter à changer, il faudrait lui proposer des idées pour écrire, des pensées pour prier et des paroles pour accompagner son plaisir... C'est ainsi que bouge Hanna !

— Et vous ne parvenez pas à lui faire entendre raison ? ai-je demandé mollement.

— Mais enfin, docteur Rabinovitch, la psychanalyse n'est pas une entreprise de suggestion ! Je ne cherche pas à l'influencer. Je veux seulement remonter de son symptôme au problème inconscient – problème inconscient que j'ai identifié, du reste ! Votre Hanna poursuit depuis l'enfance un seul objectif : avoir un enfant du père. D'une certaine manière, elle me l'a confirmé. Elle m'a raconté ses promenades à cheval avec son père, sur la même selle, devant lui ; l'odeur virile qui émanait de lui lorsqu'il la tenait serrée, excitée par le trot, en lui apprenant à manier les rênes. Son père, elle l'aimait plus que tout au monde, « plus que Dieu », m'a-t-elle avoué. En général, les fillettes finissent par renoncer tôt ou tard à un tel désir, elle non ! C'est de cette configuration qu'elle tire sa formidable énergie, sa virilité, si l'on peut dire, et probablement son talent littéraire. Eh bien, chaque fois que je suis proche du but, que je pressens que l'analyse progresse vers le noyau, elle se retrouve dans une affaire impossible qui mobilise totalement son esprit. Savez-vous qu'elle est tombée enceinte d'Alt ?

— Oui, ai-je avoué timidement. Oui, je le sais ! Elle me l'a confié lors d'une brève rencontre à Weimar.

— Elle a avorté, Dieu soit loué ! Vous pensez bien que, durant plus de trois mois, toutes les voies de la psychanalyse étaient obstruées par cet événement. Plus d'associations d'idées, plus de rêves. Plus rien que des pleurs et des plaintes. Elle passait des sanglots aux cris : « Vous m'avez pris mon enfant ! hurlait-elle durant des séances entières. Vous, professeur Freud, c'est vous qui me l'avez pris. Vous êtes un cannibale... »

Avec moi, le professeur Freud manifeste volontiers sa colère. Dans ces moments, Hanna n'est plus sa patiente, seulement mon amie (« Voilà ce que m'a encore dit *votre amie* »)... Je n'y réagis guère, considérant que c'est un témoignage de confiance dont peu bénéficient. Tausk, par exemple, qui entretient des relations très tendues avec lui, m'a dit un soir qu'il n'avait jamais vu Freud en colère. Le professeur doit me considérer comme un de ses enfants. Quelque chose dans mon attitude le rend à la fois familier et coléreux. Peut-être le fait que je lui résiste. Tantôt, il en est agacé, tantôt, il me reconnaît comme un interlocuteur. Ses admonestations sont souvent suivies de moments d'ouverture où il me parle alors comme à un ami. Considérant notre différence d'âge et de statut, il me paraît prétentieux d'imaginer cela. Mais, en y réfléchissant de manière plus approfondie, je me dis que c'est compréhensible. Je n'appartiens pas au groupe qui le défie, pas plus à celui qui l'encense. Je suis entre les deux, presque en position neutre. Certes, il aimerait me soumettre – le professeur n'aime pas qu'on lui résiste –, mais il se réjouit de me voir autonome. Les violentes critiques une fois épuisées, son humeur a brutalement changé. Il s'est mis à parler de la bigamie.

— S'il n'y avait ma crainte du scandale et mon obligation de veiller sur mes gens – j'ai charge d'âmes, je vous le rappelle ! –, dit-il un peu apaisé, je penserais que le docteur Alt est devenu bigame, voilà tout. Il faudrait dessiner une catégorie à part pour la bigamie. Vous connaissez la blague : « Qu'est-ce qu'un polygame ? Quelqu'un qui a plus de deux femmes ! » Comme toujours, ce mot d'esprit contient une vérité, car il existe en réalité trois statuts matrimoniaux, et non deux : la monogamie, la bigamie et la polygamie – trois statuts bien distincts. Et vous, docteur Rabinovitch, que pensez-vous de la bigamie ?

— Vous connaissez mon opinion, professeur, vous me la reprochez assez souvent. Je pense qu'en matière de sexualité, d'amour et de conjugalité tout est acceptable : polygamie, bigamie, monogamie, hétéro ou homosexualité, fétichisme, masochisme, tout ! Je pense qu'en ce domaine il n'existe aucun motif acceptable de légiférer, encore moins d'interdire... Je pense aussi que c'est par la contestation sexuelle, par les revendications du droit de chacun au plaisir que l'on fera tomber la société bourgeoise. Voilà ce que je pense ! Mais je suis conscient que le mariage, c'est autre chose. Il m'arrive de me demander pourquoi les dieux se sont tant mêlés de la sexualité des hommes. N'est-ce pas là l'origine du mariage ?

Il a soudain perdu son regard anxieux, ses sourcils froncés et son air sévère. Il s'est arrêté interloqué et m'a fixé longuement de ses yeux perçants. Ce n'est pas la première fois que je remarque son étonnement face à moi. Je lisais dans sa pensée quelque chose comme : « Etrange qu'un si jeune homme soit traversé par des pensées d'une telle profondeur... »

— Intéressant, docteur Rabinovitch, intéressant ! Ainsi, les dieux seraient à l'origine du mariage des hommes, d'après vous. Lorsqu'on y songe, quels motifs pourraient pousser les hommes à se marier ? Que sont alors les dieux dans ce cas ? L'instance morale ? Ce que vous venez de dire, docteur Rabinovitch, mériterait une très longue discussion. Je vous invite à préparer une conférence pour une soirée du mercredi. Mettez-vous au travail dès à présent, que diable ! On n'entend pas le son de votre voix durant les séances de la Société. Je vous garantis que vous aurez un fier succès. Car des bigames, ici, dans la Société psychologique du mercredi, il y en a tant et plus... un sur deux, à mon avis. (Et il a semblé réfléchir un moment en se lissant la barbe avant d'ajouter :) Au moins un sur deux !

C'est la première fois que Freud me parle aussi librement de ses élèves – qui plus est, de ses élèves dont il voudrait que je fasse mes maîtres. Il s'est approché de moi, a posé une main sur mon épaule.

— Mon cher Rabinovitch, vous ne savez pas l'effort que je dois faire pour arrêter cette éruption sexuelle chez mes disciples, ce véritable vent de folie qui souffle dans mes troupes. Je pourrais les laisser faire ; ils s'y brûleraient les doigts. Mais je me sens contraint de les protéger car je me dis qu'au fond j'ai contribué à déclencher cette calamité. Quelquefois, je me sens comme le docteur Faust, apprenti sorcier qui aurait manipulé des forces dont il ignore la puissance. La pratique de la psychanalyse, voyez-vous, implique d'être d'une fermeté morale absolue, car elle n'accepte aucun dogme comme vérité intangible – ni la religion, ni la morale, ni la coutume. Pour elle, tout est matière à réflexion. « Dieu est mort », a dit Dostoïevski, mais nous ne sommes pas plus libres pour autant – au contraire ! Nous sommes condamnés par ce fait à toujours plus d'énergie morale !

— Dieu est mort, ai-je plaisanté, mais personne n'est au courant...

— Si ! Détrompez-vous : mes disciples le sont ! (Et il a éclaté de rire.) C'est moi qui leur ai porté la bonne nouvelle. Imaginez-vous que cela fait bien six mois que je me débats avec une affaire du même genre et qui m'inquiète tout autant que celle du docteur Alt, peut-être plus encore...

Il s'est levé, recommençant à déambuler de long en large. Je ne l'avais jamais vu dans un état pareil. Voilà qu'il en venait aux confidences avec moi. Il m'a jeté un bref regard et, lisant l'étonnement dans mes yeux, il m'a demandé :

— Vous ne souhaitez pas boire quelque chose ? Un café, un thé ? Je pourrais appeler quelqu'un...

Sans attendre ma réponse, il a poursuivi :

— D'autant que cette affaire concerne Ferenczi.

— Ferenczi, me suis-je étonné, le docteur Sandor Ferenczi ?

— Mais oui, le docteur Sandor Ferenczi ! Vous en connaissez combien, des Ferenczi ? Il ne s'est jamais appelé Ferenczi, du reste ! Il est comme tous ces Juifs hongrois qui se font passer pour des Magyars. Il se nomme Fraenkel, en vérité... Eh bien, lui aussi s'est installé dans la bigamie. Tout a commencé avec une patiente – tout commence toujours avec une patiente dans ces histoires. J'ai beau leur raconter mon affaire d'hypnose, ils se laissent tous prendre au même piège. Il accepte une femme en psychanalyse – appelons-la seulement par son prénom : Gizella – et, au bout de quelques semaines, il en tombe éperdument amoureux. Comme elle l'est aussi de lui, ils se frôlent, s'approchent. Ferenczi pense qu'il n'y a aucun mal à lui apporter quelque soulagement affectif. Ils flirtent. Il l'embrasse, et même durant les séances ! Mais Ferenczi est un clinicien bien trop habile pour ne pas savoir que ce sont là les embûches connues du transfert. Il se reprend, m'écrit pour me demander mon avis et naturellement je m'oppose à cette relation.

Connaissant les mouvements de caractère du jeune homme, cependant, j'use de subterfuges. Je ne le lui interdis pas catégoriquement, non. Je lui rappelle que, nourrissant des sentiments paternels envers lui, je lui souhaitais une femme plus jeune, susceptible de lui donner des enfants. J'avais même envisagé de lui faire épouser la plus jeune de mes filles, voyez-vous. Je ne lui en ai pas parlé, elle est bien trop jeune encore, c'est une adolescente. Et, après ce que j'ai appris, voilà qui est exclu ! D'ailleurs, je pense indispensable que Ferenczi ait des enfants car il souffre d'une homosexualité inconsciente particulièrement virulente.

Là, je ne comprenais plus. Pourquoi l'homosexualité inconsciente impliquait-elle d'avoir des enfants ? Le professeur a senti mon questionnement et y a répondu avant même que je ne le formule :

— Eh bien, oui ! assena-t-il. S'il avait un fils, il pourrait offrir un débouché à ses émois homosexuels plutôt que de les laisser s'exprimer sous forme de masochisme, voyez-vous ? Car c'est de cela que souffre le docteur Ferenczi : de masochisme !

— De masochisme ? Je comprends, professeur, de masochisme ! Je vous remercie pour l'éclaircissement. J'espère que nous pourrons y revenir...

— Oui, coupa-t-il, mais plus tard ! Par-dessus le marché, la dame en question est mariée et a deux enfants. Je lui fais donc remarquer qu'il a besoin de fonder un foyer, de jouir d'une tranquille vie de famille pour se consacrer entièrement à ses recherches, alors qu'avec une femme mariée il ne pourra entretenir qu'une liaison irrégulière. Ce qu'il admet. Je croyais la partie gagnée. Que fait-il alors ? Il met le mari au courant, lui expliquant que son épouse dépérit à ses côtés, et le convainc d'accepter la situation. Le mari se révélant complaisant, il entreprend une relation de longue durée avec la Gizella. Et il n'a de cesse que je la rencontre, l'apprécie et l'accepte. Vous me direz qu'avec le temps j'ai appris à la connaître. Il s'agit d'une femme raffinée, cultivée qui plus est, et son côté maternel rassure manifestement mon jeune collègue. Je finis par m'adoucir en constatant qu'après tout elle lui fait du bien. J'accepte de les recevoir, d'abord pour un thé, un dimanche après-midi, ici, à Vienne, puis plus longuement. Nous partons en voyage ensemble durant les vacances. Lorsque je me rends à Budapest, je descends chez eux. Bref, les choses se normalisent quelque peu. Pour comprendre la suite, il faut néanmoins que je vous explique brièvement la nature de mes relations avec Ferenczi.

— Ferenczi, commençai-je, est un homme si intelligent, si brillant...

— Docteur Rabinovitch, interrompit-il aussitôt, épargnez-moi s'il vous plaît ces banalités qui, je dois le dire, m'étonnent de vous, alors que vous recherchez d'habitude l'originalité et le paradoxe. L'intelligence n'a jamais empêché personne de commettre des sottises – bien au contraire ! Je vous expliquais donc que Ferenczi est beaucoup pour moi, un collègue et un disciple, un auxiliaire précieux pour les investigations psychanalytiques et un ami... Mais c'est aussi un patient !

— Un patient, m'étonnai-je en pensant à ce brillant penseur qu'il nous arrivait de recevoir les mercredis soir, un patient, le docteur Ferenczi ?

— Oui, un patient ! Il n'a pas entrepris une psychanalyse avec moi seulement pour en apprendre la technique, mais par nécessité thérapeutique. C'est pourquoi je considère Ferenczi comme un patient, bien qu'il ne soit jamais parvenu à se soumettre à de longues durées d'analyse en continu. C'est parce qu'il poursuit son interminable traitement qu'il entretient avec moi cette étrange relation de dépendance qui doit vous étonner.

— En effet ! Vous demander votre autorisation d'avoir une relation sexuelle avec la dame en question... Cela me paraît quelque peu...

— ... infantile, oui ! interrompit-il aussitôt. C'est à cela que l'on reconnaît les signes du transfert, Rabinovitch, au comportement infantile des patients !

Je n'ai rien dit, sentant que le professeur avait besoin de poursuivre son récit, mais une idée m'a traversé, que j'ai trouvée sur le moment saugrenue. Cet homme qui écoutait, la journée durant, les histoires de ses malades, à qui donc pouvait-il confier ses doutes ? Certainement pas à l'un de ses disciples, qui les aurait aussitôt utilisés pour monter une rébellion. Quant à ses amis, s'ils n'étaient pas psychanalystes, que pouvaient-ils y comprendre ? J'ai senti que le professeur Freud était de ces hommes qui ont besoin de l'amitié d'un autre homme. Je savais que par le passé il avait été souvent déçu. L'éloignement du docteur Alt, en qui il avait placé beaucoup d'espoir, l'avait dépité. Aujourd'hui, ayant perdu confiance, il restait seul, uniquement préoccupé de défendre ce qu'il appelle la « cause ». Et je poursuivais mon idée. Devant ma résistance à m'engager dans la psychanalyse comme tous ces médecins qui l'entourent, ne s'est-il pas dit qu'il pouvait faire de moi cet interlocuteur idéal, à la fois au courant des affaires psychanalytiques et pourtant sans implication dans le milieu ? Un interlocuteur qu'il serait en train de façonner, exactement à sa mesure ? Ce serait aussi pour cette raison qu'il parsèmerait ses récits d'explications théoriques, d'illustrations cliniques. Mais pourquoi moi ? Dernier arrivé, russe (très russe !) et juif (trop juif à leur goût), un peu exalté, plus intéressé par la révolution sociale que par les métamorphoses de la libido, je suis conscient d'être à peine toléré par les élèves du professeur. Mais lui, ce n'est pas pareil ! Il dresse des plans, monte des stratégies...

— Donc, la vie poursuivait ainsi son cours, continua le professeur Freud, Ferenczi me réclamant des séances de psychanalyse lorsqu'il était au loin et, sitôt qu'il était en traitement, trouvant mille excuses pour les interrompre. Jusqu'à ce jour de novembre dernier où il m'a adressé un courrier qui est venu éclater comme un orage dans un ciel serein. J'avais noté sans trop y prendre garde que, depuis quelque temps, ses lettres s'étaient faites plus rares et surtout beaucoup plus pauvres. Elles étaient devenues factuelles et plus obséquieuses que d'habitude. L'obséquiosité, Rabinovitch, ça ne trompe pas ! C'est toujours de la violence contenue ! Le 15 novembre, très précisément, je recevais une nouvelle requête de mon Ferenczi. Gizella, sa compagne, a une fille qui se nomme Elma, une jeune fille, fraîche et jolie, un peu tête en l'air – une jeune fille ! Et voilà que le fiancé d'Elma s'était suicidé au pistolet. La demoiselle était choquée, commençait à développer des symptômes. Son beau-père, si l'on peut dire, le docteur Ferenczi, donc, l'avait prise en traitement pour tenter de soulager sa douleur. Et il s'est passé avec la fille ce qui s'était passé avec la mère. Ferenczi a découvert qu'il était amoureux d'Elma, le lui a avoué au cours d'une séance de psychanalyse. Elle a naturellement pris conscience qu'elle l'aimait aussi. Et tout a recommencé comme sept ans auparavant. Ils se sont approchés, se sont flairés, frôlés... ils se sont touchés et ont fini par flirter. La même histoire, je vous dis !

— Et alors, demandai-je naïvement, que s'est-il passé ?

— Non ! Pas « que s'est-il passé ? », mais que se passe-t-il ? Parce que nous en sommes là, docteur Rabinovitch. Vous comprenez mon agacement au sujet de la comtesse von Kessler et du docteur Alt. Ferenczi m'a aussitôt écrit, comme je vous le disais, pour me demander l'autorisation d'épouser la fille, et moi, je n'accepte pas ! Je ne peux pas accepter ! Mais il insiste, le bougre ! Du coup, il vit avec ses deux femmes dans la même maison : la délaissée et la promise ; la mère et la fille. Le plus fort est qu'il utilise aujourd'hui pour me convaincre les mêmes arguments dont j'usais autrefois pour le dissuader. Il m'explique qu'Elma est jeune, qu'elle pourra lui donner des enfants..., ces enfants dont il a besoin s'il veut réaliser ma prescription. Il est malin, ce bougre de Ferenczi !

En écoutant Freud, je pensais qu'il avait raison ; qu'il soufflait en ce moment un étrange vent dans l'empire d'Autriche-Hongrie. Il avait doublement raison, d'ailleurs, en attribuant la paternité de cette mode à Otto. D'après ce que m'a raconté Hanna – elle doit également l'avoir dit au professeur –, Otto a séduit une amie de sa femme, une philosophe raffinée nommée Elsa von Richtofen. C'est Otto qui l'a introduite aux questions sociales ; elle défend aujourd'hui le droit des femmes avec enthousiasme. Elle circule partout, dans les réunions politiques, à Munich comme à Vienne, en réclamant le droit de vote pour les femmes. Otto a commencé une liaison passionnée avec elle, mais il n'avait alors pas abandonné Frieda, son épouse. Lorsque cette dernière a appris la situation, elle a invité Elsa partage la maison familiale. Et c'est ainsi que sont nés en cette même année 1907 les deux enfants d'Otto, les deux Peter. Deux enfants, fruits d'une bigamie non seulement consentie, mais désirée et même réclamée par les femmes...

— Après tout, professeur Freud, comme vous le disiez tout à l'heure, pourquoi les hommes ne seraient-ils pas bigames ? Ils l'ont déjà été par le passé ; ils le sont encore dans d'autres sociétés que la nôtre...

— Votre remarque est pertinente, Rabinovitch, mais insuffisante. C'est souvent le tort de la jeunesse que de s'intéresser aux conclusions plutôt qu'à la démonstration qui y conduit. Ce que vous devez élaborer, c'est en quoi la bigamie présente un intérêt particulier et pour quelle raison des sociétés choisissent cette solution, et non pas m'assener que la bigamie existe. Je le sais bien, grands dieux, qu'elle existe !

Voilà qu'il se mettait de nouveau en colère. Qu'avais-je donc fait sinon l'écouter ? Quelle faute avais-je commise ? Qu'attendait-il de moi, en vérité ?

— Vous voulez connaître ma pensée profonde au sujet de la bigamie ? reprit-il. Elle permet aux femmes des sociétés violemment patriarcales de se regrouper face à l'homme. Je crois que la femme a inventé la bigamie pour trouver une alliée dans sa lutte contre son mari – voilà ce que je pense ! Et, dans les histoires de bigamie, regardez bien, vous trouverez toujours une femme qui ne peut se passer d'une autre. Dans le cas de Ferenczi, ça saute aux yeux : mère et fille ne pouvant se quitter, montent inconsciemment une combinaison complexe destinée à se retrouver ensemble pour toute une vie. Car, s'il épouse la fille, la mère, son ancienne compagne, deviendra sa belle-mère.

J'ai acquiescé. Je ne comprenais pas son intérêt pour la bigamie, mais j'ai acquiescé. Je lui ai même fourni l'exemple d'Otto, qui confortait son hypothèse.

— Vous avez raison, professeur, puisque dans le cas du docteur Gross, c'est sa femme, Frieda, qui a elle-même invité Elsa von Richtofen à vivre avec eux.

— Oui, confirma vigoureusement Freud, oui, surtout lorsqu'il existe des liens de parenté entre les femmes... mère et fille, par exemple... ou bien deux sœurs... L'attachement est plus vif encore dans ce cas !

— Vous avez raison encore une fois ! Otto Gross n'a eu de cesse qu'il n'ait également séduit une troisième, Emma, la sœur d'Elsa von Richtofen. Il a donc eu une liaison avec l'une et l'autre sœurs. La réalité confirme votre théorie !

Il tirait maintenant sur son cigare comme s'il s'agissait du soufflet d'une forge.

— Oui, oui, Rabinovitch, je sens que nous tenons un fil... quelque chose qui devrait nous conduire à une découverte fondamentale sur les rapports amoureux. La bigamie est interdite, certes, mais qui y a goûté sait qu'elle rend l'homme plus civilisé.

J'ai dressé l'oreille. « Plus civilisé » ? De quoi parlait-il ? Si la bigamie existe à travers le monde, c'est dans des sociétés primitives, et non dans des sociétés modernes, industrielles, civilisées comme la nôtre. Et pourquoi dit-il « qui y a goûté » ? A qui pense-t-il ? A ses deux fidèles assistants, Alt et Ferenczi, qui l'ont tous deux accompagné lors de son voyage en Amérique ?

— Civilisé, dites-vous, professeur ? Plus civilisé ?

— Oui, reprit Freud, plus civilisé, oui ! Lorsqu'il est bigame, l'homme est nécessairement amené à contenir ses pulsions, à les socialiser en quelque sorte. Avez-vous observé, dans les milieux populaires, un homme la nuit dans l'alcôve : ce n'est plus un homme, mais un singe ! Ivre de fatigue et de mauvais vin, il se jette sur sa femme pour un bref coït seulement fonctionnel, un simple spasme génésique. Imaginez maintenant le même homme s'il était bigame. Pensez, il lui faudrait composer, réfléchir, décider. Il ne pourrait pas se jeter sur l'une en ignorant l'autre. Les femmes contesteraient, l'oubliée exigerait son tour. Et puis elles discuteraient ensemble en son absence, s'allieraient, comploteraient, élaboreraient des stratégies pour obtenir tel ou tel avantage. La bigamie introduit nécessairement de la pensée là où, si on laisse faire les hommes, il n'existe que de l'instinct.

Je commençais à prendre goût à la discussion. Ce n'est pas étonnant qu'Otto reconnaisse le professeur Freud comme son maître ; cet homme est capable de penser n'importe quelle idée en se moquant des conventions sociales. De la vraie graine d'anarchiste, ce professeur Freud !

— Je comprends, professeur ! Votre analyse est évidemment pertinente et, me semble-t-il, très nouvelle. Mais pourquoi la bigamie à laquelle vous pensez est-elle ainsi asymétrique ? Pourquoi n'imaginez-vous jamais la bigamie d'une femme qui aurait par exemple deux époux ? Votre modèle marcherait-il encore dans ce cas ? Je veux dire : cette bigamie produirait-elle également plus de civilisation ? Ou bien, dans votre pensée, la bigamie civilisatrice doit-elle être nécessairement celle des hommes ?

Il s'est levé une nouvelle fois, s'est dirigé vers la porte et a appelé :

— Minna !

On aurait pu la croire derrière la porte, la tante Minna. Elle accourut aussitôt. Elle m'est apparue plus fine et plus enjouée que lors des dîners familiaux. Son éternelle robe noire n'était pour une fois pas boutonnée jusqu'au menton et elle arborait même un petit collier de perles.

— Qu'y a-t-il, Siggy ?

— Minna, mon trésor, voudrais-tu nous apporter quelque chose de chaud, peut-être un thé ou plutôt un café ? Mon invité a de plus en plus froid. Si ça continue, il va se transformer en glaçon.

Elle est entrée dans la pièce et s'est dirigée tout droit vers le cendrier dont elle s'est emparée avec une certaine férocité.

— Tu crois qu'un café y changera quelque chose, Siggy ? marmonna-t-elle. « Autant que des ventouses à un mort », comme on dit en yiddish.

Et elle est repartie avec le cendrier, laissant Freud désemparé avec son cigare. Lorsqu'elle a passé le pas de la porte, j'ai remarqué ses formes, certainement quelque peu imposantes, comme chez une femme de cet âge, mais pas totalement dénuées d'érotisme, serrées dans leur robe noire. Otto m'avait mis dans la tête que, malgré ce que l'on est quelquefois amené à penser, tout être humain, quel qu'il soit, est possédé par le désir sexuel. « Il faut accepter cette transe, disait-il, il faut accueillir le visiteur, sinon gare ! Qui refuse de servir Aphrodite est destiné à être rendu fou par elle. » Freud ne savait plus trop que faire de sa cendre.

— Je me demande qui est le maître ici, plaisanta-t-il. Les femmes sont toujours propriétaires de la maison, vous l'observerez partout. Et comme je travaille à la maison... J'y passe mes jours comme mes nuits. Mon univers est réduit à ces quelques mètres carrés que vous voyez là. Un auteur français, Xavier de Maistre, je crois, a écrit un *Voyage autour de ma chambre*. Encore avait-il des excuses, il était incarcéré à la suite d'un duel. Eh bien, puisque nous en parlions, je peux vous dire que moi aussi, je suis bigame.

— Vous, professeur ? Vraiment ? me suis-je exclamé naïvement.

Il ne fallait pas le prendre au sérieux, apparemment, puisqu'il a ajouté aussitôt :

— Ah, vous n'allez pas à votre tour croire ce que racontent mes élèves au sujet de Minna.

Je n'avais rien entendu de tel, je ne jouais pas.

— Mais, professeur, de quoi parlez-vous ? Que racontent vos élèves ?

— Allons ! Ils racontent à qui veut l'entendre que j'entretiens une relation sexuelle avec ma belle-sœur. Vous n'avez pas pu échapper à ce type de ragot. (Personne ne m'avait rien dit.) Ma belle-sœur vit ici depuis quinze ans. La pauvre femme a perdu son fiancé et se laissait dépérir, seule, n'acceptant aucun autre parti. Alors, je l'ai invitée à venir habiter avec nous. Elle aide Martha à s'occuper de la maison, des enfants et de leur vieux grognon de père. Notez que la configuration correspondrait parfaitement aux hypothèses que nous développions tout à l'heure. Martha, mon épouse, et sa sœur Minna sont très liées depuis l'enfance. Gamines, on les appelait les « sœurs siamoises ». Ma bigamie, si elle existait, pourrait parfaitement résulter d'un complot inconscient monté par les deux sœurs pour demeurer ensemble. Lorsque nous nous sommes mariés, c'était, voyons... Non ! Je blague ! Bien sûr que je connais la date de notre mariage ; c'était en 1886. Qu'est-ce que je racontais... Lorsque nous nous sommes mariés, Minna était très jeune, elle avait à peine dix-huit ans. Elle a connu son fiancé aussitôt après, mais, comme je vous le disais – c'était l'un de mes amis, du reste –, il est mort dans un accident. Elle a travaillé ensuite comme gouvernante, comme dame de compagnie, aussi. Mais, bien plus que de la disparition du fiancé, Minna souffrait de l'absence de sa sœur. Comme deux jumelles, je vous dis – bien plus, peut-être. A peine sont-elles séparées, l'une cherche l'autre partout. Elles se languissaient. C'était triste à voir ! Bien sûr que je ne parlais pas de sexualité lorsque je me présentais comme bigame, je pensais à mes enfants qui ont deux mères. C'est sans doute le plus grand avantage de la bigamie : donner deux mères aux enfants ! Car je dois dire que Minna est bien plus mère que Martha. Elle est sans cesse après les enfants pour leur rappeler ce qu'ils ont à faire. Après moi aussi, comme vous avez pu le constater. Elle s'est mis en tête de me débarrasser de ma passion pour le tabac. Quant à la sexualité, vous savez...

Avec cet air las et blasé qu'il affectionnait de prendre, il a fait un geste de la main, comme quelqu'un qui voudrait se débarrasser de quelque poussière.

— La sexualité est tout de même le véritable moteur de l'existence, ai-je essayé. Et puis, il me semble que la sexualité contient ce ferment égalitaire qui rééquilibre la société. Un riche peut désirer une pauvre, devenir fou d'amour pour elle...

Il m'a regardé de côté en souriant ; il hochait la tête comme pour m'indiquer que, si je continuais à proférer de telles banalités, il finirait réellement par me prendre pour un benêt...

— De toutes les activités auxquelles s'adonnent les humains, voyez-vous, Rabinovitch, la sexualité est la plus dangereuse ! Ils le savent, notez-le bien, mais ne peuvent s'en protéger. C'est une force, un parasite, qui les habite et les domine.

C'est à ce moment que tante Minna est revenue. Elle est entrée sans frapper, accompagnée de la servante qui portait le plateau. Elle m'a surpris. J'ai même sursauté... On aurait pu penser qu'elle avait tout entendu. Car, tandis qu'elle posait le cendrier sur le bureau, elle a dit en me regardant :

— Siggy, il faudrait que ce garçon songe à se marier. Est-il fiancé, au moins ? (Désignant le col de la veste du professeur, elle a ajouté :) Voilà ce qui arrive ! Je te laisse un moment sans cendrier et tu taches ta veste. Que va dire Martha ?

Elle essuyait vigoureusement la trace que la cendre du cigare avait laissée. Je ne sais pas, mais il y avait dans ce geste quelque chose d'étrangement érotique. Ce soir, alors que j'écris dans mes carnets, je ressens une attirance pour Minna, servante et maîtresse, veuve et célibataire, une attirance clairement sexuelle. Allons, ce sont des fantasmes d'adolescent rêvant d'être déniaisé par une veuve désœuvrée. Des femmes comme elle, il en existait quelques-unes à Odessa, qui avaient vu mourir leur fiancé avant les noces. L'une d'elles l'avait même perdu la veille du mariage. Ma mère la craignait particulièrement, celle-ci ; elle la disait « accompagnée ». Elle me prévenait ainsi : « Tu ne vas pas croire que le mari est mort tout seul, tout de même. Je ne dis pas qu'elle l'a tué, non, pas elle, mais ce *shed*, ce démon qui l'accompagne et qui ne s'est pas laissé déloger. C'est lui qui l'a tué ! » Ces femmes sont d'autant plus redoutables, prétendait-elle, du fait que leur longue liaison avec leur démon les a initiées à toutes sortes de folies sexuelles. Vierges, peut-être, mais expertes.

Ma mère est restée une femme du shtetl. Elle croit toujours aux esprits, au *dibbouk*. Contrairement à elle, je n'en ai pas peur, mais je sais qu'il ne faut pas rire de ces croyances. Ce que je ne supporte pas à Vienne, surtout dans ce milieu de psychiatres éclairés que je fréquente tous les jours, c'est précisément ce mépris qu'ils affichent pour les pensées des gens des villages, ceux qu'Otto appelle les païens... moi, d'une certaine façon !

Le soir, durant notre séance hebdomadaire de la Société, Karl Schrötter a prononcé une conférence sur les rêves expérimentaux. Il était accompagné du docteur Herbert Silberer que j'aime beaucoup. C'était la première fois que je voyais Schrötter. C'est un jeune homme très brillant, qui prépare un doctorat de philosophie. Ce qu'il a dit m'a paru lumineux. Exceptionnellement, le professeur Freud a accepté de nous accompagner, après la conférence, pour manger un gâteau au chocolat et à la confiture d'abricot au café de l'hôtel Sacher. Il était aux alentours de 23 heures lorsque je l'ai raccompagné jusque chez lui. En chemin, nous avons pu parler des rêves.

— Un si jeune homme, à peine plus âgé que moi, ce docteur Schrötter. Révolutionnaire, ce qu'il a proposé, professeur Freud, vous ne trouvez pas ?

Il s'était mis à neiger. Il marchait de ce même pas rapide, serré dans son manteau, le chapeau enfoncé jusqu'aux oreilles.

— Je ne vois vraiment pas ce qu'il y a de nouveau dans ce qu'il a proposé, grommela-t-il. Je sépare la conférence en deux parties. La première, consistant à considérer les choses à l'envers, à parler de la synthèse des rêves plutôt que de leur analyse, est une idée de ce voleur de Swoboda. Et cette idée ne tient pas debout ! A partir de la technique d'interprétation des rêves que j'ai mise au point, on peut remonter du récit du rêve au désir inconscient du rêveur, mais la démarche inverse, quelle que soit la méthode utilisée, est impossible ! Je veux dire que l'on ne peut pas tenter de reconstruire un rêve à partir d'un désir. Cette partie de la conférence était donc sans intérêt. La seconde, en revanche, mérite qu'on s'y attarde. Ce jeune homme a donc mis au point une méthode permettant d'interroger le rêveur au moment même où il rêve, sous hypnose. Il me semble qu'il y a là un domaine de recherche plein de promesses qui s'ouvre pour l'avenir. Trouver un moyen d'observer le rêve en train de se faire. Le problème reste évidemment l'hypnose. Car voyez-vous, docteur Rabinovitch, ce que les gens ignorent, fascinés par son côté spectaculaire, c'est que l'hypnose produit des menteurs ! Oui ! Les gens ne disent pas la vérité sous hypnose. Alors, comment se fier au matériel qu'il nous a présenté ?

J'ai été très étonné par la réponse de Freud. Durant l'exposé, il s'était montré non seulement attentif, comme il l'est toujours, mais particulièrement intéressé – passionné même par moments. Le problème du rêve était l'un de ses premiers sujets d'intérêt. Et voilà qu'il me disait maintenant qu'il n'y avait rien de valable à retenir.

— Mais, professeur, lui ai-je demandé, s'il est possible de produire un rêve sous hypnose sous l'induction de l'expérimentateur, s'il est même possible d'en dicter le contenu et même les symboles à utiliser, il faudrait bouleverser toute votre théorie, non ?

Il s'est arrêté sous un bec de gaz et m'a littéralement pris au collet avec une certaine brutalité.

— Vous êtes un gamin, Rabinovitch, et vous savez ce qu'on fait aux gamins ? On les corrige ! Vous êtes un gamin guettant le père pour le prendre en faute, voilà ce que vous êtes !

J'ai bien compris qu'il jouait, mais au fond c'est exactement ce qu'il pense de moi. Je crois qu'il se trompe. Je n'ai jamais senti aucune révolte envers mon père et lui n'a jamais élevé la voix contre moi. Pourquoi commencerais-je seulement aujourd'hui à être insolent ? Je me suis justifié :

— J'étais tout à fait sérieux, professeur Freud ! Votre théorie prétend que la source du rêve est un désir inconscient qui vient perturber le sommeil du rêveur, n'est-ce pas ? S'il est possible de le produire expérimentalement, il faudrait alors en déduire que la source, le moteur, et même le matériel du rêve peuvent être situés hors du rêveur, dans l'expérimentateur dans ce cas, n'est-ce pas ? Votre théorie devrait alors être modifiée, ou au moins nuancée. On pourrait tester cette hypothèse, examiner les rêves de manière systématique durant toute une nuit en restant auprès du dormeur...

Il s'est tu durant un long moment. Il haletait un peu, mais ne ralentissait pas son pas.

— Ce que vous ne comprenez pas, Rabinovitch, c'est l'intention du conférencier. Cet exposé était commandité par un ancien ami avec qui j'ai rompu ; un médecin berlinois, le docteur Wilhelm Fliess. Il n'a qu'une idée en tête : démontrer que tout ce qui provient de moi est faux et que tout ce qui est vrai dans la psychanalyse m'a été soufflé par lui. Vous ne savez pas le dessous des choses, mon garçon ! Le docteur Swoboda, qui conseille ce jeune homme, ce Schrötter, est un intime de Fliess. Je le sais, il est en psychanalyse avec moi et me l'a avoué lors d'une séance. Voilà ce que vous ignorez ! Allons, il est temps de rentrer se coucher.

Nous étions arrivés au 19 Berggasse. Il a frappé vigoureusement à la porte cochère, attendant que le concierge vienne lui ouvrir. Il n'a pas ôté ses gants pour me saluer, seulement fait un signe de la main. Et puis il est revenu vers moi :

— Ah, j'oubliais, ajouta-t-il en me saisissant par la manche, ne parlez à personne de notre discussion... Surtout pas à la comtesse von Kessler, n'est-ce pas ? Bonne nuit, Rabinovitch, et faites donc des rêves de désir. Ils seront bien plus reposants que des rêves expérimentaux...

Nairobi, 3 janvier 2004

C'est d'abord la température, toujours la même, et puis la peur aussi, il faut l'avouer, lorsque je rentre à la nuit tombée, par ces rues sans éclairage, et que je me retrouve dans cette grande villa, seul avec quatre serviteurs burundais à la mine patibulaire. Qui sait à quel groupe appartiennent mes « boys », à quelle bande ils paient leur impôt ? Les remarques jetées en passant par Alexis, le cuisinier, me laissent penser que leur sympathie va aux rebelles, au mouvement du FLNB. On raconte qu'en 1993, au moment des massacres, les domestiques avaient enfermé les propriétaires dans leurs maisons en chantant que c'étaient eux, maintenant, les maîtres. On raconte qu'ils les ont ensuite tués à coups de machette. Je ne pense pas sérieusement au danger, non, pourtant je m'enferme chez moi.

Mais il y a surtout une sorte d'apathie, la même qui règne dans la ville, dans le pays tout entier. Je la comprends comme un retrait, une réaction de survie. Quelle drôle d'Afrique ! Une Afrique que je ne connaissais pas ; sans rire, sans musique, sans danse, sans séduction, sans fétiches. Je suis tout à la lecture de ces carnets, mais je ne parviens à m'y consacrer que durant de très brefs moments, au bureau, entre deux rendez-vous. Peut-être y a-t-il une autre raison aussi : ces carnets me brûlent les doigts. J'ai le sentiment de pénétrer par effraction dans un monde où je n'ai pas été invité ; d'accéder à des secrets que je n'étais pas qualifié à recevoir.

La semaine dernière, j'ai reçu un appel téléphonique d'Israël. J'entendais une voix d'homme, lointaine, et la mienne par-dessus, en écho. J'ai pensé qu'entre la « Documentation burundaise » (autrement dit : les renseignements généraux) et le Shin Beth israélien, il devait y avoir des parasites sur la ligne. Mais pourquoi les services secrets israéliens iraient-ils me surveiller ? Un homme me demandait en anglais, avec un drôle d'accent, si je me souvenais d'un certain Jack Bean. Je n'ai pas répondu tout de suite, je voulais d'abord connaître l'identité de mon interlocuteur.

— Qui êtes-vous ?... Gamliel... Gamliel comment ?... Bean !... Oui, je sais qu'il s'agit de Jack Bean, mais vous, qui êtes-vous ?

Finalement, j'ai réussi à comprendre qu'il se nommait Gamliel Bean et qu'il était le fils de Jack Bean, le petit fils du Jack Bean dont je lisais les carnets chaque jour.

— Et comment va votre père ? Où est-il à présent ?

— Mon père est mort, me répondit la voix. C'est précisément de cela que j'aimerais vous parler. Est-il possible de se rencontrer ?

Je n'allais tout de même pas lui proposer un rendez-vous à Bujumbura, au bar de l'hôtel Source du Nil. Finalement, nous avons imaginé un lieu agréable, ailleurs, à Zanzibar. J'ai plaisanté : « Un bar à Zanzibar... » Je devais d'abord me renseigner pour savoir s'il était possible d'obtenir un billet d'avion pour le week-end. Je lui ai proposé de le rappeler. Mais, pour ce faire, il me fallait son numéro de téléphone...

— Non, professeur Caro. Il vaut mieux que ce soit moi qui vous rappelle.

— Pourquoi ?

— Ce n'est pas une très bonne idée de vous expliquer cela au téléphone.

Et il a raccroché. Je ne savais que penser. Je me suis d'abord assuré auprès de l'agence de voyages qu'il était possible d'obtenir des billets pour Zanzibar via Nairobi. Et j'ai attendu. Deux jours plus tard, je recevais un nouvel appel téléphonique. J'ai immédiatement reconnu l'accent...

— Léopold, c'est Gamliel.

J'avais décidé de rester sur mes gardes. Après tout, j'ignorais qui m'appelait et je suis bien placé pour savoir qu'il existe mille sortes de trafics par ici. Ce qui m'a tout de même convaincu, c'est que Jack Bean est la seule personne à savoir que je l'ai rencontré. Lui seul sait où me trouver... Ainsi, si quelqu'un se recommande de lui, c'est nécessairement Jack qui l'a personnellement informé...

— Vous m'entendez, Léopold ?

— A peu près... La réception n'est pas excellente... De la friture et un écho, c'est très gênant...

— Vous avez trouvé un billet ?

— Oui !

— Eh bien, je vous attendrai samedi prochain à l'hôtel Beyt el Shay ; c'est en plein centre de Stone Town. Beyt el Shay... Vous avez noté ?

J'ai invité Préciose à m'accompagner. Je me suis dit qu'avec cette atmosphère étouffante qui règne en ce moment à Bujumbura ; avec cette suspicion qui s'est emparée de nous depuis la visite de ce Japhet Ntagwirumugara, cela nous ferait du bien d'aller cacher nos amours durant un week-end à Zanzibar. De plus, Préciose parlant couramment le swahili, elle pourrait m'être utile durant ce voyage. C'est du moins ce que j'ai pensé... ou, plus exactement, c'est ainsi que j'ai justifié à mes yeux l'invitation que je lui avais faite et que maintenant je me reprochais. D'abord, il fallait garder cette relation secrète et Zanzibar n'était certainement pas l'endroit le plus discret. C'est la destination de vacances favorite de tous les expatriés de Bujumbura. Et puis, je ne souhaitais pas raconter à Préciose ma rencontre de Lagos. Nous nous sommes arrangés. Préciose a pris le vol du jeudi et moi celui du vendredi, pour éviter d'être vus ensemble à l'aéroport de Bujumbura. A Zanzibar, elle a loué une voiture. Nous avons filé sur la route de Makoba, qui longe la mer, à la recherche d'une plage isolée pour jouir de la vue du large qui manque tellement au Burundi. Elle portait une jupe de coton blanc, très courte, et un petit chemisier de soie rose. Son visage respirait le bonheur. Toute à sa conduite, elle a sursauté lorsque j'ai posé ma main sur sa cuisse...

Quelques instants plus tard, nous sortons de la voiture, pénétrons dans une maison en ruine. Elle s'étend doucement sur le dos, m'attire sur elle. Mes mains fouillent ses cheveux qu'elle a coupés encore plus ras, s'attardent sur son cou, dessinent ses lèvres, inspectent ses jambes. Sa peau est un délicat brocart. Je la touche et je m'en drape. Je la parcours et je l'étreins, je la reconnais, je la visite. Les yeux fermés, elle serre ses jambes autour de ma taille. La mer lui donne un goût salé. Là, sur cette plage où des centaines de milliers d'Africains sont partis esclaves, dans cette maison, à cet endroit, peut-être... Des centaines d'entre eux y ont perdu leur nom, leur langue, leur histoire pour entrer vivants dans la mort... A l'instant de son plaisir, elle a ouvert des yeux immenses.

Je note tout cela dans mon journal, le lendemain,

samedi, attablé au restaurant, et une crainte sourde m'étreint. J'aurais pu attendre d'arriver à l'hôtel. L'île fourmille de touristes. Un groupe de Français nous a regardés marcher, serrés l'un contre l'autre. Qui sont-ils ? N'y avait-il pas parmi eux quelqu'un qui me connaissait, qui connaissait Préciose ? Je sens une présence. Je lève la tête. Il est debout devant ma table, les mains sur les hanches...

— Professeur Léopold Caro ?

Je l'ai immédiatement reconnu. Il a le même visage, mais en plus allongé, plus sec. Il est plus grand, aussi, plus fort, athlétique. Il a une bonne trentaine d'années, le teint cuivré, le cheveu rare, d'énormes muscles qui gonflent le tee-shirt immaculé. C'est la seconde génération, nourrie au jus d'orange frais et aux vitamines, hâlée aux vents des guerres. On ne peut pas se tromper, pourtant, c'est bien le fils de son père ! Je lui demande :

— Gamliel Bean ?

Il me tend franchement la main avec un large sourire :

— *Shalom ! Na'im meod ! Nice to meet you... Ata medaber 'ivrit ?* (« Enchanté ! Vous parlez l'hébreu ? »)

— Non ! Nous pouvons parler en anglais si vous voulez...

Il prend place face à moi. Et il me raconte. Son père, Jack Bean, n'est jamais rentré d'Afrique. C'était l'enterrement de sa grand-mère, pourtant, la vieille Ruth Bercovicz. Il l'ont attendu près d'une semaine et puis ils l'ont enterrée. « Elle ne s'appelait pas Bean, car elle n'avait jamais accepté d'épouser le vieux Jack, le docteur Isaac Rabinovitch. » Et il commence une longue histoire. La vieille, il ne fallait pas lui en conter, elle avait fait la guerre – toutes les guerres possibles ! Sa famille avait émigré de Russie après la révolution de 1917, en traversant l'Europe à pied. Elle était alors âgée de quatre ans. « Ça forge le caractère, vous pouvez me croire ! » Le père, Vladimir Bercovicz, et ses deux frères se sont établis à Paris comme banquiers et sont rapidement parvenus à se refaire une situation. Quelques fonds qu'ils avaient réussi à rapatrier de Russie par les réseaux de Russes blancs, des connaissances dans le milieu des affaires, en Allemagne, en Autriche, en Angleterre, une rage d'entreprendre. Et la chance, aussi ! Contrairement aux autres banquiers, la crise de 1929 a été pour eux l'occasion d'un enrichissement considérable. Malgré toutes les prévisions de l'époque, ils avaient massivement investi dans les colonies, notamment le caoutchouc du Congo belge. Si bien que les années qui ont précédé la guerre les ont vus prospérer. On voyait alors partout le nom des Bercovicz. Mécènes, ils entretenaient des musiciens et des peintres. La famille avait la réputation d'être amie des lettres et des arts, et plaçait son argent dans la peinture. Elle avait réussi en une dizaine d'années à réunir une étonnante collection de tableaux, tous contemporains. Les amitiés des Bercovicz à l'étranger leur avaient permis d'acquérir des œuvres mal connues en France à l'époque, Klimt, Kandinsky, Max Ernst, Kokoschka, Duchamp, Picabia… Leur maison – un hôtel particulier dans le faubourg Saint-Germain – ressemblait à un musée ; on y venait aussi pour admirer des œuvres que l'on ne pouvait voir ailleurs. Dans les années 30, la jeune Ruth Bercovicz, jolie jeune femme aux yeux enflammés, brillante violoniste, était courtisée dans tous les salons de Paris. Les enfants des princes et des ministres rêvaient de l'épouser. Il y eut quelques remous durant l'affaire Stavisky – on commençait à suspecter les étrangers et, dans sa famille, à part Ruth, ils avaient tous gardé la nationalité russe. Mais l'argent dénoue les situations les plus difficiles ; les appuis politiques aussi. Un frère était socialiste, l'autre radical. Vladimir était conservateur. Ils ont connu dix années de prospérité et de bonheur.

Quelques jours avant l'armistice, en juin 1940, les deux jeunes frères de Vladimir sont partis pour le Congo. Mais lui est resté – c'était l'aîné. Sans doute pensait-il qu'il devait veiller sur les biens de la famille. Il a vu entrer les Allemands dans Paris ; il a vu la promulgation de la première loi fixant le droit des Juifs, le 3 octobre 1940. Les Juifs ne pouvaient plus être désormais chefs d'Etat, membres du gouvernement, du Conseil d'Etat, du Conseil de l'Ordre national de la Légion d'honneur, de la Cour de cassation..., ni agents relevant du département des Affaires étrangères... « Ils ne pourront, disait la loi, sans condition ni réserve, exercer l'une quelconque des professions suivantes : directeurs, gérants, rédacteurs de journaux, revues, agences ou périodiques... Directeurs, administrateurs, gérants d'entreprises ayant pour objet la fabrication, l'impression, la distribution, la présentation de films cinématographiques ; metteurs en scène et directeurs de prises de vues, compositeurs de scénarios... » La liste était longue.

Cependant, grâce à ses relations, Vladimir avait réussi à faire jouer l'article 8 : « Par décret individuel pris en Conseil d'Etat et dûment motivé, les Juifs qui, dans les domaines littéraire, scientifique, artistique, ont rendu des services exceptionnels à l'Etat français, pourront être relevés des interdictions prévues par la présente loi. » Il avait enrichi la France ; on l'autorisa à diriger sa banque. Mais les Français lui avaient attribué un administrateur civil et les Allemands un administrateur militaire. Il était suivi vingt-quatre heures sur vingt-quatre, sept jours sur sept ; ses conversations téléphoniques écoutées, son courrier ouvert. Manifestement, on ne l'avait laissé en place que pour avoir accès à toutes les informations importantes de la banque. Et cela a duré jusqu'en juin 1941 – le 2 juin 1941, très exactement, date à laquelle le gouvernement de Vichy a promulgué la seconde loi sur le statut des Juifs, qui allongeait encore la liste des interdictions. Les Juifs n'avaient plus de droits, plus aucun !

Des années plus tard, Ruth racontait toujours cette scène qui l'avait marquée, fixée à jamais dans sa mémoire. Le 3 juin 1941, deux officiers de la Wehrmacht faisaient irruption dans la maison, suivis d'une dizaine de soldats, mitraillette au poing, se répandant à travers les pièces au pas de course. En moins d'une demi-heure, il ne restait plus un seul tableau au mur – tous embarqués dans deux camions Renault qui stationnaient devant la porte cochère. Après cela, le colonel a sorti son Luger 9 mm du bel étui en cuir ciré qu'il arborait à la ceinture et l'a posé sur la table en fixant le père de Ruth au fond des yeux. Il lui a dit en allemand : « Signez ici ! C'est votre certificat de don. Nous vous autorisons, quoique Juif, à participer à l'effort de guerre allemand. » Et le père a signé ! La veille encore, les autorités françaises l'avaient assuré qu'elles mettraient ses tableaux sous la protection du gouvernement. Ils lui seraient restitués après la guerre, lorsque toute cette pagaille serait terminée. Dans la rue, on voyait partout une affiche où le Maréchal pointait le passant du doigt en disant : « Français, vous n'êtes ni vendus, ni trahis, ni abandonnés. Venez à moi avec confiance. » Il avait eu confiance ; au moins un peu... Sinon, pourquoi serait-il resté en France ? Que voulez-vous ? Chacun avait son opinion sur ce qu'il convenait de faire en ce temps-là. Blanc de peur, il a signé ! Il voulait en finir, les voir déguerpir.

Mais le colonel ne l'entendait pas ainsi. Il a emmené Vladimir Bercovicz au quartier général pour l'interroger. Et là, le ton changea : activités subversives... succursales à Londres et à New York, intelligence avec l'ennemi... Il est mort rue Lauriston, trois semaines plus tard ; disparu dans le cloaque de la Gestapo. Ruth ne l'a appris qu'en 1943. Mais, dès le premier soir, ne voyant pas le père revenir, mère et fille se sont séparées. La mère a tenté de rejoindre ses beaux-frères au Congo et s'est fait prendre trois mois plus tard en passant les Pyrénées. Elle est morte à Birkenau en 1942. Quant à la fille, elle a rejoint les premiers groupes de résistants de la MOI, la Main-d'œuvre immigrée. Et c'est là qu'elle s'est métamorphosée. La bourgeoise lettrée et bien élevée est devenue en l'espace de quelques semaines cette virago énergique qu'elle est restée toute sa vie. Au combat elle a troqué le violon contre la mitraillette Sten et l'art de la pâtisserie contre la technique de la dynamite. Elle avait une pensée, une idée fixe : récupérer les tableaux de son père. C'était une obsession, mais aussi un moteur – qui l'empêchait de sombrer dans le désespoir.

A la Libération, sa culture et sa connaissance des langues lui ont valu d'être embauchée par l'armée américaine en tant qu'interprète. Elle a poursuivi la guerre jusqu'à Berlin, où elle est entrée, en juillet 1945, avec l'armée américaine... Son idée ne l'avait jamais quittée. Elle a finalement réussi à se faire embaucher par la commission chargée de récupérer les œuvres d'art pillées par les Allemands. Elle a pu identifier et récupérer près d'un tiers des œuvres achetées autrefois par sa famille. Mais son combat ne s'est jamais arrêté. Elle a lutté toute sa vie non pour la restauration de la mémoire – ça, elle savait que c'était du vent –, mais pour la reconstitution de la mémoire de sa famille. Jusqu'à sa mort, elle était encore en pourparlers avec un musée autrichien qui ne voulait pas lui restituer un dessin de Gauguin. Ma grand-mère, ce n'étaient pas les sentiments qui l'intéressaient, c'était l'efficacité ! C'est durant ses activités de résistante, en France, qu'elle est entrée en relation avec l'Orchestre rouge, le réseau de renseignements soviétique dirigé par Leopold Trepper. Sa cellule a mené quelques actions en commun avec les espions russes et communistes. Et c'est dans ces circonstances qu'elle a rencontré mon grand-père.

Gamliel Bean riait en me racontant l'histoire de sa famille ; il plaisantait, buvait des verres de bière. On ne pouvait pas imaginer que cet homme venait de perdre son père ! Ou bien s'agissait-il d'autre chose, je veux dire d'une attitude qu'il prenait délibérément, pour me tester, peut-être, pour mesurer la connaissance que j'avais de sa famille...

— Voulez-vous une bière ? Ou un verre de vin, un scotch, je ne sais pas...

— Non, merci ! Je vous écoute. Vous avez tant de choses à dire...

— Ma grand-mère racontait souvent la scène où ils se sont promis le mariage – promesse qu'ils n'ont jamais tenue, du reste. C'est elle qui a toujours refusé. Lorsque j'étais enfant, elle me disait : « Je voulais garder ma liberté. » Mais, à la fin de sa vie, c'était plutôt : « Il était bien trop vieux, tu sais... » Ce jour-là, donc, lorsqu'ils se sont connus – je veux dire bibliquement connus, vous comprenez ? –, ce jour-là, ils partaient en voiture pour une action risquée : la destruction d'un dépôt de munitions de l'armée allemande. Elle devait poser la dynamite, mon grand-père éliminer les sentinelles au couteau, en silence. Ils étaient seuls tous les deux. Lorsque j'y repense, moi qui ai fait trois ans d'armée dans les commandos, je considère que c'était une mission suicide. Deux agents pour détruire un dépôt de munitions, allez, ils n'avaient aucune chance ! Elle était belle ; lui aussi, un homme sec et puissant, de beaux cheveux blancs, lisses, qu'il portait longs. Il l'a eue ce jour-là, en lui expliquant qu'ils avaient deux chances sur trois de ne jamais revenir. « Mais est-ce que tu m'aimes, au moins ? » lui demanda ma grand-mère avant de céder. Et le vieux qui répondit : « Quelle bêtise ! C'est après avoir fait l'amour avec une femme qu'on sait si on l'aime, pas avant ! Lorsqu'on n'a pas envie qu'elle disparaisse sur-le-champ après l'amour... » Elle a capitulé devant l'intelligence. Ils sont sortis de la voiture et se sont bousculés dans les foins. Elle avait vingt-neuf ans ; elle était vierge. Il paraît que ses cris ont attiré les chiens alentour, qui sont venus regarder la scène en silence. « Si nous réussissons notre mission, tu m'épouseras, a ordonné ma grand-mère aussitôt après. – Je le jure, lui a répondu mon grand-père, si nous sortons vivants, tu seras Mme Bean. » Ils ont fait sauter le dépôt de munitions et sont revenus à Paris sans une égratignure. Juste après, ils se sont séparés, et pour longtemps. Quelques mois plus tard, Jack Bean se faisait prendre par la Gestapo. Il a été interrogé durant des semaines. Il paraît qu'il n'a jamais parlé. Ma grand-mère en était fière. Elle disait : « Je n'aurais jamais pu me laisser approcher par lui une seconde fois s'il avait donné ses compagnons. » La Gestapo ne l'a jamais identifié. Ils n'ont jamais su qu'il était juif. Lorsqu'ils ont eu fini de l'interroger, il a été déporté à Buchenwald. De ça, il n'a jamais voulu parler. Mes grands-parents se sont retrouvés à Berlin, à la fin de la guerre, dans un camp de personnes déplacées, le camp de Schlachtensee. Ma grand-mère cherchait des renseignements pour l'armée américaine, mon grand-père travaillait pour ce que l'on a appelé l'Alya Beth. Il recrutait des volontaires pour émigrer clandestinement en Palestine. Mon père a été conçu là-bas, en Allemagne, mais il est né en 1948 à Haïfa.

Et j'écoutais le récit de la vie de Jack Bean avec une singulière émotion. Pour moi, cet homme était devenu un ami, un compagnon, presque un parent. C'était comme si je saisissais son existence par les deux bouts : par le début et par la fin. Et je pensais à ce manuscrit que je suis en train de lire. Pour quelle raison cet homme faisait-il ainsi irruption dans ma vie ? En écoutant son petit-fils rapporter la part d'histoire que je ne pouvais pas connaître, il acquérait une consistance, une réalité qui le faisaient sortir de l'ombre abstraite de la littérature. Il me paraissait hier si lointain, de l'histoire. Et aujourd'hui, c'est un familier.

— Et dire que votre grand-mère était encore vivante, l'épouse de Jack Bean – enfin, je veux dire sa femme, sa compagne, elle était encore vivante... Il y a encore quelques semaines, elle aurait pu parler, évoquer des détails de la vie de son mari...

— Oui ! Mais elle n'en connaissait pas tout, loin de là ! Vous savez, ils n'ont pas vraiment vécu ensemble, ou si peu... Ma grand-mère était une femme très libre, à tous points de vue ! Elle a eu d'autres enfants d'un autre homme, ou plus exactement de deux autres hommes...

— Je comprends ! Je comprends, Gamliel, mais qu'est devenu votre père ? Vous m'avez dit au téléphone qu'il est mort...

— Oui, répondit-il, excusez-moi d'avoir été si bavard. Vous savez, nous autres Israéliens, nous sommes comme ça ! Nous commençons par nous présenter en racontant nos grands-parents. C'est sans doute à cause de l'histoire de ce pays, seulement peuplé d'immigrants. Vous vous êtes déjà rendu en Israël ?

Je n'avais aucune envie de m'étendre sur ma vie. Et puis j'étais impatient de connaître la suite. Je lui ai dit :

— Non, jamais !

— Vous n'avez pas envie de venir ? C'est un beau pays, vous savez...

Je me demandais ce qu'il avait. Pourquoi tournait-il autour du pot ?

— Vous ne m'avez pas fait venir de si loin pour me vanter les qualités touristiques de votre pays, je présume... Qu'est-ce qui vous arrête ? Ou, plutôt, vous fait hésiter ainsi ?...

— Je voudrais d'abord vous demander...

— Allez-y ! Je vous écoute...

Et il tergiversait encore...

— Encore une question, professeur Caro... Vous me le permettez ?

J'ai répondu, agacé :

— Je vous ai dit que je vous écoute !

— Vous êtes... Enfin, je veux dire... Caro, c'est le nom d'un grand rabbin du XVIe siècle, mais vous le savez sans doute... Joseph Caro... Joseph ben Ephraïm Caro...

— Vous voulez savoir si je suis juif ? C'est ça ?

— Oui.

— Eh bien, oui ! lui ai-je répondu, agacé. Je suis juif, mais je m'en fiche ! Je n'y accorde aucune importance ; pas plus qu'au fait que je suis né un mercredi à 1 heure du matin et que j'ai le deuxième orteil plus long que le pouce...

— Merci ! Je vous remercie de m'avoir répondu. Si vous n'accordez pas d'importance au fait d'être juif, moi si ! Encore une question, s'il vous plaît... Je peux ?

— Non !

Il a poursuivi néanmoins :

— Avez-vous parlé à quelqu'un de votre rencontre avec mon père ? Essayez de vous souvenir, je vous en prie... Un collègue, un ami, un mot glissé au téléphone à quelqu'un, une lettre que vous auriez écrite dans laquelle vous auriez pu mentionner l'événement à cause de son caractère insolite...

— Je ne sais pas pourquoi vous me posez cette question... Que diable êtes-vous en train de chercher ? Si j'en ai parlé à quelqu'un ? Je ne crois pas ! Je suis presque certain que non, allez... Non, je n'en ai parlé à personne ; comme de tout ce qui s'est passé à Lagos, du reste... Je crois que c'est par honte. J'ai eu si peur... Maintenant, vous allez cesser vos manières d'agent secret et m'expliquer...

Il avait l'air de savoir exactement où il voulait en venir, et moi, j'étais furieux de m'être laissé embarquer dans une histoire qui n'était pas la mienne ; une histoire à laquelle je ne comprenais rien. Il a tout de même fini par répondre :

— Mon père a été assassiné dans l'aéroport de Lagos. Il avait trois balles dans la tête. On a retrouvé son corps trois jours plus tard, dans un placard à balais. Son sac de voyage était intact ; on n'avait rien volé, pas même l'argent, ce qui est vraiment insolite. Son ordinateur a également été retrouvé dans un parking, mais il était hors d'état. Plusieurs balles de mitraillette l'avaient traversé. Sans doute l'a-t-il brandi devant son visage pour se protéger. Le disque dur était fracassé. On n'a rien pu récupérer...

Gamliel savait-il que son père m'avait laissé voir certaines données, que j'avais copié un dossier de son ordinateur ? Il me fallait connaître les enjeux de cette conversation avant de répondre. Je ne dirais plus rien avant d'en savoir davantage. J'étais maintenant décidé à monnayer les informations que j'allais fournir. Donnant, donnant ! Il allait devoir se mettre à table à son tour. S'il continuait ainsi à tout prendre sans rien apporter en échange, il n'obtiendrait rien du tout.

— Bon, c'est à moi de poser les questions maintenant, dis-je cette fois d'un ton assuré. Allez-vous m'expliquer, à la fin ?

— Je vais répondre à toutes vos questions, professeur Caro. Que voulez-vous savoir ?

— Comment avez-vous trouvé mon nom et mon adresse ? Pourquoi souhaitiez-vous me rencontrer ? Pourquoi maintenant ? Je veux dire : pourquoi *seulement* maintenant, plus d'un mois après les faits ?

— Je vais vous répondre, professeur Caro, mais il me faut encore m'assurer d'un détail. Etes-vous venu seul à Zanzibar ? On vous a vu avec une femme, une très jolie femme noire aux allures de princesse...

— Nom de Dieu, mais ça ne vous regarde pas ! D'abord, comment le savez-vous ? Vous m'espionnez ?

— Je comprends, professeur Caro ! Je comprends votre réaction. Vous devez penser que non seulement vous me rendez service en me fournissant les renseignements dont j'ai besoin, mais que, par-dessus le marché, voilà que je pose mes conditions. Ne croyez pas que j'agis par plaisir. Il y va de votre sécurité, de notre sécurité !

Là, c'en était trop ! Soit il me considérait comme

un allié et me racontait tout – oui, tout ce qu'il savait ! –, soit nous allions interrompre notre discussion sur-le-champ. Je n'accepterais pas d'être seulement considéré comme un informateur. Et je me suis levé en lui tendant la main.

— Calmez-vous, professeur Caro. Asseyez-vous et calmez-vous ! Après tout, je pourrais trouver votre attitude suspecte. Pourquoi n'acceptez-vous pas de me raconter ce que vous savez sur mon père ? Si l'on réfléchit, vous êtes la dernière personne connue à l'avoir vu vivant... Bien ! Notez que je ne vous soupçonne de rien, pour ma part. Mais d'autres pourraient avoir des doutes... Soyez raisonnable ! Comme gage de ma bonne foi, je vais vous fournir un renseignement utile. Ecoutez-moi bien : la femme qui vous accompagne, cette Préciose Mwambutsa, est un agent des services belges. Vous le saviez déjà, peut-être ?...

— Quoi ? Vous pensez que ce type d'insinuation va prendre avec moi, jeune homme ?

J'étais devenu enragé. Je me sentais prêt à le gifler...

— Je m'attendais à cette réaction, professeur Caro ; c'est pourquoi je vous ai apporté des coupures de journaux, regardez vous-même...

Une photographie où l'on distinguait Préciose, plus jeune, en uniforme de colonel, présentée à la presse lors d'une cérémonie de remise de décorations... et le commentaire qui l'accompagnait : « Cette jeune femme belge, d'origine burundaise, officier de renseignement, est de sang royal. Avant de faire carrière dans l'armée, elle a successivement été chanteuse, mannequin et femme d'affaires. Ses hauts faits dans le renseignement, notamment en Afrique centrale, lui ont valu d'être distinguée en tant que chevalier de l'ordre de Léopold. » Allons bon, l'« ordre de Léopold »... C'en était trop ! J'ai craqué, je lui ai exposé au visage :

— OK ! OK ! Et dites-moi au moins pourquoi les services belges ? Pourquoi les services belges seraient-ils après moi ?

— Sans doute à cause de ce que vous a raconté mon père ou peut-être de ce qu'il vous a remis... Vous a-t-il confié un document ? Un papier, un paquet ?

— Vous n'avez pas répondu à ma question, Gamliel. Pourquoi les Belges s'intéresseraient-ils à votre père ?

Lui aussi a fini par craquer. Ce n'est pas un mauvais bougre, Gamliel, mais il est comme moi : il se méfie. Il m'a tout raconté, le coup de fil de son père depuis l'aéroport, expliquant qu'il n'arriverait pas à rentrer à temps pour enterrer la vieille... Et puis une phrase, bizarre, qu'il avait prononcée tout à la fin de la communication : « S'il m'arrive quelque chose, demande un certain professeur Léopold Caro. Tu le trouveras à Bujumbura, au Burundi, au bureau d'une agence internationale qui s'occupe de santé mentale... » Et puis le rapatriement du corps en Israël. L'interminable interrogatoire des services israéliens... Le père s'occupant essentiellement de vente d'armes en Afrique, son assassinat avait mis le pays sur les dents. Qui a tué Jack Bean ? Les services israéliens hésitaient entre plusieurs hypothèses, m'a expliqué Gamliel. Les trafiquants d'armes de Sierra Leone – mais ceux-là avaient bien trop à faire chez eux pour opérer à l'extérieur du pays –, des bandits nigérians – encore aurait-il fallu qu'ils soient informés, ce qui ne semblait pas être le cas – et une troisième piste, incertaine, qui menait jusqu'à moi. Et celle-là impliquait manifestement les Belges... Gamliel n'était pas seul à

Zanzibar. L'homme que je voyais là-bas, un énorme type en short orange fluo, le crâne rasé, avec de drôles de lunettes de soleil miroirs attachées derrière la tête par un élastique... Oui, celui-ci était un agent israélien, chargé de sa sécurité... et de la mienne, a-t-il ajouté.

— Vous détenez la clé, professeur Caro ! ajouta-t-il pour conclure.

Cette fois, j'ai perçu l'ombre d'une vraie tristesse au coin de son œil. La mort de son père l'avait certainement atteint au plus profond, mais il s'était d'abord fixé pour tâche d'en éclaircir les circonstances. Alors je lui ai parlé. Je lui ai dit cette rencontre incroyable où, dans une ambiance de cataclysme, son père m'avait offert de consulter quelques instants un document exceptionnel sur le professeur Sigmund Freud. Non, je ne l'avais pas lu en entier, seulement quelques fragments. Mais il s'agissait d'une copie de documents réels qui devaient être conservés au domicile de son père, à Monrovia. Il suffisait de s'y rendre pour examiner les originaux.

— A Monrovia, vous plaisantez ? Il n'y a plus rien à Monrovia !

Je le prenais pour un imbécile ? Il s'y était rendu, bien sûr, je pensais bien... Tout avait été pillé, les meubles, les objets, tout ! La maison avait entièrement brûlé. Je restais le dernier recours. Mais j'hésitais à lui parler du document dont je disposais, du moins tant que je n'avais pas fini de le lire.

J'ai levé les yeux. Le soleil se couchait à l'horizon dans un irisé de feu. Comme toutes les îles, Zanzibar respirait un air de liberté. J'ai regardé autour de moi. Deux femmes indiennes à la beauté subtile, le sari serré autour de leurs formes, l'une en vert, l'autre en orange, sirotaient une boisson à l'orgeat. Leur parfum venait jusqu'à moi, puissant, un parfum de jasmin, envoûtant. J'ai pensé que Jack Bean avait une famille, des enfants, des affaires compliquées, et qu'il était mort à Lagos. Et moi qui avais tout quitté, mes obligations familiales, mes contraintes professionnelles, j'étais vivant, ici, à Zanzibar...

Bujumbura, 4 janvier 2004

Je suis rentré avec Préciose. J'ai naturellement évité de laisser paraître que j'étais au courant de son double jeu. Peut-être a-t-elle senti une certaine réserve dans mon attitude. Elle a voulu en savoir davantage, en tout cas. Elle m'a interrogé habilement. « Tu fais une drôle de tête ! Ce n'était pas bon, cette sieste sur la terrasse, tous deux lovés dans le hamac, comme des jumeaux dans le ventre de notre mère ? Tu as rêvé, tes lèvres bougeaient, mais aucun son ne sortait de ta bouche... » Je me demande ce qu'elle voulait savoir. Maintenant, je soupçonne chacune de ses questions. Dans l'avion, elle m'a questionné :

— Qui était cet homme avec qui tu as si longuement parlé à l'hôtel ?

— Un homme d'affaires israélien. Je l'ai rencontré au bar. Nous avons pris un verre ensemble, lié connaissance. Il veut m'inviter en Israël...

— En Israël ? Tu ne vas pas accepter, Léopold, c'est trop dangereux...

« Dangereux » ? me suis-je demandé. Qu'est-ce qui pourrait être plus dangereux que le Burundi ? Peut-être l'est du Congo, le Kivu... la ville de Bukavu, l'ancienne villégiature des colons belges, devenue aujourd'hui un amoncellement de détritus et un coupe-gorge... Ou bien la ville de Bunia, en Ituri... Ou peut-être Port-au-Prince, Bagdad ou Kandahar... mais pas Israël !

— Je n'ai pas accepté, nous avons seulement discuté de l'éventualité d'un voyage là-bas. Tu n'aimerais pas m'y accompagner ?

— J'ai trop peur, m'a-t-elle répondu... Tu vois, la guerre, le terrorisme, les attentats, les explosions... Non ! S'ils font la paix un jour, je ne dis pas. J'aimerais tant visiter Jérusalem. Toi qui es juif, tu dois avoir des amis ou de la famille là-bas, en Israël.

S'il est vrai que Préciose travaille pour les services de renseignement belges, elle est imprudente de dévoiler ainsi son intérêt pour mes rencontres et mes éventuelles alliances. Mais, lorsque j'y repense, j'ai été bien imprudent moi-même. Pourquoi lui avoir dit que j'avais rencontré un Israélien ? S'ils recherchent le manuscrit de Jack Bean, le mot « Israélien » doit déclencher dans leur esprit une sorte de signal d'alarme. Mais je ne pouvais pas mentir, non plus. Peut-être a-t-elle eu l'occasion de parler à Gamliel à un moment ou à un autre dans l'hôtel. Dans ce cas, constatant que je mentais, elle aurait pu se dire que j'étais dans le coup. Il faut savoir espionner les espions en donnant l'impression que l'on n'est pas conscient d'être espionné, pour les retourner.

Nous nous sommes séparés à Nairobi. Elle est partie à Dubaï pour « faire ses courses », comme elle dit, et moi, j'ai attendu durant cinq heures mon vol de retour. Lorsque l'avion de Kenya Airways, *The Pride of Africa*, est sorti des nuages et que j'ai aperçu les trois dômes de l'aéroport de Bujumbura évoquant des *rugos*, les huttes traditionnelles burundaises, une angoisse m'a pris à la gorge. Il fallait vraiment me mettre au travail pour trouver ce que recherchent Israéliens, Belges, Nigérians et Sierra-Léonais.

Mais je n'avance pas. Chaque fois que je reprends les carnets de Jack Bean, je suis de nouveau captivé par l'histoire et j'oublie ce que j'y recherche. Nous n'avions donc rien inventé en mai 68 ! Mai 68 et la libération sexuelle... Ce mélange de révolte politique et d'exigence de changer radicalement les rapports amoureux... et le désir de vivre en communauté, et même en communauté sexuelle, je m'en souviens... J'en étais, même ! Oh, pas un dirigeant, pas un chef – pas Cohn-Bendit ou Benny Lévy, non, un simple soldat, un militant. Des expériences en ce sens avaient été tentées à Paris, dans le Larzac, à Londres aussi, à Francfort bien sûr... Et l'écologie, cette passion malsaine associant la nature au bien... tout était déjà chez les « petits savants viennois », comme les appelle Jack Bean. Tout était déjà là et nous, près de soixante ans plus tard, nous avions la sensation de tout inventer ! Ils avaient tout pensé, tout tenté, tout mis en œuvre.

Je n'étais pas conscient de l'importance de cette thématique sexuelle dans la Vienne des années qui précédèrent la Première Guerre, ce moment de foisonnement de pensée, cette époque où les chercheurs étaient authentiquement créatifs. Car, on a beau dire, il n'y a qu'une seule période innovante de la psychanalyse, c'est celle précédant la guerre de 1914. Et cette thématique de la bigamie qu'ils développaient alors de manière à la fois sérieuse et savante, qu'est-elle devenue ? Je me surprends à vouloir connaître la suite, comme si je lisais un roman. En vérité, il me faudrait changer de registre, lire ce manuscrit comme un document, car le temps presse ! Il me faut achever au plus vite la lecture de ces carnets, jusqu'à trouver ce qui motivait l'intérêt du tueur de Jack Bean junior.

Mais, chaque fois que je m'y remets, je savoure, je

m'arrête sur une page, songeant aux personnages qui se découpent sur un fond de vie tranquille installée pour l'éternité. Lorsque l'on sait ce qui est arrivé par la suite ; lorsque l'on sait ce qu'a été ce siècle qui se profile à peine dans le manuscrit. Il faut dire aussi que ces hommes m'ont accompagné durant toutes mes études. Le professeur Freud, le docteur Alt, le docteur Ferenczi, les membres de la Société psychologique du mercredi, devenue ensuite Société psychanalytique de Vienne, tous ceux-là étaient pour moi des icônes. Jusqu'à ces derniers jours, ils occupaient dans mon esprit le même espace logique que d'autres références comme Platon, Aristote ou Descartes. Et voilà qu'ils se mêlent concrètement de mon existence, comme si mon destin dépendait d'eux, désormais. « Vous détenez la clé », m'a dit Gamliel en me quittant. Et cette clé est cachée quelque part au cœur des carnets de son grand-père. Si je ne parviens pas à la retrouver, si je ne sais pas faire parler les Viennois, Dieu sait ce qui m'arrivera. Je risque de subir le même sort que le représentant de l'OMS ou celui de ce pauvre docteur Seck. Je pourrais me retrouver, une grosse pierre attachée au pied, au fond du lac Tanganyika. Et il n'est pas du tout certain que les crocodiles du Burundi dédaignent ma viande. Au point où j'en suis arrivé de cette lecture, cependant, je me demande toujours ce qui pourrait intéresser des trafiquants d'armes et des services d'espionnage dans les minutieuses descriptions des soirées psychanalytiques de Vienne.

Stéphane, le jeune gendarme, était là à m'attendre, adossé à une colonne, dans le hall de l'aéroport, fumant méthodiquement ses cigarettes Embassy.

— Vous voulez une cigarette, professeur Caro ?

— Non, merci, Stéphane ! Si, tiens ! Donnez-moi

donc une de vos cigarettes. Je me demande quel goût elles ont.

— Les cigarettes n'ont pas de goût, professeur Caro, c'est seulement pour faire de la fumée. Je vous ai apporté un document. J'imagine qu'il pourra vous aider. Pour avancer dans ce que je vous ai demandé, je veux dire. Vous vous souvenez ?

Je lui ai pris le papier des mains sans répondre. Sur la route qui mène de l'aéroport à la ville, Stéphane déboulait, à 150 kilomètres à l'heure, entre des piétons en haillons, des vélos-taxis transportant deux ou trois voyageurs à la force du mollet, des cyclistes chargés de cinquante kilos de fourrage ou d'un gigantesque régime de bananes, des vaches efflanquées et les vélomoteurs brinquebalants des taxis des riches.

— Vous êtes certain que vous avez le droit de rouler à cette vitesse, Stéphane ?

— Mais enfin, professeur Caro, je suis gendarme !

C'est vrai ! Il est gendarme. Peut-être poursuit-il un voleur, qui sait ? Peut-être court-il seulement après son ombre. Sur le papier, il avait griffonné d'une mauvaise écriture de potache : « Or saisi par les Allemands entre 1938 et 1945 en Europe : Belgique, 223 millions de dollars ; Hollande, 164 ; Italie, 64 ; France, 53 ; Autriche, 46 ; Hongrie, 32 ; Yougoslavie, 25 ; Pologne, 16 ; Luxembourg, 5. Total : 628 millions de dollars. La plupart des lingots ont été recyclés par l'intermédiaire de banques suisses. » Et il avait ajouté en rouge : « Une partie non négligeable a néanmoins disparu. Certains parlent de l'Afrique de l'Ouest, d'autres de l'Afrique de l'Est, d'autres encore de l'Amérique du Sud... »

Lorsque nous sommes rentrés dans la ville, j'ai poussé un soupir de soulagement. Stéphane était obligé de ralentir. Il était 16 h 30 lorsque nous avons gravi la colline de Kiriri où j'habite. Les ouvriers ayant la chance d'avoir un emploi en ville suivaient, par dizaines, le même chemin, rentrant chez eux dans les collines. Au Burundi, tout le monde marche. Ils avançaient la tête basse, sans un mot, cohortes de fantômes en colère. Je ne peux m'empêcher de penser que ces groupes peuvent devenir une foule et cette foule s'armer de machettes, de kalachs et de fureur. Car la colère est la seule façon qui leur reste de penser tout de même le monde qui va. Devant le grand portail blanc, Stéphane a klaxonné. Jean, mon gardien, un grand bonhomme musclé, a montré le bout de son nez par le judas avant d'ouvrir. Il ne parle pas un mot de français. Et moi, je sais à peine dire : *Mwiriwé !* (« Bonsoir ! »).

Ce qui ne manque jamais de le faire rire.

— *Mwiriwé ! Mwiriwé !* m'a-t-il répondu... Ça va ! Ça va !

Ça ne va pas du tout ! Des voleurs sont venus alors que j'étais à Zanzibar ; ils étaient cinq ou six dans un pick-up truck Toyota. Ils ont commencé en balançant deux grenades dans le jardin, ce qui a eu pour effet de faire déguerpir mon gardien, mon jardinier, mon cuisinier et mon valet de chambre. Les voleurs sont entrés au rez-de-chaussée, là où dorment les gens de maison, et ont tout pillé – c'est-à-dire quelques pantalons, un vieux poste de radio et des vieilles chaussettes. Ils ont essayé de forcer la porte blindée qui protège l'étage supérieur où sont mes affaires, et surtout mon ordinateur. Ils ont déchargé plusieurs chargeurs de mitraillette sur la serrure sans y parvenir. Ils sont finalement repartis avec leur maigre butin.

« Il ne faut pas appeler la police, monsieur, m'explique Alexis, mon cuisinier, qui lui parle français, sinon ils nous embarqueront tous au commissariat et vous n'aurez plus personne pour vous servir. »

Il est vrai que la police n'ira pas courir après les voleurs – ça non ! – et que, pour donner l'impression qu'elle fait son travail, elle interrogera, emprisonnera peut-être, mes employés.

J'ai peur ! J'ai convaincu Stéphane de venir dormir à la maison. Il est passé par l'ambassade pour chercher son fusil MAS équipé d'un lance-grenades et s'est installé dans la chambre d'amis. Je ne peux m'empêcher de penser que cette tentative d'effraction a un lien avec mon affaire. J'ai décidé de ne plus laisser le dossier « Jack Bean » dans mon ordinateur. J'en ai fait une copie sur ma clé USB que je garderai toujours sur moi. Advienne que pourra ! Le soir, après deux coupures d'électricité, je peux enfin reprendre ma lecture.

Carnets de Jack Bean. Vienne, 6 février 1913

J'ai vu Hanna et c'était comme avant, comme autrefois. J'ai vu Hanna et je me suis senti un homme ! Les éperons du désir malmenaient mes reins tandis que je me voyais dans ses yeux. Nous avons parlé, bataillé ; nous nous sommes reproché d'être seulement qui nous sommes ; de ne pas être qui l'autre attend. Nous nous sommes racontés aussi, pour ressentir le goût de l'autre sous sa peau, pour s'y engloutir et pour s'y perdre, et nous n'avons récolté que des jalousies que nous mâchonnerons, je le sais, longtemps encore. Nos intelligences n'étaient que préventions, mises en garde et raisons. Mais lorsque, l'esprit apaisé, nos âmes se sont aperçues, mon corps a reconnu le sien, comme sa maison, comme sa terre, comme le lieu d'où il vient. Lorsque nous avons consenti à nous rapprocher, nous nous sommes soudain jetés l'un sur l'autre, affamés. J'ai senti son sein dans ma main et c'était le mien. J'ai senti son goût sur ma langue et je parlais ma langue. J'ai senti ses hanches sur mon ventre ; elle était mon parfum. Lorsque son bonheur s'est crispé sur le mien, s'accrochant, y revenant, tantôt épanoui, tantôt intime, se protégeant par jeu pour s'ouvrir et rire du tréfonds, ses yeux ont pleuré. Et elle s'est cabrée, comme dans chacun des rêves qui accompagnent ma solitude. Je lui appartiens, je le sais, comme la bête au palefrenier qui la nourrit ; comme le ver au fruit, comme le Juif à son dieu...

— Hanna !

Elle fermait les yeux avec force, refusant de me regarder, obstinée. Elle serrait les poings...

— Hanna ! Ça va ? Réponds-moi...

— Je ne voulais pas ça, Zack, tu le sais !

J'ai éclaté de rire, je me sentais joyeux.

— Enfin ! me suis-je exclamé. Je te demande, tu te refuses, j'insiste et tu finis par céder... enfin ! Le monde est à nouveau sur ses pieds.

Elle a ouvert les yeux, intriguée :

— Ne crois pas ça, Zack, le monde est à l'envers et nous n'y pensons pas ; nous sommes dedans. Le monde est rond, gros, fermé, pas tout à fait sphérique, légèrement effilé vers le haut... C'est une poire. Et nous l'habitons. Et la poire est à l'envers, elle vacille. J'ai peur.

Je savais qu'elle parlait sérieusement. Je l'ai regardée, et je l'ai trouvée maigre, encore plus maigre ; je distinguais chacune de ses côtes. J'aurais même pu les compter comme dans un cours d'anatomie. Je voulais l'aider, la prendre et la tirer de là, l'extraire de cet univers où elle s'était perdue. Elle a deviné ma pensée. Elle y a répondu sans que j'aie besoin de l'énoncer...

— C'est toi, Zack ! Je te rappelle que c'est toi qui m'as emmenée chez le professeur Freud. Tu t'en souviens ? C'est toi qui m'as jetée aux chiens parce que, prétendais-tu, tu ne supportais pas ma poudre.

Nous allions de nouveau nous lancer des reproches à la tête. A quoi bon ? Il nous fallait comprendre, sentir la direction que prenait le vent, prédire les événements... Il ne faut jamais caresser l'histoire à rebrousse-poil ; c'est à cela que servent les devins.

— « Jetée aux chiens », dis-tu, comme tu y vas ! n'ai-je pu m'empêcher de remarquer. « Jetée aux chiens »...

— Parce que vois-tu, reprit-elle, de ma poudre, j'en prends plus encore qu'autrefois. Les séances avec Carl, la psychanalyse chez Freud, j'ai compris, j'ai tout compris de moi-même. Je suis psychanalyste, maintenant, membre titulaire de la Société de Zurich, s'il te plaît. Des gens viennent me parler, moi qui déteste écouter, qui ai toujours pensé que l'on ne comprend les gens qu'en les écrivant, sans les voir. Et, malgré tout ça, si tu veux savoir la vérité, j'ai augmenté ma consommation de poudre !

Nous nous étions retrouvés tout à l'heure à la réunion de la Société psychanalytique. Elle n'y vient pas souvent, mais elle m'évite toujours. Peut-être le sujet de l'exposé a-t-il fait que pour une fois nous nous sommes regardés. Elle m'a souri et mon cœur a sursauté. Le docteur Sadger prononçait une conférence sur la sexualité des enfants. Si ce n'étaient leurs mines austères et le sérieux de leurs joutes savantes, j'aurais trouvé cocasse d'observer en ethnologue ces barbus ventripotents disputant de la sexualité des enfants.

Sadger a commencé par distinguer ce qui est « crûment sensuel », lié aux organes génitaux, de ce qui est « érotique », l'aspect psychique des « choses ». Puis, il s'est mis – c'était le véritable objectif de son exposé – à esquinter le livre qu'Albert Moll vient de publier sur la sexualité des enfants, et cela dans le but évident de plaire à Freud. Mais le pauvre Sadger s'est fourvoyé sur les arguments à utiliser. Il s'est embrouillé en expliquant que tout est sexuel chez l'enfant, puisque la moindre contraction musculaire l'est. Il en prenait le sport pour preuve et l'observation selon laquelle il arrive que des adolescents aient des érections au moment de l'effort. Le véritable enjeu de ce livre, à mon sens – certes ennuyeux, comme tout ouvrage académique sur la sexualité, mais sérieux et documenté –, est que Moll entend parler de la sexualité des enfants à partir de leur observation concrète, alors que Freud déduit la nature de la sexualité des enfants à partir des récits des névrosés adultes. Et c'est ainsi qu'il convenait de s'y prendre !

Le docteur Friedrich Salomon Krauss, qui était de passage, n'a rien compris non plus, qui s'est mis à évoquer la statuaire grecque, où l'on voit des multitudes d'enfants (des *eros*) s'adonner à la sexualité. Sa cause était perdue lorsqu'il a évoqué le fait, de mieux en mieux établi d'après ce que m'a confié Helga, que dans les sociétés primitives, les enfants ont des rapports sexuels complets dès l'âge de cinq ou six ans. Lui aussi a commis le péché suprême. Car il ne fallait surtout pas observer, mais déduire.

C'est Friedjung qui a probablement le mieux compris la consigne du maître, lorsqu'il s'est exclamé : « Toutes ces preuves que vous vous escrimez à rechercher sont superflues, mes chers collègues, puisque nous sommes tous déjà convaincus de l'existence de la sexualité des enfants ! » C'en était trop. J'avais envie de pouffer de rire. J'ai de nouveau regardé dans la direction de Hanna ; elle aussi était hilare. Nous nous sommes souri à nouveau. Le professeur Freud, excédé, les a corrigés vertement.

Un, a-t-il commencé, l'exposé était mauvais puisque l'orateur avait choisi un médiocre point de départ : le livre de ce demeuré de Moll. Deux, c'est l'orgasme qui contracte les muscles et non la contraction des muscles qui déclenche l'orgasme. Trois, la preuve de l'existence d'une sexualité des enfants n'est pas dans les enfants, mais dans la névrose. Et ceux qui veulent observer les enfants pour confirmer ou infirmer la théorie sont des naïfs et des arriérés. Il a ajouté pour finir : « Et la différence entre sensuel et érotique n'est rien qu'une affaire de mots. » C'était réglé ! Terminé ! Tout le monde avait retenu la leçon, qui était double : d'une part, si l'on veut se mesurer au professeur, il faut d'abord sérieusement aiguiser son esprit de synthèse ; d'autre part, Sadger n'allait pas tarder à partir rejoindre Adler au panthéon des hérétiques, c'est-à-dire aux orties.

En sortant, j'ai pris Hanna par le bras et je lui ai glissé à l'oreille :

— Où comptes-tu dormir ?

— Chez moi, m'a-t-elle répondu dans un souffle. (Elle a hésité un petit moment avant d'ajouter :) Prendrais-tu une dernière vodka ?

L'entrée de son hôtel particulier était illuminée, mais sans maître d'hôtel pour nous accueillir. Sa maison est belle, c'est certain, construite en pierres taillées dans le style un peu flamboyant à la mode au début du siècle dernier. Elle est immense, surtout, fort bien adaptée à l'usage qu'en faisait Hanna lorsqu'elle tenait salon tous les soirs et invitait un orchestre de musique de chambre une fois par semaine. Aujourd'hui, la grande maison est vide. Les boiseries sont un peu trop propres, comme dans un musée, les bibliothèques trop bien rangées, les tapis encore peignés d'avoir été brossés. Tout à l'excitation de nous revoir, nous brûlions de nous raconter. Mais nous avons bavardé au sujet de la conférence.

— Il faut dire que les Viennois ne sont pas très brillants, a-t-elle commencé, la vodka n'est pas fraîche, je sais que ça ne te dérange pas...

— Les Suisses se prennent tous pour le Christ, ce n'est pas mieux, tu l'avoueras. Non, tu peux me la servir telle quelle...

Elle a avalé son verre d'un trait, comme elle a toujours aimé le faire. Quant à moi, je préfère déguster la vodka lentement, par petites gorgées.

— Que fais-tu à Vienne un mercredi soir ? Je t'imaginais dans le train pour Zurich. On ne te voit pas souvent aux réunions de la Société.

— Je n'habite plus chez Carl, me dit-elle d'emblée. Il m'a renvoyée ! J'ai retrouvé ma maison au bord du lac.

J'avais l'impression que c'était de mauvais augure. S'ils rompent leur relation amoureuse, comment pourra-t-elle poursuivre son travail au sein de la Société psychanalytique de Zurich ? A l'amour succèdent souvent la rancœur, l'amertume, la méfiance. Il la délogera de toutes les responsabilités qu'il lui a offertes, la critiquera sans cesse, sa vie deviendra vite un enfer. Que s'était-il passé ?

— Il t'a renvoyée ? Et pour quel motif ? (Et je n'ai pu m'empêcher d'ajouter :) Peut-être a-t-il trouvé une nouvelle patiente plus riche que toi...

— Zack, arrête ! Je t'ai invité ce soir pour la paix, pas pour la guerre. Et aussi parce que, lorsque je t'ai regardé ce soir, lorsque tes cheveux noirs de Mongol brillaient sous la lampe, j'avais envie de les caresser. Un moment, j'ai fermé les yeux et j'ai pensé que l'on t'avait envoyé avant que je ne sache que j'avais besoin de toi. Comme on dit chez nous, *Got shikt di réfué far der maké,* « Dieu envoie le remède avant la maladie »...

J'étais ému, mais j'ai persiflé :

— Parce que selon toi, aujourd'hui, tu aurais besoin de moi... Après tout, *Frag nicht dem roïfé, nor dem h'oïlé,* « Ne demande pas au médecin, mais au malade ».

Nous nous tenions dans le salon d'accueil qui donne sur le jardin. Toutes les portes étaient fermées. Je ne savais pas si elle avait congédié ses domestiques pour la soirée, comme elle avait coutume de le faire autrefois lorsqu'elle me recevait. Elle s'est affaissée dans le petit canapé de velours rouge.

— Il m'a renvoyée parce que mes mauvaises habitudes étaient nocives à l'éducation des enfants. (Et elle a éclaté en sanglots.) Peut-être a-t-il raison, vois-tu, mais pourquoi ne s'en est-il pas alarmé plus tôt... durant ces dix-huit derniers mois où ils sautaient sur mes genoux en criant « maman » ? C'est terrible, Zack, lorsque j'y pense, comme on peut être amené à se vautrer dans l'humiliation. Je lui ai demandé si nous continuerions à nous voir, s'il viendrait dormir avec moi, dans ma maison au bord du lac. Et je lui ai permis de me répondre que non, qu'il ne fallait pas revenir en arrière, que nous en avions fini avec la régression et que, désormais, nous allions penser à l'avenir de la Société psychanalytique de Zurich. Je l'ai laissé me répondre « non » ! Tu comprends, Zack, c'est ce que je ne peux me pardonner...

Elle était secouée de sanglots. Bien sûr que j'avais envie de la prendre dans mes bras pour la consoler. Et pourtant je n'ai pas bougé.

— Et j'ai persisté, Zack, insisté... je me dégoûte ! reprit-elle. J'ai insisté ; je lui ai demandé si nous nous verrions quelquefois, peut-être même dans son cabinet, à la clinique, comme aux débuts. De temps à autre, une heure, une demi-heure... Je me faisais l'effet d'une mendiante. Et c'est à ce moment qu'il s'est fâché. Il s'est mis à me déverser des horreurs. Oh, je sais que lors des ruptures nous nous montrons tous ignobles, je l'ai assez décrit dans mes feuilletons. Mais c'était trop !

Elle pleurait encore. Je me suis approché, j'ai essuyé ses larmes. Je l'ai touchée. Je lui ai caressé le visage. Je la désirais plus encore lorsqu'elle pleurait.

— Il m'a reproché d'être une alliée de Freud, d'espionner pour son compte et de colporter à Vienne les petites histoires de la psychanalyse suisse. Il a même prétendu que je l'avais séduit dans le seul but de servir Freud. Il est fou, Zack ; je crois qu'il est fou ! Je crois même qu'il a pris la décision de rompre parce que rien ne va plus entre lui et Freud, qui lui reproche de lui avoir ravi sa place en Amérique. Il est retourné à New York sans le professeur et y a remporté un immense succès. Maintenant, il reçoit des demandes de psychanalyse par dizaines de la part des Américains. Il m'a reproché mes relations avec Otto, aussi, mes amis d'Ascona. Et là, il s'est montré odieux. Personne ne s'est jamais permis de me traiter de la sorte. Il m'a dit qu'il savait ce qui se passait durant ce qu'il a appelé nos orgies païennes. Et sais-tu, Zack, ce qu'il m'a dit encore ? Que ce n'était pas à des rituels religieux que nous nous adonnions, non, mais à la prostitution ! Et il a pris son air de curé pour rugir : « Si mon père savait que j'ai installé une putain dans ma maison ! Et ce Gross, et ce Rabinovitch, ce Mühsan, tous ces Juifs anarchistes, tu veux que je te dise ce qu'ils sont ? Des proxénètes, voilà tout ! » Je lui ai tout de même fait remarquer que Gross n'est pas juif. « Gross n'est pas juif, mais par ses idées anarchistes il l'est tout de même. » Et puis, je lui ai demandé pour finir : « Autrement dit, Carl, je suis congédiée. – Non, Hanna, a-t-il répondu grinçant, pas congédiée, remerciée ! » Je lui ai claqué la porte au nez.

J'ai cherché à amoindrir le choc, à banaliser, mais je sentais la blessure profonde.

— Tu ne me rapportes pas grand-chose, ai-je plaisanté, je suis décidément un bien piètre proxénète. Quant à ton docteur Alt, on ne peut tout de même pas demander à un brave Prussien d'avoir de l'éducation.

— Un Prussien ? s'étonna-t-elle.

— Mais oui, sa famille a émigré de Hanovre ! Il ne te l'a jamais dit ?

— Je crois que oui ! Je crois qu'il me l'a dit. Quelle importance, Zack ? Viens, approche-toi. Assieds-toi près de moi.

Je me suis assis à ses côtés. Je lui ai pris les deux mains en la regardant dans les yeux.

— Tu ne te fâcheras pas si je m'absente quelques minutes dans ma salle de bains ? m'a-t-elle demandé.

— Pour la drogue ?

— Oui, j'en ai besoin, Zack, justement à cet instant.

— La drogue ne te permet pas de connaître les instants, lui ai-je répondu, résigné, elle les uniformise au contraire, elle les rend tous semblables...

— J'y vais, Zack, me répondit-elle, excuse-moi...

Durant son absence, j'ai regardé la bibliothèque. Rien n'avait bougé depuis longtemps. Les livres étaient au même endroit que la dernière fois que j'étais venu. Sur le petit secrétaire en bois clair verni, j'ai vu un manuscrit. J'ai regardé. Une vingtaine de pages signées de Carl Gustav Alt : « Eloge de la bigamie ». Une dédicace : « A ma comtesse. » Je l'ai ouvert, l'ai feuilleté. « L'homme est polygame par nature ; la bigamie est son éducation, la monogamie sa punition. » Elle est revenue. Elle avait miraculeusement retrouvé sa grâce. Ses yeux étincelaient à nouveau de mille feux. Mais comment savoir maintenant si j'avais devant moi la comtesse Hanna von Kessler ou la plante coca ?

— Tu lisais ça ? m'a-t-elle demandé d'un air ironique...

— Je regardais en t'attendant. Je l'ai seulement feuilleté.

— Ce n'est pas très bon. Carl ne parvient pas à se laisser aller lorsqu'il écrit. Il est bien meilleur lorsqu'il expose.

— La bigamie... Mais qu'ont-ils tous à en faire une mystique ? Pour moi, la bigamie est seulement le moyen de faire plus d'enfants lorsque des régiments entiers sont morts à la guerre, voilà tout ! Je me demande ce que t'a dit le professeur à ce sujet.

Je ne lui ai pas avoué que nous avions eu une longue conversation, avec Freud, il y a un an de cela.

— Le professeur en a assez de moi, lui aussi ! Il m'a posé un ultimatum.

Je savais que son air joyeux accompagnait la lente dilution de la cocaïne dans ses veines. Je savais que tout lui serait douloureux au moment où son effet se dissiperait. J'ai plaisanté à nouveau.

— Lorsqu'ils t'auront tous abandonnée, tu te décideras peut-être à apprendre le chemin de mon nouvel appartement. Un ultimatum, disais-tu, quel ultimatum ?

— Il m'a donné jusqu'au dernier jour du mois de mai pour abandonner ma poudre. Après quoi, si je n'ai toujours pas cessé de me droguer, il interrompra le traitement. Quelle farce ! Il me demande d'être guérie pour accepter de me soigner. Et, si je suis encore malade, eh bien, il interrompt le traitement. Quelle étrange médecine ! Tu avoueras que c'est cocasse ; une médecine qui soigne les bien-portants et chasse les malades. Je me prépare à faire de sérieuses économies. C'est d'ailleurs ce que je lui ai répondu : « Avec l'argent de vos séances, je pourrai m'en procurer des kilos entiers, Herr Professor ! » C'est alors qu'il a ajouté sans s'émouvoir : « Et vous cesserez également votre dangereuse bigamie ; c'est la deuxième condition à la poursuite du traitement. » C'est la première fois que je suis sortie avant la fin de la séance. J'étais littéralement enragée. J'ai pris mon manteau et, lorsque je suis passée sous son nez, je lui ai soufflé au visage : « Vous osez me parler de bigamie, professeur... Pas vous, tout de même ! Vous êtes le dernier de qui j'accepterais des leçons sur ce sujet... » Et je suis partie.

— Pourquoi ? lui ai-je demandé. Pourquoi le professeur Freud ne pourrait-il te sermonner sur la bigamie ?

— Mais tu le sais, tout de même, Zack...

— Ah, tu veux parler de sa belle-sœur ? Je suis au courant, en effet ! Enfin, je sais qu'on raconte ce genre de choses. Il m'en a parlé lui-même, d'ailleurs – il en plaisantait. Ce sont des ragots répandus par d'anciens élèves qui se vengent d'être tombés en disgrâce. Il paraît que le docteur Alt a été le premier à propager ces racontars.

Elle m'a regardé et son visage était devenu de pierre. Elle s'était refermée, sévère.

— Zack, ce que je te dis, je le sais ! assena-t-elle. Je ne colporte pas de ragots...

Elle ne supportait pas que je doute de sa parole, surtout en ce moment, surtout ce soir. Elle considérait qu'il y allait de sa santé mentale. Je suis revenu près d'elle, lui ai pris les mains, les ai couvertes de baisers.

— Pardonne-moi, Hanna, je t'écoute.

— Je vais te raconter, Zack. Si Dieu m'en donne la force, j'écrirai une nouvelle, un jour, mettant en scène la bigamie de Freud. Sache seulement que je les ai vus.

— Tu les as vus ? Qui ? Le professeur et tante Minna ? Voyons... comment as-tu donc pu les voir, Hanna ?

Et elle m'a raconté ! Au début, Freud était particulièrement attentionné envers Hanna. Il lui avait attribué sa dernière séance, celle de 19 heures, qui lui permettait de rester avec elle bien au-delà de l'heure instituée. Il leur arrivait de terminer leur travail à 21 heures ou même plus tard encore. Lorsque l'heure était tardive, Freud l'invitait volontiers à la table familiale. Il n'était plus question d'évoquer alors les problèmes de Hanna. On y parlait plutôt des familles qui se connaissaient. La mère de Hanna avait fort bien connu le père de Martha, Berman Bernays, prématurément décédé en 1879. Aux dîners chez les Freud, Hanna était la joie incarnée. On blaguait en yiddish, on déclinait des recettes de plats juifs. Malgré ses allures de courtisane, les deux sœurs étaient impressionnées par Hanna qui, je le sais, est capable d'un charme éblouissant. Elles ne lui avaient jamais vu deux fois la même toilette. Chaque fois qu'elle était invitée à dîner, elle se faisait précéder par un somptueux bouquet de roses rouges, et elle avait surtout su trouver le point sensible de l'une comme de l'autre : la couture. Elle leur rapportait des étoffes précieuses, des velours, des soies, des dentelles que les deux sœurs rivalisaient à transformer en toilettes fastueuses qu'elles n'oseraient jamais porter. Riche et célèbre, connaissant la haute société viennoise, introduite y compris à la cour et dans les rédactions des grands journaux, Hanna représentait pour elles tout ce qui leur avait été interdit du fait de leur éducation étriquée.

De plus, Hanna était intarissable sur les légendes traditionnelles, tant celles de la Bible que les récits merveilleux attachés aux rabbins guérisseurs qu'elle collectionnait. Et les deux sœurs en raffolaient. Martha croyait plus encore que Minna aux miracles des thaumaturges. Une fois, elle s'est même permis une plaisanterie qui a mis Freud hors de lui. Hanna avait raconté cette blague célèbre mettant en scène deux rabbins guérisseurs : Le premier dit au second : hier, j'ai réussi un miracle prodigieux. Il y avait un lion dans la rue, et les gens effrayés partaient se cacher. Moi, je me suis approché du lion, je l'ai regardé dans les yeux, et je lui ai dit : au nom du Très Saint, maître de l'univers, roi des armées, je t'ordonne de monter en haut de l'arbre et d'y rester. Et alors ? demanda le second. Il a grimpé sur l'arbre et y est resté, répondit le premier. Et moi, reprit le second rabbin, j'ai réussi un miracle plus prodigieux encore, hier aussi, précisément. Lequel ? lui demanda le premier rabbin. Je t'ai vu faire monter le lion dans l'arbre, répondit le second.

Les deux sœurs n'en pouvaient plus de rire. C'est alors que Martha, entraînée par son fou rire, s'est exclamée : « Mais c'est exactement ce qui se passait lorsque la Société psychanalytique se réunissait à la maison. Sauf qu'il n'y avait pas deux rabbins, mais au moins dix. Et chacun y allait de son miracle thérapeutique... comme on dit en yiddish, *Naïn Rebbenim kenen kaïn minyan nicht machen, over tzen shoussters yo,* « Neuf rabbins ne peuvent constituer un *minyan*, mais dix cordonniers le peuvent ».

Ce soir-là, Hanna a poursuivi plus sérieusement en déclarant qu'elle trouvait une ressemblance, non pas entre le professeur Freud et les rabbins guérisseurs, mais entre celui-ci et le faux messie Shabbataï Zvi, et surtout l'un de ses continuateurs, Yakov ben Yehudah Leib Frankovitch, qui a ensuite changé son nom en Jakob Frank. « Je ne trouve pas flatteuse la comparaison avec le faux messie, plaisanta Freud, bien que je n'en connaisse pas grand-chose, quant à ce Jakob Frank, j'ignore qui il a pu être. » L'ambiance était à la bonne humeur. Hanna a alors raconté, comme elle sait si bien le faire. Au XVIIe siècle, alors qu'en Europe les Juifs subissaient une période de persécution d'une violence exceptionnelle, Shabbataï Zvi avait été l'espoir de tous. Ils l'avaient suivi lorsqu'il avait prophétisé l'assomption de l'ère messianique et l'imminence de la rédemption politique. Ce fut une déception à la mesure de l'espoir qu'il avait réussi à faire naître lorsque, menacé de la peine de mort, il finit par apostasier pour se convertir à l'islam. Beaucoup n'ont pas cru à la réalité de sa conversion, et ont continué, malgré les interdictions rabbiniques, à pratiquer en secret les rites qu'il leur avait transmis. Son enseignement a ainsi circulé, sous le manteau, comme l'aboutissement ultime de la Kabbale, dans les communautés d'Europe de l'Est. Et c'est Jakob Frank qui, au XVIIIe siècle, s'en est saisi, l'a systématisé et poussé jusqu'à ses limites. Originaire de Galicie – « de la même région d'où provient la branche paternelle de la famille Freud », coupa Martha –, originaire de Galicie, donc, Jakob Frank avait fait de nombreux adeptes avant d'être successivement excommunié par les rabbins, puis une nouvelle fois par l'Eglise, après s'être converti à la foi catholique. Des villages entiers d'Ukraine, de Galicie, de Pologne, de Moravie, des Carpates avaient adopté le mode de vie qu'il préconisait, notamment une liberté sexuelle totale, et cela dans le but de hâter la venue du Messie.

— Vois-tu, Zack, lorsque j'ai parlé de liberté sexuelle totale, Martha a baissé la tête avec un air d'ennui, comme à chaque fois que nous abordions ce genre de questions, mais Minna m'a demandé : « Je peux vous poser une question, Hanna ? Lorsque vous parlez de liberté sexuelle, est-ce que, par exemple, dans ces villages, les hommes avaient plusieurs femmes, étaient bigames, ou même polygames ? » Oui, lui ai-je répondu, mais pas seulement ! La restauration de la polygamie était l'une des pratiques sexuelles des frankistes, mais aussi l'instauration de fêtes rituelles durant lesquelles ils s'adonnaient à des sortes d'orgies. Là, nul n'avait le droit de se refuser à une invitation sexuelle, quel que soit son âge, et même, à ce que j'ai lu une fois, quel que soit son sexe. « Et ces pratiques avaient pour but de hâter la venue du Messie », répétait pensivement Minna... Minna est intéressée par tous les sujets. Mais cette fois, cette comparaison entre le professeur Freud et Jakob Frank lui déclenchait manifestement une cascade d'associations d'idées.

On peut qualifier le début de la psychanalyse de Hanna avec Freud de période de séduction mutuelle. Séduction honnête, m'a-t-elle précisé, puisque chacun savait exactement ce que l'autre attendait de lui. Freud voulait obtenir toutes les informations possibles sur la vie privée du docteur Alt et Hanna voulait obtenir de Freud qu'il influence son disciple. Et, pour obtenir ce qu'ils désiraient l'un et l'autre, ils se livraient à une véritable escalade de faveurs et de dons. Si Hanna a honoré sa part du contrat, même si ce fut à contrecœur et à petites doses, Freud, lui, n'a jamais tenté d'intervenir pour améliorer la situation amoureuse de Hanna. Et, lorsque le docteur Alt l'interrogeait, il répondait invariablement : « Le traitement progresse de manière satisfaisante. » On ne pouvait pas imaginer formule plus neutre. Jusqu'au jour où Hanna s'est retrouvée en état de manque, comme cela lui arrive régulièrement. Hanna n'est pas prévoyante, et la drogue est pour elle une substance élémentaire, comme l'air qu'elle respire. Nul n'aurait l'idée de faire sa provision d'air pour ne pas en manquer... Elle rentrait de chez les Freud, ce soir-là, et sa crise de manque a été terriblement douloureuse. Où trouver deux grammes de cocaïne à Vienne à minuit ? Dans son esprit embrumé par la douleur, une idée s'est imposée : chez Freud ! En chemin, elle se disait qu'il en gardait certainement à la maison, lui qui en avait usé et abusé durant plus de dix ans. A la porte cochère du 19 Berggasse, le concierge, qui l'avait vue passer moins d'une heure auparavant, lui a ouvert sans hésiter. Alors qu'elle pénétrait dans l'entrée de l'immeuble, Martin, l'aîné des garçons, qui revenait d'une soirée d'étudiants, l'a suivie avec empressement, lui a ouvert l'appartement et l'a invitée à entrer.

— « Ne vous dérangez pas, ai-je dit à Martin, le professeur est certainement dans son bureau en train de rédiger son courrier. J'en ai seulement pour une minute... » Je n'ai pas frappé à sa porte ; tu sais comme je suis dans ces moments, je ne distingue plus parfaitement ce qu'il convient de faire. Et je les ai vus, le professeur et Minna...

— Voyons, Hanna, en es-tu sûre ? Dans ces moments, tu perçois certains objets qui n'existent pas et tu interprètes tes sensations de manière parfois inattendue... Rappelle-toi !

— Zack, je les ai vus comme je te vois ! Ils étaient affalés sur le divan... Le divan de psychanalyse... Ça me fait rire maintenant lorsque j'y repense. Ils n'étaient pas nus, non, mais tout de même passablement débraillés. Et puis, il y a quelque chose qui ne trompe pas, vois-tu, il y avait une bosse bien prononcée au pantalon du professeur Freud. Tu ne vas pas dire que je ne sais pas repérer ce genre de chose ?

— Voyons, Hanna, je ne parviens pas à y croire...

— Eh bien, moi non plus, je ne parvenais pas à y croire, mais j'ai réfléchi ; et j'ai compris !

Et elle a poursuivi son récit en me racontant la vie de Freud. Il avait vingt-six ans lorsqu'il s'est fiancé à Martha. C'était alors un brillant étudiant qui terminait sa médecine. La famille Bernays connaissait les Freud, qu'elle visitait de temps à autre. Ce n'était pas un mariage arrangé comme dans l'ancien temps, mais les familles étaient tout de même très présentes...

— On ne laissait pas les fiancés se rencontrer seuls, tu vois, on les accompagnait au spectacle ou lors des promenades dans la rue. Tout cela, je l'ai aussi appris par ma mère, qui rencontrait régulièrement Berman Bernays, comme je te l'ai dit. Freud a naturellement choisi l'aînée des filles, qui était alors âgée de vingt et un ans. Retiens bien les dates et les âges, c'est capital. Ses fiançailles ont duré quatre années, durant lesquelles il a écrit chaque jour – chaque jour, tu m'entends ? – des lettres enflammées à la jeune Martha, qui ne comprenait pas ce qui lui arrivait. Tu te demandes qui me l'a raconté ? Je ne peux pas te répondre mais, fais-moi confiance, à Vienne je connais tout le monde ! Frau Professor est une couturière de talent, une maîtresse de maison délicieuse, mais elle s'intéresse peu aux idées originales qui révolutionneront le monde. Et il y avait auprès d'elle sa jeune sœur, Minna, de sept ans sa cadette – sept ans, souligna-t-elle, n'oublie pas ! A la différence de sa sœur, qui était certes gracieuse mais réservée, Minna était très vive, se mêlant de tout. Sa petite frimousse de fouine avec son nez pointu légèrement retroussé et ses cheveux en bataille lui donnaient l'air mutin. C'est elle qui allait chercher les lettres pour sa sœur ; c'est elle qui les ouvrait, qui les lui lisait. Imagine, une jeune fille passionnée, le corps en incandescence et la tête pleine de questions, lisant les lettres d'amour du fiancé de sa sœur... Qu'arrive-t-il ? Elle en tombe follement amoureuse ! Lorsqu'ils se rencontrent tous les trois, ce qui se produit quasiment à chaque visite de Freud, c'est elle qui brille dans la conversation, qui l'apostrophe, le questionne sur ses études, lui demande de dérouler ses plans d'avenir. C'est elle encore qui lui fait des remarques sur sa tenue vestimentaire, sur la longueur de sa barbe. Martha n'y voit naturellement aucun mal. Sa jeune sœur avec laquelle elle a toujours tout partagé, il est naturel qu'elles partagent aussi le fiancé, qui devient un fiancé pour elles deux. Et il arrive l'improbable – improbable, te dis-je, mais, connaissant le professeur, l'événement n'est pas aussi inattendu que cela. Freud prend conscience que ce n'est pas l'aînée qu'il aime, mais la cadette. Il comprend que les lettres sont lues par les deux – n'est-ce pas Minna qui lui en fait les commentaires les plus pertinents ? Alors, il écrit des lettres plus enflammées encore, mais dans son cœur il a changé de destinataire. Et il constate que Minna a compris, elle aussi. Sans doute, si nous pouvions les lire, pourrions-nous repérer selon quels codes secrets ils communiquaient par l'intermédiaire de ces lettres, sans jamais s'être avoué mutuellement leur amour. Toute la famille se demande quand les fiancés se décideront à se marier. Freud fait traîner, invoque son manque de ressources, prétend qu'il doit prolonger ses études. Il est à l'agonie. Il brûle d'amour pour

Minna, mais il n'a aucun grief contre Martha. Il pense que, s'il avouait la nature réelle de son amour, s'il changeait de fiancée, Martha se suiciderait. Tu sais combien de jeunes filles se suicident dans de telles situations.

— Tu es incroyable, Hanna, ai-je coupé en souriant, c'est si juste ce que tu racontes, si vivant, on croirait presque que c'est vrai !

— Mais c'est vrai, Zack, crois-moi... Poursuivons ! Les choses continuent ainsi. En l'affaire, une seule personne est sereine, attendant calmement son mariage, c'est Martha. Freud, lui, se fait un sang d'encre, ne sait comment se tirer de la situation. D'autant que Minna a maintenant dix-sept ans, ses seins se sont affermis, à la différence de Martha elle se fabrique des robes qui mettent son jeune corps en valeur. Minna n'a pas peur de l'érotisme comme sa sœur. Sans doute vient-il à Freud la phrase d'Osée : « Tu as... grandi, tu as revêtu la plus belle des parures, tes seins se sont affermis, ta chevelure a poussé, mais tu étais arrivée à l'âge des amours. » Il veut fuir la situation qu'il ne supporte plus. L'échappatoire se présente à lui par l'entremise de l'Université. On lui offre six mois d'études à Paris, auprès d'un grand professeur...

— Mais oui, tu as raison, le professeur Charcot !

— C'est ça ! Freud saute sur l'occasion et part pour Paris. Peut-être est-ce juste avant son départ qu'il approche Minna pour la première fois ? Peut-être lui avoue-t-il son amour ; en ce cas, il l'informe que cet amour sera sans issue. Freud est alors l'homme de tous les excès. Il la prévient : s'il lui venait l'idée de le répéter à sa sœur, il se tuerait sans aucune hésitation. Il en a les moyens ! Il porte toujours sur lui une dose létale de cocaïne. Il quitte donc Vienne, nous sommes en 1885. Et là, loin de tout, de sa famille, de ses deux fiancées, de ses amis, il rencontre le monde, le vrai ! Et il pense. Il lui faut six mois avant de trouver la solution. Elle est dans la Bible !

— Dans la Bible ? Qu'es-tu encore allée chercher, Hanna ?

— Exactement ! Dans la Genèse, l'histoire de Jacob, tout y est : le problème de Freud et sa solution. Attends, je vais chercher le texte pour te le citer. Peut-être me croiras-tu alors...

Elle a fouillé dans sa bibliothèque. Hanna devrait se consacrer uniquement à la recherche et à l'écriture. Lorsqu'elle tient un récit, ses yeux deviennent immenses, sa tête se redresse, son corps se met à rire et le monde autour à vibrer.

— Voilà, dit-elle, j'ai retrouvé le passage. « Or Laban avait deux filles : le nom de l'aînée était Léa, celui de la cadette, Rachel. Léa avait les yeux ternes. Rachel était belle de taille et belle de visage [1]. »

— Mais je sais, Hanna, tout le monde connaît cette histoire, voyons !

— Attends, mon petit Mongol, attends ! Mets-toi dans la peau de Freud, torturé par son amour pour la cadette alors que le destin lui a imposé l'aînée. Il pense, il tourne, il vibre et bourdonne, imagine un peu. Il est à Paris, une longue nuit solitaire, il ne parvient pas à dormir. La veille, comme presque chaque jour depuis qu'il est à Paris, il s'est aventuré jusqu'au bordel de la rue Cuvier ; les filles l'attirent tellement. Mais il a trop peur des maladies, de la syphilis surtout, dont il a pu constater les ravages dans les services de neurologie. Il n'a pas osé ; il n'est pas monté, mais sa tête était en feu. Il est rentré dans sa petite

1. Genèse, XXIX, 16,17.

chambre et s'est masturbé. Il n'en a pas été apaisé ; Minna lui revenait sans cesse à l'esprit. Il s'est masturbé encore. Cette fois, il est retombé, épuisé. Il a pensé que la masturbation rendait neurasthénique, qu'elle produisait une déperdition des forces vives de l'individu. Il s'est promis qu'il ne recommencerait plus. Ce soir, il tourne en rond dans sa chambre, ne sachant comment se calmer. Il trouve une Bible, comme il y en a dans les hôtels, il l'ouvre au hasard. Le destin décidera de son sort, pense-t-il, et il tombe sur la phrase que je t'ai lue : « Léa avait les yeux ternes. Rachel était belle de taille et belle de visage. » Il vacille. Il comprend que cette phrase lui est adressée ; il lit plus avant. Une autre phrase encore : « Ce n'est pas l'usage de marier la cadette avant l'aînée[1]. » Il est rempli de tristesse ; peut-être verse-t-il même quelques larmes. Il poursuit la lecture du texte : « Mais Jacob s'unit également à Rachel. Et il aima Rachel bien plus que Léa[2]. » Freud a enfin trouvé sa solution. Il épousera l'aînée d'abord et s'unira ensuite à la cadette. Il ne sait pas encore comment il fera, mais il le fera ! Maintenant, reprends les décomptes : Freud se fiance en 1882. Il épouse Martha en 1886. Minna vient les rejoindre et s'installe avec eux en 1896. De 1882 à 1896, combien d'années doit-il attendre pour retrouver son aimée ? Tu as raison : quatorze ans. Si tu reprends le texte, tu retrouves le même chiffre. Jacob obtient l'aînée, Léa, en échange de sept ans de travail au bénéfice de son beau-père, Laban. Au bout de sept ans il obtient Léa, mais pour avoir Rachel il lui faudra travailler sept ans de plus. Total ? Tu as bien compté, Zack ! Total : quatorze !

1. Genèse, XXIX, 26.
2. Genèse, XXIX, 30.

A l'issue de quatorze ans de labeur et d'attente, si tu es un patriarche, tu peux accéder à la bigamie parfaite, celle qui réunit deux sœurs – cette bigamie interdite au commun. Reste un problème, Zack, que je n'ai pas encore réussi à élucider. Dans le texte biblique, tu t'en souviens, Léa a des enfants, beaucoup d'enfants, et Rachel reste stérile longtemps. Excédée, elle se plaint à Jacob : « Rachel vit qu'elle ne donnait pas d'enfants à Jacob et elle fut jalouse de sa sœur. Elle dit à Jacob : donne-moi des enfants, sinon j'en mourrai[1]. » Après cela elle implore Dieu, qui finit par l'entendre. Mais Minna ? Quand a-t-elle été jalouse de sa sœur ? Où sont ses enfants ? Je suis certaine qu'il y a eu une histoire d'enfant entre le professeur et la tante Minna... à un moment ou à un autre. Je ne sais pas comment, mais je trouverai, fais-moi confiance, Zack, je trouverai !

— Et le fiancé ? ai-je demandé, amusé. Que fais-tu du fiancé de Minna qui serait mort par accident ?

Elle avait l'air étonné. Elle a levé la tête, m'a regardé de ses grands yeux.

— Je n'ai jamais entendu parler d'un fiancé ! Qui te l'a raconté ?

Moi, j'avais retrouvé mon Hanna. Quel talent ! Dommage de gâcher une telle aptitude à l'interprétation en la consacrant à soigner des névrosés. Elle remettait la Bible dans la bibliothèque. Elle me tournait le dos. Je me suis approché d'elle, ai posé les mains sur ses hanches et l'ai attirée vers moi. Son parfum, si près, enivrait mes sens.

— Non, Zack, nous ne devons pas recommencer, c'est trop dur après...

1. Genèse, XXX, 1, 2.

Je l'ai sentie s'abandonner. Nous étions debout, elle me tournait le dos, lovée tout contre moi.

— Nous ne devons pas, Zack, non ! Tu dois partir, faire ta vie, la révolution, te saisir du monde. Moi, je resterai là. Je suis des gens d'avant. Ne m'oublie pas ! C'est tout ce que je te demande...

Et elle m'a suivi sur le large canapé, près de la bibliothèque.

Carnets de Jack Bean. Vienne, 10 décembre 1913

Vienne la nuit sonne l'heure
Les jours s'en vont je demeure
Passent les jours et passent les semaines
Ni temps passé
Ni les amours reviennent
Sous le pont Mirabeau coule la Seine

Guillaume APOLLINAIRE

Je me suis décidé à reprendre mes carnets, que j'avais abandonnés depuis des mois. L'année 1913 qui va vers sa fin aura été la pire que j'aie connue. Je n'avais sans doute aucune envie d'en préserver le souvenir. J'ai même écrit à mon père, en septembre dernier, pour lui annoncer ma décision de rentrer définitivement à Odessa. Durant ces mois de tristesse intense, c'était lui qui me manquait ! Mes pleurs réclamaient son sourire, que je pressentais un peu condescendant, et mon désespoir sa gouaille. Je l'aurais voulu à mes côtés, devant un verre de vin, me prenant par l'épaule pour énoncer sentencieusement que tout cela n'était qu'affaires d'enfants ; que la douleur serait oubliée demain. Je l'entendais dans ma tête quelquefois – et c'était toujours au réveil –, me rappelant qu'il n'existait qu'un seul événement qui méritât les pleurs : la destruction du Temple de Jérusalem. Au réveil, toujours au réveil, parce que c'était à ce moment-là que tout le malheur me revenait à l'esprit, comme si chaque rêve de la nuit n'avait travaillé qu'à m'en débarrasser. Comme si le réveil réactivait la douleur, toujours égale. J'imaginais mon père faisant mine de me gronder : « Qui es-tu pour pleurer sur tes souffrances ? Ne sais-tu pas que, même si nous perdons l'être le plus cher, nous n'avons pas le droit de pleurer plus de sept jours ? As-tu entendu dire que Moïse a pleuré lorsque Dieu lui a refusé d'entrer en Terre promise ? »

La Terre promise, précisément, j'y renonçais. Je voulais maintenant rentrer m'établir en Ukraine comme psychiatre, à Odessa ou à Kiev. Je voulais tenter d'oublier Vienne, Munich, Berlin, Zurich, Ascona. Malgré son désir de me voir revenir auprès de la famille, mon père m'a dissuadé de toutes ses forces : la vie est devenue bien trop difficile pour les Juifs là-bas. Sitôt que le petit peuple d'Ukraine se révolte, le tsar envoie ses cosaques piller un village juif. Ils déferlent comme des sauvages, brûlent les maisons, tuent tout ce qu'ils rencontrent sur leur passage : hommes, femmes, enfants, bébés, animaux. On en lit des échos dans la presse jusqu'à Vienne. Il circule même des récits dépassant en horreur tout ce que l'on a entendu jusqu'ici. Les cosaques ouvrent au couteau les ventres des femmes enceintes et projettent les fœtus contre les murs. Ils contraignent le père à s'accoupler avec sa fille devant la mère qu'ils sont en train de violer. Il ne s'est rien passé de tel à Odessa, heureusement, mais l'on sent monter une haine comme jamais auparavant. On dit maintenant que les Juifs ont un plan visant à dominer le monde ; on dit qu'ils capturent des enfants chrétiens et les égorgent comme des animaux de boucherie pour recueillir leur sang. A Odessa, le peuple est persuadé que la fabrication de la *matza*, le pain non levé que l'on mange durant la semaine de Pâque, exige un peu de sang d'un enfant chrétien. Mendel Beilis a été arrêté à Kiev en avril 1911, sous l'inculpation de meurtre rituel. Défendu par les plus grands avocats du pays, il a obtenu en octobre dernier un acquittement qui a encore amplifié la haine des Juifs à travers le pays. Déjà un article de *La Bannière russe*, publié au mois d'août, avait donné un avant-goût de l'ambiance à venir. Quelle que soit l'issue du procès, pouvait-on y lire, « la culpabilité de la *Kahal* juive de Kiev a été établie ». L'auteur ajoutait que les Juifs avaient mérité d'« être expulsés de Russie vers un pays où l'utilisation du sang humain n'est pas considérée comme un crime ». Il sommait le gouvernement russe de prendre des mesures sévères contre les Juifs, ces « personnes maudites, qui doivent être résolument placées dans des conditions telles qu'elles s'éteignent rapidement ». Validé par les plus hautes autorités de l'Etat, encouragé par les raids des cosaques, le peuple, porté à incandescence par la presse tsariste, déferlait sur les *shtetl* pour se livrer aux violences les plus extrêmes.

Certes, dans la ville, nombreux étaient les intellectuels qui se moquaient de ces idées. D'autres militaient pour sauver ces pauvres gens, victimes de leurs superstitions. Les plus actifs étaient les anarchistes, qui se répandaient partout à travers la province, expliquant que le pouvoir propageait ces rumeurs pour détourner le peuple de sa légitime révolte, comme on agite un chiffon rouge devant le taureau. Dans un tel contexte, non seulement mon père ne souhaitait pas me voir revenir, mais il envisageait lui-même de partir pour l'Ouest avec toute la famille.

A ma proposition de retour, il me répondit en me demandant de me renseigner sur les possibilités d'émigrer à Vienne.

Il est normal que je broie des idées noires, je suis en deuil ! Après tout, c'est vrai ; je suis en deuil ! Hanna est morte. Elle est morte le 7 juin 1913. Elle s'est suicidée en s'injectant une dose de morphine vingt fois plus élevée que celle qu'elle prenait habituellement. Elle s'est suicidée dans la nuit, un samedi, dans son hôtel particulier de Vienne, qu'elle avait rejoint à l'insu de tous. On n'a retrouvé son corps que deux jours plus tard.

Le jour de l'enterrement, nous étions tous là, ceux d'Ascona, Otto, Franz et Erich, et Karl Krauss était venu, et tous ceux que l'on rencontrait régulièrement chez les von B., aristocrates et industriels de la haute société autrichienne. Il y avait des critiques littéraires, des philosophes, des musiciens, des peintres mais aussi tous les membres de la Société psychanalytique. Même Freud avait accepté de sortir de sa tanière, lui que l'on ne voit jamais dans les manifestations publiques. Un poète français, de passage à Vienne, un certain Guillaume Apollinaire, qui avait rencontré Hanna par l'intermédiaire de Max Jacob, a récité en français son beau poème intitulé « Le pont Mirabeau ». Nous étions plus de deux cents à accompagner la dépouille au cimetière juif de Zentralfriedhof, suivant la calèche en pleurant. Mais il n'y avait personne de la famille proche de Hanna. Je savais son père décédé depuis longtemps, mais où était sa mère ? Et son frère ? Pendant la récitation du *kaddish*, la prière des morts, je chancelai ; plus un son ne parvenait à sortir de ma bouche. Freud, qui se tenait à côté de moi, m'a saisi par le bras et m'a redressé en me lançant un regard sévère dans lequel je pouvais lire : « Sois un homme, tiens-toi droit ! » Je lui serai reconnaissant à jamais pour ce simple geste d'humanité dont je ne l'aurais pas cru capable. Je savais qu'aussitôt après la cérémonie il m'entretiendrait de l'absurdité des rituels de deuil et de l'illusion fondamentale qu'est la religion. Mais, à ce moment-là, je l'ai senti atteint comme chacun et même peut-être davantage. Il me semble l'avoir vu remuer les lèvres durant la prière. Je suis pourtant certain qu'il n'en connaît pas un traître mot.

Le rabbin, Shlomo Rosenbaum, qui venait de Hambourg, était un parent de Hanna. Sans doute était-ce le seul à avoir accepté de prononcer une bénédiction pour une femme dont la vie juive n'avait pas été exemplaire. Durant son bref discours, il a évoqué le Livre de Judith qui, je le sais, plaisait tellement à Hanna qu'elle envisageait d'en reprendre la trame pour l'un de ses futurs feuilletons. Il a dit que, certes, Hanna était sortie de chez les siens, mais c'était pour leur apporter la lumière et la joie. Il a trouvé les mots justes, les mots qui touchent à la fois par leur intelligence et leur sincérité. Il a comparé Hanna à la Judith biblique, qui avait eu une relation sexuelle avec le général assyrien Holopherne dans le seul but de sauver le peuple assiégé. Il a parlé de l'œuvre littéraire de Hanna, tout entière inspirée de la Bible, œuvre qui pouvait être considérée, de son point de vue, si l'on ne tenait pas compte de son aspect contemporain, comme un commentaire, un *midrash*. Il a ensuite parlé de sa mort comme d'un accident médical. Il a rappelé que Hanna savait qu'elle était malade et qu'elle avait entrepris un traitement particulièrement difficile à supporter que l'on appelle « psychanalyse ». « Bien des malades meurent sous l'effet de leur traitement. C'est que la science n'a pas suffisamment progressé encore », a-t-il sentencieusement proclamé... Il a évidemment évité de prononcer le mot « suicide ». Je n'ai pas osé regarder Freud ; je savais qu'il me guettait.

Mais le moment le plus émouvant a été celui où le rabbin a rappelé que Hanna mourait sans laisser d'enfant, et que de cela toute la communauté était responsable. Car nul ne peut reprocher à une femme de n'avoir pas enfanté. Ce sont les hommes qu'il faut accuser ; ces hommes qui n'ont pas su la convaincre, l'apprivoiser, la séduire jusqu'à la conduire sous la *'hupa,* le dais nuptial. Car, pour lui, il n'y avait pas de doute : si Hanna n'avait pas eu d'enfant, c'est qu'elle n'avait pas eu d'époux juif. A ce moment, j'ai senti la main de Freud qui saisissait de nouveau vigoureusement mon bras, comme s'il savait que cette phrase m'avait atteint au cœur. Et nous nous sommes séparés tristement, chacun partant dans une direction. Je n'aurais pas dû rester seul ce soir-là ; j'aurais dû accepter l'invitation de Helga, qui m'a proposé de venir prendre part à une fête à la bière. Mais je ne pouvais pas ; je me sentais capable d'avoir une relation sexuelle et même de tomber amoureux ce soir-là, mais pas le courage de participer à une orgie païenne.

Otto a attendu que le professeur s'écarte de moi pour venir me parler. Il avait l'air vraiment malade. La mort de Hanna l'avait-elle impressionné à ce point ? La peau de son visage ressemblait à un parchemin. Il m'a regardé de cet air de fou qu'il a parfois lorsqu'il est saisi par une vérité.

— L'étau se resserre, Zack ! Vous devriez filer d'ici. Partir en France ou en Amérique. En Afrique, peut-être... Ça ne vous intéresse pas, l'Afrique ? Vous partiriez avec Helga à Usumbura... Vous vous consacreriez à l'ethnologie. Ils vont tous nous avoir, allez !

Tous ! Nous y passerons les uns après les autres. Le patriarcat arrive avec l'âge du fer, il a inventé les armes ; et notre époque est d'airain. Vous ne serez peut-être pas un des premiers car vous avez su composer un peu mais, ne vous faites pas d'illusion, ils ne vous rateront pas, mon vieux, comme les autres, comme tout le monde. Vous n'échapperez pas...

Je l'ai regardé, interloqué. N'était-ce pas lui qui prônait le suicide comme l'acte de liberté le plus accompli ? N'était-ce pas lui qui proclamait que la mort était notre drapeau ? « Comme les pirates », ajoutait-il parfois lorsque nous avions un peu bu. Je me demandais même s'il n'était pas derrière le suicide de Hanna, comme il avait été l'instigateur de celui de Sophie.

— Avez-vous remarqué l'absence du docteur Alt ? poursuivit-il. Comment est-ce possible, alors qu'elle vivait sous son toit, torchait ses enfants et enseignait l'art de l'amour à son épouse ? Si nous vivions dans une société civilisée, nous irions l'interroger sur l'heure. C'est un aveu, comprenez-vous ? Un aveu de culpabilité !

L'esprit embrumé par ma tristesse, je n'avais pas relevé l'absence d'Alt. Peut-être n'avait-il pas été prévenu... Non, c'est impossible ! Ou bien l'avait-il été trop tard ? Je me renseignerais auprès de Freud, mais je tirerais cela au clair. Je me suis retourné vers Otto avec un certain agacement.

— Docteur Gross, répondez franchement : est-ce vous qui avez fourni la morphine à Hanna, cette fois encore ?

Il est resté interdit. C'était la première fois depuis que je le connaissais que je lui adressais un reproche. Ses yeux se sont mis à vibrer de gauche à droite dans un mouvement rythmique rapide ; j'ai reconnu un *nystagmus*. Otto était vraiment mal en point. Un tel symptôme est souvent le signe d'une atteinte cérébrale. Il devrait faire attention ! Le moment était arrivé d'arrêter toute prise de drogue... et vite !

— Docteur Rabinovitch, me répondit-il d'une voix lointaine, presque éteinte, je n'ai pas vu la comtesse von Kessler depuis des mois. Je suis poursuivi par mon père, comprenez-vous ; et, cette fois, c'est sérieux, très sérieux !

Le vieux professeur Hans Gross, auteur d'un *Manuel du juge d'instruction* traduit dans toutes les langues d'Europe, devenu l'ouvrage de référence dans les cours de justice des pays civilisés, était décidé une nouvelle fois à faire interner son fils. Mais, cette fois, il ferait en sorte qu'il ne puisse plus s'échapper.

— Venez, entrons au café, lui ai-je proposé, nous serons plus à l'aise pour parler...

— Non, s'écria-t-il aussitôt, il y aura nécessairement un intrus qui me reconnaîtra ; on m'écoutera, je suis recherché par la police. Parlons en marchant, plutôt. Tenez, allons par là...

Il m'a entraîné dans les ruelles du quartier et m'a raconté par le menu les machinations de son père. Tout avait commencé – ou plutôt « recommencé » – parce que Otto avait eu l'idée de publier dans une revue de psychanalyse un article qui décrivait les pulsions sadiques inhérentes à la fonction de juge d'instruction. Otto n'avait pas terminé son papier, mais quelqu'un de son entourage proche – je pense qu'il s'agit de von S. – avait mis le manuscrit entre les mains de son père. Celui-ci, rendu fou de rage par cette nouvelle provocation, était parti en guerre, décidé cette fois à laver son nom, à nettoyer sa famille. Il s'était d'abord adressé au docteur Carl Gustav Alt pour lui demander un certificat médical attestant de l'état mental de son fils. Alt n'avait évidemment pas hésité un instant, écrivant que le docteur Otto Gross souffrait d'une pathologie mentale avérée ; qu'il était par ailleurs gravement intoxiqué par la drogue ; et il concluait en le qualifiant de psychopathe dangereux pour autrui et pour lui-même. Par son informateur, le père savait qu'Otto habitait alors Berlin. S'appuyant sur le certificat du docteur Alt, il adressa donc une requête juridique argumentée à la police allemande, exigeant l'arrestation d'Otto et son transfert à la frontière autrichienne, où les fonctionnaires du parquet de Graz se chargeraient de son internement.

— Mais où habitez-vous maintenant, docteur Gross ?

— Chez Franz, qui a eu la bonté de me recueillir ; à Berlin. Je suis absolument sans ressources, pourchassé par mon père par-delà les frontières. Et mon père n'est pas un imbécile, vous savez, Zack.

— Oui, je sais, docteur Gross. Il me semble même que vous le considériez au fond de vous-même comme la seule personne qui vous mérite.

— Peut-être ai-je pensé cela autrefois, oui ! Vous avez raison, je le pensais au temps où je vous ai rencontré. Je ne le pense plus guère depuis que le professeur Hans Gross a usé d'arguments mensongers pour obtenir l'aide de la police allemande.

Le docteur Gross m'étonnera toujours. Il livre à son père une lutte à mort ; il choisit le monde intellectuel pour arène à cette lutte, rendant publiques chacune de ses attaques et chaque riposte de son père, et il aurait voulu que de tels règlements de comptes se cantonnent dans le registre de la vérité.

— En quoi votre père a-t-il menti ? lui ai-je demandé calmement. N'est-il pas exact que vous

vous droguez et que vous mettez votre vie en danger, docteur Gross ?

— Le problème n'est pas là, me répondit-il agacé, s'il s'était contenté de cet argument, il ne serait jamais parvenu à déplacer la police allemande. Il a prétendu que je suis tombé entre les mains d'une dangereuse bande d'anarchistes qui sont en train de réunir des documents compromettants sur moi afin de le faire chanter. Et je vous signale, honorable docteur Rabinovitch, que vous êtes sur la liste. Et aussi Erich Mühsan et Franz, bien sûr. Mais il a ajouté Gustav Landauer et Rosa Luxemburg. En lisant ces noms, les Berlinois ont vu rouge – c'est le cas de le dire, s'exclama-t-il dans un grand rire.

Erich, Franz et Otto avaient tous trois adhéré à un groupe anarchiste qui s'était fixé pour but la prise du pouvoir par tous les moyens, y compris l'action violente et même les attentats contre les personnes. Habitant Vienne et ne me rendant que très rarement à Berlin, je n'avais pas adhéré mais participais à leurs réunions chaque fois que cela m'était possible, d'autant que leur groupe réfléchissait sur l'emploi de la psychanalyse dans les stratégies politiques. Gustav Landauer, l'auteur du fameux *Révolution*, est un militant infatigable qui ne dort jamais deux nuits dans le même lit, se sachant traqué. Je l'ai croisé à plusieurs reprises. Il a un véritable intérêt pour les questions psychologiques. Je n'ai pas réussi à lire *L'Accumulation du capital* de Rosa Luxemburg, que j'ai rencontrée une seule fois. Je l'ai trouvée assez attirante, sous ses airs de carmélite rouge. J'ignorais que j'étais connu des services de police ; c'était prévisible néanmoins, les groupes anarchistes sont truffés d'indicateurs – certainement plus que d'anarchistes. Voilà une autre raison de ne pas rentrer en Russie. Je me retrouverais aussitôt au fond d'une geôle ou même déporté au bagne, en Sibérie. Apprendre ces nouvelles d'Otto avait ajouté de l'angoisse à la tristesse qui m'avait envahi durant l'enterrement.

— Vous savez que vous pourrez toujours compter sur moi, docteur Gross, lui dis-je en lui tendant la main.

Je me demandais quand j'aurais l'occasion de le revoir. Evénement exceptionnel, j'ai reçu une lettre de lui au mois d'août. Il écrivait qu'il avait entendu mes conseils et tâchait d'être abstinent autant qu'il lui était possible. Margot, la femme de Franz, s'occupait de lui ; elle veillait surtout à ce qu'il mange au moins une fois par jour. Il s'était remis à écrire des articles de psychanalyse. Il avait décidé de prouver qu'il était possible de penser dans cette discipline ; que le niveau intellectuel des textes psychanalytiques n'était dû qu'à la médiocrité des auteurs et non pas au caractère fantasque de la discipline. Pour finir, il m'assurait qu'il se portait au mieux, si ce n'était la vigilance de tous les instants à laquelle il devait s'astreindre, fuyant par la fenêtre à chaque fois que la police frappait à la porte. Je ne lui ai pas répondu. A cette époque, j'étais incapable de tenir une plume. Et puis, plus rien... jusqu'en novembre, où j'ai appris la terrible nouvelle. Le 9 novembre eut lieu une nouvelle descente de police au domicile de Franz. Cette fois, Otto n'avait pas réagi assez vite. Ils l'ont emmené, conduit à la frontière autrichienne où ils l'ont remis à trois policiers. Depuis, il est interné à l'asile de Troppau, en Silésie. Franz s'agite beaucoup pour faire signer la pétition en faveur d'Otto. Je l'ai signée, bien sûr, comme beaucoup ! En retour, Franz m'a envoyé une copie de la lettre de soutien écrite par Blaise Cendrars :

« C'est avec la plus grande stupeur que j'ai appris l'arrestation secrète et la séquestration précipitée dans une maison d'aliénés du Dr Gross, l'éminent psychologue allemand. D'après ce que j'ai pu apprendre, cette séquestration a pour motif des questions d'héritage et elle fut organisée par le père du Dr Gross, le criminologue Prof. Dr Gross de l'université de Graz. Quoiqu'on m'assure que cette façon d'agir est si fréquente en Autriche qu'elle rentre presque dans le folklore pittoresque de l'Autriche moderne (on me donne comme exemples les démêlés impériaux et les aventures des grands-ducs), je me joins de grand cœur à votre protestation pour flétrir les procédés indignes d'un père borné (tous nos pères sont bornés) qui n'hésite pas à briser l'œuvre d'un des esprits les plus appréciés en France de l'Allemagne contemporaine. »

Franz a décidé d'alerter la population. Il écrit des articles dans tous les journaux qui lui ouvrent leurs colonnes. Il envoie lui-même par la poste des centaines de textes, de livres, de revues. Il s'adresse aux hommes célèbres, aux politiques, aux journalistes. Outre les articles parus dans *Le Flambeau* de Krauss, deux journaux ont déjà relayé les accusations de Franz à Vienne.

1913 sera donc mon année noire ! Otto est interné dans un asile de fous ; Hanna, pourtant soignée simultanément par les deux psychanalystes les plus réputés, le professeur Freud lui-même et le docteur Alt, s'est suicidée. Pour couronner le tout, Karl Schrötter, le jeune et brillant philosophe avec qui je m'étais lié d'amitié après son exposé sur les rêves à la Société psychanalytique l'année dernière, s'est également suicidé. Lui aussi poursuivait un traitement psychanalytique. J'ai la curieuse impression d'être le survivant d'une tragédie.

Trois jours après l'enterrement de Hanna, Freud m'a adressé une carte postale avec ces seuls mots : « Prenez un rendez-vous avec moi au plus tôt. Votre Freud. »

J'ai tardé une semaine. Je ne me souviens plus de la date exacte de notre rendez-vous, sans doute le 18 juin car c'était un mercredi, à 18 heures, comme d'habitude. Nous avions terminé les séances de la Société psychanalytique quinze jours plus tôt, le 4 juin, par l'exposé de Freud sur le totem. J'avais l'esprit ailleurs. Je ne m'étais pas rasé et les quelques poils lisses que je porte au menton me donnaient l'air d'un adolescent duveteux. J'étais vêtu d'un simple pantalon et d'une vieille veste que j'avais enfilée pardessus mon tricot de corps, sans chemise. Lorsque Freud m'a aperçu dans le salon d'attente, il s'est exclamé :

— Mais que vous est-il donc arrivé, Rabinovitch, vous êtes malade ? Comme on dit en yiddish, *der Yid hot guelt nor tzou farliren oun tzaït krank tzou zaïn* (« le Juif n'a de l'argent que pour le perdre et de temps que pour être malade »).

J'ai relevé la tête et je lui ai souri. Je suis très sensible à ses rares mouvements affectueux. Comme si, malgré tout, je n'avais pas perdu l'espoir. J'ai répondu, à la manière de chez nous, par un autre proverbe :

— Que voulez-vous donc que je fasse de l'argent, professeur Freud, *tarch'rich'im mach't men aun kéchénes* (« les linceuls n'ont pas de poches »).

— Ah, vous êtes carrément sinistre ! Mais je me console en constatant que vous êtes éduqué en yiddish. Allons, entrez dans mon bureau. Nous avons le temps de bavarder un moment avant le dîner. Car, pas de manières, vous restez dîner, cela va de soi ! Sinon, je vous livre aux griffes de tante Minna. Vous savez qu'elle vous apprécie beaucoup...

A l'évocation de son nom, elle est apparue aussitôt, la tante Minna, comme un démon, de derrière une porte. Cette fois, elle portait une robe rose pâle en soierie, aux reflets orangés, qui la grossissait un peu mais faisait ressortir vivement les accents fripons de son visage. Je l'ai saluée.

— Mais c'est le jeune Rabinovitch ! s'est-elle exclamée. Comment allez-vous, Herr Doktor ? J'ai appris que vous étiez en deuil. Tout de même, ajouta-t-elle sévèrement, ce n'est pas une façon de se laisser aller ainsi. Voyez-vous ça ! Vous n'avez même pas pris le soin de mettre une cravate. Et vous marchez ainsi dans la rue ? Tête découverte, par-dessus le marché...

Elle avait tout naturellement pensé que ma mise défaite était une façon d'observer le deuil juif. Moi, j'étais incapable de me regarder dans un miroir depuis le jour de l'enterrement de Hanna.

— Vous avez perdu un être cher, mon garçon. Vous ressentez très certainement une grande douleur morale, commença Freud. Je sais qu'en ce type de circonstances il est inutile de vous conseiller de la surmonter. Mais il est de mon devoir de médecin de surveiller l'évolution de votre deuil. Il serait normal qu'au bout d'un certain temps vous finissiez par vous désintéresser du souvenir de la comtesse von Kessler pour investir un nouvel objet d'amour...

De quoi parlait-il ? Voilà qu'il se mettait à jargonner en termes psychanalytiques. Il s'en abstenait en général, réservant plutôt un tel traitement à ses patients et à ses élèves. Pourquoi m'avait-il convoqué ? Car il s'agissait bien d'une convocation !

— Vous savez que je suis un joueur d'échecs, Rabinovitch. Si l'on veut avoir une chance de gagner aux échecs, il ne faut en aucun cas éprouver de sentiments ; et surtout ne jamais penser que son adversaire en a. Pourtant, avec vous, je ressens une inclination que je ne me reconnais pas. Je veux dire par là qu'elle ne m'est pas habituelle. Ce n'est pas de l'affection, comme je pourrais par exemple en éprouver pour Rank et évidemment pour Ferenczi, mais quelque chose qui ressemble plutôt à du respect. Vous êtes un peu comme un double de moi qui aurait suivi un autre chemin que le mien. Je ne peux vous guider, et je ne ressens pas le besoin de le faire. Je vous regarde, plutôt. Et je reste fasciné par votre parcours, comme s'il m'était donné de voir sur un écran de cinématographe se dérouler une autre vie de Sigmund Freud, hypothétique mais plausible. Ne vous ai-je pas dit dès le premier jour que je percevais l'homme d'action en vous ? Ce que je suis aussi dans le fond de moi-même. Quelquefois, j'ai peur pour vous, comme on peut craindre qu'il arrive malheur au héros d'un roman que l'on est en train de lire.

Je crois que c'est ça, exactement ça ! Aujourd'hui encore, Freud me regarde et craint toujours qu'il m'arrive malheur. Il émane de cet homme une singulière séduction qui conduit les hommes qu'il rencontre – davantage les hommes que les femmes ! – à lui demander de les soumettre. Comme il les accepte souvent en psychanalyse, il a beau jeu de leur interpréter ce comportement comme une « régression » ou un « transfert », les accusant de ne voir en lui qu'un substitut paternel. Avec moi, cependant, il ne s'est jamais rien passé de semblable. Il a fait mine de considérer que les quelques semaines dont j'avais bénéficié avec Otto étaient suffisantes pour m'attribuer le label

« psychanalysé ». Par ailleurs, il ne m'a jamais questionné sur mon enfance, ne s'est jamais intéressé à la configuration de ma famille. Il ne sait sans doute pas que j'ai une sœur et au moins soixante-dix cousins, presque tous restés au pays. J'ai même la sensation qu'il ne s'adresse à moi que pour me parler de lui. C'est de nouveau ce qu'il a fait lors de notre première rencontre après la mort de Hanna. C'était moi qui étais en deuil, moi qui souffrais ; c'était pourtant lui qui parlait.

— Ça va, professeur, ça va bien ! Je veux dire : aussi bien que possible après un tel malheur.

— Je m'en réjouis, Rabinovitch ! N'ayant pas reçu de nouvelles de votre part depuis l'enterrement, je m'inquiétais un peu... Quel malheur, en effet ! Cette femme était le charme et l'esprit réunis en une même personne. De plus, elle possédait un véritable don, voyez-vous, un talent pour deviner les choses les plus compliquées. Cela provenait certainement de sa pratique de romancière. Imaginer et deviner ne diffèrent que par la présence d'un public, n'est-ce pas ? Lorsqu'elle ne pouvait transformer ses imaginations en récits, elle les proposait comme des divinations. Asseyez-vous, Rabinovitch, mettez-vous à l'aise. Voulez-vous un café ? Ou bien un thé – c'est bien du thé que l'on boit par chez vous à tout bout de champ, n'est-ce pas ? Avec une part du strüdel aux noix qu'a préparé tante Minna ? On dirait que vous n'avez rien mangé depuis une semaine. Vous n'étiez déjà pas bien gros, mais vous avez fondu...

— Je vous remercie, professeur, je n'ai vraiment pas faim. Mais il ne faut pas que cela vous empêche d'en prendre...

Il avait raison. Depuis la mort de Hanna, ce n'est pas seulement que je n'avais plus faim, j'avais même oublié que naguère encore je mangeais tous les jours. Comme si cette activité m'était tout simplement sortie de l'esprit. D'ailleurs, mon esprit tournait au ralenti, ou peut-être s'était-il tout simplement arrêté. Je ne me rendais plus à l'hôpital, ne répondais pas aux invitations, n'ouvrais plus mon courrier. Il me revenait sans cesse la même image, celle de Hanna dans sa salle de bains, se piquant pour la dernière fois, résolue à se donner la mort. Je la voyais ! Elle était vêtue de ce déshabillé de soie crue qu'elle avait enfilé au réveil de notre première nuit. Elle pleurait en sanglots silencieux. Elle allait jusqu'à son miroir, contemplait son visage prématurément vieilli et pleurait encore.

Et la question lancinante revenait, impitoyablement : pourquoi n'est-elle pas venue chez moi ? Pourquoi ne m'a-t-elle pas demandé de l'aide ? J'étais envahi à la fois d'angoisse et de tristesse – sans doute ce que le professeur Freud nomme « douleur morale ». Oui, je me sentais responsable ! Parfois une vision horrible s'imposait à moi : je la déchirais de mon sexe en la pénétrant. Je chassais cette image, comprenant que je m'accusais d'avoir tant insisté la dernière fois que je l'avais vue – je la désirais si intensément. Mais la vision revenait plus tard, lorsque je ne m'y attendais pas, au détour d'une pensée ou lorsque mon regard croisait un objet qui me rappelait Hanna... comme si je pensais que notre dernier rapport sexuel avait été déterminant dans sa décision de se suicider.

— Je ne suis pas responsable, Rabinovitch, croyez-moi !

J'ai sursauté. Voilà que Freud voulait se disculper du suicide de Hanna.

— C'est sans doute ses amis d'Ascona, peut-être

même le docteur Gross lui-même, qui lui a fourni une telle dose d'héroïne. Ce n'est évidemment pas moi, soyez-en sûr ! Car il m'est arrivé une fois, je dois l'avouer, de la dépanner d'une dose de cocaïne – une seule fois ! Mais je considérais que c'était un acte médical. De plus, j'ai veillé à ce qu'elle soit le moins élevée possible. Ce n'est pas moi ! Peut-être le docteur Alt ? Ce ne serait pas étonnant. Il avait intérêt à voir disparaître un témoin gênant qui aurait pu rapporter les vicissitudes de ses errements passionnels. Lui, voyez-vous, il m'a déçu plus qu'aucun autre auparavant. Lorsque je repense à toutes ces amitiés dans lesquelles j'ai successivement placé tant d'espoir, je me dis que ma vie est marquée par des cycles d'amour se transformant en haine. Wilhelm Fliess, cet ami de mes débuts, Adler, dans une certaine mesure, et maintenant ce foutu docteur Alt ! Savez-vous qu'il me reproche d'utiliser la psychanalyse pour assujettir mes élèves ? Il prétend que je les maintiens dans une dépendance telle qu'à la fin leur personnalité n'a plus d'autre issue que la révolte. Je trouve ces accusations injustes. La vérité est que le docteur Alt est incapable de supporter l'autorité de quiconque, puisqu'il est incapable de s'imposer lui-même comme une autorité. C'est un homme sans scrupule, qui n'est mû que par ses propres intérêts. Et l'argent, aussi ! C'est l'argent qui le motive... celui des Américains, bien sûr ! C'est pour cette raison qu'il a tout fait pour rompre avec nous dès lors qu'il était mieux introduit que moi en Amérique. Il est capable de vous regarder mourir sans broncher. L'an dernier, à Munich, il m'a vu perdre connaissance et n'a pas bronché, pas levé un doigt pour me porter secours. Je pouvais avoir eu une crise cardiaque ou quelque chose de sérieux – je ne suis pas si jeune... Eh bien, non ! Il était persuadé, m'a-t-il dit par la suite, qu'il s'agissait d'un évanouissement hystérique. Il s'est même permis de l'interpréter. « Je ne me suis pas inquiété, Herr Professor, je sais que chaque fois que votre agressivité dépasse un certain seuil, vous en perdez le contrôle... » Il n'a peut-être pas tort, d'ailleurs, je l'aurais bien étranglé de mes mains ce jour-là. Pourtant, je souffre d'une fragilité cardiaque. Il m'arrive souvent d'avoir le cœur qui tressaute, agité de battements désordonnés. Je sais que je suis candidat à une mort prématurée, mais qu'ils ne se réjouissent pas trop vite, les Alt, les Stekel, Adler et compagnie... La bête remue encore. Comme l'a dit Mark Twain, je ne sais plus à quelle occasion, « la nouvelle de ma mort est nettement exagérée »...

Je restais silencieux. Je me demandais s'il m'avait demandé de venir pour me parler de sa querelle avec Alt. Il cherchait en moi un allié ; il comptait sur la jalousie que je devais éprouver pour celui que j'appelais l'« évêque de Zürich » pour le conforter dans ses propres positions. J'aurais pu lui rappeler qu'il s'agissait de Hanna et non du mouvement psychanalytique ; que c'était Hanna qui venait de mourir. Mais je ne pouvais pas... J'écoutais sans réagir. Comme l'esprit est surprenant ! Si l'on m'avait demandé alors ce que venait de dire le professeur, j'aurais été incapable de le répéter. C'est quelques jours plus tard que tout m'est revenu, comme si la conversation avait été enregistrée sur un cylindre de cire et que je l'écoutais pour la première fois. Et lui qui poursuivait ses récriminations contre Alt...

— Il prétend qu'il a souffert dans ses relations avec moi... souffert ! Je l'ai adulé, porté au pinacle. Je lui ai confié la direction du *Jahrbuch*, la présidence de l'Association internationale, l'ai introduit comme mon successeur auprès des plus hautes sommités... et il prétend qu'il a souffert. De quoi aurait-il souffert ? De *ma névrose*, a hurlé Freud, *ma névrose* !... Savez-vous ce que je lui ai répondu ? Je lui ai répondu que nous étions gens adultes ; et que je conseillais fortement à chacun d'entre nous de s'occuper de sa propre névrose et non de celle des autres...

Freud s'est levé, s'est approché de moi, a posé sa main sur mon épaule dans un geste affectueux. Il s'est calmé, ai-je pensé, il a réalisé que j'étais là avec lui, dans son bureau...

— Docteur Rabinovitch, nous devons lutter pour exister, nous autres Juifs. Notre vie n'est pas une donnée d'évidence ; on nous demandera toujours de la justifier !

— Certains ont perdu la vie qu'ils avaient pourtant largement justifiée aux yeux de tous...

Le mot était sorti de ma bouche presque involontairement. Je m'étais entendu parler. Le professeur a saisi la balle au bond.

— Vous parlez de la comtesse von Kessler. Vous y pensez sans fin ; je comprends ! J'ai tout fait pour la débarrasser de la drogue, se justifia-t-il de nouveau. Croyez-moi, il n'y avait rien à faire ! Je pensais que la psychanalyse réussirait là où votre amour avait échoué, mais les circonstances extérieures se sont mises de la partie. Il y a eu cette bigamie intolérable dans laquelle elle s'était installée avec Alt. Il lui imposait une confrontation permanente avec sa rivale qui, elle, avait su donner des enfants au maître de maison. Chaque jour passé dans cette situation la rabaissait, l'humiliait, et elle y répondait par une augmentation de sa consommation de drogue. De plus, il était manifeste qu'Alt se désintéressait d'elle. Le désir s'était émoussé et les services qu'elle pouvait lui rendre dans ses relations avec Vienne et avec Berlin ne lui semblaient plus essentiels. C'est pour cette raison que je lui ai imposé une date limite. Il lui fallait renoncer tant à la drogue qu'au docteur Alt si elle voulait poursuivre sa psychanalyse avec moi...

— C'était donc vrai ! ai-je dit tristement dans un souffle. C'était donc vrai que vous lui avez posé un ultimatum...

— Oui ! Elle vous l'a dit ?

Il s'est alors mis à déambuler dans le bureau, en tirant de longues bouffées de son cigare.

— Sans doute, oui, n'est-ce pas ? Elle vous l'a dit ! Qui d'autre aurait pu vous apprendre cela ? Je lui avais imposé la date du 31 mai. J'aurais accepté de repousser un peu l'échéance si elle avait montré des signes de bonne volonté. Mais elle s'est butée. Vous la connaissez, vous savez comme elle peut être opiniâtre... Le stade sadique-anal, que voulez-vous ?

— Elle est venue chez vous tous les jours jusqu'au 31 mai, professeur ?

— Oui, jusqu'au dernier jour, jusqu'à la dernière minute ! Elle avait ce comportement que l'on rencontre quelquefois chez les maniaques : elle cherchait mes contradictions, me posant sans cesse des questions pour me convaincre, une fois la réponse obtenue, que j'avais dit le contraire la veille. Elle notait tout sur un petit carnet, qu'elle m'a heureusement laissé avant de partir. Si la psychanalyse peut soigner la dépendance à la drogue, pourquoi lui fallait-il arrêter la drogue pour entreprendre une psychanalyse ? Elle était d'une totale mauvaise foi, feignant d'ignorer le contexte qui accompagnait ses symptômes, la situation angoissante dans laquelle elle s'était égarée...

Ce n'est que longtemps après – peut-être un mois ou même plus encore – que j'ai compris la responsabilité du professeur Freud dans la mort de Hanna. Elle s'était suicidée une semaine après leur dernière rencontre, très exactement ; un samedi, pour mourir juste après le shabbat, ai-je pensé. Mais je me suis repris aussitôt : non, le professeur n'était pas responsable, pas lui, mais cet être démoniaque auquel il a donné naissance et qu'il appelle « psychanalyse ». Car Hanna, je le comprenais enfin, avait été immolée sur l'autel de la psychanalyse ! Voilà quelle était la vérité !

Un sentiment religieux qui resurgissait de mon enfance a commencé à m'envahir lentement. Je me suis rendu tous les jours à la synagogue durant plus d'un mois pour faire dire un *kaddish* à son nom. Je me surprenais à vouloir mourir pour la rejoindre, lui parlais à voix haute, seul chez moi, lui lisais en hébreu de longs passages du Cantique des cantiques. « Je vous adjure, filles de Jérusalem, par les gazelles ou par les biches des champs, n'éveillez pas mon amour[1]... »

Le professeur m'avait prédit que je finirais par me désintéresser du souvenir de Hanna... C'était pourtant l'inverse qui se passait ! Je l'invitais, l'oiseau, la douce, chaque soir à me visiter, je l'appelais. Je devinais son parfum, percevais le son de sa voix, ressentais au bout de mes doigts la tendresse de sa peau... Je voulais l'installer en moi comme en sa demeure ; je lui demandais de m'habiter. Jusqu'au jour où elle est enfin venue. J'étais couché sur mon lit, sur le dos. Elle se tenait devant moi, debout, parée des mille éclats de sa beauté, telle qu'au premier jour. Je lui ai demandé : « Veux-tu que nous étudiions une page du Talmud » ? Et j'ai vu ; c'était la page 18 du traité

1. Cantique des cantiques, II, 6.

Berakhot, et l'on y lisait la phrase « Les justes, après leur mort, sont appelés vivants »... Je me suis réveillé en sursaut, effrayé par la volupté que j'avais éprouvée durant mon sommeil. Je me suis palpé, inquiet. Mon linge était maculé. Et j'ai replongé dans le sommeil. Cette nuit, pour la première fois depuis la mort de Hanna, j'ai dormi tranquille.

Le lendemain, le 12 juillet, un samedi, je suis retourné chez Freud qui s'inquiétait de nouveau de mon état. Je m'étais rasé, habillé de frais. J'avais apporté un bouquet de fleurs pour Frau Professor et un joli collier de corail pour tante Minna, de la couleur exacte de la robe que je lui avais vue. C'est elle qui m'a ouvert la porte.

— Herr Doktor, comme je suis contente de vous revoir, s'exclama-t-elle d'une voix joyeuse. (Et, me toisant de la tête aux pieds, elle ajouta :) Je vois que vous avez l'apparence d'un être humain, vous vous êtes enfin rasé... *Besser a yid aun a bord eïder a bord aun a yid* (« Mieux vaut un Juif sans barbe qu'une barbe sans Juif »).

— Oui, tante Minna, lui ai-je répondu avec entrain, quelquefois *es iz shver tzou zan a yid !* (« il est dur d'être un Juif [d'être un homme] »), jouant sur le mot *yid,* qui en yiddish signifie à la fois « Juif » et « homme »...

Elle a éclaté de rire. Elle semblait d'une gaieté inhabituelle. Toute la maison frémissait de bruits de pas, de courses dans les couloirs, de rires étouffés. Le professeur lui-même était plus serein, moins sombre qu'à l'accoutumée. Sitôt que nous nous sommes retrouvés seuls dans son bureau, il m'a demandé :

— Qu'allez-vous faire cet été, Rabinovitch ?

— Moi, professeur, je ne sais pas. Je ne rentrerai certainement pas à Odessa, quoi qu'il en soit !

— Accompagnez-nous donc à Marienbad, alors... Je suis tellement abattu par tout ce qui s'est passé cette année, que je m'absenterai jusqu'au mois de septembre. Vous pourriez y passer une quinzaine de jours ou même davantage, à votre convenance. J'ai loué une grande villa et je pars avec mes trois femmes, Martha, Minna et Anna, la plus jeune de mes filles. Nous prenons le train demain.

J'ai balbutié je ne sais quelle excuse. Je me sentais confus. Je percevais la démarche de Freud comme un mélange de compassion et de prudence. Certes, il répugnait à m'abandonner seul à Vienne dans mon état, mais il préférait aussi m'avoir sous la main, avec cette affaire de suicide que je risquais de répandre.

— Mais qu'irais-je faire à Marienbad, professeur ?

— Vous m'aiderez à défendre l'honneur des hommes, Rabinovitch ! Vous me voyez, seul là-bas avec mes trois dragons ? J'ai besoin que l'on me prête main-forte. Habituellement, j'emmène avec moi un patient que je n'ai pas eu le temps de recevoir durant l'année. Les Van Emden de Leyde s'étaient proposés. Mais, cette année, je suis trop fatigué pour entreprendre un traitement d'été. Alors, venez, nous nous promènerons dans la montagne, je vous apprendrai à repérer les coins à champignons...

Et comme je ne répondais pas, il ajouta :

— N'hésitez plus, Rabinovitch, dites oui !

J'ai accepté. C'est durant ces quinze jours passés à Marienbad que Freud m'a désigné comme son confesseur – je n'irai pas jusqu'à dire son psychanalyste, mais en tout cas une sorte de médecin pour son âme irritée. J'étais arrivé en toute fin du mois d'août, le 25, et nous sommes restés à Marienbad jusqu'au 7 septembre, date à laquelle nous avons pris le train pour Munich, afin d'assister au congrès de psychanalyse. Freud avait l'humeur guerrière ; il ne parlait que coups, chocs, violences, punitions et blessures. Nous sommes partis à ce congrès comme on part à la guerre. Il s'agissait cette fois de déloger le docteur Alt, tant de sa présidence que de la direction du *Jahrbuch*. Il voulait lui faire payer ses insultes, les bruits qu'il faisait courir sur lui, le rapt de la clientèle américaine et l'expérience ratée de la psychanalyse avec Hanna. Sitôt descendus à Munich, nous avons eu de longs conciliabules avec Abraham, Ferenczi, Rank et Jones, enfermés dans la chambre de Freud jusqu'à 2 heures du matin. L'ambiance me rappelait les nuits de complot avec mes amis anarchistes, à ceci près que, cette fois, il ne s'agissait pas d'instituer une société plus juste pour le monde à venir, mais seulement de se venger d'un rival aventureux. Je riais intérieurement du burlesque de la situation. La nuit, comme toutes les nuits, Hanna venait me visiter. J'attendais avec impatience de m'endormir pour la retrouver dans mon rêve. Elle était plus présente, plus tendre, plus charnelle même, qu'elle ne l'avait été autrefois. Lorsqu'il lui arrivait de me parler, le lendemain, je me sentais joyeux et plein d'ardeur. Elle ne faisait pas que me témoigner son amour, elle me conseillait, aussi. Elle s'était tout de suite opposée à ce que je reproche sa mort au professeur Freud. Elle préférait attendre. Elle était mon guide, ma lumière. Elle me disait ce qu'il allait advenir. Elle m'annonçait que bientôt je partirais pour un pays lointain qu'elle ne savait pas encore me décrire, un pays au-delà des mers où la peau des femmes est tendue et lisse comme les raisins gonflés de soleil.

Malgré tous nos efforts, nous n'avons pas réussi à déloger Alt de la présidence, mais au moins un tiers des membres se sont abstenus de voter. Ce n'était pas une défaite, mais une sérieuse remise en question de sa légitimité. Après le vote, humilié, rouge de colère, il s'est approché de Jones et lui a dit :

— Vous aussi, Mister Jones, vous aussi... (J'ai ri intérieurement en pensant qu'il se prenait pour Jules César.) Vous étiez aussi du complot... Je pensais que vous aviez des principes ; j'imaginais que vous n'étiez pas comme tous ces... (Et il montrait du menton le groupe des Viennois, réunis dans le hall autour de Rank.) Enfin, je pensais que vous ne faisiez pas partie de la tribu !

Jones est le seul d'entre nous à ne pas être juif. Après le congrès, Freud n'est pas immédiatement rentré à Vienne. Le 11 septembre, il est parti pour Rome. La tante Minna devait le rejoindre en cours de route, à Bologne, et poursuivre avec lui jusqu'à la Ville éternelle, où ils devaient prendre trois semaines de vacances ensemble, tous les deux, seuls. Cette fois, Freud ne m'a pas invité...

Kigali, 5 janvier 2004

Il était midi. J'étais au bureau. Depuis ce matin, il régnait une atmosphère étrange. Mes employés burundais avaient défilé les uns derrière les autres pour me demander de quitter leur travail plus tôt que d'habitude. Ma collaboratrice la plus directe, Espérance, avait invoqué le décès d'un proche parent, insistant pour que je l'autorise à s'absenter tout l'après-midi pour assister à l'enterrement. Maintenant, ils étaient tous partis, me laissant seul. Etourdi par son bruit, j'avais arrêté la climatisation. Je somnolais un peu dans la chaleur moite de la mi-journée. Je songeais à Jack Bean, devenu l'ami et le confesseur du professeur Freud. Nul n'a jamais lu ce nom dans les travaux d'histoire de la psychanalyse, qui se comptent pourtant par milliers. Comment expliquer la disparition d'un personnage aussi important dans la vie de Freud ? Si important même qu'il me semble que la rupture historique avec Alt a été plus ou moins organisée par lui, peut-être en réaction au décès de la comtesse Hanna von Kessler. Je sais comme tout le monde qu'il sera impossible de vérifier ce type d'hypothèse, puisque les archives Freud ne sont accessibles qu'à une toute petite minorité triée sur le volet, dont on vérifie minutieusement la conformité idéologique.

Quel secret l'Association psychanalytique internationale veut-elle ainsi préserver ? Ne serait-ce pas précisément l'importance cruciale de ce personnage dans la vie du grand professeur viennois ? Mais pourquoi ? Depuis une vingtaine d'années, de nouveaux historiens, surtout américains, ont fouillé, interrogé, recoupé les informations et sont parvenus à rétablir une part de la vérité historique concernant Freud. Il n'ont rien déterré de bien extraordinaire – pour ma part, malgré la publicité faite à ces travaux, j'ai toujours pensé que c'était « beaucoup de bruit pour rien ». Freud aurait maquillé ses cas cliniques pour apparaître sous son meilleur jour. Il aurait été une sorte de tyran, faisant régner l'ordre parmi ses disciples qu'il traitait comme des enfants, n'acceptant aucune remise en cause de la théorie qu'il inventait pourtant, au jour le jour, devant leurs yeux ébahis. Il semblait détester toute tentative de démontrer empiriquement les propositions de la psychanalyse. Il aurait eu un comportement de gourou. Aujourd'hui, une telle personnalité, de tels agissements l'auraient identifié au maître charismatique d'une secte obscure. Mais l'on oublie bien vite que c'était l'esprit tant du lieu que du temps. Vienne en ce début de siècle, tout petit périmètre, à peine plus grand que la place de la Concorde, était un chaudron en ébullition d'où naissaient toutes les alchimies.

On a sonné à la porte d'entrée. Je n'allais pas me lever pour ouvrir – j'aurais parfaitement pu me trouver ailleurs, au restaurant ou même chez moi pour déjeuner. On a sonné de nouveau, longuement. Machinalement, j'ai retiré la clé USB de mon ordinateur. On tambourinait maintenant contre la porte. Les coups devenaient plus forts, brutaux. J'ai entendu la vitre de la porte d'entrée qui se fracassait. Une main fourrageait la serrure, recherchant la clé. Elle ne s'y trouvait pas. Les coups ont redoublé de force ; sans doute essayaient-ils de se débarrasser maintenant de la boiserie de la porte. Un craquement ! Ils avaient réussi à la casser. Ils montaient. J'entendais leurs pas dans l'escalier. J'ai vu apparaître, comme s'ils investissaient une place forte, un officier de l'armée burundaise escorté d'une demi-douzaine de soldats, l'arme au poing.

— Holà ! Que se passe-t-il ? me suis-je mis à crier.

— Taisez-vous, a aboyé l'officier, et posez vos mains sur la tête !

J'ai refusé. Je suis un ressortissant étranger. Il est hors de question qu'on me traite de la sorte. J'ai exigé de téléphoner sur-le-champ à mon ambassade. Je criais, tempêtais. Ils avaient l'air de ne prêter aucune attention à mes protestations. Ils s'approchaient, m'entouraient, commençaient à me saisir par la manche. Ils voulaient m'entraîner en bas, m'emmener dans leur Jeep d'un autre âge. Ils se faisaient menaçants. Je me débattais, les repoussais. Un soldat, qui avait sans doute bu plus de bière que les autres, a retiré le cran de sûreté de son AK-47 rouillée. J'ai sursauté en entendant le claquement métallique. Je l'ai regardé dans les yeux. Et j'ai bluffé. Je ne sais pas comment ça m'est venu :

— Ne croyez pas que vous pourrez me faire subir le sort du docteur Seck ! ai-je hurlé. Je ne suis pas n'importe qui. On vous retrouvera jusqu'au dernier. Vous, et vous, vous aussi et surtout vous, ai-je poursuivi en pointant l'officier du doigt, on vous retrouvera, et on vous descendra l'un après l'autre, jusqu'au dernier. Vous n'avez jamais entendu parler des « assassinats ciblés » ? Je suis protégé par les services israéliens.

J'avais dit n'importe quoi, pour essayer... Le Burundi est un pays surprenant, les Européens n'en détiennent pas le code. Dans une dispute, une négociation, nul ne sait quel argument sera déterminant. Mais lorsque le jeune soldat a entendu le mot « israéliens », il a baissé le canon de son arme et reculé d'un pas. Il est alors revenu vers moi en prenant un air mimant la dignité militaire.

— Nous allons nous saisir de votre matériel informatique. J'imagine que vous ne vous y opposerez pas...

— Je m'y oppose, ai-je répondu, je m'y oppose avec la plus grande fermeté ! Enfin, voulez-vous m'expliquer ? Qu'est-ce qui se passe ? Qu'est-ce que vous me voulez ?

— Je ne peux pas vous répondre ; il s'agit d'une affaire concernant la sécurité de l'Etat. Si vous n'acceptez pas de répondre à nos questions, libre à vous ! Le chef du protocole saisira votre ambassadeur. Nous respectons le droit international au Burundi ; ce n'est pas comme ailleurs. (Il faisait sans doute allusion à la menace israélienne que j'avais brandie pour l'impressionner.) Mais je ne repartirai pas d'ici sans votre ordinateur de bureau ainsi que votre ordinateur portable.

Il a pris le téléphone ; il appelait sans doute l'un de ses supérieurs, à en juger par la rectification instinctive de sa position. Il parlait en kirundi. L'autre au bout du fil devait lui demander des comptes car il semblait expliquer dans le détail. Il répétait *ego... ego... ego...*, « oui... oui... oui... ». Mes mains tremblaient. J'étais blême, tendu comme une corde de violon, mélange de peur et de rage...

— Je viens de parler au colonel..., a-t-il commencé.

— Quel colonel ? ai-je demandé en cherchant un stylo pour noter son nom.

— Le colonel Ntagwirumugara, responsable du service informatique à la Documentation.

Ce nom... mais je connaissais ce nom !

— Vous avez dit Ntagwirumugara ? Japhet Ntagwirumugara ?

— Oui ! Vous le connaissez ?

C'était cet homme immense, grand comme un arbre, qui s'était fait passer pour un pasteur lorsqu'il était venu me faire chanter au sujet de Préciose. Peut-être s'agissait-il seulement d'un homonyme ? Il en existe beaucoup au Burundi.

— Il s'agit bien d'un homme de grande taille ? Grand, je veux dire très grand...

— Oui, il aurait sans doute du mal à passer par cette porte...

— Cet homme, votre colonel, ne lui manque-t-il pas deux dents sur le devant, l'une en haut et l'autre en bas ?

L'officier a souri.

— Notre colonel a combattu avant de s'occuper de la Documentation !

C'était bien le même homme ! Devant l'échec de sa première tentative d'intimidation, il semblait vouloir monter d'un cran. Que me voulait-il ?

— Lorsque je lui ai parlé au téléphone, il m'a autorisé à vous livrer cette seule information : vous vous trouvez en totale illégalité.

Je ne comprenais pas où il voulait en venir. Je serais dans l'illégalité ? Encore eût-il fallu qu'elle existât, cette légalité ! J'ai demandé :

— A quel sujet ?

— Vous avez installé une antenne satellite sur le toit de l'agence afin de vous connecter au réseau Internet.

— Oui, ai-je répondu, oui ! L'agence travaille à

concevoir des dispositifs de prise en charge de la souffrance psychologique des Burundais. Nous n'avons aucune activité commerciale ; les objectifs de notre agence sont strictement humanitaires. C'est pour cette raison que j'ai demandé à vos services une licence non commerciale pour cette antenne.

— Vous l'a-t-on accordée ? m'a demandé l'officier en me considérant comme un malfaiteur.

— Monsieur, j'ai adressé cette demande il y a plus de huit mois. N'obtenant pas de réponse, j'ai téléphoné à l'un des responsables de vos services... je peux retrouver son nom si vous le souhaitez, il figure dans mes dossiers. Il m'a répondu au téléphone que ma licence était en cours d'attribution, qu'elle devait être signée par le président de l'Assemblée nationale, puis par le président de la République. Il a ajouté que ce serait long, mais que je pouvais dès à présent installer mon dispositif de connexion. Ce que j'ai fait !

— C'est impossible ! a répondu le jeune officier.

— Comment ça, « impossible » ?

— C'est impossible, reprit l'autre, parce que, au Burundi, il n'existe pas de licence non commerciale de connexion à Internet. Vous comprenez, nous avons besoin de soutenir nos entreprises nationales.

Nous avons encore parlementé trois heures. Je ne décolérais pas. J'ai réussi à sauver mes ordinateurs, mais les militaires sont repartis avec une copie intégrale de mes deux disques durs. Et il a fallu que je leur fournisse les CDRom sur lesquels les copier. Pendant ce temps, les soldats circulaient à leur aise. Je ne pouvais pas être derrière chacun. Ils ouvraient les armoires, fouillaient dans les tiroirs. Deux d'entre eux n'avaient pas bougé du réfrigérateur, vidant systématiquement ma réserve de boissons. Leur visite avait tout l'air d'une perquisition. Ils ont finalement décampé, sans un seul mot pour ma porte d'entrée fracassée. Malgré l'invraisemblable prétexte qu'ils avaient invoqué, j'étais sûr maintenant qu'ils recherchaient les carnets de Jack Bean. J'avais été bien inspiré d'effacer le dossier de tous mes ordinateurs et d'en garder une seule copie dans la poche. J'ai frémi en pensant qu'ils auraient pu me fouiller et s'emparer de ma clé USB. Il était clair qu'ils allaient s'empresser d'éplucher chacun des fichiers se trouvant dans mes ordinateurs. Après avoir constaté l'absence du document, ils débarqueraient chez moi, d'une manière ou d'une autre, pour examiner l'ordinateur qui se trouvait à l'étage. Je ne voulais pas subir un nouvel assaut, d'autant que j'ignorais la forme qu'il allait prendre cette fois. J'ai décidé de quitter le pays, au moins provisoirement, pour éclaircir cette histoire, pour lire tranquillement la fin du manuscrit.

15 heures. Téléphone à l'agence de voyages. Aucun avion au départ de Bujumbura, à part le petit bimoteur de Burundair pour Kigali... A l'aéroport, je suis reconnu par le fonctionnaire qui m'a fabriqué mon faux carnet de vaccination. Hilare, se balançant d'une jambe sur l'autre, la cravate rouge lui descendant jusqu'à la braguette, il s'est avancé vers moi en s'écriant : « Monsieur l'ambassadeur, comme c'est gentil de passer me voir... Je sais, je sais... tous vos vaccins sont à jour... » Je lui ai proposé 20 000 francs burundais s'il parvenait à m'éviter les formalités de police. Je ne savais pas si la Documentation avait interdit ma sortie du territoire. Je n'avais aucune envie de le vérifier. Il s'est emparé des quatre billets de 5 000 d'un geste expert. Sûr que personne ne les avait vus disparaître dans sa poche. Une fois de plus, l'avion habituel était en panne. Ils avaient sorti de sa remise un vieux coucou âgé de plus de quarante ans. Treize places.

Aucune peinture, la ferraille à nu, mais tout de même deux moteurs. Je me suis dit qu'il allait y faire une chaleur d'enfer. J'avais tort ! Plus un joint fonctionnel ; on voyait le jour à travers la porte et même à certains endroits du plancher. Sitôt que nous avons pris de l'altitude, l'air s'est engouffré par toutes les fentes. On avait presque froid. Ces petits avions permettent de profiter du paysage. Je voyais se succéder les collines, le cœur serré. Lorsque, au bout d'une demi-heure de vol, nous avons aperçu le confluent de l'Akagera et de l'Akanyaru, j'ai commencé à me détendre.

Le Novotel de Kigali se nomme *Umubano*, « L'amitié » en kinyarwanda. Match de football sur écran géant et ballet des prostituées aux petits blousons de plastique couleur zèbre ou panthère. Téléphones portables, clés de Mercedes qui se balancent au bout des doigts, cheveux plaqués, gominés... Magnifiques regards surchargés de fard, au vocabulaire infini. Quelques tables occupées par des responsables d'ONG américaines ou suédoises... Au Business Center, j'ai regardé longuement, partout, chaque table. Je voulais m'assurer que je ne reconnaissais personne. J'ai enfin trouvé un ordinateur où brancher ma clé USB. Poursuivre la lecture des carnets de Jack Bean. Mais, cette fois, avancer, lire en diagonale, avancer le plus vite possible... Lire quelle année ?

Carnets de Jack Bean. Zurich, 13 juin 1916

Bel après-midi ensoleillé. Attablé à la terrasse d'un café, je me réchauffe les os refroidis par un trop long hiver en dégustant un verre de vin blanc. A Odessa, il y avait un vieil homme qui errait par les rues, la barbe sale. Un long manteau de peau mité lui descendait jusqu'aux chevilles ; il allait nu-pieds, un châle de prière sur la tête. Il tenait toujours un livre à la main, fermé, et psalmodiait en marchant, les yeux mi-clos. On le disait fou. Les vieux qui l'avaient connu autrefois expliquaient qu'il avait perdu la tête en 1903, après avoir échappé au massacre de Kichinev. Il répétait à qui voulait l'entendre : « Juifs, c'est le début de la fin ou bien la fin du début. A vous de décider, Juifs ! »

Aujourd'hui, je me surprends à penser comme lui. C'est en effet à nous de décider ! A quoi donc me servent-ils, je ne suis d'accord avec aucun de mes amis ! Et je ne suis d'accord sur rien. Leonhard, Hugo, Richard, Franz, et même le jeune Sam, le plus énervé de nous tous ! Samuel Rosenstrot, qui se fait appeler Tristan Tzara... Je songe à nos discussions qui ne se terminent jamais avant 4 heures du matin. Elles rôdent interminablement dans mon cerveau. Notre révolte, nos trouvailles qui nous font tant rire, nos mots que nous ciselons en orfèvres, nos beuveries..., tout cela me laisse une impression de futilité qui me dégoûte un peu. Aujourd'hui, j'ai vingt-neuf ans et ils ne le savent pas. Ce matin, j'ai rencontré Sergueï et je ne leur raconterai rien. Hier, je ne le leur ai pas dit clairement. Oui, je pense que la guerre est utile ; ce n'est simplement pas la nôtre.

La ville de Zurich est belle ; sa musique apaise mon âme, son spectacle repose mes yeux. Lorsque le soleil l'illumine comme aujourd'hui, on la voit blanche comme la cime des montagnes qu'on devine au loin, blanche comme une lueur qui surgirait des fourrés. Quel que soit l'endroit où l'on se trouve ici, au café, dans les bois, sur le bord du lac, on ressent calme et propreté – d'un côté la montagne et sa paix, de l'autre le lac et son incessant bavardage de mouettes, assourdissant chant du silence. Zurich est une ville d'amour – on a envie d'y abriter une liaison naissante, de s'installer à une terrasse pour écrire des poèmes enflammés, on prend plaisir à frôler des gens que l'on ne connaîtra jamais. Ici, les révolutionnaires peuvent développer les idées les plus extrêmes, leur inquiétude est amortie dans un délicat nuage de langueur. Nous pouvons parler bombes, incendies, meurtres politiques, attentats, plans de bataille, émeutes, révoltes, tracts, meetings, harangues et empoignades avec la police, la nature nous enveloppe d'un voile bienveillant.

Lorsqu'on quitte la salle enfumée du Cabaret Voltaire, le monde est toujours en ordre. Zurich, ville blanche dans les matinées de soleil, forêt de sapins noirs dès la tombée de la nuit ; Zurich, où l'on se voudrait chat roulé sur les genoux d'une belle emmitouflée, la tête entre ses cuisses. Café Voltaire, hier, j'ai chanté mes derniers textes. Sam s'est levé, m'a interrompu du fond de la salle en hurlant : « C'est de la merde bourgeoise, aussi con qu'un point-virgule entre les cuisses nues d'une grosse fermière. » Et il me montrait du doigt : « Dada, mon vieux, Dada ! Tu veux faire de la poésie avec des mots, allons... Tu es mort si tu ne dis pas le mot qui efface tous les autres : Dada, mon ami, Dada ! Dada partout, Dada toujours, Dada dans toutes les langues. En français, Dada, cheval de bois, en allemand, va te faire foutre, en roumain, Dada, c'est *da da,* comme en russe, mais oui, c'est ça, oui, oui, oui... Dada, toujours Dada, parce que Dada, c'est moi ! »

Plus tard, à table, nous enfilions les anisettes en prétendant qu'un verre sans suite est un orphelin. Il ne doit pas avoir plus de vingt ans, un petit Juif de Roumanie, au fond, mais une certaine allure... mince, élégant, une longue mèche noire lui barrant le front et des yeux de braise – un dandy !

— On m'a dit que t'es médecin, me lança-t-il, et même psychiatre, nom de Dieu... Oh ! Criminel... As-tu peur du gui, du guillot, de la brillantine ?

— J'ai étudié la médecine et la psychiatrie à Vienne, jeune homme ! Tu me plais parce que je vois que la juive te démange. Loin de tout, perdus au milieu des goys, nous ne l'avons pas perdue, la juive, la rouge, l'enflammée ; nous lui avons seulement demandé de nous attendre. J'ai obtenu mon diplôme, mais j'ai refusé de pratiquer ce métier après avoir compris que nous autres, psychiatres, nous sommes nécessairement vendus, à la solde du premier psychopathe venu...

— Et tu veux t'adonner à la poésie ? Mais la poésie, la poésie... la poésie aujourd'hui, c'est Dada !

Georges Grosz, que je ne connaissais pas, était arrivé de Berlin. Assis à la table voisine, il dessinait sur la nappe, croquant avec dextérité ses caricatures criantes et bouffies. Il regardait un groupe dans le fond de la salle, ses mains dessinaient, mais je voyais bien qu'il nous écoutait d'une oreille tout en fixant ses modèles. Leonhard a bousculé Sam en lui frappant la poitrine du plat de la main. Nous étions quelque peu éméchés. Il semblait prendre au sérieux ce qu'il nous débitait :

— Vous autres Dada, graines de bourgeois, vous nous faites vomir ! Dada... Et la guerre alors, la guerre ? La guerre, Dada aussi ? Hier dix mille morts, demain vingt mille morts... Les morts ? Dada, eux aussi ?... Sur leur cheval de bois ?... Sur leurs blindés de bois, avec leurs canons de bois, leurs zeppelins et leurs sous-marins de bois ?...

Il était rouge, de colère, mais de ses yeux coulaient de vraies larmes. Il a ajouté :

— Chaque cartouche qui est tirée, c'est moi qui suis touché. Chaque mort que j'apprends m'atteint comme une balle en plein cœur !

— La guerre mondiale ? *Da, da* ! répliqua Sam, *da* ! Mondiale, internationale, interminable et holosympathique, antipyurétique et castratrice...

— Je vais le gifler, s'énervait Leonhard, je vais le gifler !

— Laisse-le ! Au fond, il a raison, intervint mon ami Hugo, calme-toi ! La guerre n'est qu'un gigantesque jeu de dames. J'avance un pion, tu avances le tien, je te prends en passant, tu me prends en chantant et la fleur au fusil. Pour qui ? Les industriels prussiens, les industriels anglais, français, russes...

Grosz continuait à dessiner. Mais qu'est-ce qu'il dessinait ainsi avec tant d'insistance ? Nous avons regardé au fond de la salle. On n'y voyait pas grand-chose avec toute cette fumée.

— Tu sais ce qu'il dessine ? Tu sais qui est là-bas, nous a interrompus Ludwig, oui, tout au fond, se balançant sur sa chaise, entouré de ce groupe d'hommes à tête de Mongol, sais-tu qui c'est ?

— Non, avons-nous tous répondu en chœur, non !

— Vladimir Ilitch Oulianov – Lénine !

J'étais stupéfait. Nous parlions de l'Histoire et elle nous sautait aussitôt au visage. Depuis le début de la guerre, Zurich était ainsi. Les gens dont le monde parlait, dont le nom était répété dans les journaux, les riches, les très riches, les puissants, les très puissants, mais aussi les fous, les très fous, comme ce Tristan Tzara... on les retrouvait ici, on les croisait dans la rue, on bavardait avec eux au café, ils nous suivaient chez le marchand de tabac ou chez le boulanger. Avec la guerre qui avait transformé la terre en champ de bataille, Zurich était devenu le monde, le vrai monde !

— Lénine, ai-je répété, Lénine ? Ce n'est pas possible ! J'y vais ! Je veux lui parler !

— Je viens avec toi, a tout de suite proposé Sam.

Sitôt qu'ils ont perçu notre mouvement vers le fond de la salle, trois nervis à la mine patibulaire se sont interposés pour nous interdire le passage. Je leur ai parlé en russe, leur expliquant que je connaissais ses œuvres, que je voulais seulement le saluer. Il nous ont fouillés avant de nous laisser poursuivre notre chemin. Lénine a levé les yeux. Il n'avait pas quitté son éternelle casquette. Il avait l'air jovial. Sam a voulu lui présenter Dada et Lénine a éclaté de rire en répétant « *da, da...* ». J'ai alors échangé quelques mots en russe avec lui. Pour toute réponse, il m'a proposé de rencontrer Sergueï le lendemain au café Sprüngli, au coin de la Bahnhofstrasse, à 9 heures. 9 heures ? C'est tôt ! Me voyant parler avec Lénine, l'insupportable Sam est revenu à la charge pour lui proposer maintenant une partie d'échecs.

Je l'ai laissé là et suis parti à une autre table retrouver Franz Jung, lui aussi de passage en Suisse. Je lui ai demandé des nouvelles d'Otto. Il m'a raconté les démarches entreprises pour sa libération. J'avais lu le numéro de la revue *Révolution* que Franz avait publié à Munich – un numéro entièrement consacré à la défense d'Otto Gross. Il l'avait organisé à la façon que l'on avait inventée ensemble à Ascona : « provocation et accusation... les deux principes de l'information ». Il a attaqué le père d'Otto, le professeur Hans Gross, avec la plus extrême violence. Il l'a accusé d'être lui le malade mental, et non son fils ; il a démontré en s'appuyant sur les théories de Freud qu'il souffrait d'homosexualité maladive. L'un des auteurs de la revue a même écrit qu'il était un dangereux exemple pour la jeunesse, une honte pour le pays, et ne méritait pas d'enseigner dans une université allemande. Il y avait tant d'auteurs, de penseurs et de poètes célèbres dans ce numéro, et qui tous défendaient Otto contre son père, que l'information avait été relayée par la *Neue Freie Presse* de Vienne, qui à son tour laissait entendre que le vieux juge d'instruction s'était laissé aller à un abus de pouvoir caractérisé. Dans ce journal de bourgeois, au ton feutré, ils s'étaient tout de même laissés aller au scandale. « Un juge a-t-il le droit d'enfermer son fils pour protéger l'honneur de sa famille ? » C'est alors que les événements avaient basculé. Le professeur Hans Gross publia un rectificatif dans le même journal, expliquant qu'Otto s'était rendu à l'hôpital psychiatrique de son plein gré pour une cure de désintoxication et qu'il pouvait en sortir à tout moment. Comble d'ironie, Franz, qui avait été naguère assiégé par la police de Berlin, avait reçu chez lui un télégramme du directeur de l'hôpital de Troppau l'invitant à venir chercher Otto au moment qui lui convenait. « J'ai été reçu comme un ministre, parole d'honneur ! » s'exclamait-il. Une fois sorti de l'hôpital, Otto avait aussitôt accompli toutes les démarches pour être enrôlé au plus vite dans l'armée, où il servait depuis comme médecin à Temesvar, dans le Banat. Sans doute voulait-il démontrer à son père qu'il n'était ni un pleutre ni un efféminé. Depuis, ses relations avec Franz s'étaient distendues – je crois qu'ils se sont fâchés pour une femme –, si bien que mon ami ne pouvait me donner de nouvelles plus fraîches. Il avait entendu dire néanmoins qu'Otto s'était livré, dans l'armée, à de nouveaux excès. On disait qu'il organisait des orgies avec les jeunes appelés du contingent qu'il initiait à la drogue et à la licence sexuelle. On avait fini par l'hospitaliser à nouveau pour toxicomanie en Roumanie. Pour finir, Franz m'a demandé :

— Et Hanna ?

— Hanna va bien, lui ai-je répondu en souriant, très bien ! Nous ne nous sommes jamais mieux entendus que depuis qu'elle est morte.

— Je veux dire... elle revient toujours te visiter en rêve ?

— Lorsqu'elle s'absente deux nuits d'affilée, je me rends dans une synagogue et fais dire une prière à son nom. Le soir même, elle rentre à la maison. Elle est beaucoup plus sage qu'autrefois. Et vois-tu, au moins, elle ne vieillit pas !

— Mais... tu...

Il hésitait à me dire franchement ce qu'il pensait. Je voyais bien qu'il trouvait anormal d'entretenir une relation avec une morte.

— Tu veux me demander si je connais d'autres filles, c'est ça ?

— Oui !

Dès 8 h 30, ce matin, j'arpentais la Bahnhofstrasse, impatient de rencontrer le dénommé Sergueï. J'avais demandé : « Qui est Sergueï ? Comment ferai-je pour le reconnaître ? – Ne vous inquiétez donc pas, jeune homme, avait répondu Lénine, c'est lui qui vous approchera... » A 9 heures, une jeune femme m'a abordé sur le trottoir. De petite taille, très élégante, couverte de bijoux qui cliquetaient autour de ses poignets à chacun de ses mouvements, de larges fossettes plissaient ses yeux jaunes, couleur de miel, qui semblaient rire au soleil.

— Monsieur, me lança-t-elle, pourriez-vous m'indiquer l'heure, s'il vous plaît ? J'ai peur d'être en retard ; j'avais rendez-vous à 9 heures au café Sprüngli.

Elle s'est adressée à moi en allemand, mais son accent russe ne laissait aucun doute sur ses origines. J'ai levé de grands yeux pour lui répondre :

— Il est très précisément 9 heures à mon gousset, madame !

— C'est ainsi, reprit-elle, le soleil se lève toujours à l'est et il est rouge !

— Vous êtes ?

— Je suis Sergueï, sourit-elle à nouveau, m'offrirez-vous un café et peut-être quelques chocolats ?

Elle s'appelle Maria Magdalena von Gutenberg et c'est une vraie baronne, de Saint-Pétersbourg. Elle m'a fait passer un interrogatoire dans les règles de l'art : le nom de mon père, de mon grand-père, de mes ancêtres, les villes que je connais, les langues que je parle, les personnes que je fréquente, les livres que je lis ; que j'ai lus... Non, je n'ai rien lu de Lénine en vérité, seulement Marx et Engels ! Et puis, ses questions se sont faites plus intimes : si je suis marié – non ! Pourquoi ? En ce moment le monde est trop dense pour dormir la nuit, comme finissent toujours par le faire les hommes mariés ! Si je suis homosexuel, alors ? Non, pas à ma connaissance ! Mais plusieurs de mes amis le sont... Si j'ai une petite amie, une fiancée ? Oui, une fiancée, elle est morte... Une lueur dans ses yeux. Elle m'a pris la main. Elle semblait attendrie. Si je sais écrire ? Je m'essaie à la poésie et aux chansons depuis plus d'un an, avec un certain succès... Mais écrire des articles de presse ? Est-ce qu'il m'était arrivé de publier dans des journaux... Oui, dans des revues, mais pas dans les journaux ! J'aime approfondir les questions ; je suis un peu perfectionniste. Les journaux sont souvent pris par l'urgence... Quel était le sujet de ma thèse de médecine ? L'invention du dentifrice ! Elle a éclaté de rire. « Le socialisme, ce sera le dentifrice pour tous ! » Elle ne notait rien, me regardait au fond des yeux, souriant sans cesse. Elle me frôlait la main, me soufflait son parfum au visage... Je me suis senti porté par un désir que j'avais oublié et qui me revenait soudain intact, indemne après son passage par le monde des morts. Voilà trois ans que l'essentiel de mon activité sexuelle se déroule en rêve. Les chocolats du café Sprüngli sont délicieux !

— Connaissez-vous Willy Münzenberg ? me demanda-t-elle soudain.

— Non ! Je n'ai jamais entendu ce nom...

— C'est pourtant l'un des militants les plus actifs du parti socialiste de Zurich !

Je lui ai expliqué que je ne fréquente pas les socialistes ; que je les trouve trop mous, obsédés par la morale bourgeoise.

— Pas celui-ci, m'assura-t-elle, il a votre âge. Il vous ressemble, d'ailleurs. Il est à la fois beau et coupant comme une lame de rasoir. Vous le rencontrerez demain, à la même heure, au même endroit.

Et elle s'est levée pour partir. Je suis resté assis sur ma chaise. Je la regardais tristement. Elle allait disparaître comme elle était apparue. Je la poursuivrais de mes pensées. Je ne saurais où la trouver...

— Non ! Ne partez pas !

— Mais voyons, Isaac Yosefovitch, je dois me rendre immédiatement à une réunion Spiegelgasse...

— A la Spiegelgasse ? Mais qu'allez-vous faire à une réunion au Cabaret Voltaire ?

— Non, pas au numéro 1 de la Spiegelgasse, au numéro 14 ! C'est là qu'habite Vladimir Ilitch. Vous viendrez certainement un jour. Allez...

Non seulement elle allait partir, mais elle me demandait d'y consentir, par-dessus le marché...

— Non ! Ou alors donnez-moi quelque chose de vous...

Elle s'était rapprochée de moi. Je sentais son corps qui s'appuyait contre ma cuisse. Elle caressait mes cheveux d'un geste naturel.

— Quelque chose ? Accepterez-vous un baiser ?

Je n'ai pas répondu. Je trouvais sa proposition encore plus triste. Un baiser qui allait se poser là et s'évanouir, séché par les événements du jour, comme un rêve...

— Oui ! Donnez-moi un baiser ! Mais un baiser, ce n'est pas quelque chose...

Elle a posé ses lèvres sur les miennes. Etait-ce une illusion ? Je les ai senties brûlantes.

— Ne partez pas, Maria, restez encore un peu, s'il vous plaît.

Elle a alors plongé la main dans sa poche, en a tiré un mouchoir qu'elle est allée imprégner de son odeur sous son aisselle.

— Vous êtes comme un enfant, Isaac Yosefovitch,

tenez ! Dans le village de ma grand-mère, un tel geste était presque une promesse de mariage...

J'ai pris le mouchoir que j'ai immédiatement porté à mon nez, tout en la regardant partir. J'ai respiré le mouchoir ; elle sentait la femme, elle sentait l'action, elle sentait la vie, la vraie...

.../ Zurich, 20 décembre 1917

C'était il y a quelques jours, le 7 novembre dernier, Vladimir Ilitch a lancé les partisans à l'attaque de Petrograd. Les nouvelles nous arrivent très régulièrement par télégramme. Je brûle de rentrer en Russie. Willy m'exhorte à la patience. Nous n'avons pas l'autorisation de quitter Zurich. Nous sommes bien plus utiles en restant ici – c'est du moins ce que l'on nous répond de là-bas. Nous avons pour mission d'élaborer les slogans pour les soutiens étrangers à la révolution. Willy a bien plus d'idées que moi. Il paraît que nos camarades ont investi le palais d'Hiver en chantant l'« Hymne à la mère » que j'ai écrit avec Maria Magdalena un soir d'ivresse. Je suis meilleur pour écrire de la poésie ou des chansons que pour trouver des slogans et des soutiens à la cause. L'hiver est arrivé, aussi soudain que la révolution, par une tempête de neige qui a duré plus d'une semaine. Depuis, la ville est recouverte d'un épais manteau luminescent qui l'éclaire la nuit comme en plein jour. On dirait que le temps s'est aussi mis de la partie en dessinant des paysages que nul n'avait jamais vus auparavant. Je pense à mon maître qui m'a enseigné l'hébreu, le bon Rabbi Leibovits. S'il est encore vivant, il doit proclamer partout qu'est advenu le temps du *Mashia'h*. Je l'entends crier d'ici le vendredi soir, après l'office, en commentant le chapitre de la semaine : « Réjouissez-vous, le *Mashia'h* est parmi nous – et il est arrivé de notre vivant. » Je n'ai aucune nouvelle d'Odessa. Malgré les événements exceptionnels que nous sommes conscients de vivre, je suis triste de savoir les miens si loin, et peut-être en danger.

Aujourd'hui, j'ai reçu une lettre du professeur Freud. Il se plaint tout au long. A Vienne on ne trouve plus de quoi se chauffer et presque plus de quoi manger. Mais le plus grave est qu'il n'a plus un seul cigare. Je l'imagine ouvrant fébrilement les tiroirs de son bureau à la recherche d'un vieux mégot caché à tante Minna. Il doit être d'une humeur massacrante. Nous réfléchissons à la meilleure façon de mener le combat et, lui, il pleure après la paix. En réponse à ma lettre, il m'a écrit qu'il pourrait sans doute s'intéresser à la révolution russe si au moins il mangeait à sa faim. Ses commentaires politiques semblent tout droit sortis de la presse bourgeoise la plus banale. Il espérait que la guerre sous-marine totale déclarée par les Allemands allait faire capituler les Alliés. « Vous êtes deux fois mon ennemi, m'a-t-il écrit, une fois en tant que Russe et une autre en tant que rouge. Mais un ennemi si proche que j'éprouve de la nostalgie en repensant à nos longs entretiens, les débuts de soirée du mercredi. Au travers de cette guerre maudite, les Russes ont introduit en Occident la barbarie des steppes asiatiques. J'espère que vous n'avez pas oublié les leçons de sagesse reçues autrefois auprès de vos collègues psychanalystes et qu'il vous arrive de temps à autre de penser en médecin et en psychiatre – que vous êtes –, peut-être même en psychanalyste – que vous deviendrez sans doute bientôt. » Freud a ajouté que la seule nouvelle qui l'avait réjoui durant toute cette année était la prise de Jérusalem par les Anglais et l'espoir fou de voir renaître la patrie éternelle des Juifs. « L'an prochain à Jérusalem, s'ils arrivaient au moins à trouver un médicament contre la malaria qui infeste toute la région... » Même le professeur Freud pense à la venue imminente du Messie. Il a terminé sa lettre en me transmettant les tendres affections de tante Minna.

Alors que je lisais la lettre du professeur, Maria Magdalena est entrée sans frapper, comme elle le fait toujours. Dans les premiers instants de sa visite, j'ai toujours l'impression de voir réapparaître Hanna. Elle ne lui ressemble pas, pourtant. La beauté de Maria est enfant du trouble ; l'attirance qu'elle exerce provient de la confusion qu'elle fait naître par sa seule présence – sa première parole n'a-t-elle pas été de me déclarer qu'elle s'appelait Sergueï ? La beauté de Hanna, en revanche, est toute clarté, limpide et immédiate prescience du corps de l'autre, alors que Maria est ouverte, mais opaque. Elle offre son corps jusqu'au tréfonds, mais le quitte au dernier moment, comme on abandonne un navire au moment du naufrage, vous laissant seul à bord.

— Que se passe-t-il, Maria ?

— Rien ! Pourquoi te tracasser pour si peu ? Je suis heureuse ainsi, voilà tout !

Je perçois son corps qui se raidit, comme si elle était soudain saisie par une peur. J'imagine qu'elle craint de perdre la tête, de devenir folle sous les assauts de son propre plaisir. Aujourd'hui, j'ai décidé de la faire boire. La nuit était déjà en train de tomber alors que l'on avait à peine passé 4 heures. J'ai lu que les Anciens, les Egyptiens, les Grecs, imaginaient que la femme abrite en son sein un animal vorace qu'ils nommaient utérus – un animal se nourrissant exclusivement de la semence de l'homme. Aujourd'hui, je l'ai senti, l'animal, il s'extrayait d'un long sommeil et, s'agrippant à moi, il me suppliait. Surprise par sa violence, Maria Magdalena s'est mise à trembler. Et je continuais à lui parler, dans le creux de l'oreille, si près que j'en ressentais le sel. J'ai senti monter son cri ; il venait du profond des entrailles. Elle a pris ma bouche avec violence pour l'empêcher de naître. Comme une noyée, elle suffoquait, me serrant de ses ongles. Son appel s'est englouti dans notre moment d'absence.

Nous sommes restés ainsi un long moment. J'ai dû m'endormir. Des lueurs chamarrées ont peuplé un rêve aussi bref qu'un sursaut. J'ai pensé que je voyais les coups de feu que l'on tirait à Moscou. C'est elle qui a parlé la première.

— Isaac Yosefovitch, commença-t-elle, ne va surtout pas penser que la première fois donne le moindre privilège. La première fois, ce n'est rien qu'une position dans le temps.

— Maria Magdalena, sourire échappé de l'enfance, chaque instant est une éternité. Il me suffit de celuici. Il me durera toujours.

Elle m'a repoussé violemment des deux mains.

— C'est exactement le type de fanfaronnades que je déteste chez les hommes. J'ai eu confiance, j'ai fermé les yeux. Maintenant, tu te comportes en soudard...

Nous avons ri, parlé et ri encore. Le plaisir délie les langues ; c'est pourquoi il est si dangereux. Voilà près d'un an que nous dormons ensemble – pas toutes les nuits, bien sûr, mais souvent.

— Je ne sais pas si nous aurons l'occasion de rester longtemps amants, reprit-elle, je crois que je vais bientôt rentrer en Russie.

— En Russie ? Mais moi aussi, je veux rentrer !

— Je ne devrais pas te le répéter, Isaac Yosefovitch, c'est à Willy de te l'apprendre : nous avons pris une décision à ton sujet. Je crains fort que tu ne sois amené à rester par ici.

— Quoi ? Rester ici ? Mais pourquoi ?

— La révolution utilise chacun selon ses compétences. Tu parles parfaitement l'allemand, tu es diplômé de l'université de Vienne, tu as un métier, tu pourras te fondre dans la population. Et, lorsqu'on réfléchit, tu ne t'es jamais battu autrement qu'avec ta plume. Tu continueras à travailler avec Willy.

— Je refuse, me suis-je écrié en sautant hors du lit, je refuse ! Je demande à être rapatrié. Je vais écrire à Vladimir Ilitch sur-le-champ.

— Tu sais fort bien que Vladimir Ilitch est très malade. Tu dois bien imaginer, je présume, qu'il ne répondra pas lui-même à ton courrier. Il ne le lira sans doute même pas ! Allons, Isaac Yosefovitch, choisissons ensemble le nom que tu prendras lorsque tu repartiras vers le Nord.

— Parce que toi, tu sais quelle est ma prochaine destination, alors que moi, je l'ignore...

— Je t'en ai déjà trop dit ! Contente-toi de choisir un nom allemand...

Comme elle avouait que, malgré sa réticence, elle avait fini par éprouver des sentiments, elle m'a proposé Freund (« l'ami ») ou Freundlich (« aimable »). « Herr Doktor Freundlich... Ça ne te plaît pas ? » Mais je trouvais à ces noms une consonance trop juive. J'ai essayé Freiss (« qui inspire la terreur ») pour me gonfler d'importance. Elle a éclaté de rire. Elle trouvait que ma constitution frêle, qui me faisait encore prendre pour un tout jeune homme, allait faire rire. Nous sommes finalement tombés d'accord sur le nom Funk (« étincelle »)... Adopté ! Je m'appellerai Heinrich Funk ; le docteur Heinrich Funk.

Elle avait tellement insisté pour que nous décidions ensemble, comme s'il s'agissait du prénom de notre futur enfant. Elle a ajouté :

— Tu devrais perdre cette habitude de rédiger régulièrement ton journal. Tu es maintenant sorti de l'adolescence. Imagine que la police mette la main là-dessus. As-tu seulement songé aux conséquences que cela pourrait avoir, non seulement pour toi, mais pour nous tous !

Je ne peux pas. Cette habitude est comme une drogue. Je ne sais pas y renoncer...

.../ Vienne, 26 septembre 1919

Le téléphone fonctionne de nouveau dans Vienne. J'ai appelé lundi matin au cabinet du professeur. Anna, sa plus jeune fille, m'a répondu.

— Le professeur est très occupé, m'a-t-elle immédiatement prévenu. Qui êtes-vous ?

— Heinrich Funk, le docteur Heinrich Funk, de Berlin. Je suis psychiatre. De passage pour quelques semaines à Vienne, je voudrais profiter de mon séjour pour m'initier à la psychanalyse.

— Mais pourquoi n'avez-vous pas écrit avant d'appeler ? a-t-elle immédiatement répliqué, revêche. Je ne sais pas si le professeur pourra vous recevoir.

J'ai insisté, lui signalant que je l'avais déjà rencontré dans le passé, avant la guerre, et que, même s'il ne se souvenait pas de mon nom, il me reconnaîtrait et serait certainement heureux de me revoir. Elle se préparait à raccrocher l'appareil lorsque j'ai ajouté que j'étais porteur d'un message du docteur Max Eitingon, de Berlin. Ce nom était le sésame qu'il fallait prononcer pour être admis dans la maison. Elle s'est un peu adoucie et j'ai obtenu de cette harpie un rendez-vous pour le vendredi à 18 heures.

Vienne n'est plus que l'ombre de ce qu'elle était avant guerre. Je n'y étais pas revenu depuis ce jour de février 1915 où j'avais décidé de fuir la folie des nations. Malgré ma formation médicale, j'ai gardé un esprit mythologique. Je crois qu'il existe des êtres tels que « la France » ou « l'Allemagne » et bien sûr « la Russie ». Et je pense encore aujourd'hui que, en cette année 1915, ces êtres gigantesques, ces Molochs modernes, avaient perdu la raison. Malgré ce que proclamaient leurs dirigeants, je ne parvenais pas à croire qu'aucun d'entre eux défendait la civilisation – l'Allemagne et son militarisme terrifiant, la France qui déferlait chez les sauvages en les assassinant par dizaines de milliers, au Tonkin, au Maroc, à Madagascar, l'Angleterre qui exploitait les indigènes d'Inde et d'Afrique en les affamant, et la Russie des tsars, la pire, la Russie du knout et des potences, des bagnes en Sibérie et des pogromes contre les Juifs... Je détestais tous ces êtres ! Je ne pouvais accepter de me battre pour aucun d'entre eux.

J'avais été rappelé par l'administration russe dès le début de la guerre ; la police de Vienne me convoquait toutes les semaines, en tant que ressortissant d'un Etat ennemi. Je commençais à sentir le filet se resserrer autour de moi. J'avais alors, comme beaucoup, pris la décision de me réfugier en terrain neutre, en Suisse. Mais Vienne me manquait – cette ville de mes premiers pas dans le monde, qui soignait l'apparence tout en cultivant le secret, cette ville où les Juifs étaient propres, intelligents et puissants, cette ville qui aimait l'Antiquité, se pensant Athènes ou Ephèse, et qui inventait la modernité.

Désormais, la misère est partout, une misère qui s'étale comme une gangrène. Dans la rue on croise des gens en loques ; le plus frappant est leur état d'épuisement physique. Plus rien dans les boutiques, parfois de simples boîtes vides en vitrine. Vienne est devenue une sorte de Cour des miracles ; le royaume des pauvres en guenilles. On les voit par centaines faire la queue devant les soupes populaires. Des soldats démobilisés, enroulés dans leurs capotes miteuses, les pieds enveloppés de journaux et la tête couverte d'écharpes trouées, errent sur les trottoirs, l'arme au poing, à la recherche d'un mauvais coup. Presque à chaque coin de rue, on peut voir un cinglé haranguer la foule, l'appelant à la révolte. Plus personne ne sourit en vous croisant et, pire que tout : un personnage a disparu – la femme, la coquette, la courtisane qui traversait les boulevards, altière, les fesses rebondies sous la crinoline. Où est-elle cachée, cette Viennoise qui, tel un soleil, faisait mûrir les adolescents par sa seule apparence ? Et Vienne pue ! La ville a changé d'odeur. Une sorte de nuage grisâtre plane au-dessus d'elle, qui sent la suie, le fer rouillé et la mort. Il faut dire qu'il n'est pas rare d'y croiser le cadavre d'un de ces loqueteux, laissé là attendant qu'une militante d'une œuvre de charité américaine entreprenne de l'ensevelir, sans cercueil, sans dalle, sans inscription, Soldat inconnu de la misère.

Je me suis rendu au cimetière de Zentralfriedhof pour me recueillir sur la tombe de Hanna. Je n'y ai pas vu signe de vie – ni fleur ni caillou ; l'inscription de son nom était presque effacée. En m'approchant, j'ai constaté que la pierre était fendue en plein milieu ; une large entaille qui avait légèrement soulevé les bords. Je n'ai rien ressenti, ni tristesse ni exaltation, seulement de l'ennui. La morte était manifestement partie d'ici.

Confortablement installés à l'hôtel Bristol où l'on ne croise que des étrangers, nous travaillons avec Willy à dresser la liste des intellectuels et des artistes à contacter : Schnitzler, von Hofmannsthal, Mahler, Schönberg, Otto Wagner, Macke, Klimt, Egon Schiele... Nous ne resterons pas ici plus de trois mois. C'est à Berlin que nous nous installerons – Berlin, où je brûle d'aller au plus vite pour retrouver mes amis du mouvement Dada, mes amis poètes, les anciens d'Ascona... Berlin, surtout, où j'ai l'espoir de participer enfin au combat. Selon la formule de Vladimir Ilitch, le communisme parcourt l'Europe comme une longue mèche reliée à des explosifs. Si Paris, Londres, Zurich ou Vienne sont des bombes, Berlin est un baril de poudre et nous nous abattrons sur ce baril comme la foudre un soir d'orage.

Anna Freud m'a ouvert la porte. Elle ne semblait pas très à l'aise devant ma mise recherchée – costume trois pièces en tweed gris-bleu, cravate de soie rouge à pois blancs, large chaîne de montre en or barrant mon gilet, guêtres bicolores, fauve et blanc, j'avais tout de l'aristocrate en affaires avec une entreprise américaine.

— Mademoiselle Freud, je présume ? lui ai-je demandé en la toisant.

En quatre ans, Anna Freud était passée de la jeune fille nubile à l'institutrice acariâtre. Le visage sans aucun fard, la mine sévère, vêtue sans recherche de vêtements trop amples, des chaussettes plissant sur ses chevilles et les pieds dans des godillots au cuir fendillé, elle me regardait avec méfiance. Manifestement, elle ne me reconnaissait pas.

— Qui êtes-vous ? m'interrogea-t-elle dès l'entrée, soupçonneuse.

— C'est la seconde fois que vous me posez la question, mademoiselle. Comme je vous l'ai dit au téléphone, je suis le docteur Funk, de Berlin, le docteur Heinrich Funk ! Le professeur doit m'attendre...

En attendant Freud, je parcourais du regard ces mêmes gravures suspendues au mur, et mon esprit s'était égaré dans le passé – dix ans plus tôt, ce jour de janvier 1910, à 18 heures précisément, comme aujourd'hui, lorsqu'il reçut Hanna. Il a été si surpris de me voir qu'il a tapé de son talon avec force sur le parquet.

— Docteur Rabinovitch ? s'est-il étonné. On m'avait annoncé un docteur Funk.

Il avait pris son air sévère, celui qu'il adopte lorsqu'il rencontre un étranger.

— *Az men hot guelt, iz men i kloug, i sheïn, i men zingt tov,* lui ai-je répondu en yiddish (« Si on a de l'argent, on est intelligent, on est beau et on chante bien »)...

— Ah, reprit-il en souriant enfin, moi, j'ai autant d'argent qu'un Juif a de cochons... Comme on dit en yiddish, *hoben azoy fil guelt vi a yid h'azeïrim*. Approchez que je vous embrasse. Je vous croyais mort ! Vous ne m'avez pas écrit depuis près de deux ans, n'est-ce pas ? Peut-être davantage encore. Je suis vraiment fâché ! Vous êtes impardonnable, Rabinovitch. Avec tous ces événements, nous avons peur pour nos jeunes gens ; ils meurent par dizaines de milliers. Enfin, vous êtes là, vous semblez en bonne santé. Mais que m'a-t-on appris ? Vous souhaitez vous former à la psychanalyse maintenant ? Ah, j'en étais certain. Il reste encore un peu de flair au vieil homme, malgré tout !

La guerre avait eu raison du ventre de Freud – ce ventre qui le faisait ressembler autrefois à un nanti. Il était bien plus élégant ainsi. Mais son visage était devenu plus dur et son regard moins acéré, comme s'il s'était réfugié plus loin, à l'intérieur de lui-même...

— C'était seulement une façon de m'introduire,

professeur. Je n'ai aucune intention de me former à la psychanalyse – du moins pas pour l'instant, ai-je repris aussitôt en remarquant son air consterné.

Je lui ai expliqué qu'avec tous ces événements qui avaient bouleversé le monde, j'avais trouvé plus prudent de changer de nom. Sinon, je n'en finirais pas de visiter les postes de police. Les modalités d'une relation ont bien du mal à changer. Freud a aussitôt repris les habitudes d'autrefois. Il s'est mis à me parler de ses problèmes.

— Cette guerre a été terrible, commença-t-il, mais depuis qu'elle est terminée, c'est bien pire encore. Plus personne n'a un sou vaillant – comment voulez-vous qu'ils songent à soigner leur névrose ? Je crois que je suis devenu aussi pauvre que l'était mon père en arrivant à Vienne. Voilà ce que me rappelle Vienne aujourd'hui : la ville que j'ai connue lorsque nous y avons débarqué avec nos malles et nos baluchons, en 1860. Et je la déteste plus encore qu'autrefois ! Deux aliments indispensables à ma santé me manquent cruellement, voyez-vous, Rabinovitch : la viande et le tabac. Et l'argent qui dévalue, qui dévalue sans cesse. Placer son argent dans une banque, c'est comme laisser un pain de glace au soleil en plein désert. On n'a pas sitôt tourné le dos qu'il a diminué de moitié. Chaque mois, je retire une part de mes économies pour nourrir ma famille. Et je suis pris d'une sorte de vertige. Je sais que ce ne sera pas sans fin ; qu'il y aura un moment, très bientôt, où je ne pourrai plus piocher dans les réserves, tout simplement parce qu'elles seront épuisées. A ce moment, vous pourrez vous préparer à vous rendre à mon enterrement, vous qui aimez tant les rituels. Ma fille Anna m'a dit que vous vous étiez recommandé de Max Eitingon. L'avez-vous rencontré à Berlin ? J'y étais encore il y a peu et il ne m'en a rien dit...

Je savais d'expérience que, lorsque Freud posait une question, il n'était pas indispensable d'y répondre. Mais je trouvais l'occasion belle de parler du mouvement...

— Je rencontre assez souvent le docteur Eitingon. Nous nous sommes liés d'amitié. Nous sommes tous deux russes, comme vous le savez...

— Oui, répondit d'abord Freud, oui, je le sais, mais je n'y pensais pas. Et qu'est-ce que cela peut faire que vous soyez tous deux russes ?

Je me suis alors décidé à aborder le sujet que j'avais envisagé de discuter avec lui.

— Vous le savez, voyons ! Vous savez ce qui se passe en Russie, professeur ! Pour la première fois, le peuple s'est emparé des rênes du pouvoir. Il faut tout faire pour protéger la révolution. Aujourd'hui, la Russie est une cause, une vraie cause ! Une cause qui vaut qu'on la défende...

Il s'est effondré dans son fauteuil. Il avait l'air hagard. Son visage s'était défait en un instant. Je lui ai demandé ce qui l'avait tant attristé dans mes propos. Il ne me répondit pas. J'ai insisté pour savoir si c'était ma remarque sur la Russie qui l'avait mis dans un tel état.

— Mais non, Rabinovitch, a-t-il enfin consenti à répondre, mais non ! Ce ne sont pas vos propos, mais une association d'idées, une simple association d'idées. Vous évoquiez la Russie et j'ai tout naturellement pensé à Sergueï Pankeïev, ce patient que j'appelais « l'homme aux loups »... Eh bien, il est revenu ! Il est à nouveau malade, plus malade que jamais ! D'ailleurs, lorsque j'y pense, vous me rappelez cette canaille de Pankeïev. Non par quelque symptôme, seulement parce que vous êtes originaire d'Odessa, tout comme lui. C'est un aristocrate, un blanc, comme on dit maintenant. La révolution l'a ruiné ! Il a été dépossédé de tous ses biens par une horde de vandales en guenilles. Et voilà que non seulement il rechute de plus belle, avec de nouveaux symptômes qui plus est, mais il se répand partout en m'accusant d'avoir décrit son cas de manière mensongère. Imaginez un peu... Kraepelin, Wagner-Jauregg ou même ce jeune Kretschmer qui commence à faire parler de lui en écrivant des banalités sur la paranoïa... Imaginez qu'ils le rencontrent. Ah, ils vont bien rire ! Il ne fait pas l'ombre d'un doute qu'ils publieront le cas dans les journaux. Parce que, ce que vous ne savez pas, c'est que « l'homme aux loups » a consulté Kraepelin autrefois à Munich. Et maintenant qu'il prétend que mon traitement ne l'a amélioré en rien, il veut y retourner. Il me l'a avoué. Il ne faut pas, Rabinovitch... à aucun prix... Ah ! Je donnerais cher, très cher, pour être certain qu'il n'ira pas se commettre avec ces scélérats. Je les entends déjà s'esclaffant à mon sujet. Et Janet se mettra de la partie, aussi sûr que la syphilis prospère chez une vieille prostituée du port de Hanovre. Tout... Il remet tout en cause, tout ! La scène primitive que j'ai reconstituée – cette scène où, à l'âge de deux ans, il a surpris ses parents dans la chambre en train de copuler. Allez, je suis certain de la réalité de cette scène. J'ai même établi la façon dont ils s'accouplaient, *a tergo*, comme on dit, par-derrière... Vous vous en souvenez ? Non ! Vous n'avez même pas lu mon papier, je parie ! Eh bien, il prétend aujourd'hui n'avoir confirmé cet épisode que pour me faire plaisir, qu'il n'en a jamais eu aucun souvenir. Mais je le sais parfaitement, grands dieux, qu'il n'en a aucun souvenir, puisqu'il s'agit d'un souvenir inconscient...

Et il poursuivait ses plaintes, inlassablement. J'avais

l'impression d'être revenu au shtetl, comme lorsqu'on allait visiter l'oncle Aliocha, le vieil oncle maternel de mon père, qui passait l'après-midi à se plaindre. J'ai fait une nouvelle tentative :

— Professeur, le monde a changé. Il est arrivé l'événement le plus extraordinaire depuis la Révolution française...

Il a fini par me voir. Il a levé les yeux, m'a fixé un long moment. J'ai retrouvé cette lueur glacée qu'il avait parfois lorsqu'il partait au combat contre l'un ou l'autre de ses disciples.

— Franchement, Rabinovitch, *oun siz gout far oundz ?* me dit-il enfin en yiddish, « est-ce que c'est bon pour nous ? ». Je n'ai aucune confiance dans les Russes. J'attends de voir le sort que les rouges réserveront aux Juifs...

— Un pays en construction, vous dis-je, un gigantesque chantier... Des dirigeants politiques éclairés et, parmi eux, bon nombre sont juifs : Jacob Sverdlov, Lev Kamenev, Léon Trotski, pour ne citer que les premiers qui me viennent à l'esprit. Non ! Vos préventions sont ridicules, professeur. La Russie a changé ; définitivement changé. Vous voudrez participer aux lumières, j'en suis certain. Je vais maintenant vous dire la raison qui m'a poussé à vous rencontrer au plus vite. Je vous la livre en un mot : la psychanalyse qui vous tient tant à cœur a trouvé sa patrie. Il suffit seulement que vous le souhaitiez. Science révolutionnaire, elle viendra habiter la révolution, comme son foyer, elle s'y sentira comme un poisson dans l'eau. Je peux aujourd'hui vous annoncer que la psychanalyse sera la psychiatrie de l'Etat révolutionnaire russe. On l'enseignera dans les universités, on s'y référera dans les textes officiels, on l'utilisera à grande échelle, des grands hôpitaux publics jusqu'aux derniers dispensaires de village. Vous disposerez ainsi d'un champ d'expérimentation infini. Aucun de vos rivaux ne pourra se prévaloir d'une pareille validation de sa pensée. Janet sera oublié, Kraepelin enterré, et votre Pankeïev, lorsqu'il aura compris l'intérêt de la nation, rentrera tout simplement chez lui. Car je vais vous dire de quoi souffre votre fameux patient : du manque de loups, précisément ; il souffre de la nostalgie de notre magnifique loup des steppes !

J'ai alors regardé Freud ; il semblait anéanti. Plus je parlais de la révolution russe, plus il s'enfonçait dans son fauteuil...

— Mais qu'avez-vous donc, tous autant que vous êtes ? demanda-t-il d'un ton douloureux. Ferenczi a accepté une chaire de psychanalyse offerte par Bela Kuhn, par les rouges, Eitingon m'a tenu le mois dernier un discours très semblable au vôtre, il m'a même proposé de l'argent provenant du gouvernement russe – cet illuminé de Bernfeld rêve d'enrôler les jeunes délinquants dans des mouvements politiques russes –, et voilà que maintenant vous voudriez à votre tour m'embarquer dans votre galère... Allez tous au diable avec votre révolution ! Je ne sache pas qu'aucun bouleversement social ait jamais réussi à transformer les hommes...

Il n'était pas d'humeur joyeuse. J'ai jugé inutile de poursuivre, du moins aujourd'hui. Avec Willy, nous avions parfaitement ajusté notre objectif. Il fallait que nos savants, nos artistes, nos écrivains soient intimement convaincus ; que leur réaction soit immédiate et absolue, surgissant du plus profond – ce devait être une émotion pure, davantage même : une pulsion ! Ils devaient pouvoir prendre parti pour la Russie soviétique de manière authentique et passionnée, s'engager dans la lutte par amour. La révolution russe devrait leur paraître l'avenir du monde et les valeurs bourgeoises un attachement rétrograde. Etant donné l'humeur de Freud, j'ai préféré éviter pour l'heure la discussion politique, qui semblait tourner à l'affrontement. J'ai changé de sujet.

— Anna a beaucoup mûri, professeur, je l'ai à peine reconnue.

— Oui ! Anna est ma consolation, mon bâton de vieillesse, mon Antigone ! Elle me guide lorsque je suis aveugle ; elle est ma main, tapant mes lettres et mes articles à la machine ; elle est mon cœur, aussi, me rappelant mes engagements... Elle me conduira jusqu'à ma tombe.

— Votre tombe... Comme vous y allez ! Vous êtes bien loin du compte, des cent vingt ans prescrits ! Quant à Anna, il est grand temps qu'elle se marie, ne pensez-vous pas ?

— *Oy va voy !* J'ai bien peur que ce bonheur me soit refusé à jamais, m'a répondu Freud en prenant un air de conspirateur.

— Pourquoi ?

Il n'avait pas trop envie de s'étendre sur le sujet. Il est revenu sur ce qui le préoccupait : ses difficultés financières, ses angoisses liées à la misère et à la déchéance sociale.

— Voyez-vous, Rabinovitch, j'ai toujours eu le fantasme qu'un mécène, un roi, un prince, que je serais parvenu à tirer de sa névrose, se prendrait de passion pour la psychanalyse et finirait par financer notre mouvement. Je pourrais alors me consacrer à la seule activité dans laquelle je me sens compétent : la recherche théorique. Mais tout cela n'est que fantasmes, Rabinovitch, la réalité est tout autre ; elle est là, elle s'impose, implacable. Il nous faut trimer tous les jours ; nous remettre à la tâche au matin et travailler sans relâche jusqu'au soir, tous les jours, vous dis-je ! Quelquefois, j'imagine que nous pourrions faire des affaires avec la psychanalyse. Nous pourrions par exemple produire des livres à Vienne à bas prix et les vendre en Angleterre ou en Amérique. Peut-être parviendrions-nous ainsi à gagner un peu d'argent.

Je savais Freud pessimiste ; je ne l'imaginais tout de même pas dans un tel état de neurasthénie. Malgré le plaisir que je prenais à le retrouver, je n'oubliais pas que, d'une certaine manière, j'étais en mission ; et je ne savais pour l'heure que penser du plan que nous avions élaboré avec Willy. Peut-être nous faudrait-il reprendre contact avec Eitingon et passer par lui pour amener les psychanalystes à notre cause. Il m'est alors revenu la remarque de Freud au sujet de la Palestine dans l'une de ses lettres. J'ai pensé qu'il serait peut-être possible de l'aborder par ce biais.

— Etes-vous au courant des émeutes arabes contre les Juifs en Palestine, professeur ?

Il m'a regardé, interloqué. Au fond, Freud ne me connaît pas. Peut-être a-t-il acquis quelques notions à mon sujet en écoutant Hanna, mais il ne s'est jamais préoccupé de savoir ce que je pensais, ce dont je rêvais ou même ce que j'attendais de lui. Le plus extraordinaire étant que cet homme si curieux par ailleurs ne m'a jamais posé la moindre question sur mon enfance ou ma famille. Il devait certainement avoir appris quelques détails de ma vie amoureuse, mais guère davantage...

— Dites-moi, Rabinovitch, comment êtes-vous au courant d'événements aussi lointains ? Ce que je sais, en tout cas, et j'en tire une légitime fierté, c'est que les émigrants arrivant de Russie descendent du bateau avec pour tous biens un exemplaire du *Das Kapital* de Marx et un de la *Traumdeutung, La Science des rêves*, de votre serviteur. Ne trouvez-vous pas cela extraordinaire ?

— En ce moment, professeur, je crois que les émigrants sont bien loin de telles préoccupations intellectuelles, lui ai-je répondu. Après la prise de Jérusalem en 1917 et la déclaration de Lord Balfour promettant un foyer pour les Juifs en Palestine, les Arabes se sont déchaînés. Ils ont attaqué les villages juifs, se sont livrés à des déprédations et des pillages, et pas seulement en Palestine ! De telles attaques se sont aussi produites en Syrie et en Egypte. On compte les morts par dizaines...

— Bah, m'a-t-il répondu avec indifférence, les Juifs sont assassinés partout – en Palestine bien moins qu'ailleurs, du reste ! C'est notre sort que d'être toujours enviés, toujours copiés, toujours battus et jamais aimés. Je nourris le projet de rédiger un jour une explication psychanalytique de cette haine que nous porte le monde. J'ai déjà acquis quelques certitudes. Mais je reviens à ma question. Comment êtes-vous au courant des événements de Palestine ? Pour ma part, je n'en ai jamais entendu parler. Et, à propos, que faites-vous, vous, Rabinovitch ? Vous exercez en tant que médecin ? Ou bien en tant que psychiatre ? En Suisse ? Vous vivez toujours en Suisse ?

Il ne m'a pas laissé répondre. Il est aussitôt revenu à la question de la Palestine que j'avais soulevée.

— Fonder un foyer juif, lorsque j'y songe... quelle folie ! J'éprouve de la sympathie envers nos frères de race qui n'ont d'autre solution que de fuir le pays qui les a vus grandir. Mais j'ai bien peur qu'en s'embarquant dans cette galère, les Juifs laissent revenir tous les fantômes qu'ils avaient laissés au fond du shtetl – je veux dire : leurs superstitions et leur mysticisme ridicule. Regardez cette habitude imbécile d'allumer deux bougies les soirs de shabbat. Martha me demande encore aujourd'hui la permission de le faire et, immanquablement, je la lui refuse. Vous me répondrez sans doute que vous ne voyez pas ce que je perdrais à la laisser faire... Eh bien, si ! Dès lors que vous laissez une seule fois pénétrer des pensées irrationnelles – et je sais combien de telles pensées sont attachées aux actions plutôt qu'à la réflexion ; aux rituels bien sûr, à ces actes automatiques –, sitôt que vous les laissez pénétrer, vous disais-je, vous ne pouvez plus rien contre le déferlement de la vague obscure...

De quoi parlait-il ? J'avais l'impression que c'était lui qui succombait aux superstitions ; lui qui voyait le diable en personne dans ce petit rituel innocent auquel procèdent les femmes juives. Et la pauvre Martha qui ne renonçait pas, après trente-trois ans de mariage ; qui essayait encore, inlassable. Peut-être en était-elle arrivée à les allumer en cachette de son mari, ces malheureuses bougies...

— Voyons, professeur Freud, allumer des bougies de shabbat, quel mal y a-t-il à cela ?

— Vous voyez ? J'imaginais bien votre réponse, mon ami ! C'est que vous ignorez la puissance de cette vague noire de l'occultisme, du surnaturel, du mysticisme qui, provenant de nos tréfonds, là même où s'originent nos pulsions les plus sauvages, peut engloutir votre esprit à tout jamais ! C'est précisément de cela que je souhaiterais traiter dans l'un de mes prochains textes – je veux dire : de l'alliance intrinsèque des pulsions d'autodestruction et de la pensée surnaturelle...

Je ne comprenais vraiment pas ce qui déchaînait ainsi sa colère. Tous les vendredis, ma mère se retirait deux minutes dans sa cuisine pour allumer ses bougies, à la tombée de la nuit. Elle n'aimait pas être dérangée alors. Lorsque, enfant, je surgissais auprès d'elle à cet instant, elle faisait mine de ne pas me voir afin de rester concentrée, une écharpe sur la tête, les yeux fermés et les mains tendues vers les flammes naissantes. Une fois, elle m'a expliqué : « Les bougies, Izi – c'est ainsi que ma mère m'appelait –, les bougies, c'est pour ne pas rester tout seuls. Les esprits qui nous entourent, les morts qui veillent sur nous, sont attirés par cette lumière. Ils entrent dans la maison ; ils restent auprès de nous aussi longtemps que brûle la flamme. Elle s'éteint et les voilà repartis pour leur monde de ténèbres et de froid. Rien de plus triste qu'un foyer qui n'en accueille aucun un soir de shabbat. C'est pourquoi toutes les mamans allument les bougies. Il y en a tellement... » Je l'ai questionnée : « Tu veux dire : tellement de morts ? » Elle a pris cet air docte qu'elle avait quelquefois lorsqu'elle m'expliquait les vraies choses de la vie, comme la raison pour laquelle on se noie si on ne sait pas nager ou bien l'utilité des orteils. « Bien sûr qu'il y en a beaucoup, des morts... Imagine tous les morts depuis la création du monde... Beaucoup... Beaucoup plus que de vivants ! C'est pour cette raison que l'on allume deux bougies et non une seule ! »

C'est étrange comme ces énoncés qui nous ont convaincus dans l'enfance restent stables dans la mémoire, comme des évidences intangibles. Sans doute nous autres, Juifs de Russie, sommes-nous restés plus que d'autres des primitifs du shtetl, des *meshigüne fun shtetl*... Mais le professeur Freud m'a l'air fort embarrassé de cette affaire. Une telle violence de ton pour une si petite question. La disproportion entre la cause et l'effet signale une dissonance intérieure. Il a sans doute un motif pour refuser cette petite satisfaction traditionnelle à son épouse.

— Dites-moi, professeur Freud, avez-vous les mêmes problèmes avec tante Minna ? Je veux dire... Essaie-t-elle comme sa sœur de réintroduire par la fenêtre ce que vous avez chassé par la porte ? Parce que, au fond, vous avez deux femmes à la maison... Ne m'avez-vous pas dit autrefois que vous êtes bigame ?

— Je vous ai dit que je suis bigame, s'étonna Freud, ah oui ? Eh bien, je peux vous répondre que Minna ne se comporte absolument pas de la même façon que sa sœur. Non, Minna... Je vais vous expliquer ! Je suis persuadé que l'on cède toujours à l'attrait du mysticisme pour lutter contre des pulsions sexuelles d'une très forte intensité. C'est comme si, devant l'attaque d'un ennemi que l'on sait trop puissant, l'on allait chercher un allié d'une force comparable, mais un allié dont on n'est pas sûr – un allié occasionnel, en quelque sorte...

— Oui, je vois : nous disons un « allié objectif » ; seulement pour cette tâche, si l'on peut dire...

— Exactement, Rabinovitch, exactement ! Mais dans ce cas le remède se révèle plus nocif que le mal. L'allié envahit la place, colonise la personne, l'étouffe à la manière d'un parasite et ne lui laisse plus la moindre satisfaction. Chaque fois que je surprends Martha s'adonnant à ses enfantillages, je la sens qui lutte contre ses désirs érotiques et, voyez-vous, je ne supporte pas qu'elle installe en elle un démon réprobateur qui s'en ira occuper tout son univers.

Je me suis piqué au jeu. J'ai voulu aller plus loin, lui faire exprimer ce qu'il avait sur le cœur...

— Vous voulez dire que, à la différence de Minna, Martha est assaillie de désirs sexuels de très forte intensité ? C'est ça, professeur ?

— Vous ne manquez pas de malice, Rabinovitch,

je dois l'avouer. Je vais vous faire une confidence, puisque vous me le demandez, mais sous forme de parabole. Et, s'il vous plaît, ne me questionnez pas davantage, vous n'aurez rien de plus ! Vous vous souvenez sans doute que, dans le Livre de la Genèse, on raconte qu'un jour Léa voit arriver son fils aîné, Reuven, rentrant des champs, chargé de mandragores pour sa mère. Rachel, sa sœur, dit à Léa : « Je t'en prie, donne-moi les mandragores de ton fils. » Léa répond à sa sœur – la réplique est célèbre : « Ne te suffit-il pas de t'être emparée de mon mari, il te faut les mandragores de mon fils par-dessus le marché ? » C'est alors qu'elles concluent un marché. Rachel échange sa place au lit conjugal contre les mandragores de Reuven. Cette nuit, Léa s'unit une nouvelle fois à son époux, Jacob, et, alors qu'elle n'enfantait plus, elle conçut et lui donna un nouveau fils, le cinquième, je crois. Vous savez ce que sont les mandragores, n'est-ce pas ?

— Il me semble... Mes souvenirs des cours de toxicologie sont un peu lointains. Une plante médicinale, encore utilisée dans certains pays du bord de la Méditerranée, il me semble.

— Oui, sans doute ! Mais, avant toute chose, une plante magique, reprit Freud soudain porté par l'excitation. Une sorte de philtre d'amour. La plante qui permet aux amoureux de se rapprocher, de s'unir, de faire en sorte que le désir ne s'émousse jamais. Voilà ce qu'est la mandragore...

Je n'en croyais pas mes oreilles. Ainsi, Freud était-il Jacob, Martha, Léa, et Minna, Rachel. Et je me suis souvenu. En hébreu, « mandragore » se dit *dodaïm*, « celle qui rapproche les amoureux ». Ainsi, Hanna avait raison ! La mandragore pour Minna et les enfants pour Martha. Car, il ne fallait pas faire la sourde oreille, Freud venait d'avouer qu'à l'une des sœurs il réservait l'enfantement, et à l'autre l'amour et la sexualité – la passion savamment entretenue...

Freud s'était installé dans son fauteuil, se préparant à déguster un nouveau cigare dont il humectait minutieusement l'extrémité.

— Et maintenant cessez vos questions, docteur Rabinovitch, je vous ai prévenu. Je ne vous donnerai pas davantage. Quelquefois, la vie nous réserve des surprises, nous contraignant précisément à ce contre quoi l'on mettait toute son énergie à se défendre...

.../ Berlin, 13 février 1920

Aujourd'hui Otto est mort comme un chien. Otto Gross, le véritable penseur de la psychanalyse, le seul qui ait eu le courage de la percevoir telle qu'elle est, une pensée politique de la société qui va ; Otto Gross, qui, à la différence de ses confrères, n'avait jamais essayé de se faire passer pour meilleur que les malades qu'il soignait ; Otto Gross, mon ami, mon aîné, est mort sur un trottoir de Berlin. Je ne le voyais plus guère, nos chemins s'étaient séparés – sans bruit, sans explication, sans reproche ni de part ni d'autre. Quelquefois, j'imaginais sa longue silhouette décharnée apparaître au détour d'une rue et je me demandais ce que nous trouverions à échanger, lui le penseur de l'individu en lutte contre la société, et moi désormais militant du Parti, sacrifiant mon individualité aux intérêts supérieurs de la révolution. Avant-hier, on l'a ramassé, gelé, dénutri, cachectique. Il avait perdu connaissance en pleine rue, dans la nuit, et s'était affaissé sans un mot, sans un cri. On l'a transporté au sanatorium de Pankow, où les médecins n'ont rien pu faire pour le sauver – ses poumons rongés par la pneumonie, son cerveau par l'héroïne, la cocaïne et l'alcool. Il n'avait sans doute rien mangé depuis plus d'une semaine. Ce soir, je viens d'apprendre par Franz qu'il a été enterré il y a quelques heures au cimetière juif. Otto n'était pas juif, pourtant... bien au contraire, ai-je presque envie d'ajouter. Il était tout ce que l'on peut savoir de l'intelligence d'avant ; celle qui a précédé l'apparition des grandes religions monothéistes. Otto pensait pouvoir choisir lui-même son dieu, c'était sans doute là son erreur. Personne ne le peut ! Ce sont les dieux qui nous appellent, et c'est toujours une souffrance. Otto a voulu inverser la logique du croyant ; il a désigné par un acte d'intelligence ses propres liens. C'était sa grandeur – porté par un souffle majestueux qui se heurtait aux hoquets anémiques des petits savants viennois –, ce fut aussi sa perte !

Ce soir, j'ai erré sans but dans les rues glaciales, comme si je cherchais à mettre mes pas dans les siens, comme si je cherchais à refaire le chemin qui l'a conduit à la mort. Je ne sais par quel détour j'ai fini au Romanisches Cafe. J'y suis entré, espérant y retrouver quelqu'un de connu. Il était peut-être 22 heures. Foule habituelle des braillards, mais je n'y voyais ni Paul Levi à qui j'aurais aimé parler, ni aucun des camarades. Je me suis assis devant les journaux que je parcourais d'un œil distrait. J'ai toujours eu de la chance. Une main s'est posée sur mon épaule. J'ai sursauté... Et la voix de Maria Magdalena, cette voix grave des filles de chez nous, est venue me cueillir au profond de ma tristesse.

— Isaac Yosefovitch... Je n'en crois pas mes yeux ! s'écria-t-elle. Isaac Yosefovitch, mon amoureux aux mots de braise, si grand parmi les vivants que ton ombre s'étend jusqu'à Moscou. Toi ici, Isaac Yosefovitch...

Les dieux ne m'avaient donc pas abandonné. Je me suis retourné et toute ma colère s'était évanouie. Mon visage était clair et déjà ma bouche espérait la sienne. Il existe une mémoire des corps qui gardent longtemps inscrits sous la peau le souvenir des caresses qui les ont encensés.

— Je m'appelle Heinrich Funk – le docteur Heinrich Funk, madame von Gutenberg. Vous me prenez sans doute pour un autre...

Elle a éclaté de rire. Nous nous sommes jetés l'un sur l'autre, tels de jeunes louveteaux affamés accueillant leur mère de retour de la chasse. Au café, nous nous léchions comme des bêtes, sans honte, sans pudeur. Ses cheveux étaient plus blonds, ses yeux plus clairs, sa bouche plus grande et ses mains plus tendres que dans mon souvenir. Il y avait plus de deux ans que nous ne nous étions pas revus ; le temps avait quelque peu estompé l'image. Je l'ai emmenée à l'hôtel Kaiserhof. Je ne voulais pas rentrer à la pension où je risquais de croiser Willy. Nous avions belle allure à nous présenter ainsi à la réception. Son long manteau de fourrure virevoltait à chacun de ses pas et l'or de ses bijoux faisait frissonner celui de son regard. Comme je t'aime, Maria Magdalena ! Je ne le lui disais pas encore, mais ces mots vibraient dans ma tête, attendant de chanter.

Cette nuit, alors qu'elle s'est endormie et que je rédige quelques pages de mes carnets, me revient la pensée de la mort d'Otto. Lorsque nous avons laissé exploser cette tendresse si longtemps retenue, la nouvelle de sa mort s'est placée à l'arrière-plan, comme un décor. La mort nous écorche vivants ; elle nous met l'âme à nu. Nul n'est plus vulnérable à l'amour que celui qui vient de perdre un être cher. Nous nous sommes aimés durant de longs moments sans jamais nous lâcher la main. Sa chaleur embuait mes yeux, sa douceur affolait mes sens, sa brise me transportait dans un monde parfait, sans séquence, où bruissaient indéfiniment les mêmes mots silencieux. Comme je t'aime, Maria Magdalena. Elle a parlé la première...

— Je crois que tu m'as manqué ces deux dernières années, Isaac Yosefovitch...

– ... comme l'air qu'on respire...

– ... comme la terre au paysan...

– ... comme le vent à l'oiseau... Viens, viens plus près ! J'ai froid.

Et nous nous sommes racontés. Elle m'a dit sa vie, ses soirées avec les grands qui n'avaient pas attendu la fin de la révolution pour se donner déjà des airs de notaires. Et ses relations amoureuses, aussi ; d'abord à Moscou, avec un écrivain russe, tôt rallié à la révolution. Il rédigeait les discours de Vladimir Ilitch et les affiches que l'on placardait partout dans les villes et dans les campagnes. Il fallait le surveiller de près – cet homme participait du cercle rapproché, était au courant des discussions stratégiques au plus haut niveau. Et puis il avait disparu, comme ça, du jour au lendemain, sans prévenir. Elle avait d'abord imaginé qu'il en avait eu assez ; qu'il était parti avec une autre femme. Au bout d'un mois, on a fini par lui expliquer que la pensée de cet homme n'était pas suffisamment stabilisée. Certes, il avait un véritable talent littéraire, mais cela ne pouvait suffire dans ces moments où la révolution était assaillie de l'extérieur et de l'intérieur. Où était-il passé, alors ? Elle ne l'a appris que plus tard... au bagne, en Sibérie. Pour qu'il comprenne... Parce que les communistes n'ont pas encore supprimé le bagne ? L'urgence est d'abord de consolider la révolution, de la planter dans le peuple jusqu'à ce que ses bienfaits germent par sa force seule.

Ensuite, une fois réglée la question de l'écrivain, Maria a été envoyée à l'étranger... A l'étranger ? Oui, à Paris ! Où elle avait été chargée de séduire un célèbre écrivain français... Lequel ? Elle ne pouvait pas me révéler son nom, mais c'est l'un des plus grands, des plus connus, dont les articles dans la presse sont immédiatement lus dans le monde entier... Non, il ne fallait vraiment pas que j'insiste... C'est certain que je finirais par l'apprendre, oui... Mais il peut arriver tant de choses d'ici là... Oui, elle vivait toujours avec lui... Mais n'avait-elle pas de sentiments, à la fin ? Comment pouvait-elle vivre avec lui tout en m'aimant comme elle le prétendait ? Bien sûr qu'elle avait des sentiments, et bien plus que moi, sans doute... Mais le temps de toutes les simagrées petites-bourgeoises était désormais révolu... Parlons d'autre chose !

Et je lui ai raconté à mon tour... Otto... Sa mort, exposé sur un trottoir comme un rat crevé, lui qui avait été l'inspirateur de tous les mouvements ayant secoué l'Allemagne et l'Autriche ces vingt dernières années... Je ne pouvais plus m'arrêter. Je parlais, je parlais sans cesse... Je lui ai raconté aussi Ascona, que je ne lui avais jamais avoué, la colonie de Monte Verita, le culte au soleil, les orgies rituelles. Elle a repris en riant ma propre phrase : « Mais enfin, Isaac Yosefovitch, n'as-tu donc pas de sentiments ? » Il devait bien être 3 heures du matin lorsque je lui ai demandé ce qu'elle faisait à Berlin. Elle a hésité. Je voyais qu'elle était gênée... Ça non plus, tu ne peux pas me le révéler ? Et puis j'ai soudain compris...

— Tu es là pour moi ?

— Oui !

— Tu étais chargée d'une mission ; tu ne te trouvais pas par hasard au Romanisches Cafe, c'est ça ? J'ai été suivi – peut-être même est-ce toi qui m'as suivi, c'est bien ça ?

— Isaac Yosefovitch, je ne devrais pas te le dire : tu as des raisons de te réjouir. On t'a remarqué en haut lieu. En très haut lieu, a-t-elle ajouté en désignant du regard le plafond.

— Mais pourquoi me surveiller, alors, si l'on est satisfait de mon travail en haut lieu ?

— On veut s'assurer que tu es fiable, que l'on peut te confier la mission que l'on envisage pour toi. Nous te suivons depuis plus d'un mois.

Elle riait, comme si elle venait de me jouer un tour. C'est ce que j'aime par-dessus tout chez Maria Magdalena : sa capacité de rire comme une enfant et d'agir dans le même temps pour la métamorphose du monde. Sans doute pourrait-elle aussi facilement m'expédier en Sibérie, comme son amant écrivain russe, tout en éprouvant pour moi la passion amoureuse la plus authentique. J'ai lu quelque part qu'au Brésil les Indiens cannibales sont ainsi. Les femmes, surtout, qui peuvent vous aimer le soir et vous manger le lendemain, bouilli ou rôti, tout en vous aimant toujours. Il paraît qu'elles se réservent même le meilleur organe : le cerveau. J'aime cette violence intérieure qui interdit à Maria de se confondre avec son amour. Je me sens plus libre ainsi...

— Tu m'as suivi depuis un mois...

— Mais oui, Isaac Yosefovitch, et je sais tout de toi – y compris tes prières à la synagogue d'Oranienburger Strasse le vendredi soir, où tu vas un peu te griser à l'opium du peuple, et même tes visites à cette petite Juive... comment s'appelle-t-elle déjà ?

— Parce que tu crois que je vais marcher dans ta combine, Maria Magdalena von Gutenberg, tu crois ça ? Tu prêches le faux pour apprendre le vrai...

— Ah oui, ça me revient ! Elle s'appelle Selma Sachs... Mais elle est bien trop jeune pour toi, cette enfant. Pas plus de vingt-deux ans, à mon avis...

Butare, 7 janvier 2004

Le Business Center fermait. J'ai rejoint ma chambre, sans m'endormir pourtant, assailli d'inquiétudes. Tout me revenait par vagues. Ce 13 décembre, où j'ai failli être retenu à Lagos – Lagos où Jack Bean a été sauvagement assassiné le soir même. J'en frémis encore aujourd'hui ! Aurais-je subi le même sort si je n'avais pu m'échapper de cette souricière qu'était devenu l'aéroport enfumé ? Si je n'avais pu embarquer à bord de l'avion d'Air Gabon, si j'avais passé la soirée avec lui, que serait-il arrivé ? Et toute cette agitation depuis, sans que j'aie la moindre idée des motifs réels qui agitent tous ces barbouzes… Sinon que je détiens des carnets rédigés entre 1908 et 1949 par un inconnu, psychiatre et militant politique… Il aurait été plus sage de les laisser me voler. Parce que, aujourd'hui, après que les carnets ont été si longtemps en ma possession, s'ils parviennent à s'en saisir, il ne serait pas étonnant qu'ils décident de se débarrasser du seul témoin de toute l'affaire : moi ! Et, j'ai eu beau passer la soirée à parcourir ces carnets, je n'y ai toujours trouvé aucune explication.

Ce soir, des milans survolaient la piscine de l'Umubano. On m'a raconté que l'on ne voyait pas tant de rapaces dans le ciel de Kigali avant le génocide de 1994.

Ils se sont reproduits en masse, prospérant sur les cadavres qui s'amoncelaient le long des routes. Ce sont les mêmes milans que l'on peut voir au Caire, mais là-bas ils quittent rarement les hauteurs, dessinant des hiéroglyphes dans le ciel, alors qu'à Kigali ils se posent sur les branches basses des arbres, projetant sur les humains inconscients l'ombre élégante de leurs ailes déployées.

Errant à travers mon insomnie, je n'avais plus aucune notion de l'heure – peut-être 2 ou 3 heures du matin – lorsque j'ai entendu des coups frappés à ma porte. Mon cœur s'est mis à battre la chamade. J'ai attendu. Les coups ont recommencé, des coups lents, réguliers, résolus. Je me suis décidé à me lever, j'ai collé mon œil au judas. J'ai eu beau regarder, je ne voyais rien. La personne avait sans doute placé son doigt sur l'œilleton. Je suis retourné dans mon lit. J'aurais, bien sûr, pu appeler la réception ; demander par exemple une bouteille d'eau ou une bière. Mais je n'ai pas bougé ; je restais immobile, figé, dans mon lit. Et l'autre qui frappait toujours. Je suis retourné à la porte, j'y ai collé mon oreille. Je n'entendais rien – rien que les coups frappés régulièrement, avec l'articulation du doigt. Ça ne pouvait tout de même pas durer toute la nuit.

— Qui est-ce ? ai-je demandé en anglais.

— C'est moi ! c'est Préciose, m'a-t-elle répondu en français. Ouvre, Léopold, j'ai quelque chose de très important à te dire. Sonnette d'alarme ! Tu m'entends ? Ouvre, bon Dieu !

Sonnette d'alarme ? Ça fait un moment qu'elle résonne dans ma tête, la sonnette d'alarme. Comment m'a-t-elle retrouvé ? Et surtout, comment est-elle arrivée aussi vite ? Cette femme est diabolique. Est-elle venue seule ? Le service pour lequel elle travaille n'a-t-il pas décidé de me prendre de force le document et de me supprimer ensuite ? Sans répondre, j'ai recherché ma clé USB dans la poche de ma veste et l'ai cachée dans la salle de bains, derrière la baignoire, dans un trou du mur. Je suis revenu à la porte. Préciose frappait toujours.

— Léopold, arrête ta parano. Ouvre-moi !

Elle avait l'air d'insister. Il est des moments où l'on se dit que les dés sont jetés ailleurs, sur un autre tapis de jeu, qu'il ne sert à rien d'essayer de s'opposer à son destin.

— Je te préviens, je suis nu comme un ver...

C'était vrai ! Les nuits sont pourtant fraîches à Kigali, bien plus fraîches qu'à Bujumbura. Mais j'étais en nage en me couchant. Préciose était seule. Elle était vêtue d'un ensemble en satin immaculé, tunique et pantalon, qui affinait encore sa silhouette ; à ses pieds de fins escarpins du même satin. Son décolleté s'ouvrait sur un somptueux collier d'or et de jade, copie d'un bijou de l'Egypte ancienne. Nefertiti ! Reine des reines réincarnée. Une fois encore, j'ai été saisi par sa beauté. Elle m'a présenté une bouteille de bourbon dont le goulot sortait d'un sac en papier et s'est élégamment assise sur le lit défait en croisant les jambes...

— Je n'ai pas trouvé de Jack Daniels. Tu accepteras de boire du Wild Turkey ?

— Attends, je vais enfiler un pantalon...

Pendant que je m'habillais, elle me dit :

— Il est temps qu'on s'explique avec franchise, Léopold !

« Avec franchise »... Elle en a de bonnes !

— Je pense que les espions ne mentent pas par perversité, lui ai-je répliqué, mais par nécessité professionnelle. Je n'ai aucun grief contre toi. Je me demande seulement ce que vous me voulez, tous autant que vous êtes... Préciose, que veux-tu ? Comment as-tu fait pour arriver jusqu'à moi ? Il n'y avait aucun avion avant demain après-midi...

— Tu délires, Léopold ! Je n'ai pas pris l'avion, je suis venue en voiture. Il n'y a pas deux cents kilomètres entre Bujumbura et Kigali...

Je ne délirais pas. On ne s'aventure pas en voiture entre Bujumbura et Kigali, surtout de nuit, à moins d'être escorté par un convoi militaire. Les rebelles tendent des embuscades tous les jours. Personne n'a oublié l'attaque du bus de la compagnie Titanic Express – l'un de ces minibus qui assurent la navette Kigali-Bujumbura. Le braquage avait été organisé comme une véritable expédition militaire. Le bus a explosé sous les tirs d'une mitrailleuse lourde postée dans les hauteurs. Les voyageurs ont été déshabillés, dépouillés de tout ce qu'ils avaient sur eux, jusqu'à leurs chaussettes, et abattus d'une balle en pleine tête. Un seul a pu en réchapper, laissé pour mort dans un ravin.

— Nous n'avons jamais eu l'occasion de nous expliquer, reprit-elle, c'est pour cette raison que je suis venue. Tu sais, j'ai fini par m'attacher à toi...

J'ai ricané. Elle n'allait pas me faire le coup de l'espionne amoureuse... Pas ça !

— Tu ne peux plus rentrer à Bujumbura, Léopold, insista-t-elle, la police a lancé un mandat d'arrêt contre toi. Japhet est fou de rage. Ils n'ont rien retrouvé dans tes disques durs, mais ils restent persuadés que tu es en possession du document qu'ils recherchent. Ils feront tout pour le récupérer.

Enfin ! Pour la première fois, j'entends confirmer qu'ils recherchent les carnets de Jack Bean. Je me sens tout de même soulagé, si l'on peut dire. J'ai au moins l'assurance que je ne délire pas !

— Qu'ils recherchent ? Que *vous* recherchez ! On dirait que la moitié de la planète est à mes trousses et je ne sais toujours pas pourquoi... Mais quel document ? De quoi parlez-vous, à la fin ?

Elle n'a pas insisté. Elle s'est rapprochée de moi. Nous avons ouvert la bouteille de bourbon. Elle m'a raconté comment elle avait rejoint les services belges.

Préciose est âgée de trente-sept ans. Elle n'est pas née au moment de l'assassinat du prince Rwagasore, en 1961, au restaurant Tanganyika, mais cet événement a déterminé le reste de sa vie. A Bujumbura, j'ai dîné bien souvent au Tanganyika, probablement la meilleure cuisine de la ville. Une fois, le vieux serveur au visage de jazzman américain m'a même dit que j'étais installé très exactement à la place qu'occupait le prince le jour de son assassinat. « Et alors ? lui ai-je demandé. Vous pensez que la place est maudite ? – Alors rien, m'a-t-il répondu en souriant, je pensais que cela vous intéresserait de savoir. Le prince avait garé sa voiture ici, une Porsche décapotable. Le tireur est arrivé par la route. Ils avaient choisi un Blanc, un Grec, pour que personne n'aille les soupçonner, vous comprenez ? Vous savez, ici, c'est le Burundi ! »

Préciose m'a raconté la succession de massacres qui ont scandé son enfance, en 1965, en 1969, en 1972, puis enfin ceux de 1993... Elle avait alors vingt-six ans. C'était la nuit du 21 au 22 octobre. Le président récemment élu, Melchior Ndadaye, un Hutu, avait été assassiné le matin du 21, lors d'une tentative de coup d'Etat organisée par l'armée, à majorité tutsie. Une bande de Hutus a encerclé la maison que Préciose habitait alors avec sa famille, à Rohero. Ils lançaient des pierres, essayaient de fracasser les volets. Ils étaient cinquante, armés de machettes et de barres de fer. Ils avaient certainement avalé plusieurs caisses de bière chacun. Ils exigeaient que tout le monde sorte de là. « Rendez-nous notre Président, hurlaient-ils, sinon nous vous tuerons jusqu'au dernier ! »

— Comment voulaient-ils que nous leur rendions leur président, sanglota Préciose, nous ne le leur avions pas pris ! On tue toujours les chefs dans ce pays. Jusqu'à ce jour, on ne sait pas vraiment qui est à l'origine de l'assassinat de Ndadaye : les militaires tutsis, les proches de son parti, peut-être des membres de son gouvernement. Nous avons fini par sortir. Maman, son mari, mes trois frères, nous sommes tous sortis. Nous nous disions qu'ainsi nous pourrions peut-être éviter le pillage de la maison. Quelle naïveté ! Ils étaient devenus des chiens enragés. Ils disaient : « Vous autres, *Tutsis*, cancrelats, parasites du peuple burundais, nous allons vous brûler pour nettoyer la terre. » Ils nous ont tous réunis et sont partis chercher mon oncle et sa famille, qui habitaient la maison voisine. Ils avaient une liste et ils cochaient les noms. Lorsqu'il en manquait un, ils le cherchaient partout jusqu'à ce qu'ils le retrouvent. Une fois leur liste complétée, ils nous ont poussés en avant jusqu'à la maison de leur chef, à l'extérieur de la ville. Ils avaient entreposé des cordes, des bâtons et des bidons d'essence dans le jardin.

Préciose ne parvenait plus à interrompre ses larmes. Elle s'est tue un instant. J'ai craqué, bien sûr ! Malgré toutes mes préventions, j'ai fini par m'adoucir. Est-il possible de ne pas craquer devant tant de douleur ? Je me suis approché d'elle, j'ai posé ma main sur la sienne. Ses pleurs redoublaient.

— Et puis, sanglota-t-elle, et puis... Ils nous ont attachés pour pouvoir nous donner des coups de machette sans que l'on puisse se protéger avec les bras. Ils visent la tête... la tempe, exactement là... Je savais que j'allais mourir, Léopold. Je crois même qu'à cet instant précis je suis morte. Lorsqu'ils m'ont ligoté les bras derrière le dos et qu'ils serraient les liens comme des forcenés, en vérité, c'est alors que je suis morte. Je savais que je ne pourrais rien ; qu'aucun mouvement ne me serait possible pour me protéger. Mon père et mon oncle ont bénéficié d'un régime spécial. Après les avoir battus, ils les ont fourrés dans des pneus de voiture auxquels ils ont mis le feu. C'est alors que j'ai perdu connaissance. Ce n'est pas lorsque je les ai vus brûler, mais en sentant l'odeur qui se dégageait. Je suis tombée. Lorsque j'ai ouvert les yeux, j'étais dans la maison du chef, couchée sur un canapé, nue et souillée.

— Arrête, Préciose ! Arrête... J'ai compris...

J'avais deviné, mais elle tenait à terminer elle-même le récit de cette nuit d'horreur. Des histoires comme la sienne, j'en avais entendu des dizaines depuis que j'étais au Burundi.

— J'avais mal partout. Lorsque j'ai repris mes esprits, il n'y avait personne dans la maison, sauf une vieille femme à moitié sourde qui m'a offert de l'eau. Ils m'avaient abandonnée là sans connaissance, comptant revenir plus tard dans la nuit, profiter encore de moi. Je n'ai jamais su combien de ces brutes étaient passées sur moi...

Son visage s'était soudain durci. Les os de sa mâchoire tremblotaient lorsqu'elle a poursuivi...

— Je ne sais pas combien m'ont touchée. Je me souvenais vaguement qu'il y avait foule autour de moi... mais je les ai tous descendus... Tous !

— Tu les as tués ? Tu les as tués toi-même ? ai-je demandé, incrédule. Les cinquante ?

— Cinquante-trois, siffla-t-elle entre ses dents, exactement cinquante-trois. De mes mains, oui, à la mitraillette ! Je les ai retrouvés six mois plus tard et je les ai abattus. Moi aussi, j'avais dressé ma liste. Je suis allée en chercher certains au fond de leur village, dans les collines. C'est pourquoi lorsque je t'ai entendu parler de vengeance, au moment où tu as débarqué au Burundi, je me suis dit que toi, au moins, tu avais compris...

— Parce que c'était vrai... Je veux dire que tu t'étais aperçue de mon existence avant que ce soit une obligation professionnelle.

Après avoir abattu ses meurtriers, Préciose s'était réfugiée à l'ambassade de Belgique. C'est de là que les militaires, impressionnés par son courage, l'avaient exfiltrée vers l'Europe, en 1994, alors que débutait au Rwanda le grand massacre qui allait changer le visage de l'Afrique. Elle a été escortée à l'aéroport de Bujumbura par une vingtaine de parachutistes et transportée à Bruxelles dans un avion militaire. Depuis, elle avait l'impression qu'elle ne vivait plus pour elle-même, puisque « elle-même », cette étrangère qu'elle ne savait pas même identifier, était morte dans la nuit du 21 au 22 octobre. A Bruxelles, l'armée belge l'avait aussitôt sollicitée. Elle parlait toutes les langues de là-bas, kinyarwanda, kirundi, swahili, lingala, tchiluba. Dieu seul sait les missions qui lui ont alors été confiées. Je ne parvenais pas à recoller les deux images de Préciose : la jeune fille brutalement orpheline, faisant appel aux ultimes ressources de son être pour échapper à des criminels en folie ; et l'espionne, froide et précise, qui avait planifié, j'en étais certain, la récupération des carnets en ma possession. Un doute effroyable s'était infiltré dans mon esprit.

— Qui a tué Jack Bean, lui ai-je soudain demandé. Qui l'a tué à Lagos ?

— Je ne sais pas... Sans doute les Sierra-Léonais, les anciens de l'Armed Forces Revolutionary Council avec lesquels il avait organisé son lucratif trafic d'armes...

Depuis janvier 2003, l'étau se resserrait chaque jour autour des trafiquants. Les Américains étaient partout en ville. Bean cherchait le moyen de récupérer ses avoirs pour disparaître définitivement du pays. L'ancienne équipe lui devait des millions de dollars, mais ses membres étaient soit en fuite, soit en prison. La sagesse aurait voulu que Bean se retire, il était grillé. Mais il espérait encore. Il pensait que c'était trop bête d'avoir travaillé si longtemps pour repartir bredouille... A moins que ce ne soient les services secrets israéliens. Bean était de nationalité israélienne, comme tu sais.

Je ne comprenais pas le lien qui pouvait exister entre cette sombre affaire de trafiquants et les carnets du père. J'ai insisté :

— Tu étais à Lagos le 13 décembre ?

— Oui !

— Tu étais à Lagos, mais tu ne sais pas qui a tué Bean... Je ne peux pas te croire, Préciose. Si tu étais là, tu les as nécessairement vus. Tu le suivais ?

— Je suivais Bean depuis des semaines, m'a-t-elle enfin avoué. Je l'avais « logé » à Anvers alors qu'il cherchait à écouler des diamants et je ne l'avais plus lâché depuis. Mais là, j'ai été surprise par la cohue qui régnait à l'aéroport. Je vous ai vus bavarder ensemble ; je t'ai vu copier un document sur son ordinateur ; je t'ai vu monter dans l'avion d'Air Gabon. Et puis j'ai été prise à partie par les agents de sécurité nigérians. Ils m'ont conduite au poste de police de l'aéroport. Ils voulaient me prendre mon passeport. Lorsqu'ils m'ont relâchée, une heure plus tard, j'ai cherché Bean partout. J'ai fini par le retrouver dans des toilettes, effondré dans une flaque de sang. Il était mort et son ordinateur avait disparu. Je me suis alors dit que la seule façon de récupérer le document était de te rejoindre à Dakar.

Elle était maintenant détendue. Appuyée sur un

coude, elle relatait les événements sans aucune retenue. Je ne savais que penser. Qui parlait ? L'espionne déterminée à réussir sa mission ou bien l'amante, la douce, la tendre Préciose ?

— Le document ? me suis-je étonné de nouveau. Quel document ?

— Je te sens méfiant, Léopold. Ecoute-moi, tu finiras peut-être par me croire enfin... Au mois de septembre dernier, Jack Bean est rentré en Israël où, comme à chacun de ses retours, il est allé visiter sa vieille mère, à Ramat Gan, dans la banlieue de Tel-Aviv. Mais cette fois la mère, se sentant près de mourir, lui a remis une valise de documents provenant de son père, Isaac Yosefovitch Rabinovitch – une valise restée cadenassée, en l'état depuis son décès en 1949. Jack ne l'a pas ouverte en Israël. Il la portait avec lui à Lod, à l'aéroport Ben Gourion, lorsqu'il a embarqué dans l'avion pour Nairobi, en repartant. Il l'avait toujours à la main lorsqu'il est descendu de l'avion, à Monrovia. Je le sais, je me trouvais juste derrière lui. Il ne savait peut-être pas ce qu'il y avait dans cette valise, moi, si !

— Oui ? Et qu'y avait-il dans la valise de Bean ?

— A vrai dire, je ne sais pas exactement ce qu'il y avait dans la valise, mais je sais de quoi il s'agit.

Les services belges avaient commencé à rechercher les traces d'un certain Jack Bean après la publication du rapport Bergier sur « La Suisse, le national-socialisme et la Seconde Guerre mondiale », en mars 2002. Dans la partie publique du rapport, il était enfin établi – ce que l'on savait parfaitement depuis la fin de la guerre – que les nazis avaient pillé l'or européen, autrichien et polonais d'abord, puis belge, luxembourgeois, français, grec, hongrois et même italien à la fin de la guerre. Cet or avait connu toutes sortes de péripéties. Une part avait manifestement été « blanchie » par les banques suisses, qui l'avaient convertie en devises permettant aux Allemands d'acheter les matières stratégiques indispensables à la poursuite de leur effort militaire. Mais, dans la section non publique du rapport, dont seuls les gouvernements avaient pris connaissance, figuraient les listes d'autres comptes qui montraient un transfert de grosses sommes d'argent ou de grosses quantités d'or.

L'un des comptes qui avaient attiré l'attention des services belges était celui d'une certaine Isabella de Montmaurin, aristocrate très proche de la cour et notamment du roi Léopold III. Elle l'avait connu prince, bien avant son accession à la royauté, pour l'avoir accompagné en 1925 dans son expédition au Congo, alors qu'elle était à peine âgée de dix-neuf ans. On dit qu'elle a été fort triste de son mariage avec Astrid, la jolie Suédoise, en 1926. Est-ce la raison, toujours est-il qu'elle développa un véritable état mélancolique qui l'obligea à se faire soigner, d'abord à Zurich, à Vienne par la suite. Isabella de Montmaurin, apparemment rétablie, avait fait un très beau mariage à l'automne de 1928. Elle avait épousé à Brescia le très catholique comte Umberto Dalla Chiesa, lui aussi passionné d'ethnologie africaine, mais surtout propriétaire d'une manufacture de cycles et de motocycles qui connaissait une expansion remarquable – la marque existe encore aujourd'hui. En matière de fortune, la jeune mariée n'avait cependant rien à envier à son époux. On la classait alors parmi les cinq plus grosses fortunes d'Europe.

Isabella était probablement aussi fine politicienne que gestionnaire avisée, puisque les relations qu'elle avait entretenues avec le régime fasciste de Mussolini avaient été suffisamment cordiales pour qu'elle n'ait jamais été inquiétée durant la guerre, suffisamment distanciées pour qu'elle n'en ait jamais subi les contrecoups à la Libération.

Avant guerre, ses avoirs avaient été placés en Suisse, répartis dans plusieurs banques, sous forme de lingots d'or – près de cinquante tonnes. Le 13 octobre 1934, cinq tonnes de cet or lui appartenant ont été expédiées dans une banque autrichienne, à Vienne, au nom d'un bénéficiaire anonyme. Ils ont été transportés par deux camions légers depuis Genève. Les bordereaux autorisant la sortie de cette grosse quantité d'or avaient été signés par plusieurs membres du directoire de la banque, ainsi que par la personne qui s'occupait du transport : un certain docteur Heinrich Funk.

Il fallut un certain temps avant d'identifier ce docteur Funk, prétendument né à Munich en 1886. La déclassification des archives du KGB et les progrès de l'informatique ont permis le croisement d'un grand nombre de bases de données – et les services belges avaient établi qu'il s'agissait en vérité de l'un des membres de l'Orchestre rouge, le réseau d'espionnage russe qui travaillait en Europe nazie, un homme que tout le monde connaissait sous le nom de Jack Bean.

J'ai sursauté intérieurement. Cette histoire de lingots d'or qui avaient transité de Suisse en Autriche pour disparaître ensuite dans la nature me rappelait soudain les demandes empressées de Stéphane, mon jeune gendarme psychopathe. Il m'avait parlé à plusieurs reprises de ces lingots d'or qui apparaissaient de temps à autre au Burundi, portant un poinçon belge d'avant guerre. Je savais pertinemment qu'il faut attacher la plus grande importance aux paroles des fous et des inconnus, à ces paroles qui surgissent de nulle part. Elles portent souvent les réponses aux questions que l'on ne se pose pas encore. Je me suis à la fois senti excité, plus proche que jamais de la solution de l'énigme, mais aussi très en colère contre moi-même. Pourquoi ne suis-je jamais parvenu à commencer un texte par la fin ? Si j'avais seulement feuilleté les carnets de Bean, si j'étais allé regarder les dernières années, peut-être saurais-je aujourd'hui pour quelle raison Jack Bean avait été mêlé à l'or de la comtesse Isabella Dalla Chiesa.

— J'ai été chargée de retrouver ce Jack Bean, *alias* Heinrich Funk, poursuivit Préciose. En Israël, un certain Jack Bean, portant exactement le même nom que celui que je recherchais, avait fait une carrière fulgurante dans l'armée, qu'il avait quittée en 2000 pour se lancer dans les affaires. Si ce Jack Bean ne pouvait être mon homme, c'était pourtant son propre fils. C'est ainsi qu'il m'a conduit à sa mère et, de là, à son père, dont lui-même ne savait rien, ne l'ayant pas réellement connu. Et ce sont des éléments de l'histoire de son père que sa mère lui a remis dans cette petite valise de cuir. Ce sont probablement ces mêmes éléments qui se trouvaient dans l'ordinateur qui a été détruit lors de l'assassinat du fils. Ce sont ces éléments encore que Jack Bean junior t'a invité à copier dans son ordinateur, se sachant cerné de toutes parts dans l'aéroport en feu. Maintenant, Léopold, il t'appartient de décider si tu veux collaborer avec moi et les services dont je dépends pour débrouiller cette affaire, ou te laisser bêtement abattre par les rapaces de l'armée burundaise ou par quelque bandit de Sierra Leone ou du Liberia.

6 h 30. Le soleil s'était levé maintenant et, malgré l'épaisseur des portes, on entendait le personnel qui s'activait déjà dans les couloirs. Préciose a posé sa tête sur mon épaule, m'a serré de toutes ses forces, comme si elle s'agrippait à moi, et s'est endormie en un instant. L'on aurait pu penser qu'elle était soudain tombée dans le coma, tant elle semblait partie au loin. J'ai

pensé que l'évocation des traumatismes de 1993 avait agi sur elle comme une violente décharge électrique. Après un temps de sidération, elle était entrée dans une phase de nécessaire oubli, abandonnant aux subtils mécanismes du cerveau de la nuit le rééquilibrage de ses émotions exacerbées. Je l'ai regardée dormir durant un long moment. Pas un cil ne bougeait, ses globes oculaires étaient immobiles, on ne percevait même pas sa respiration. Si je ne l'avais pas vue s'endormir, je l'aurais pensée morte.

Je me suis levé très doucement, je me suis vêtu en hâte, puis j'ai récupéré la clé USB dans la salle de bains avant de sortir sans faire le moindre bruit. A la réception, dans l'intention de brouiller les pistes, j'ai annoncé que je garderais ma chambre trois jours encore et j'ai réglé la note d'avance. J'ai pris un taxi qui m'a conduit jusqu'à une agence de location de voitures, et je suis parti pour Butare dans un 4x4 Nissan Patrol qui avait déjà accompli au moins dix fois l'équivalent de la circonférence terrestre. Le trajet à travers les collines m'a bien pris deux heures. Une fois de plus, j'ai pensé que la moitié des Rwandais descendent la colline, alors que l'autre moitié la grimpent, poussant difficilement une bicyclette ou un scooter de bois, chargés d'énormes bidons de lait ou de gigantesques régimes de bananes. A l'université, je suis directement allé au bureau de Jean Damascène Hakizimana, le professeur de psychologie que je connaissais bien. Il m'a gentiment offert l'accès à un ordinateur. Quels étaient les noms qu'avait prononcés Préciose ? Montmaurin, Dalla Chiesa... Le nom de la banque, déjà...

Carnets de Jack Bean. Extraits.

Paris, 12 juin 1927

Chaque fois que je passe à Paris, assis à la terrasse d'un café devant un verre de bière et un paquet de cigarettes, je me sens devenir un écrivain. Après un séjour de plus d'un mois à Vienne, je suis de passage en France pour rencontrer André Gide, que je ne connais pas. Je dois rentrer à Berlin aussitôt après. Les affaires marchent de mieux en mieux. Je dois dire que Willy est exceptionnel ! Notre *Journal illustré des ouvriers* se vend à au moins cent mille exemplaires à chaque tirage. Les montages de photographies qu'il imagine se révèlent à chaque fois des coups de génie. Toutes les classes de la société achètent notre journal, tellement il semble moderne. Mais nous devons recruter davantage ; nous manquons de grands noms qui nous soutiendraient ouvertement. En France, plusieurs auteurs célèbres se profilent qui nous écrivent régulièrement, acceptant que l'on insère leurs lettres dans nos colonnes. Certains ont même publié dans le journal sous des pseudonymes. Mais il nous faut des signatures. Nous devons sortir du ghetto des Juifs allemands, russes ou polonais. Le jeune André Malraux, de retour d'Indochine, qui vient de faire paraître *La Tentation de l'Occident*, me paraît très prometteur. Mon ami Sam, le fameux Tristan Tzara, s'est évidemment porté volontaire, avec ses camarades Paul Eluard, André Breton, Max Ernst... Mais nous évitons de les solliciter trop souvent ; ils sont trop marqués.

Durant mon séjour à Vienne, j'ai rencontré Freud toutes les semaines. Nous avons repris nos rendez-vous secrets. Le professeur sent la mort qui rôde autour de lui et essaie de la chasser par mille ruses de vieille femme. Tantôt il prétend qu'il l'attend comme son salut – mais c'est pour déjouer les plans de la gueuse –, il l'attire à lui pour l'amadouer, l'invite, la transforme en obligée ; tantôt il la lance aux trousses d'un de ses patients ou même d'un ami. Ils tombent autour de lui alors qu'apparemment ils n'étaient pas malades, et lui, profondément entamé pourtant, corrodé comme une vieille tôle, sa voix est toujours aussi perçante et ses yeux brillent d'une fureur sacrée. L'horrible mal qui lui ronge la mâchoire le rend plus acerbe que jamais. Il ne se passe pas cinq minutes sans qu'il lance malédictions et anathèmes. Rien n'est plus dangereux qu'un vieux lion à l'agonie. D'ailleurs il s'en dégage une odeur à la fois fade et amère, comme de la terre humide.

— Docteur Rabinovitch, vous n'avez donc pas oublié le vieux Juif malade ! Pourquoi vous encombrez-vous encore de cette vieille amitié alors que les ailes de la politique vous portent de victoires en succès ? Après la Russie, bientôt vous prendrez l'Allemagne, puis la France ou l'Italie. Vous serez nommé gouverneur aux marches de l'Empire. Le petit Juif de Vienne vous semblera le fossile d'une espèce disparue...

— Allons, professeur Freud, qu'est-ce qui assombrit votre humeur aujourd'hui ?

— *Oyvay*... Les ennemis, Rabinovitch, vous le savez bien, grogna-t-il, les ennemis – en Amérique, en France... et ce damné crabe qui me dévore la mâchoire, le pire de tous mes ennemis... et il est dans la place ! Ah... comme dit le proverbe : *ein got oun azoy fil sonim,* « un seul dieu pourtant, et tant d'ennemis »...

J'ai souri. Toutes nos conversations débutent toujours ainsi, par des plaintes. Il accuse tel psychiatre qui ne reconnaît pas son travail, tel psychanalyste qui l'a trahi alors qu'il lui doit tout, tel patient, « cette racaille qui persiste à ne pas vouloir guérir »... Il est ainsi, le vieux ! Helga m'a raconté qu'en Afrique on craint ceux qui vivent trop longtemps. Karl Abraham est mort à Noël 1925, emporté en six mois par un inéluctable cancer du poumon, et Ferenczi a l'air d'avoir vieilli de vingt ans...

— Vous voulez sans doute parler de Rank, ai-je commencé en espérant l'apaiser.

Je savais que la liberté que s'était autorisée son ancien secrétaire particulier l'avait rendu fou de rage.

— Rank ? Bien sûr. Rank aussi, oui ! Je n'y pensais plus, en vérité. Mais il n'y a pas que Rank ! Cet âne de Wittels a publié un pamphlet fallacieux, ridicule et mensonger... Vous ne le saviez pas ?

— Un pamphlet sur vous, professeur ?

— Oui, sur moi ! Sur qui voulez-vous qu'écrive Wittels ? Le pauvre homme n'a aucune imagination ! Un pamphlet où il règle ses comptes, mais qui se présente comme un ouvrage biographique. C'est monstrueux ! Ce travail est ignoble parce que fourbe. A la première lecture il semble favorable à la psychanalyse et à ma personne, mais au détour d'un paragraphe il glisse des critiques cinglantes. Je dois dire que j'aurais préféré un texte franchement violent, qui m'aurait donné des motifs pour l'envoyer aux cent mille diables, en compagnie de ses amis Adler et Stekel. Et puis, l'affaire Rank, bien sûr. Vous en avez certainement entendu parler à Berlin ! Imaginez-vous que ce petit jeune homme timide, qui était à peine capable de répondre à une question banale sur son âge ou sur l'origine de sa famille, tellement il était rouge de honte sitôt qu'on s'adressait à lui, se prend aujourd'hui pour le maître de Sigmund Freud. Il se promène partout en Amérique, prétendant qu'il est l'inventeur du « roman familial » et même du « complexe d'Œdipe ». Vous vous souvenez comme il se tenait dans un coin sans dire un mot durant nos repas de famille le mercredi soir ? Je vais vous avouer l'horrible pensée qui me vient parfois au sujet de Rank. Je me dis qu'Adler n'avait peut-être pas tout à fait tort avec sa notion d'infériorité physique. C'est sans doute sa laideur qui l'a poussé à une telle perversité ! Voilà ce que je pense à son sujet ! On me raconte que maintenant il multiplie les maîtresses dans la haute société. Typiquement un processus de surcompensation du style Adler, n'est-ce pas ? Parce que Monsieur s'est établi à Paris et n'accepte en psychanalyse que les patients de la haute société, les artistes et les hommes de lettres influents. Vous savez combien j'aime Tola, sa femme. Je me suis adressé à elle avec la franchise que vous me connaissez. Je lui ai demandé pourquoi elle ne quittait pas son mari.

Je trouvais qu'il y allait un peu fort, le vieux professeur ! Il devrait tout de même contrôler un peu sa rancune.

— Allons bon, professeur, me suis-je étonné, vous avez demandé à Tola de quitter son mari ? Puisque nous en parlons franchement, la défection de Rank a sans doute des explications plus profondes qu'un simple caprice d'adolescent, ne croyez-vous pas ?

— Ce que j'aime avec vous, Rabinovitch, c'est que vous me ramenez toujours à des motifs rationnels. Dans le fond, j'admets que vous avez parfois raison ! Nous avons tellement l'habitude d'entrer dans les méandres de l'inconscient de nos patients que l'on oublie quelquefois les explications logiques les plus simples. Si j'abandonne ma réaction viscérale, qui se justifie, notez-le bien...

Mais il ne lâchait pas, le vieux ! Il était tenu au ventre par sa colère. Il reprit, inépuisable :

— Car Rank a caché durant quinze ans sa véritable personnalité, qu'il n'a laissée s'exprimer que lorsqu'il a rencontré la situation la plus favorable. Il s'est fait une renommée à New York en se présentant comme le nouveau pape de la psychanalyse. Et, lorsqu'il s'est senti assez fort, lorsqu'il a amassé assez de dollars, il m'a laissé choir comme une vieille chaussette trouée. Il faut dire que son invention, cette notion de traumatisme de la naissance, n'est pas une mauvaise idée sur le fond ; c'est même une vraie trouvaille à mon avis – mais moi, voyez-vous, Rabinovitch, j'ai appris à me méfier des hommes d'une seule idée ! Bon ! Oublions les rancœurs et les regrets. Vous me demandiez quels peuvent être les motifs rationnels de Rank. Je dois avouer que j'ai du mal à en trouver, voyez-vous...

— Votre maladie, peut-être, professeur...

— Ma maladie ? Mon cancer ? Vous pensez qu'il en a eu peur ?

— Mais enfin, réfléchissez un instant ! Vous étiez aussi son employeur, n'est-ce pas ? Il dépendait de vous pour sa vie matérielle. Si proche de vous, il était évidemment au courant de l'évolution réelle de votre mal au jour le jour. Ne pensez-vous pas qu'il a tout simplement craint de perdre son emploi ?

— Comme vous y allez, vous autres les matérialistes inconditionnels ! Ce n'est pas impossible, néanmoins... Oui, votre idée n'est pas totalement absurde. Mais ce que je n'aime pas, c'est qu'elle vous permet de prendre la défense de ce fripon. Rank a tellement joué le gentil petit garçon timide, que tout le monde s'est laissé prendre. Y compris Jones, imaginez un peu. Ce n'est pourtant pas un tendre, celui-là, vous le connaissez. Eh bien, il est venu lui aussi défendre le pauvre Rank auprès de moi, après Hélène Deutsch, qui y est allée de son couplet, elle aussi. Mais Rank « n'avait qu'à embrasser le fourneau brûlant », me dit-il en yiddish...

— Embrasser le fourneau brûlant ?

— Quoi ? Vous ne connaissez pas la blague ? Le vieux rabbin avait une bien jolie jeune femme et beaucoup de jeunes élèves. Un soir, en rentrant chez lui, il trouve son élève favori en train d'embrasser sa femme. « Comment, dit-il à sa femme, sitôt que j'ai le dos tourné, ce vaurien en profite pour me trahir ? » Et la femme du rabbin de défendre le jeune élève en prétendant qu'il avait perdu l'esprit, qu'il ne savait pas ce qu'il faisait... « Si déjà il ne sait pas ce qu'il fait, s'est exclamé le vieux rabbin, pourquoi n'embrasse-t-il pas le fourneau brûlant ? »

Cette fois, la blessure était profonde. Nous avons dû passer deux bonnes heures sur le sujet de Rank. A l'issue de ce long palabre, je persiste à penser que Rank a décidé de fuir le vieux mâle blessé de peur d'être emporté avec lui dans la mort. Et nous avons ensuite parlé de ce qui nous occupait la plupart du temps : le financement du mouvement psychanalytique, de la « cause ». Il m'a d'abord rappelé que le versement que nous lui assurions régulièrement en passant par Eitingon tardait à arriver. Je l'ai rassuré en lui disant que les fonds seraient certainement débloqués avant les vacances d'été. Mais tout cela n'était que broutilles, petits arrangements passagers. D'autant que nous ne pourrions pas continuer à l'aider, s'il s'obstinait à refuser toute prise de position publique en notre faveur...

— Le problème, c'est l'Amérique, assena Freud, l'A--mé-rique ! C'est là-bas qu'il y a de l'argent ! Je veux dire du véritable argent, pas de la petite monnaie pour l'aumône... Mais les Américains sont incontrôlables. Sitôt que vous les approchez, ils vous américanisent. Dès mon premier voyage, avec Ferenczi et Alt – vous vous souvenez ? –, j'ai senti qu'il y a quelque chose dans leurs dollars qui vous contamine jusqu'à l'âme. Et puis je suis trop vieux pour aller leur faire la danse du ventre comme ce gredin de Rank. Déjà Alt avait réussi à détourner la cientèle américaine la plus intéressante avec l'affaire Rockefeller – je dois dire que cet élément n'a pas compté pour rien dans notre rupture. J'ai cherché ensuite, et surtout depuis la fin de la guerre, le moyen d'accéder aux dollars sans être obligé de subir les Américains. Ce sera ma formule du jour : les dollars sans les Américains ! Je pensais avoir résolu notre problème le jour où Horace Frink s'est présenté à mon cabinet pour une cure didactique. Je l'ai pris en main, et j'ai progressivement réussi à l'amener à plus de raison. Je suis même parvenu à l'installer à la tête de la Société psychanalytique américaine. Quand il s'est enfin décidé à divorcer pour épouser sa maîtresse multimillionnaire, l'affaire semblait s'être réglée au mieux. Je pensais alors que nous avions définitivement gagné. Eh bien, non ! Le voilà qui hésite, revient en arrière, se perd dans des remords névrotiques. Son côté opiniâtre m'avait échappé durant sa psychanalyse, vous comprenez, Rabinovitch ? Et le voilà qui développe une sorte de mélancolie compulsive, avec rabaissement de sa personne, auto-accusations, tentatives de suicide. Quelquefois, lorsqu'on tombe sur un roc psychotique, il vaut mieux renoncer. C'est un peu comme si un chirurgien ouvrait l'abdomen d'un patient qu'il croyait souffrir d'une appendicite aiguë et constatait l'existence d'un cancer en phase terminale. Que fait ce chirurgien, d'après vous ? Il recoud et rassure le patient au réveil. Que gagnerait-il à l'inquiéter davantage ? Non, il le rassure en déléguant à la nature l'espoir d'accomplir un miracle. Bref, mes rêves de voir Frink, devenu enfin riche, s'impliquer dans le mouvement psychanalytique international et nous aider de manière conséquente, se sont envolés avec l'apparition de sa mélancolie. Je lui ai certifié qu'il était guéri, qu'il n'avait plus besoin de traitement. C'est le privilège de l'âge que de mentir au patient pour de bonnes raisons, car je peux penser que j'ai acquis suffisamment d'expérience pour savoir à sa place ce qui est bon pour lui. L'histoire d'Horace Frink m'est désormais aussi désagréable que celle de « l'homme aux loups »...

Et pour la première fois, ce jour-là, j'ai senti que Freud doutait. Non de ce doute de circonstance qu'il exhibait parfois pour avoir l'air de cultiver quelque sagesse antique, non ! Il doutait vraiment... Je l'ai vu ! Il doutait du bien-fondé de la psychanalyse comme technique thérapeutique.

— Il restera toujours cette grandiose expérience de vie, ai-je dit pour tenter de le consoler. Même si, un jour, on découvre les ressorts physiques des maladies mentales et que l'on trouve les moyens chimiques d'y remédier, la psychanalyse restera à jamais cette formidable école de l'être humain ; le seul lieu dans un monde laïc où chacun peut encore « se refaire », comme on dit dans les casinos, s'offrir une nouvelle naissance.

Freud n'a jamais aimé ce type de pensées définitives qui vous font ressembler à un philosophe. Elles font immédiatement naître en lui des réactions cyniques...

— Croyez-moi, je n'ai aucune envie d'une nouvelle naissance ! Je me sens plutôt comme un justicier qui, une fois son œuvre accomplie, repart sans demander son reste. Vous savez que Brill a évidemment profité de la maladie de Frink pour reprendre la direction de la Société américaine. Il s'est aussitôt empressé de comploter auprès de l'administration de l'Etat de New York, jusqu'à ce qu'on finisse par voter une loi rendant illégale la psychanalyse pratiquée par les non-médecins. Et voulez-vous savoir pour quelle raison il a fait voter cette loi ? Contre moi ! Parce qu'il sait que ma fille, Anna, qui n'est pas médecin, pratique déjà la psychanalyse. Il veut lui interdire les Etats-Unis. J'aimerais en effet régler le compte de tous ces gredins avant de tirer ma révérence une fois pour toutes...

Quel homme étrange ! Il se décrit comme un conquérant, mais je le perçois plutôt comme un combattant, un guerrier ! A soixante-dix ans passés, il garde intacte cette colère fondamentale, cette opposition constitutive à la vie comme elle va. Mais c'est un guerrier sans cause. Il est animé de cette violence obtuse des femelles des grands carnassiers. Il est prêt à se battre jusqu'à la mort pour défendre cet être qu'il a lui-même enfanté : la psychanalyse. Je le lui ai dit. Mais j'ai immédiatement regretté. Depuis qu'il souffre de cette maladie monstrueuse, il faut tout de même faire attention. La moindre contrariété le plonge dans une profonde détresse qu'il essaie aussitôt de cacher. Je lui ai dit que, à mon avis, ce qui l'attristait, c'était de se battre pour une cause qui était une émanation de lui-même et non une vraie cause, pour son peuple, pour la liberté... Une nouvelle fois, Freud m'a étonné :

— Vous vous trompez, Rabinovitch ! Il faut dire les choses clairement et simplement : cette fois, vous avez tort. Et je vais vous le démontrer. Je vais sur l'heure vous apporter la preuve que la « cause », comme nous disons, concerne le plus grand nombre, bien au contraire – le monde entier, si vous voulez le fond de ma pensée. Imaginez un peu qui j'ai en ce moment en traitement... Une femme qui a bien failli devenir reine de Belgique – rien que ça, excusez-moi du peu... (Et il fit un geste de la main, mimant les révérences des aristocrates au XVIIIe siècle.) Et, si ça ne concerne pas le monde entier, je veux bien devenir archidiacre ! La psychanalyse, en soignant les grands de ce monde, pourrait remettre la politique sur ses pieds ! Cette femme, Isabella de Montmaurin, en vérité une jeune fille puisqu'elle est à peine âgée de vingt et un ans, est partie il y a deux ans avec le jeune prince lors de son expédition au Congo. La découverte d'immenses contrées peuplées d'hommes et d'animaux étranges, le partage de moments de danger, les longues soirées dans la brousse ou dans la forêt ont permis un rapprochement des deux jeunes gens, qui se sont découvert des affinités en toutes choses. Elle-même est issue d'une grande famille d'aristocrates ; seule enfant, elle héritera à coup sûr d'une immense fortune. Elle imaginait avec raison un mariage possible avec le prince. Mais voilà qu'il décide d'épouser la blonde Astrid, la Suédoise de sang royal. Notre jeune fille est d'abord normalement triste (je dis « normalement » car il est normal d'être triste lorsqu'on perd un fiancé). Mais les choses se gâtent bientôt. Une semaine après le mariage du prince, elle refuse de s'alimenter, présente des symptômes étranges : le ventre gonflé, des rougeurs sur la peau des jambes et des bras, comme un urticaire géant, la pupille des yeux est dilatée. Les médecins pensent d'abord à une intoxication alimentaire. On pratique des examens, on prescrit des médicaments, rien n'y fait et la jeune fille dépérit. Le prince, appelé à son chevet, a une très longue conversation avec elle, au cours de laquelle ils se souviennent qu'un soir, alors qu'ils étaient en plein cœur de la forêt équatoriale – en pays kuba, m'a-t-elle précisé –, ils avaient assisté à une étrange cérémonie traditionnelle. Les femmes, presque complètement nues, tournaient autour d'un serpent à qui l'on avait confectionné une petite case. Lorsque les danses se sont arrêtées, elles ont fait boire à l'une des femmes, la plus âgée, une sorte de décoction qu'elles avaient mis plusieurs jours à préparer. D'après ce que j'ai compris, il s'agissait d'une ordalie, comme celles que l'on pratiquait en Europe au Moyen Age. Si la femme mourait après avoir bu le breuvage, on devait en conclure qu'elle avait fait usage de sorcellerie pour supprimer une rivale. Si elle survivait à l'épreuve, on devait alors rechercher une autre coupable. Ils se sont souvenus, vous disais-je, que la femme qui avait subi l'ordalie avait présenté dans les jours suivants exactement les mêmes symptômes que la jeune Isabella. Les voilà qui s'interrogent, se demandant s'il faut mander quelque explorateur au Congo pour rechercher un éventuel contrepoison. Peut-être même faire venir en Belgique l'une de ces femmes spécialistes du culte du serpent. La fille maigrissait de manière inquiétante et ses parents étaient décidés à tout entreprendre pour la sauver. Sur les conseils d'un psychiatre belge, ils la conduisent dans un premier temps à Zurich, chez ce charlatan de docteur Alt qui, naturellement, se précipite sur l'aubaine. Vous savez comme il est intéressé par l'argent ! Mais il revenait précisément d'un voyage en Afrique, du Kenya, je crois, où il s'était passionné pour toutes sortes de magies ésotériques. Il prend donc les déclarations de la famille au pied de la lettre et le voilà convaincu à son tour qu'un poison mystique, avalé plus d'un an auparavant, a déclenché les symptômes de la jeune fille. Jusque-là, personne n'avait fait le lien entre la maladie de la jeune fille et le mariage du prince. Alt est donc persuadé que la demoiselle est ensorcelée et entreprend de lever le sort – ne riez pas ! Je vous le dis comme elle me l'a raconté. Passes magnétiques, analyses de rêves faisant appel à des personnages mystérieux, dont un vieux sorcier africain mort il y a plus de cinq cents ans, attouchements suspects, prières, appels nocturnes à des entités protectrices. La pauvre enfant a eu droit à toutes les folies suisses que nous connaissons bien. Mais il ne pouvait pas aller bien loin ; les parents s'étant tous deux déplacés à Zurich, il était si l'on peut dire sous surveillance rapprochée. Au bout de six mois de ce régime, la jeune fille était devenue si maigre qu'on aurait dit un cadavre. C'est à ce moment, il y a un peu plus de deux mois, que le père, le marquis Xavier de Montmaurin, m'a adressé une lettre me suppliant d'accepter sa fille en traitement. Il pensait, avec juste raison je dois dire, que la vie de sa fille était en danger. Je lui ai répondu que j'étais bien trop vieux et que je ne prenais guère de nouveaux patients en traitement, à l'exception des psychanalystes en formation. Il a insisté – vous savez comment sont les gens, rien n'est plus désirable que ce qui leur est inaccessible ! Comme on dit chez nous, « les pommes du voisin sont les meilleures »... Il m'a promis des sommes inouïes si je parvenais à tirer sa fille de là. Des sommes, docteur Rabinovitch, que vous ne pourriez imaginer...

— Vous avez accepté, bien sûr...

— Attendez ! N'allez pas si vite en besogne, me répondit-il en prenant des mines de conspirateur. J'ai d'abord posé mes conditions : elle devait se soumettre strictement à mes exigences, faute de quoi je refuserais catégoriquement de la traiter. Je me suis seulement contenté de doubler mes honoraires dans un premier temps. Vous savez, il est difficile de soigner les riches – bien plus que les pauvres !

— Et pourquoi, grands dieux ? lui ai-je demandé, étonné.

— Mais parce qu'ils ont beau vous payer, ils ne ressentent jamais le coût du traitement comme un effort...

— C'est encore votre théorie de l'argent... Vous savez ce que j'en pense ! (Et j'ai ajouté en plaisantant :) J'imagine seulement le Baal Shem Tov ou le Maharal de Prague tenir un tel discours. Dieu descendrait du Ciel en personne pour lui dire que l'on ne vend pas ce qu'on a reçu en cadeau.

— Ça dépend... ça dépend du prix, mon ami... J'ai donc posé une deuxième condition : qu'elle vienne seule à ses séances. Car, depuis qu'elle avait tant maigri, la jeune fille avait développé une véritable phobie, n'acceptant plus de sortir de chez elle sans être accompagnée de son père ou de sa mère. Et une troisième aussi : que les séances se déroulent en allemand ou en anglais. Il y a bien trop longtemps que je ne pratique plus le français ; je n'aurais pas pu la comprendre. Je connaissais bien cette langue autrefois. Lorsque j'étais jeune, j'ai traduit deux livres du français : l'un de Charcot, l'autre de Bernheim. Mais, aujourd'hui, cette langue m'est devenue trop difficile. Sans rire, parler français me fait mal à la mâchoire...

Ainsi donc cette histoire le mettait-elle en joie, lui donnant même la force de plaisanter au sujet de son cancer.

Vienne, 13 mai 1928

J'ai décidé de venir à Vienne au plus vite, inquiet pour la santé du vieux professeur Freud. Ses lettres se multiplient et sont chaque fois plus alarmantes. J'ai toujours beaucoup de mal à évaluer ses plaintes, qui sont chez lui sorte de conjurations qu'il adresserait indéfiniment au destin. Comme s'il avertissait les puissances de la mort qu'il était inutile de venir chercher une loque sans intérêt... Mais, cette fois, j'ai senti que c'était sérieux. Dans sa dernière lettre, il ne parlait que fatigue, effondrement, épuisement, impossibilité de penser, douleur insoutenable... Il a même écrit que, si ces douleurs persistaient, il n'hésiterait pas à se donner la mort en s'administrant une injection de morphine. Je compte profiter de mon passage à Vienne pour rencontrer une nouvelle fois Stefan Zweig, mais je ne nourris pas beaucoup d'espoir à son sujet. Il ne s'intéresse qu'à sa personne. En règle générale, les Français sont bien plus enthousiastes dans la défense de la Cause que les Allemands ou les Autrichiens ; nous avons bien plus de succès auprès d'eux. Sitôt débarqué à Vienne, j'ai téléphoné chez Freud et, étrangement, c'est lui-même qui a répondu. J'en suis resté interloqué, connaissant sa répulsion pour toutes les machines modernes.

— Professeur Freud ? C'est le docteur Funk. Vous

me reconnaissez ? Vous décrochez vous-même le téléphone, maintenant ? n'ai-je pu m'empêcher d'ajouter...

— Oui, me répondit-il d'une voix inquiète, je pensais qu'il s'agissait de l'une de mes patientes qui ne s'est pas présentée à son rendez-vous. Vous voici donc à Vienne, Rabinovitch ?

— J'aimerais bien vous offrir à dîner ce soir. Accepteriez-vous un rendez-vous pour 19 heures à l'hôtel Bristol ?

Mais il était trop fatigué, se sentant incapable de sortir, et si triste, aussi... Il m'invitait en revanche pour le lendemain. Oui ! Chez lui, à 18 heures, nous pourrions ainsi bavarder avant le dîner... Et il avait ajouté, plein d'amertume, « comme au bon vieux temps »...

Le lendemain, en arrivant chez lui, je croisai une ravissante jeune fille brune aux immenses yeux verts innocents, qui sortait de son immeuble. Son regard m'a saisi. Elle était d'une élégance rare, longue, juchée sur de hauts talons – un peu maigre, sans doute –, drapée de voiles qui déclinaient un camaïeu accordé à la couleur de ses yeux. Elle avait entre les doigts un long fume-cigarettes d'ivoire qui ajoutait une petite note vulgaire à sa silhouette raffinée, toute d'ombres et de mouvements. Elle était si belle. J'ai cherché un prétexte pour l'aborder :

— Je cherche le cabinet du docteur Freud. Sauriez-vous me l'indiquer, mademoiselle ?

— Vous y êtes : c'est ici même, monsieur, m'a-t-elle répondu avec un fort accent français.

— Funk ! Je m'appelle Funk, le docteur Heinrich Funk, de Berlin !

— Ravi de vous connaître, monsieur, a-t-elle jeté en poursuivant son chemin.

Je ne sais pas si j'ai rêvé, j'ai eu l'impression qu'elle accentuait le déhanchement de son pas en repartant, comme si elle voulait inscrire sa trace dans ma mémoire.

J'ai été étonné que le professeur ne vienne pas m'accueillir dans le salon d'attente. Lorsque j'ai pénétré dans son bureau, un jeune chien, un chow-chow, s'est levé d'un mouvement pour venir me renifler. Il était insistant, comme s'il voulait goûter mes bas de pantalon, pas agressif, mais insistant... J'avais du mal à le repousser.

— Vous avez adopté un nouveau chien ? Où est passé Wolf ?

— Wolf est mort ! Je pensais vous l'avoir écrit. Je me suis empressé de m'en procurer un nouveau. Je ne peux plus m'en passer, désormais. J'ai constaté sur le tard que les chiens ont cette fidélité que l'on ne trouve jamais chez les humains... On ne peut plus se fier à personne ; ceux qui ne me trahissent pas meurent de maladie. Le docteur Ludwig Rosenberg est mort, lui aussi. Nous jouions ensemble au tarot avec le docteur Rie et le professeur Königstein, le samedi soir. Ce n'est pas comme pour Wolf, il sera bien plus difficile de lui trouver un remplaçant...

— Mais... n'est-ce pas un chow-chow ?

— Absolument, c'est un chow ! Dorothy, la tendre amie d'Anna, me l'a offert. Il s'appelle Lun Yu. Vous savez ce que cela signifie en chinois ? « Les entretiens », les dialogues... Le mot provient de l'œuvre de Confucius. C'est comme les dialogues de Platon, si vous voulez... Pour un chien de psychanalyste, aussi muet que son maître, ce nom s'imposait, ne trouvez-vous pas ? Ces chiens ont un avantage sur tous les autres : ils n'aboient jamais. C'est tout de même plus adapté lorsque nous recevons des patients à longueur de journée. Mais il est impossible de ne pas les tenir en laisse. Ils ont tendance à s'échapper pour s'aventurer où bon leur semble. Leur façon de s'attacher ressemble à celle des femmes : ils sont affectueux, souvent tendres, mais volages...

— Et votre santé, professeur ?...

— Vous êtes suffisamment lettré pour savoir que, lorsqu'on se procure un chien, c'est que l'on se prépare à passer dans le monde des morts. Je me demande d'ailleurs pourquoi, dans la mythologie grecque, les chiens sont toujours associés à la mort...

— Peut-être parce qu'il est très difficile de convaincre un chien de ne pas aller fouiller les tombes. Je pense même que c'est pour les interdire aux chiens que nous recouvrons nos morts d'une pierre.

— Toujours votre matérialisme primaire, mon cher Rabinovitch ! Vous n'avez jamais entendu parler de symboles, de représentations ? Depuis le temps que nous nous connaissons, je pensais vous en avoir transmis quelques notions...

Nous avons éclaté de rire l'un et l'autre.

— Je vous ai apporté un petit cadeau, professeur... Vous jugerez vous-même s'il s'agit d'un symbole, d'une représentation ou d'un vulgaire morceau de bois taillé...

Ses yeux se sont allumés de curiosité. Freud adore les cadeaux. Lorsqu'il a aperçu la statuette africaine, provenant du Soudan, que je sortais de son emballage, il s'est dressé sur ses jambes, comme mû par un ressort.

— Diable ! Où avez-vous trouvé une telle splendeur, Rabinovitch ? C'est la première fois que je peux en toucher une. Je n'en ai jamais vu que des photographies...

— Je voulais vous souhaiter votre anniversaire. Certes, je vous le souhaite avec une semaine de retard, vous voudrez bien m'en excuser, mais nous avons encore quelques dizaines d'années pour rattraper les jours perdus... Jusqu'à cent vingt ans, comme on dit chez nous !

C'était la première fois que je lui offrais un cadeau pour son anniversaire. Une statuette zandé, en bois roux et dur, au visage triangulaire stylisé dont les arêtes se prolongeaient jusqu'à l'arc des hanches ; les lignes rappelaient la rigueur classique de la statuaire égyptienne que le professeur connaissait à la perfection, mais l'artiste avait su imprimer un mouvement d'ondulation à l'objet qui évoquait irrésistiblement le rythme endiablé des danses mystiques. Il est resté sans voix. Il touchait la statuette, la regardait, éprouvait la consistance de son bois, la retournait, parcourait du doigt les traits de son profil, s'attardant sur la proéminence de ses fesses.

— Cet art africain dont on parle tant aujourd'hui dénote une indéniable aptitude à l'abstraction. Comme c'est étrange de la part de sauvages. Pour ma part, j'ai longtemps pensé que l'apparente simplicité des traits provenait de leur incapacité à reproduire la nature. Mais je suis bien obligé de me rendre à l'évidence. Il y a, dans cet art, une vraie recherche de la ligne, du trait. C'est une pièce ancienne, je présume...

— Ancienne ? m'écriai-je en éclatant de rire... Certainement ! Elle doit bien dater de six mois, professeur !

— Suis-je bête, se reprit-il, comment voulez-vous que du bois se conserve en pleine forêt équatoriale ? Quant à moi, je me fais l'effet d'être en papier... Je ne suis plus que l'ombre de moi-même, comme vous pouvez le constater. Regardez, je tiens à peine sur mes jambes. On a beau se dire que l'on ne craint pas celle que l'on a espérée toute sa vie, que l'on a appelée tant de fois à l'aide, je suis tout de même impressionné par l'imminence de notre rendez-vous... Je n'ai pas peur de la mort, mais du néant – ce qui est le contraire, comme vous l'avez compris. Allons ! Je ne vais pas vous ennuyer avec mes éternelles plaintes de vieux Juif malade. Je voudrais solliciter de vous une faveur. On m'a parlé d'un stomatologiste de grande qualité, installé à Berlin, le docteur Schroeder, je crois. Pourriez-vous vous renseigner à son sujet ? J'aimerais aller le consulter. Eitingon, qui était ici la semaine dernière, le jour de mon anniversaire précisément, me le recommande ardemment, mais j'hésite encore... Deux avis valent mieux qu'un ! S'il pouvait faire en sorte d'atténuer ma douleur afin que je puisse travailler. J'aimerais vivre encore un peu, jusqu'à ce que mes contemporains finissent par s'apercevoir de mon existence...

— Voyons, professeur, me suis-je étonné, comment pouvez-vous douter de votre popularité ? On parle de vous partout. On ne peut plus ouvrir un journal sans lire après une histoire grivoise, le récit d'un rêve ou d'un lapsus : « comme dirait le professeur Freud... » ; ou bien « d'après la psychanalyse, découverte par le professeur Freud... ». Il ne se passe pas un dîner où l'on ne prononce votre nom... C'est la gloire ! Vous êtes sans doute le savant vivant le plus célèbre au monde...

— Ah oui ? Pourquoi ne m'attribue-t-on pas le prix Nobel, dans ce cas ? me demanda-t-il avec une certaine hargne dans la voix.

Je n'ai rien trouvé à répondre, j'ai seulement balbutié bêtement :

— Peut-être craint-on que vous le refusiez...

— Certainement pas, Rabinovitch, s'écria-t-il, furieux, certainement pas ! J'ai fait savoir à tous ces vieux grincheux du jury que je me sentirais très honoré de le recevoir. Eh bien, la majorité s'y oppose ! Savez-vous qu'ils l'ont donné à Walter Jauregg l'an dernier ? Et pour quel motif ? Eh bien, je vais vous le dire : aucun ! Vous allez encore penser que j'exagère, mais réfléchissez un instant : la malariathérapie, quelle plaisanterie ! Ça fait penser à une blague, non ? Ou à une chanson humoristique : « Mieux vaut avoir le palud que la vérole »... Voilà que l'on distingue un médecin qui inocule une maladie pour en soigner une autre. C'est comme si je préconisais de soigner les névroses en brisant le tibia de mes malades. Certainement qu'une fracture de la jambe diminuerait les symptômes des névrosés, en apaisant leur sentiment de culpabilité...

Il ricanait, aigri. Je voulais le tirer de son humeur maussade. J'ai pensé qu'en l'invitant à raconter le cas de sa jeune patiente, cette aristocrate belge qu'il semblait apprécier tout particulièrement, il en éprouverait quelque joie...

— La jeune fille ? Vous voulez parler de Mlle de Montmaurin ? s'exclama-t-il, le visage soudain illuminé. Elle sort d'ici, justement. Je me demande si vous ne l'avez pas croisée en arrivant. Si c'est le cas, vous l'avez certainement remarquée. Je vous le dirai tout net : aujourd'hui, c'est d'elle que proviennent mes seuls plaisirs. Je me demande même si ce n'est pas sa présence qui me retient de mettre fin à mes jours. Quelle femme extraordinaire ! Voyez-vous, notre époque a engendré des populations entières de demeurés, seulement capables de reproduire mécaniquement ce qu'on leur ordonne, des fanatiques de la banalité, et, dans le lot, quelques exemplaires d'une espèce exceptionnelle, inconnue jusqu'alors – elle en fait partie ! Pour ce qui concerne les symptômes qu'elle présentait en arrivant, je peux vous affirmer sans forfanterie : succès total ! Et sur toute la ligne... Autrement dit : victoire complète sur l'ennemi ! Elle ne présente plus aucun symptôme, les atteintes dermatologiques ne sont plus qu'un mauvais souvenir, sa phobie est oubliée et elle a recommencé à se nourrir. Elle n'est pas bien grosse, il est vrai, mais il paraît que c'est la mode aujourd'hui. De mon temps, une jeune fille aussi maigre n'aurait jamais trouvé de mari ; on l'aurait évitée, la pensant atteinte de phtisie ou de quelque autre maladie contagieuse...

— Mais... ? ai-je interrompu, car il y a nécessairement un « mais ». En vingt ans, je ne vous ai jamais entendu parler de manière si positive de qui que ce soit. Où se trouve la faille ?

— Vous êtes cocasse, Rabinovitch. Je ne parviens pas à m'habituer à votre nouveau nom, ajouta-t-il à voix basse, pardonnez-moi – Fink ? Fuchs ? Ah non ! Funk, c'est ça ? Vous êtes drôle ; je me demande ce que vous pensez réellement de moi, au fond de vous. Vous me prenez pour une langue de vipère, n'est-ce pas ?

— Bien plus que cela, professeur ! *Lashon ara*, la « mauvaise langue », comme on l'appelle chez nous, est une mauvaise parole qui se perd dans le néant, comme le caquetage des perruches se dissout dans le crépuscule. Votre parole, au contraire, est comme celle des prophètes, on ne sait si elle annonce, si elle prédit ou si elle réalise les malheurs qu'elle énonce. Vous êtes comme ces rabbins d'autrefois aux lèvres desquelles s'accrochaient les fidèles, dont ils guettaient et redoutaient le moindre mot car ils savaient que ce que dirait le vieux s'accomplirait nécessairement...

Il déteste qu'on le compare aux rabbins de shtetl. Je ne suis évidemment pas le premier à le faire. Ferenczi le taquine régulièrement avec ce type de comparaisons – quant à Eitingon, c'est quasiment à toutes les phrases ! Il a aussitôt changé de sujet.

— Je vais vous avouer quelque chose, mon cher Rabinovitch, ce traitement, qui est peut-être la plus grande réussite thérapeutique de toute ma carrière, ne m'a réservé que des surprises. Chaque fois que je comprenais les choses d'une manière, les faits venaient me démentir. Lorsque j'ai reçu cette jeune fille pour la première fois, à partir de ce que l'on m'en avait dit, de ce qu'elle m'avait écrit elle-même aussi, j'imaginais qu'elle nourrissait une passion amoureuse inconsciente – c'est-à-dire, comme vous le savez, non seulement secrète, mais une passion qu'elle se cachait à elle-même. Première erreur. La passion amoureuse existait bien, mais elle était parfaitement consciente et assumée. J'ai ensuite pensé que le problème provenait du fait que son corps ne suivait pas ses désirs. On rencontre parfois ce genre de problèmes, notamment chez des femmes très intelligentes. Elles aiment avec leur tête et avec leur cœur, mais lorsqu'il s'agit de passer à l'acte, de réaliser ce à quoi tout leur être aspire, elles se glacent, se durcissent, deviennent tristesse et douleur en un instant. Là encore, j'avais tort. Isabella a une vie sexuelle accomplie et cela depuis l'âge de quinze ans – une vie sexuelle qu'à mon sens bien des femmes mûres et installées dans l'existence pourraient lui envier. Bref, de refoulement sexuel, je n'en trouvais aucune trace... Et j'ai cherché, croyez-moi ! Je me donnais l'impression d'être un inquisiteur au temps de l'Espagne Très-Catholique. Devinez comment m'appelle la petite, d'ailleurs. Allez... Professeur Torquemada ! C'est drôle.

— Mais alors, ai-je demandé perplexe, que signifiait son étrange symptomatologie ? Qu'avez-vous fait après avoir constaté que vos hypothèses ne tenaient pas ? Avez-vous révisé votre théorie ?

A cet instant, j'ai retrouvé le professeur Freud tel que je le connaissais. Il a fouillé sa poche à la recherche d'un cigare, mais s'est ravisé, se souvenant soudain qu'il essayait de ne plus fumer. Il s'agitait dans son fauteuil, sa voix devenait plus aiguë, son débit plus rapide, son vocabulaire plus précis, comme s'il affûtait son bistouri... Je le sentais prêt à partir au combat...

— Mon cher Rabinovitch, il y a théorie et théorie. Certains points que nous appelons « théorie » ne sont que des hypothèses que nous pouvons abandonner pour en adopter de nouvelles. Mais d'autres, que nous considérons également comme des parties de la théorie, sont des rocs, des îlots de terre ferme chèrement conquis. Vous ne révisez pas la théorie de la gravitation universelle lorsque vous voyez une feuille d'arbre s'élever dans un tourbillon de poussière, par exemple. Non ! Vous examinez la raison pour laquelle les faits semblent contredire la théorie ! La théorie selon laquelle tout symptôme névrotique est la résultante d'un conflit inconscient est de ce second type. Ainsi, lorsque vous observez des faits qui vont à son encontre, ce sont les faits qui sont faux ou, plus vraisemblablement, mal décrits. Isabella de Montmaurin a perdu sa mère à l'âge de quatre ans, morte des suites d'une typhoïde. Les deux premières années, le père ne s'est pas remarié et, très soucieux de la santé de sa fille, a accompagné ses premiers pas dans le monde. Il avait si peur de sa tristesse (il y voyait le reflet de la sienne propre) qu'il l'emmenait partout – dans les soirées mondaines, à ses rendez-vous d'affaires, au spectacle. Une si petite fille, habillée comme une dame, accompagnant son père partout où l'aurait suivi son épouse, une telle enfant n'était pas une petite fille, mais déjà une princesse. A la différence de certaines gamines, elle ne déclarait pas qu'elle voulait épouser son père : elle l'avait déjà fait ! On s'extasiait sur la beauté de l'enfant, sur sa grâce, son esprit d'à-propos lorsqu'elle répondait aux questions : « Vous vous étonnez que sa fille l'accompagne toujours, mais il est si triste lorsqu'il reste seul, disait-elle en ouvrant de grands yeux innocents. Je le console », ajoutait-elle en clignant de l'œil. Et puis, lorsqu'elle a atteint l'âge de neuf ans, le père s'est remarié avec une femme du monde – de son monde ! C'était en 1915, à un moment où ses affaires, liées à l'industrie militaire, connaissaient un développement spectaculaire. Avant guerre, sa situation était confortable ; pendant la guerre, il deviendra immensément riche et gagnera en influence politique. De plus en plus absorbé par ses affaires, Xavier de Montmaurin s'est éloigné de sa fille, qu'il ne voyait plus guère que le dimanche après-midi, et toujours en compagnie de sa nouvelle femme. Pour retrouver leur complicité disparue, Isabella se réveillait toutes les nuits, à 1 heure du matin, sachant qu'elle le retrouverait dans son bureau, rédigeant son courrier ou lisant son journal. Elle se lovait à ses pieds, sommeillait en suçant son pouce, attendant qu'il la porte jusqu'à sa chambre. Ce scénario s'est inlassablement répété toutes les nuits durant des années, distribuant le temps du père en trois tranches : la journée était consacrée à ses usines, la soirée à son épouse et le secret de sa nuit à sa fille Isabella pour leurs rendez-vous muets. Ils ne parlaient guère alors, mais s'appuyaient l'un sur l'autre – elle contre sa jambe, lui contre tout son être qu'il sentait solide comme une barre d'acier. Mais à quinze ans, avec le développement de sa puberté, Isabella a commencé à regarder les garçons. Son professeur particulier de philosophie, un jeune étudiant de vingt-trois ans, l'a initiée au plaisir. Durant toute une année, l'année de son bachot, il lui a enseigné les vibrations du corps, traversant avec elle les stades de sa découverte. Il l'éduquait en apprenant ; elle lui apprenait ce qu'elle découvrait. Ils passaient des jours entiers seuls dans la grande maison au bord du lac. Dans la famille, on se félicitait de l'influence que le jeune homme exerçait sur Isabella. Du jour au lendemain, elle était devenue coquette, profonde, belle – « belle Isabella », c'est ainsi que l'avait toujours appelée son père. Le père, rationaliste athée, à qui il arrivait de citer de mémoire des phrases de Voltaire et même de Bergson, attribuait à la philosophie la métamorphose de sa fille, que tout le monde louait. Elle a brillamment décroché son bachot, section rhétorique, à l'âge de seize ans. Enchanté par son évolution, son père a acheté un appartement à Paris, rue Saint-Guillaume, et l'a inscrite en faculté de médecine. Pleine d'appréhension, mais le cœur en joie, Isabella s'est présentée à son premier cours revêtue de ses plus beaux habits. Son pas de danseuse la portait comme un goéland au sommet de l'escalier du grand amphithéâtre. Si jeune, si belle, si gracieuse, elle a été effrayée lorsqu'un étudiant s'est écrié derrière elle : « Voici la reine de Belgique ! » Ce n'était pas grand-chose – une simple plaisanterie de potache sans doute impressionné par sa prestance d'aristocrate. Mais cette phrase, Dieu sait pourquoi, a pénétré dans les profondeurs de son cerveau. Il faut dire que c'était la première fois qu'elle s'éloignait de sa famille pour une si longue période et, malgré la présence d'une servante qui l'avait accompagnée en France, elle avait perdu tout lien avec sa vie passée. Elle a commencé à se fermer. La phrase lui revenait sans cesse en mémoire ; elle se répétait de manière absurde et incompréhensible et résonnait dans le silence de ses insomnies. Elle a cherché à revoir le jeune homme, pensant qu'il l'avait peut-être impressionnée pour quelque raison qui lui avait échappé. C'était un petit brun, un peu dodu, le visage rigolard, cynique par timidité. Il était entouré par trois carabins belliqueux qui lançaient des quolibets, braillant à tue-tête des chansons salaces. « La princesse a la vérole. » Les étudiants ont toujours peur des étrangers ; je ne sais trop pourquoi. Elle a tenu trois mois avant de tomber gravement malade. Après avoir prononcé le diagnostic de tuberculose, les médecins se sont empressés de prévenir son père, qui est venu la rechercher pour la conduire dans un sanatorium dans les Alpes autrichiennes. Elle a appris l'allemand et a passé une année entière à lire des livres de philosophie et à se morfondre, encore plus triste, encore plus isolée. Elle s'y ennuyait à mourir. Ne trouvant matière à alimenter la subtile mécanique de son esprit dans la petite communauté de malades, elle s'est fermée davantage. C'est alors qu'elle a développé ses premiers symptômes psychopathologiques, dans le secret de son monde intérieur. Au début, elle ne pouvait plus toucher les poignées des portes, qu'elle imaginait souillées de toutes sortes de parasites et de microbes. Par la suite, les idées de souillure avaient également envahi les chaises sur lesquelles elle ne s'asseyait plus guère, imaginant que des malades, après s'être masturbés, s'étaient essuyé les mains en les frottant contre le bois, y parsemant des microbes de syphilis par millions. Elle se promenait dans le sanatorium entièrement couverte, les cheveux enveloppés d'un foulard et les mains enfouies dans des gants qu'elle ne retirait jamais, pas même pour se coucher. Elle avait développé des rites conjuratoires qui lui permettaient d'apaiser son angoisse lorsqu'elle était convaincue d'avoir contracté une nouvelle infection. Elle devait alors entrouvrir toutes les portes des chambres des malades et traverser le long couloir en récitant une formule de manière que les mots qui protègent soient prononcés exactement devant chaque porte. Le mot « syphilis », bien sûr, mais aussi « mort », « contagion », « main » et aussi « Dieu ». Elle qui avait grandi loin de toute pensée religieuse, devenait obsédée par la prière et la capacité qu'elle lui attribuait d'endiguer le mal. Et, lorsqu'un seul mot ne tombait pas à l'emplacement de la porte, il lui fallait alors traverser tout le couloir à nouveau. Lorsqu'elle est rentrée en Belgique, son père ne l'a pas reconnue. Il a essayé sans succès de renouer le dialogue interrompu dix années auparavant, mais Isabella ne quittait plus sa chambre, ruminant ses obsessions, en produisant chaque jour de nouvelles qu'elle n'osait raconter à personne. Les idées absurdes envahissaient progressivement tous les secteurs de sa vie mentale. Après la propreté, elles se sont attaquées à la nourriture. Elle imaginait qu'elle risquait d'être empoisonnée par des plats regorgeant de bacilles, de germes, de miasmes et de ferments. Elle avait la vision de cuisinières crachant ou urinant dans les casseroles. Elle a commencé à restreindre la liste des aliments qu'elle s'autorisait. Le tableau devenait franchement inquiétant, si bien que le père, pour la distraire, eut l'idée de donner un grand bal auquel il convia tout ce que le royaume de Belgique comptait de personnes en vue. Dans les jardins de la propriété au bord du lac, ce furent deux jours de fêtes somptueuses. On y a exhibé les plus belles toilettes, les musiciens les plus célèbres étaient venus de Paris, de Berlin et de Vienne, on y a dansé une nuit entière sans s'arrêter. On y a discrètement conclu des affaires financières, aussi. A cette occasion, Isabella est brutalement sortie de son mutisme. Elle circulait entre les invités, souriante et gracieuse. Elle glissait entre les tables et apparaissait, telle une magicienne, à l'endroit même où l'on parlait d'elle. Elle buvait du vin, dansait, se serrait contre son cavalier, sans gants, sans manières, elle mangeait, riait et respirait d'un seul coup le dynamisme de ses vingt ans. Le père crut à un miracle. C'est à cette occasion qu'Isabella rencontra le prince Léopold – et dans sa tête cette même petite phrase qui tintait toujours : « Voici la reine de Belgique ! » La relation avec le prince commença le jour même, derrière un bosquet.

Freud me relatait l'histoire d'Isabella de Montmaurin avec tant de précision, les étreintes avec le jeune prince dans les jardins de la propriété, les rendez-vous par la suite, dans le pavillon de la forêt de Soignes... à croire qu'il y avait assisté. Freud a toujours cette extraordinaire capacité d'imaginer la réalité.

— Je ne comprends pas, professeur Freud ! Je ne comprends pas comment une névrose aussi bien installée – une véritable névrose obsessionnelle, n'est-ce pas ? – a pu ainsi disparaître du seul fait de la rencontre avec le prince...

— Ah ! s'exclama-t-il, moi non plus, je n'y comprenais rien ! Ne vous ai-je pas avoué que ce traitement ne m'a réservé que des surprises ? Je lui ai posé ces mêmes questions qui vous rendent perplexe aujourd'hui. Je lui ai demandé si, tout au long de la relation amoureuse avec le prince, elle n'avait pas été importunée par des idées obsessionnelles. Elle m'a répondu qu'elle les sentait présentes, mais à l'arrière-plan, comme un bruit de fond, comme un bourdonnement, qui se faisait de plus en plus lointain ; qu'elle avait fini par ne plus entendre. A l'exception d'une obsession, toutefois, cette phrase, entendue dans l'amphithéâtre de la faculté de médecine de Paris : « Voici la reine de Belgique ! » J'ai pensé, tout comme vous, je suppose, que la clé de l'énigme s'y cachait.

— Ne m'avez-vous pas dit qu'elle a fait le voyage du Congo avec le prince ?

— Mais oui, mon cher Rabinovitch, mais oui ! Elle a passé plusieurs mois avec lui dans la brousse africaine. Et là, contre toute attente, malgré les dangers physiques, les animaux sauvages, les moustiques, la chaleur, la saleté, ses symptômes se sont évanouis...

Je me suis piqué au jeu, m'engageant dans la reconstitution des logiques obsessionnelles de sa jeune malade.

— Reine de Belgique ou malade condamnée confinée en sanatorium... Tels étaient pour elle les termes de l'alternative, si je comprends bien...

— Ah, Rabinovitch, me répondit le professeur en prenant un air de commisération, votre matérialisme vous perdra... Vous la prenez pour une ambitieuse délirante, quelque peu mégalomaniaque. C'est du moins ce que laisse entendre votre remarque. Le problème n'était évidemment pas là. Vous auriez dû comprendre immédiatement, vous qui connaissez nos proverbes yiddish. Ne dit-on pas : « Une belle mère et une jeune fille dans la même maison sont comme deux chats dans un même sac » ?

— Enfin, je croyais qu'en yiddish ce proverbe s'applique aux relations d'une belle-mère et de sa bru. Non ?

— Vous avez sans doute raison, me répondit-il agacé, mais quelle différence ? Qu'il s'agisse d'une bru avec sa belle-mère ou d'une jeune fille avec la seconde femme de son père, dans les deux cas, pour la fille, c'est une mère par alliance. Voilà donc quel était le problème, apparu dès l'âge de neuf ans, au moment du remariage du père ; sans doute plus tôt encore, au décès de sa mère, à quatre ans. L'impossibilité de trouver une place acceptable en présence d'une femme de son père. On pourrait appeler cette pathologie le « complexe d'Hamlet »...

— Pardonnez-moi, professeur, mais je ne vois pas le rapport entre la belle-mère et les symptômes que j'appellerais plutôt « de la reine de Belgique ». Vous pensez sans doute à ce fameux complexe d'Œdipe... Je dois vous avouer que j'ai quelques doutes à ce sujet. Vous a-t-elle jamais évoqué un désir amoureux, voire sexuel, pour son père ?

Il s'est arrêté de parler, interloqué. Je crois que, pour la première fois, il mesurait la distance qui nous séparait. J'ai vu une grimace de douleur lui traverser le visage, comme si sa plus grande souffrance était de devoir expliquer, une fois de plus, les fondements de la théorie à un ignorant. Et puis il s'est ravisé, décidé à tirer tout le plaisir possible de notre rencontre...

— Vous n'abandonnerez donc jamais votre esprit critique, docteur Rabinovitch, me dit-il, eh bien, je vais vous répondre. Oui ! Elle m'a avoué avoir souvent pensé à une éventuelle relation sexuelle avec son père. Mais je dois préciser, pour être honnête avec vous et ne pas déformer les faits dans la direction que je voudrais leur voir prendre – je dois avouer qu'elle a évoqué cela non comme un désir, mais comme une sorte de vision théorique. Elle est très intelligente, comme je vous le disais. Elle m'a dit un jour : « Professeur Torquemada, cessez donc de me questionner avec vos ruses de Sioux. Vous voulez savoir si je veux coucher avec mon père, n'est-ce pas ? La réponse est clairement : non ! Je peux être affirmative car j'ai parcouru cette question intellectuellement en tous sens, comme j'ai aussi parcouru celle de mon éventuel désir sexuel pour une femme ou même pour le chauffeur de papa. Et vous savez que je suis loin d'être pudibonde. » Vous voyez donc qu'Œdipe était dans son esprit, quoiqu'elle l'ait dénié tout en l'avouant.

Quant à moi, j'ai pensé que cette jeune femme était venue lui apprendre qu'entre pensée et désir il y a la même distance qu'entre la loi de la pesanteur et les sensations qu'on peut éprouver lorsqu'on saute dans un lac du haut d'une falaise.

— Je dois vous dire, professeur Freud, que je suis parfaitement d'accord avec votre patiente. On peut parcourir de tels désirs de manière théorique, pour ainsi dire. Je la comprends d'autant mieux que son histoire m'a rappelé la mienne. Lorsque je suis arrivé à Vienne et que j'ai connu Hanna, elle m'a initié tant aux plaisirs du corps qu'à ceux de l'âme. Je découvrais le monde, la pensée et la sexualité dans le même mouvement. J'ai décliné alors tous les êtres humains que je connaissais pour explorer en pensée l'éventualité d'une relation sexuelle avec eux. Je dois avouer que nul n'a échappé à cette inspection mentale : père, mère, sœurs, cousines, voisins, rencontres de passage ! Cette démarche que j'eus autrefois me paraît aujourd'hui nécessaire ; dans les deux sens du mot – je veux dire à la fois utile et inéluctable. Succédant à la découverte d'une nouvelle source de sensations, elle permet d'en dresser une sorte de mode d'emploi. Une fois ce travail épuisé, la vie poursuit son cours, moins anxieuse, plus affermie. Mais dites-moi plutôt :

comment avez-vous tiré notre Isabella des griffes de ce diable qui lui susurrait des ordres absurdes au creux de l'oreille ?

Lorsque Isabella est rentrée du Congo après avoir traversé des centaines de kilomètres sur une pirogue, à dos de mulet, dans une Ford « model T » d'un autre âge, ses bagages cahotant derrière elle sur les épaules de gigantesques hommes noirs, elle avait la tête remplie de mille pensées philosophiques sur la nature humaine. Elle s'est précipitée dans les bras de son père en sanglotant de joie. Au bout d'un long moment, elle s'est retournée pour saluer sa marâtre et voici qu'elle s'est aperçue que cette dernière était enceinte. Elle a été prise d'une sorte de vertige ; elle partit en titubant se réfugier dans sa chambre. C'est qu'Isabella aussi était enceinte ; elle portait un enfant du prince, conçu à Goma, une nuit de fête et de beuveries sur les rives du lac Kivu. Mme de Montmaurin accoucha deux mois plus tard d'un garçon que le père, voulant honorer le prince, nomma Léopold, et Isabella dut partir en Suisse pour se faire avorter. Tout le monde a alors pensé, tout comme le professeur Freud du reste, qu'Isabella, rendue folle de rage par jalousie, avait eu une réaction hystérique en apprenant la grossesse de sa belle-mère. Elle, pour sa part, se disait que l'orage d'émotions auquel elle avait été soumise : la passion amoureuse avec son prince, la découverte en Afrique d'une humanité tellement étrange, tellement lointaine, sa propre grossesse dont elle ne savait alors que faire et l'excitation des retrouvailles avec sa famille, avaient eu raison de son équilibre.

Après son retour de Suisse, Isabella décida de se consacrer à l'écriture. Elle voulait consigner les impressions brûlantes de son expédition, exposer les innombrables photographies de visages qu'elle avait rapportées de son voyage en Afrique. Elle pensait que ce travail lui permettrait d'attendre les rares, les trop rares, visites du prince. Mais, au printemps de 1926, elle apprit par son père que Léopold allait épouser la princesse Astrid Bernadotte de Suède. Son père, qui avait deviné la liaison entre les deux jeunes gens, beaux et cultivés, aussi passionnés l'un que l'autre, avait pris d'infinies précautions pour annoncer la nouvelle à sa fille. La scène s'est déroulée dans un restaurant de luxe, en tête à tête, durant une belle soirée de printemps. Isabella n'eut aucune réaction – non qu'elle voulût la cacher, mais elle ne ressentit rien, ni trouble ni colère. Au fond, elle avait toujours su que la voix qu'elle entendait lui chuchoter « ... reine de Belgique » était comme celle du diable, mensongère, insidieuse. Elle se renferma plus encore, se murant dans sa chambre et en une prison intérieure.

Et c'est le soir même du mariage du prince, le jeudi 4 novembre 1926, qu'elle a développé ces symptômes physiques qui ont fait croire à un empoisonnement ou à une maladie tropicale, peut-être d'origine parasitaire, contractée au Congo. Une semaine plus tard, le père, craignant pour la vie de sa fille, était prêt à tout pour la sauver. Elle exigea de voir le prince un long moment, une dernière fois. Cela faisait des semaines qu'elle ne pouvait plus se déplacer. Léopold vint un soir à la propriété, dans le plus grand secret, et lui offrit un collier de perles qui ne quitte pas son cou depuis lors. Lorsque, après de multiples tentatives de soins, en Belgique d'abord, puis à Paris, à Zurich, et même un bref passage à Berlin, elle parvint chez le professeur Freud, elle pesait moins de quarante-cinq kilos.

— Dès le premier entretien, en présence de son

père, m'expliqua Freud, j'ai exigé qu'elle se rende seule à mon cabinet. Elle s'est réjouie. Manifestement, cette jeune fille appréciait que je table sur sa capacité à surmonter son angoisse ; à établir ce que nous appelons une « alliance thérapeutique ». Mais, dès le début du traitement, elle m'a surpris, elle était désarmante. Certes intéressée par tout ce qui touche à la théorie psychanalytique, sur laquelle elle me demandait inlassablement des précisions, mais totalement réfractaire à la levée du refoulement. En vérité, de refoulement, comme je vous le signalais tout à l'heure, je n'en voyais pas trace. Il me semblait que tout ce qui était caché au commun se déroulait en elle à ciel ouvert. Est-il possible de n'avoir aucun refoulement sans être psychotique ou autiste ? Elle parlait volontiers de sa sexualité, se souvenait de son enfance avec une précision photographique, acceptait sans fausse pudeur de décrire ses obsessions par le menu.

Pauvre professeur Freud, ai-je pensé, comme il a dû se sentir désemparé en présence de cette femme si jeune et qui savait pourtant lui résister avec une telle dextérité.

— Plus que cela, elle se montrait charmante, ne manifestait aucun signe d'hostilité, se présentait très précisément à l'heure de sa séance et, pour couronner le tout, elle s'est prise d'une véritable affection pour ma personne.

Je n'ai pu m'empêcher de plaisanter...

— Vous avez toujours su plaire aux femmes, professeur Freud... C'est même ce qui vous caractériserait le mieux, à mon sens.

— Ne dites pas cela, docteur Rabinovitch, Minna m'a heureusement protégé de toute tentation de cet ordre. Mais c'est une autre affaire, dont nous aurons peut-être l'occasion de reparler un jour... Que vous disais-je, déjà ? Oui, son affection pour moi ! Il ne se passe pas un mois sans qu'elle me rapporte un cadeau de valeur – des statuettes égyptiennes ou grecques la plupart du temps – et se soucie constamment de ma santé. Si bien que, quelquefois, j'ai la sensation d'un monde à l'envers ; d'être moi-même l'objet de ses attentions plutôt que l'inverse. Il m'arrive même de lui parler de mes soucis familiaux. J'ai bien tenté une fois de lui proposer une interprétation : « Vous vous comportez avec moi comme avec un grand-père, car vous enragez de ne pouvoir m'aimer », lui ai-je dit sur le pas de la porte... Et vous savez ce qu'elle m'a répondu ? « Mais ne croyez pas cela, professeur Freud ! Je vous aime ! » Sans sourciller, à la volée, comme ça ! Oui, elle m'a déclaré qu'elle m'aimait, justement, sans réserve, sans pudeur... Et elle a posé un baiser sur mon front avant de filer par l'escalier. Cependant, ses symptômes s'enkystaient. Elle n'acceptait de prendre que des légumes qu'elle faisait elle-même bouillir, et cela en toutes petites quantités ; elle ne sortait de son appartement que pour venir ici, à deux pas ; elle s'était entourée d'une infinité de nouveaux rituels qui envahissaient toutes les activités de son existence. Les interprétations que j'avançais étaient l'occasion de discussions intellectuelles de très bon niveau, mais ne modifiaient en rien son état psychique. Le seul changement que j'avais noté était une amélioration de son humeur. Elle était certes moins triste, mais j'avais l'impression qu'elle se cramponnait à nos discussions comme à une planche de salut.

— Cette histoire est passionnante, professeur. Vous aurez enfin trouvé un interlocuteur à votre mesure... Ne comptez-vous pas la relater dans un article scientifique ?

— Certainement pas ! Ce serait comme relater publiquement une histoire intime. J'entretiens avec cette jeune femme une relation qui tient un peu de Pygmalion. Il m'est arrivé de considérer qu'elle était davantage une élève qu'une malade car je prenais un véritable plaisir à lui expliquer le fonctionnement psychique. Mais j'ai fait plus que cela, Rabinovitch, j'ai senti en moi une exigence de médecin, voyez-vous ? Un sentiment que je n'avais pas éprouvé depuis plus de quarante ans, auprès de mes premiers malades, animé alors d'une rage de guérir – la *furor sanandi* que j'ai tant de fois reprochée à Ferenczi. Je souffrais personnellement de la voir souffrir. Alors, je lui ai demandé de m'exposer le détail des obsessions et des rituels conjuratoires dont elle s'était entourée. Nous avons commencé par le rituel du coucher. Il lui fallait d'abord se laver et cet exercice lui prenait au moins deux heures, car elle devait suivre un ordre de lavage très précis et, si elle sautait une étape, elle était contrainte de tout recommencer du début. J'ai examiné avec elle les différents moments et nous avons évalué ensemble le temps qu'il était raisonnable de consacrer à cette activité. Nous sommes tombés d'accord sur quinze minutes ! Nous avons fixé des échéances : la première semaine je lui autorisais quarante-cinq minutes, la deuxième, trente, au bout d'un mois elle devait ramener le temps de lavage aux quinze minutes que nous avions fixées.

— Et elle s'y est tenue, professeur ? Je veux dire... cette façon de faire s'est-elle révélée efficace ?

— Oui ! Nous avons pris les symptômes dans l'ordre, l'un derrière l'autre. Après le lavage, nous nous sommes occupés du rituel du coucher : les dispositions des portes, au millimètre près, des couvertures, des oreillers...

— Vous vous êtes soucié de cela ? Vous avez envisagé avec elle les différentes façons d'installer oreillers, draps et couvertures ? Vous, professeur, vous ?

— Mais oui, Rabinovitch, je me suis même rendu chez elle pour examiner la configuration de son appartement et discuter avec elle du meilleur agencement. Elle est aussi venue dîner à la maison et Minna l'a emmenée dans les cuisines pour qu'elle participe à la confection du dîner. C'était une condition pour qu'elle accepte de manger...

Mais qui était donc cette jeune femme qui était parvenue à changer le professeur Freud au point qu'il renonce à sa méthode habituelle de traitement ? Qui était-elle pour le plier à ses exigences ? Une princesse ?

Vienne, 9 novembre 1933

Une bruine glacée tombe sur Vienne et le ciel gris sale, presque noir, pénètre jusqu'au fonctionnement le plus intime de la pensée. J'ai de nouveau dû déménager ; nous nous sommes installés à Paris depuis le mois de mars. Il n'était plus possible de rester à Berlin, même sous mon faux nom et la généalogie aryenne dûment certifiée par l'Eglise que m'avait procurée le Parti. Le jour qui a suivi l'incendie du Reichstag, le 28 février dernier, Erich Mühsam a été arrêté chez lui par une bande de psychopathes en uniforme brun qu'on appelle SA. Il est interné dans un camp de concentration à Oranienburg, en pleine campagne, au nord de Berlin. Les informations qui nous parviennent sont terrifiantes. Les détenus y meurent de froid, de faim, des tortures que leur infligent les bourreaux nazis. S'il se trouve de plus qu'ils sont juifs, ils sont soumis à un traitement proprement démoniaque qui rappelle les heures sombres de l'Inquisition. Nous n'avons trouvé aucun moyen de faire évader Erich ; j'ai peur qu'il ne puisse tenir bien longtemps. Les SA parcourent la ville en camion, munis de listes et de photographies, recherchant les communistes, les anarchistes et les Juifs. Il devient très difficile d'échapper au quadrillage systématique, quartier par quartier, qui s'étend progressivement, du centre à la périphérie, comme une toile d'araignée.

Réfugiés à Paris, avec l'aide d'Arthur Koestler, nous avons reconstitué le Comité international d'aide aux victimes du fascisme hitlérien et nous nous sommes immédiatement remis au travail. Nous avons réuni les documents, les témoignages, écrit jour et nuit afin de sortir à temps, au mois d'août, juste avant le procès, le *Livre brun sur l'incendie du Reichstag et la terreur hitlérienne*. Nous avons réussi à le faire paraître en quinze langues ; c'est un exceptionnel succès de librairie. Je me suis battu pour faire connaître la vérité sur Marinus Van Der Lubbe, l'incendiaire, qu'il m'est arrivé de croiser quelquefois avec mes anciens amis anarchistes. Pourquoi Willy tenait-il tant à le faire passer pour un faible d'esprit ? C'était un vrai militant, certes un peu trop indépendant et impatient de passer à l'action, mais certainement pas un demeuré manipulé par les nazis. Willy m'a répondu – je m'y attendais – que certaines nécessités politiques sont plus importantes que les intérêts des individus ou de leurs familles.

J'ai emporté un exemplaire du *Livre brun* que j'offrirai au professeur Freud. Depuis 1929, il a pris ses distances avec notre mouvement. Nous avons considéré la publication de son *Malaise dans la civilisation* comme un acte de rupture et avons cessé d'aider financièrement sa revue. En vérité, nous continuons à avoir une vue très précise sur ce qui s'y passe par l'entremise de Max. Reich, lui aussi, nous fournissait des informations, mais il n'est pas assez fiable : trop excentrique, trop individualiste, incapable de se soumettre à une véritable discipline. Il va sans aucun doute se faire exclure de l'Association internationale et ne nous sera plus d'aucune utilité.

Willy n'était pas favorable à mon voyage ; nous avons tellement de travail en ce moment. J'ai réussi à le convaincre en lui faisant miroiter un éventuel ralliement de Freud, qui pourrait se mobiliser considérant les événements survenus cette année en Allemagne. Si la psychanalyse passait publiquement dans notre camp à la suite de son illustre créateur, des milliers d'intellectuels dans le monde suivraient le mouvement. Willy a fini par accepter de me laisser partir à Vienne pour quinze jours.

Mais, en vérité, je n'ai pas grand espoir de voir le professeur changer d'avis. Je sais que cela fait une bonne dizaine d'années qu'il a abandonné ses lointaines sympathies pour le communisme. On m'a même dit qu'il s'est déclaré favorable à Dollfus – qu'il considère aujourd'hui comme le seul rempart contre Hitler. Dollfus, ce dictateur proche de Mussolini... c'est un comble ! Je ne lui demanderai pas s'il est aussi d'accord avec la suppression du Parlement, le développement des milices fascistes, l'interdiction du parti communiste et de toute manifestation. Je ne suis pas là pour ça ! Si je veux parler vrai – et où pourrait-on mieux le faire sinon dans son propre journal ? –, le vieux professeur me manque. Cela fait des années que je n'ai de ses nouvelles que par l'entremise du courrier. Et je suis inquiet à son sujet. D'autant qu'il m'a en quelque sorte convoqué. Il écrivait dans sa dernière lettre :

« Cher Docteur, je vous serais infiniment reconnaissant si vous pouviez vous libérer de votre travail quelques jours et venir me rendre visite à Vienne. Si cela s'avérait impossible – ce que je comprendrais dans les circonstances actuelles –, soyez assez aimable de me le faire savoir au plus vite par tout moyen à votre convenance. Sincèrement, votre Freud. »

Vienne, 10 novembre 1933

Lorsque je suis arrivé chez Freud cet après-midi, à 18 heures, j'ai croisé dans la rue, à deux pas de sa maison, une bande de miliciens fascistes en uniforme qui hurlaient un chant nazi. Pourquoi tarde-t-il tant à fuir ce pays qui commence déjà à marcher au pas de la dictature ?

— Mais voyons, mon cher Rabinovitch, cela ne fait pas cinq minutes que vous êtes entré ici et vous voulez déjà entamer une discussion politique. Lorsque vous m'avez téléphoné hier, savez-vous quelle a été la première idée qui m'est venue à l'esprit ? Je me suis dit que je ne savais rien de votre vie amoureuse et, croyez-moi, si l'on ne sait rien de l'économie libidinale d'une personne, il est inutile d'espérer pénétrer les arcanes de ses raisonnements.

Je me suis détendu. Il est vrai que je me sentais crispé par l'ambiance de cette maison où l'on faisait tout pour ignorer ce qui se passait à deux pas, dans la rue. J'ai même éclaté de rire...

— Je vous retrouve bien tel qu'en vous-même, professeur ; vous avez toujours su me faire changer de registre. Une fois de plus, vous avez deviné : je suis obsédé par la situation politique, j'en conviens. Et, comme l'on dit chez nous, *an aïnrédénish iz erguèr vi a krank*, « une idée fixe est pire qu'une maladie »...

— Comme c'est vrai, Rabinovitch, continua le professeur, il y a une vraie sagesse dans nos proverbes yiddish ; les idées obsessionnelles sont une vraie maladie. Mais, voyez-vous, aujourd'hui, ce qui m'inquiète le plus, c'est le comportement de mes enfants et de mes élèves. Et, parmi mes élèves, j'ai les plus grandes inquiétudes concernant ceux qui sont installés en Allemagne. Je ne trouve pas les arguments pour les convaincre de quitter ce pays... *Klaïné kinder lozen nicht chlofen, groïssé lozen nicht leben,* « Lorsque les enfants sont petits, ils ne nous laissent pas dormir, et lorsqu'ils sont grands, ils ne nous laissent pas vivre »...

Freud lui-même a changé. Il a maigri et s'est tassé. On peut distinguer le mouvement des os de sa mâchoire qui remue sans cesse – il joue avec sa prothèse en une sorte de tic nerveux que l'on perçoit au travers de sa peau devenue diaphane. De plus, je lui ai trouvé une raideur étrange. Il ne parvient pas à s'appuyer contre le dossier du fauteuil. Il se tient en avant, sur le bord, dans une attitude inhabituelle, et moi qui l'ai observé durant des heures, j'ai immédiatement noté une étrange fixité dans son regard. J'ai été attristé d'apercevoir une sorte de furoncle qui lui déformait la joue. Le pauvre homme était bien mal en point...

— Vous me trouvez vieilli, Rabinovitch, avouez-le, me jeta-t-il comme s'il lisait dans mes pensées. Je vois à vos yeux que le vieil homme vous inspire du dégoût. J'ai beau me dégrader de jour en jour, mes amis partent pourtant avant moi ; et même mes élèves ! L'épreuve la plus douloureuse a été la perte de Ferenczi, le 24 mai dernier. Je l'aimais, vous savez ; je l'aimais comme un fils. Il y avait une honnêteté chez cet homme, entière, massive, comme celle d'un enfant. Les derniers temps, nous nous étions un peu éloignés, il est vrai. Il faut dire qu'il avait dépassé les bornes avec ses prétendues innovations techniques. Pourtant, il s'est efforcé de ne jamais rompre avec moi, comme ont pu le faire Rank ou avant cela Alt, Stekel ou Adler. Il continuait à discuter – surtout de technique psychanalytique –, mais ses idées étaient devenues saugrenues, et parfois franchement délirantes.

— Délirant, le docteur Ferenczi, me suis-je étonné, lui, un homme si doux...

— Précisément, mon ami, tellement doux qu'il a fini par se prendre pour une sorte de Christ laïc, distribuant l'amour à la cantonade. Figurez-vous qu'il embrassait même ses patientes !

Je ne voyais pas ce qui pouvait scandaliser le professeur dans les manifestations d'affection du docteur Ferenczi. Parmi tous les psychanalystes que j'ai connus – sans compter Otto Gross –, il me semble ne pas en connaître un seul qui n'ait eu, à un moment ou à un autre, une relation amoureuse avec une de ses patientes. Et c'est bien compréhensible, après tout ! Rester ainsi enfermé durant des heures avec une femme qui vous parle de sa sexualité, et si elle est à votre goût par-dessus le marché... Le professeur ne peut certainement pas ignorer ce genre de chose. Ou peut-être pense-t-il que je ne suis pas au courant de la vie amoureuse de ses élèves. Tout le monde en parle dans la société viennoise, pourtant. Quoi qu'il en soit, j'ai préféré éviter cette question...

— Il embrassait ses patientes ? ai-je repris, le plus innocemment que j'ai pu.

— Mais oui ! Il les embrassait. Figurez-vous que je ne sais pas ce que ce terme recouvrait exactement pour lui. « Embrasser » ! Allez savoir jusqu'où peut conduire ce type de passage à l'acte. Il prétendait qu'il parvenait ainsi à apaiser la frustration inhérente à la situation psychanalytique. Lorsque je l'ai appris, par une de ses lettres – car Ferenczi ne me cachait rien –, je lui ai répondu assez brutalement que je ne pouvais en aucun cas cautionner de telles pratiques et il s'est fâché. Il s'est ensuite muré dans sa solitude pour expérimenter de nouvelles fantaisies avec ses patientes.

J'ai fait semblant de m'étonner : et qu'avait-il inventé d'autre ?

— « De nouvelles fantaisies » ?

— C'était le bouquet, l'apothéose ! J'espère de tout cœur que cette affaire ne s'ébruitera pas. La dernière année, il avait institué avec plusieurs de ses patientes ce qu'il appelait la « psychanalyse mutuelle ». Vous devez bien imaginer ce qu'une telle dénomination pouvait recouvrir...

— J'avoue que non, professeur – il m'a toujours semblé que la psychanalyse est un dérivé de relation pédagogique mettant en scène un maître et un élève. J'ai beau réfléchir, j'ai du mal à imaginer comment une telle relation pourrait se révéler « mutuelle »...

Freud fulminait encore contre Ferenczi, malgré sa disparition, comme s'il regrettait que la mort lui ait retiré prématurément son meilleur adversaire ; le partenaire avec lequel il aurait voulu achever un interminable duel...

— « Mutuelle », c'est ainsi qu'il appelait sa psychanalyse qu'il prétendait révolutionnaire : mutuelle ! Et sa technique était parfaitement nommée, du reste, puisque, après une séance que l'on pourrait dire classique, il proposait à sa patiente de s'installer dans le fauteuil, lui s'étendant sur le divan, et c'était alors à elle de l'écouter. Vous rendez-vous compte, Rabinovitch ?

J'imagine mal ce qu'il pouvait lui raconter. Comment pouvait-il être sincère dans cette position ? Il faut dire que, sur la fin, il était bien malade, ce pauvre Ferenczi !

— Euh... cette modalité que Ferenczi appelait « psychanalyse mutuelle » permettait peut-être au patient de s'extirper des maléfices du transfert. Otto Gross ne m'a-t-il pas invité à ses soirées précisément dans le but de m'éviter le transfert ? Et je dois dire qu'il a parfaitement réussi dans cette tâche. Après cela, nous avons gardé des liens d'amitié, mais je ne nourrissais envers lui ni dévotion ni fureur.

Freud ne m'a pas répondu, préférant changer de sujet de conversation. Il ne voulait décidément pas se chamailler avec moi...

— Sur la fin, voyez-vous, Ferenczi était devenu extrêmement émotif. Après l'incendie du Reichstag, il m'a écrit une longue lettre qui trahissait sa propre frayeur. Il me suppliait de fuir l'Autriche immédiatement, pendant qu'il était encore temps. Il voyait déjà les hordes nazies déferler dans les rues de Vienne. J'ai eu beau lui expliquer que cette peur était irrationnelle, rien n'y a fait...

— Irrationnelle ? Pour tout vous dire, professeur, j'ai la même opinion que lui. La première idée d'Adolf Hitler sera probablement d'envahir l'Autriche dans la perspective de réunifier le peuple allemand. Feriez-vous mine d'ignorer que Hitler est autrichien ? Avez-vous oublié combien il déteste Vienne et sa vie dissolue ? Il viendra ici, il ne pense qu'à ça ! Il envahira vos rues, vos cafés et vos théâtres. Pourquoi n'iriez-vous pas en Angleterre, où vous avez de la famille ? Je pensais que vous m'aviez invité à venir précisément pour vous aider à organiser votre départ...

— Loin de moi une telle pensée, Rabinovitch ! s'exclama le professeur Freud d'un ton où l'on pouvait discerner une colère contenue. Je pense que, même si le national-socialisme ou un parti politique similaire venaient à triompher en Autriche, un tel mouvement n'atteindra jamais ici le degré de brutalité grossière que l'on voit en Allemagne. Non ! Les Autrichiens se veulent trop raffinés. En vérité, ce sont des paysans en habit de cour. Et puis, réfléchissez un peu, vous me voyez, moi, à mon âge, traînant dans les gares, encombré de dizaines de valises, avec toute ma famille, demandant l'hospitalité ici ou là ? Voyons, c'est impossible ! Plutôt crever tranquillement chez soi. Et, après tout, la mort, ce n'est jamais que la mort, quelle que soit la façon dont elle nous rattrape ! Personne ne me convaincra que certaines morts valent mieux que d'autres. Si cela peut vous rassurer, dites-vous bien que, personnellement, je ne cours pas de danger ; ces sauvages ne me feront aucun mal. Ils n'oseront pas ; ils auront bien trop peur d'une levée de boucliers internationale !

— Vous rappelez-vous cette histoire de chaudron qu'il vous est arrivé de me raconter à plusieurs reprises, professeur Freud ? Jacob accuse Moïshe d'avoir abîmé le chaudron qu'il lui avait emprunté. Moïshe répond : premièrement, je t'ai rendu ton chaudron intact ; deuxièmement, le chaudron était déjà troué lorsque je te l'ai pris ; troisièmement, je ne t'ai jamais emprunté de chaudron... Vous me faites le même effet que ce Moïshe. En multipliant les justifications, vous faites l'aveu de ce que vous cachez. Allons, dites-moi donc ce qui vous retient de partir...

Le professeur Freud s'est enfoncé plus profondément dans son fauteuil en se caressant la barbe.

— Vous n'êtes pas idiot, Rabinovitch. Il vous reste tout de même quelque chose de votre formation de psychiatre. J'admets que vous avez raison. Oui, il y a un autre motif qui m'empêche d'envisager l'émigration. C'est d'ailleurs ce qui m'a incité à vous demander de venir.

Il s'est péniblement levé de son fauteuil, a fait quelques pas dans le bureau, a ouvert la porte comme pour vérifier que Minna ne traînait pas dans le couloir, puis est revenu s'asseoir.

— Vous souvenez-vous de cette patiente, cette aristocrate belge dont je vous ai parlé à plusieurs reprises ?

— Oui. Bien sûr ! Je m'en souviens parfaitement. Le récit que vous m'avez fait de son traitement m'a vivement impressionné. J'y ai repensé bien des fois en admirant votre capacité à vous adapter à la singularité de vos malades, à ne pas aveuglément appliquer une technique automatique, à la différence de vos élèves.

— Ce que vous ne savez peut-être pas, c'est que cette femme, totalement guérie désormais, vit aujourd'hui en Italie, à Brescia, avec son mari, le comte Dalla Chiesa, heureuse mère d'une charmante fillette de trois ans. Son père est décédé l'année dernière en lui laissant une fortune colossale qu'il a réussi à déposer dans plusieurs banques suisses. Vous savez que, sans mon intervention, cette jeune femme se serait très probablement suicidée.

Il s'est soudain tu, comme s'il avait renoncé à poursuivre ses confidences...

— Je le crois volontiers, professeur, ai-je insisté pour l'inviter à reprendre son récit, la souffrance que lui occasionnait sa névrose devait certainement être intolérable. N'était-elle pas affligée de symptômes compulsifs qui lui prenaient une grande partie de la journée ?

— Dites-moi donc un peu, Rabinovitch, questionna brusquement Freud en me regardant droit dans les yeux, que faites-vous exactement au sein de votre organisation ? J'ai cru comprendre que vous êtes un peu... une sorte d'espion. Ne vous formalisez pas, je vous prie, du caractère abrupt de ma question. J'imagine que, si vous êtes devenu un agent du Komintern, vous devez aussi avoir appris à vous servir d'une arme et sans doute à vous battre...

Je ne comprenais pas les questions du vieux professeur. J'ai levé vers lui des yeux étonnés :

— Je sais me servir d'une arme, ai-je répondu calmement, et l'on me dit habile au maniement des explosifs. Pourquoi me posez-vous toutes ces questions ?

— Vous avez donc appris à vous battre et j'imagine que vous seriez capable de vous défendre si vous étiez attaqué...

— J'ai suivi plus de six mois de formation à Moscou et j'y retourne régulièrement pour l'entraînement... Mais en quoi diable cela peut-il vous aider ?

— S'il surgissait par exemple un homme armé ici même, sauriez-vous le neutraliser ?

— Je ne répondrai plus à vos questions tant que vous ne m'aurez pas éclairé. Que se passe-t-il, professeur ? Quelle idée avez-vous derrière la tête ?

Et il a fini par me raconter. Isabella de Montmaurin – maintenant comtesse Isabella Dalla Chiesa – lui vouait une telle vénération qu'après avoir hérité la fortune de son père, elle avait décidé de lui léguer un dixième de ses avoirs. Elle voulait par ce geste lui faire oublier sa déception pour n'avoir pas obtenu le prix Nobel. Mais elle avait mis une condition : cette fortune devait être placée au nom du professeur Freud. Elle voulait s'assurer ainsi que lui seul déciderait de son usage. Il n'était donc pas question de la déposer au nom d'un héritier ou même d'une association ou d'une fondation. Or cet avoir se montait à cinq tonnes d'or en lingots belges. Freud voulait faire venir l'argent à Vienne et souhaitait s'assurer que le transport se déroulerait dans les meilleures conditions. Il me demandait de constituer une équipe, de me procurer un camion solide et de partir en Suisse pour charger les lingots, qui se trouvaient à Genève, et les convoyer à travers la montagne jusqu'en Autriche. Mais pourquoi ne laissait-il pas la comtesse s'occuper du transfert de l'or ? Elle devait connaître des transporteurs de fonds, parfaitement professionnels et sûrs.

— Vous comprenez, m'a-t-il expliqué, je voudrais que cette opération puisse se dérouler dans le plus grand secret. Toute personne mise dans la confidence mettra ma vie et celle des miens en danger. En qui donc pourrais-je avoir confiance sinon en vous, docteur Rabinovitch ? Vous qui avez su conserver ce lien d'amitié tout au long de ces années, à travers les bonheurs et les revers que nous avons traversés. Nous en avons longuement parlé avec Minna, elle est du même avis. Vous savez qu'elle vous considère comme un membre de la famille. Comprenez-moi bien : il ne faut à aucun prix que quiconque dans le mouvement psychanalytique puisse apprendre le don de la comtesse. Ils se jetteraient sur l'or comme des vautours affamés. Ils en trouveraient immédiatement l'usage, allez...

— Professeur Freud, lui ai-je demandé, vous vous méfiez donc de vos disciples à ce point ?

— Si je m'en méfie ? Comment pouvez-vous accorder la moindre confiance à des personnes qui ont fait un transfert sur vous ? Car mes élèves sont tous des sortes de patients. Leurs sentiments peuvent se retourner en leur contraire d'un instant à l'autre, au gré du transfert, précisément. Je devine leur réaction : ils exigeront de constituer une société bénéficiaire de la fortune, dont ils me nommeront d'abord président. Très vite, ils trouveront le moyen de m'exclure de la société pour faire main basse sur le magot. Ne vous ai-je pas déjà raconté le retournement de Ferenczi ? me demanda-t-il, l'air sévère. Si même Ferenczi, alors...

— En admettant que j'accepte de vous rendre un tel service, professeur...

— Et, j'y tiens, vous serez rétribué, après remboursement de tous les frais qu'occasionnera votre mission, naturellement !

— Je ne pensais pas à ma rétribution, professeur, je voulais m'enquérir des modalités formelles. Comment être sûr que les banquiers suisses accepteront de me confier une telle quantité d'or... combien disiez-vous, déjà ?

— Environ cinq tonnes, à ma connaissance. Ils vous confieront cette fortune parce que la comtesse leur adressera un télégramme et que je vous confierai une lettre de créance vous autorisant à procéder à cette transaction en mon nom.

— Mais, professeur, n'y a-t-il pas dans votre entourage une personne de confiance qui pourrait assurer cette mission ? L'un de vos fils, par exemple...

— Non, Rabinovitch ! Je ne veux pas que ma famille soit impliquée dans cette affaire. De plus, je ne souhaite pas les en informer ! Comme je vous le disais, cela les mettrait en danger. Et puis, ils finiraient par parler, à l'un ou à l'autre. Non ! C'est vous et personne d'autre ! J'y ai longuement réfléchi. Vous êtes rompu à la pratique du secret et vous saurez vous défendre si jamais vous êtes attaqué...

Ainsi le professeur Freud est-il devenu millionnaire... milliardaire... infiniment riche, en tout cas ! C'est pour cette raison qu'il ne veut quitter Vienne sous aucun prétexte... pour placer l'or en toute tranquillité, commencer à l'investir dans des activités utiles à la cause. Et il veut procéder à toutes ces opérations dans le plus grand secret. C'est certainement pour cette même raison qu'il ne songe pas à émigrer. Les opinions politiques ont parfois des motifs bien éloignés de la politique et même de la philosophie.

Vevey, 2 juillet 1934

Je n'ai rien écrit depuis novembre... L'organisation de l'expédition en Suisse, qui a pris plus de six mois, m'a occupé jour et nuit. Il a d'abord fallu obtenir les autorisations pour transférer des fonds aussi importants. J'étais constamment en relation épistolaire avec Freud. Il m'écrivait presque tous les jours. Tantôt il jubilait, comme enivré. Il imaginait alors les prodiges qu'il allait pouvoir réaliser grâce à cette fortune. Il parlait de construire un sanatorium psychanalytique au sommet des Alpes autrichiennes, de fonder une maison d'édition, de créer un hôpital où l'on dispenserait gratuitement des cures psychanalytiques aux indigents... Il se demandait s'il ne pourrait pas financer la formation de psychanalystes originaires des pays les plus lointains – des Papous de Mélanésie, des Chinois, des Japonais, des Indiens – pour assurer la diffusion de sa pensée à travers le monde... Il bâtissait sans cesse de nouveaux châteaux en Espagne. Dans ces moments, il me semblait que les projets grandioses qu'il imaginait le réconciliaient quelque peu avec le destin.

Mais, à d'autres moments, son humeur noire le reprenait. Toute cette affaire n'était qu'une nouvelle épreuve que lui imposait la vie, à l'aube de sa mort. C'était maintenant qu'on lui donnait ce qu'il avait toujours attendu, dans le seul but d'exacerber la frustration d'un départ qu'il sentait si proche. Comme il l'avait toujours pensé, il était bien Moïse contemplant la Terre promise de loin, apprenant que ses pieds n'en fouleront pas le sol. Il n'en dormait plus et, ne pouvant partager ce secret avec personne, m'inondait de lettres interminables, passant de l'exaltation à la plainte. Il n'attache plus guère d'importance aux grands événements qui sont en train de bouleverser le monde. L'autodafé de ses œuvres en place publique, à Berlin, ne lui a inspiré aucun commentaire acerbe. Il s'est contenté de plaisanter : « Au Moyen Age, ils m'auraient brûlé en place publique, aujourd'hui, ils brûlent seulement mes livres. » Moi qui revenais de Berlin, je savais qu'à la première occasion ils feraient les deux ! Il n'a pas protesté en apprenant l'exclusion de tous les membres juifs de l'Association psychanalytique allemande, exigée par les nazis. Il prétend qu'il fait des concessions pour sauvegarder le minimum. Il imagine que l'on peut transiger avec les nazis. Mais rien n'est possible avec ces gens-là !

Ne voulant prendre aucun risque, j'ai décidé d'acheter le camion aux Etats-Unis : un Studebaker léger, capable de transporter jusqu'à vingt tonnes à 80 kilomètres à l'heure grâce à un gros moteur six cylindres à la solidité légendaire. Une fois le camion trouvé, il m'a fallu prendre contact avec la comtesse, qui devait en régler la facture. Nous nous sommes rencontrés à Paris, rue de Tournon, dans ce petit hôtel où logent un grand nombre d'émigrés allemands, juifs pour la plupart. J'y ai mes habitudes et surtout quantité d'amis qui peuvent assurer la surveillance. Je la savais proche des milieux au pouvoir en Italie et redoutais cette rencontre. Isabella Dalla

Chiesa est venue seule, au volant de sa voiture, une somptueuse Audi aux formes futuristes, que j'apercevais pour la première fois – sans doute un exemplaire unique.

C'était bien la même jeune femme que j'avais croisée devant la porte du 19 Berggasse. Ses traits avaient mûri, son visage s'était affirmé, mais son maintien était bien celui d'une princesse ; elle était plus belle encore que dans mon souvenir. Elle avait coupé ses cheveux, qui formaient maintenant un casque harmonieux de vagues noires et brillantes parsemées de perles. Et ses immenses yeux verts... Durant l'heure qu'a duré notre entretien, je n'ai pas pu détacher mes yeux des siens. Puis nous sommes partis. Karl est monté avec moi dans la cabine du camion, Arturo derrière avec la cargaison, et Léon nous suivait avec la moto, une Puch 500 flambant neuve. Nous nous sommes arrêtés pour passer la nuit à Vevey. Au dîner, tous parlaient de la « Nuit des longs couteaux ». Le massacre a eu lieu samedi soir. Est-ce une bonne idée de transporter tout cet or à Vienne, si près de l'Allemagne ? Hitler a éliminé les SA, qui le gênaient pour le contrôle de la société allemande. Il a arrêté lui-même son vieil ami Ernst Röhm, un pistolet à la main, et l'a fait abattre dans sa cellule par deux officiers SS. Qui pourra dire après cela que cet homme n'est pas capable de tout ?

Port-Saïd, 6 juin 1938

Voilà deux jours que nous sommes arrivés à Port-Saïd, où nous attendons notre passage à travers le Canal, en route pour Mombasa. Nous comptons arriver au Kenya dans un mois environ, si nous ne rencontrons pas d'obstacle imprévu. Après cela, il nous faudra acheter un camion et nous engager au cœur de l'Afrique, à travers des pistes hasardeuses, pour un long périple jusqu'au Congo. Nous ne parviendrons pas à Costermansville avant le mois de septembre, peut-être même octobre. C'est là qu'Isabella nous rejoindra pour nous conduire jusqu'à cette merveilleuse demeure au bord du lac Kivu que j'ai le sentiment de connaître comme si j'y avais vécu.

J'ai enfin reçu un télégramme que j'ai pu retirer à la poste de Port-Saïd : « A Paris en route pour Londres. Réussi à faire échapper professeur Freud. Carla avec moi. Vous espère en parfaite santé ainsi que la cargaison. *Ti voglio bene. Per sempre.* Isabella. »

Notre découverte du pilotage d'un yacht de grand luxe a été aventureuse, à tel point que nous avons failli ne jamais quitter Naples, nous heurtant aux bateaux à quai comme une boule dans un jeu de quilles. Nous avons même dangereusement raclé un ban de sable à la sortie du port. J'ai bien cru que nous allions nous échouer avant même de commencer notre voyage. J'ai entendu les caisses qui dégringolaient dans la cale. Par miracle, la puissance des moteurs a pu nous tirer de là. Je me voyais mal expliquer la nature de la cargaison aux douanes italiennes. Nous avons traversé la Méditerranée sans encombre, à part un grain assez violent que nous avons essuyé, la première nuit, au large de la Tunisie. Grâce à ses relations avec les hauts dirigeants italiens, Isabella avait eu connaissance de la date à laquelle l'Autriche serait envahie. Elle est immédiatement venue me rejoindre à Paris.

Les Allemands à Vienne, il était certain que, dès le lendemain, les avoirs juifs seraient saisis. Il fallait donc de toute urgence déplacer l'or du professeur Freud qui, avec tous les événements survenus ces dernières années, avait presque doublé sa valeur. Au fond, il n'avait pas fait une mauvaise affaire en le plaçant à Vienne ; à condition, bien sûr, de parvenir à le récupérer. Nous avons longuement discuté des possibilités d'accueil de cette colossale fortune. A la veille d'une guerre qui nous semble chaque jour plus probable, tous les pays d'Europe nous sont apparus incertains, y compris la Suisse.

C'est alors qu'Isabella s'est souvenue de cette propriété au Congo où elle se rendait autrefois avec son père, au moins une fois par an, durant toute son enfance : un merveilleux fragment de forêt vierge à peine apprivoisée, entouré sur toute son étendue d'un haut mur de pierre. La maison est bâtie sur un profond sous-sol, sur deux niveaux, dans lequel elle m'a assuré que l'on pourra aisément stocker les caisses. Il a donc fallu organiser, cinq ans après le premier, un second transport de l'or de Freud. Celui-là était cependant bien plus risqué que le premier. A moi d'arranger l'expédition : trouver et assurer la préparation des véhicules, recruter les membres de l'équipe et les former.

Je ne pouvais plus faire appel aux camarades qui m'avaient accompagné lors du premier transport de Genève à Vienne. Karl était mort au cours d'un dangereux coup de main à Munich, quant à Arturo, il avait été fait prisonnier par les nationalistes lors de l'attaque de Madrid, en novembre 1936. Restait mon ami Léon, qui allait m'aider à dénicher trois nouveaux acolytes, juifs et communistes comme nous. Par les temps qui courent, je ne peux plus avoir confiance en des étrangers. Pourtant, et malgré l'intimité qui a fini par s'établir entre nous tout au long du voyage, je ne leur ai pas révélé le véritable contenu des caisses. Ont-ils vraiment cru qu'il s'agissait de matériel et de documents destinés à un réseau d'espionnage ?

Pendant que je m'occupais de l'intendance, Isabella faisait d'incessants voyages à Vienne pour convaincre Freud d'émigrer et surtout d'évacuer sa fortune. Mais le vieux professeur ne l'entendait pas ainsi. Il a fallu à Isabella des prodiges de diplomatie pour amener doucement la tante Minna à prendre conscience de l'imminence du danger. Les banquiers nous ont demandé un délai de trois mois pour réunir une telle fortune. Ce n'est que le 4 février que j'ai finalement pu embarquer les caisses. Il neigeait sur Vienne ce matin-là ; on ne pouvait pas faire deux pas sans glisser sur les pavés gelés. Freud ne me quittait pas d'une semelle, boitillant en essayant de me suivre.

Je me souviendrai longtemps de cette journée ; c'était un vendredi. Il nous a fallu acheter deux camions, l'un pour les caisses, l'autre pour l'équipement nécessaire à la poursuite du voyage. Une fois les camions chargés – il devait être 5 heures, ou peut-être un peu plus tard ; la nuit était tombée –, nous sommes allés boire un dernier café à l'hôtel Bristol avec Isabella. Lorsque je me suis approché d'elle pour l'embrasser, une bouffée de désir s'est irrésistiblement emparée de moi à son parfum. Je l'ai prise par la main et nous avons grimpé l'escalier comme des fous jusqu'au dernier étage. C'est la première fois qu'elle m'a soufflé ces mots d'italien qui résonnent sans cesse depuis : « *ti voglio bene* »... « je te veux », « je te veux du bien » et c'est bien... Je t'aime !

Jusqu'au dernier instant, Freud a continué à prétendre qu'il n'y avait aucun danger ; que Mussolini ne laisserait jamais Hitler franchir la frontière autrichienne. Un mois plus tard, le 13 mars, Hitler entrait triomphalement à Vienne. Comment un homme aussi intelligent que Freud pouvait-il être totalement aveugle en politique ?

Bukavu, 8 janvier 2004

Le Congo ! A la lecture des dernières pages des carnets de Jack Bean, où sont mentionnés les noms de « Montmaurin » et « Dalla Chiesa », j'ai décidé de me rendre à Bukavu. Mais pour quoi faire ? Je ne me sens aucunement l'âme d'un chercheur de trésor. Dans le petit avion bimoteur qui survole presque en rase-mottes le cours de la Ruzizi, je me surprends à imaginer que l'or des énormes boucles d'oreilles de ma voisine provient de la fonte des lingots belges du professeur Freud. Une force supérieure me pousse à poursuivre l'investigation, une sorte de pulsion me contraint à aller jusqu'au bout. Pourtant, qu'apprendrai-je de plus à Bukavu ? Au mieux, quelque vieillard se souviendra de l'expédition de Jack Bean en 1938, et rien de plus. L'on me dira qu'on l'a vu venir, qu'on l'a vu repartir de là... et alors ? A Kigali, les douaniers rwandais m'ont demandé, hilares, ce que j'allais faire dans ce repaire de brigands. C'est en arrivant à l'aéroport de Bukavu que j'ai compris leur question. Les hommes en armes sont partout, de toutes les couleurs et sous tous les uniformes : les Congolais de l'armée régulière, les bataillons de la Monuc (la Mission des observateurs des Nations unies), des Français, des Uruguayens, des Pakistanais, des Sud-Africains, des Ethiopiens ; sans compter les groupes de rebelles en civil, armés jusqu'aux dents... Déjà avant d'atterrir, alors que nous survolions l'aéroport, j'ai parfaitement vu que le canon bitubes fiché sur la tour de contrôle suivait les évolutions de notre avion. A la sortie, j'ai eu droit à une fouille au corps et au déballage de tout le contenu de mon bagage. Je n'avais évidemment pas de visa sur mon passeport. J'ai eu beau expliquer que les autorités rwandaises m'avaient assuré que l'on pouvait s'acquitter de cette formalité en arrivant, le fonctionnaire congolais n'a rien voulu entendre.

— Vous êtes en totale illégalité. C'est exactement comme si vous voyagiez sans papiers d'identité, m'a-t-il expliqué d'un air docte.

— Cher monsieur, vous voyez bien que je suis titulaire d'un passeport de service, que mes attributions officielles me conduisent à circuler dans toute la région – les trois grandes universités, les « trois B » comme on disait autrefois : Bujumbura, Butare, Bukavu...

Que n'avais-je dit là ? Me voilà aussitôt chargé de tous les malheurs de l'Afrique.

— Je vois ce que c'est : Monsieur est un nostalgique de la colonisation. Veuillez me suivre au bureau du commandant de l'aéroport.

Moi qui pensais m'en tirer pour 50 dollars, je me suis vu très mal parti. En traversant la salle des bagages, j'ai croisé un capitaine de la Monuc, un baroudeur français, taillé comme un athlète, la mitraillette en bandoulière, le crâne rasé et le béret bleu ciel retombant en canaille sur le côté.

— Mais qu'est-ce que vous êtes venu foutre ici ? m'a-t-il demandé, vous ne savez pas que c'est la guerre ? On s'attend à une attaque des Banyamulenge d'un moment à l'autre. Vous ne pouviez pas plutôt aller photographier les chimpanzés au Cameroun ou les otaries en Californie ?

Ce n'était pas un mauvais bougre et il connaissait tous les fonctionnaires de la police de l'air et des frontières. Il a parlementé longtemps en baragouinant quelques mots de lingala. Il a fini par arranger mon affaire. Le visa sur mon passeport (une seule entrée, séjour ne pouvant excéder neuf jours – pourquoi neuf ?) m'a coûté 200 dollars, un poste de radio World Space acheté à l'aéroport de Nairobi et une bouteille de bourbon à peine entamée. Le Français s'appelle Jérémie, il ne doit pas avoir plus de quarante ans et, malgré ce que l'on pourrait penser en le regardant, il a aussi des biceps dans le cerveau. Capitaine de gendarmerie, il a servi dans le GIGN durant dix ans avant de demander à partir à l'étranger. En poste à Kinshasa durant trois ans, il s'est porté volontaire pour le Kivu à cause de « problèmes affectifs », comme il dit. Jérémie s'est proposé de m'accompagner à mon hôtel au bord du lac dans la Jeep Toyota toute blanche frappée des deux lettres des Nations unies.

— Vous êtes venu photographier les gorilles ? m'a-t-il demandé, soupçonneux. Vous ne seriez pas plutôt un de ces journalistes rêvant de prendre les photos d'une attaque sanglante de rebelles en délire ? J'en ai vu passer un certain nombre par ici. S'ils ne finissent pas découpés à la machette, ils risquent fort de croupir des mois dans un container, attendant que le ministère paie la rançon...

Je lui ai présenté ma carte d'assurance que le bureau contracte prudemment pour chacun de ses agents.

— Mais non ! Regardez : ils ont tellement peur de devoir payer notre rapatriement qu'ils nous prennent une assurance en béton.

Il me l'a enlevée des mains et examinée tout en conduisant.

— Vous êtes professeur d'université. Qu'enseignez-vous ?

— La psychopathologie.

— La psychopathologie ? s'est-il étonné. C'est comme la psychanalyse ?

Jérémie s'est alors lancé dans le récit de sa vie ; on ne pouvait plus l'arrêter. Il se disait sans doute que, pour une fois qu'il avait un psy sous la main, autant lui raconter toute son histoire, et dans le détail ! Du coup il avait décidé de faire durer la promenade.

— C'est la première fois que vous venez par ici, n'est-ce pas ? Nous allons emprunter la route de la corniche. Vous allez voir un peu ces paysages somptueux. Du temps des Belges, Bukavu était la villégiature des nantis. Regardez, c'est le début de ce qu'on appelle « la botte ». C'est ici qu'ont été installées les annexes régionales des ministères. Là, c'est l'OMS, et juste après, le grand bâtiment qui se détache, c'est l'Assemblée provinciale, puis le ministère de l'Education nationale et, tout au bout, dans la brume, là-bas, la belle maison traditionnelle, c'est le palais du gouverneur. Les gens d'ici disent qu'il est cannibale. Il paraît que, lorsqu'il ne trouve pas de chair humaine, il part en brousse chasser le gorille. Comment voulez-vous faire respecter la loi si même le gouverneur s'en va boulotter les animaux protégés ? Notez que c'est encore le plus bel endroit de la ville. Mais, autrefois, les riches cherchaient les coins près de la forêt, là-bas, vers votre hôtel. C'est là, dans le calme, qu'ils préféraient installer leurs villas.

Devant la cathédrale Notre-Dame-de-la-Paix, une foule très dense nous empêcha d'avancer. Sur le parvis, un pasteur blanc, rouge et bedonnant, hurlait dans un micro. Il était accompagné d'un homme d'une quarantaine d'années, très maigre, qui tenait à peine debout sur ses béquilles. Tout en poursuivant son sermon, il montrait les parties du corps du malheureux. Et il hurlait de plus belle. Puis il s'arrêtait et semblait poser une question à la foule, qui répondait en chœur : « Alleluia ! »

— Qu'est-ce qu'il dit ? ai-je demandé à Jérémie, vous comprenez ?

— Je comprends un peu, oui ! Il est en train d'expliquer que cet homme était mort ; qu'il était même enterré dans le cimetière. Lui, le pasteur, est allé le rechercher dans sa tombe, l'a extirpé de la terre de ses propres mains et l'a ressuscité.

— Ressuscité ?

— Oui ! C'est ce qu'il prétend. Il montre les parties du corps et dit qu'elles sont bien vivantes : la jambe est vivante, l'autre jambe, le bras... Et les autres qui l'écoutent, en sont convaincus et remercient Dieu à l'évocation de chaque membre. C'est pour ça que vous les entendez répondre : « Alleluia ! » Nous allons passer par l'intérieur en longeant l'hippodrome, nous remonterons ensuite par la rue Samuliki. Tenez, votre hôtel est là, juste après le collège Alfajiri. Vous avez bien fait de choisir cet hôtel, les Nations unies y ont installé l'un de leurs centres. Du coup, il y a une brigade entière qui le surveille. Parce que sinon, si vous étiez descendu au Métropole par exemple, je ne vous aurais pas autorisé à rester en ville. Ils vous auraient dévalisé en pleine nuit, embarqué dans la brousse, tout nettoyé, et le lendemain plus personne n'aurait même gardé le souvenir de votre passage. Devant votre hôtel, si vous prenez à travers la forêt, après quelques centaines de mètres vous tombez sur l'avenue Lundua et, au bout, c'est la pointe. Vous dépassez la maison du gouverneur et vous continuez encore. Si vous avez la chance qu'il n'y ait pas trop de brume, vous pourrez apercevoir les montagnes du Rwanda. C'est très beau. Si vous voulez, je vous y accompagnerai.

Il m'a suivi à l'hôtel et m'a présenté au gérant – un vieux Belge de soixante-cinq ans qui a épousé il y a cinq ans, après sa retraite des Postes, une femme d'ici, une Bashi âgée de trente ans à peine. Il travaille dur depuis pour nourrir au moins cinq familles congolaises. Il est heureux. Et Jérémie qui commentait :

— C'est la coopération internationale bien comprise : sexe contre nourriture. Tout le monde est content. Imaginez si le vieux Belge était resté à Liège, dans sa banlieue ouvrière, avec sa grosse, à mendier la revalorisation de sa retraite pour rattraper le coût de la vie... Alors qu'ici c'est un notable. Il est cocu, et même sous ses yeux, mais il s'en fout !

Jérémie a été accueilli comme un prince par le Belge. Et une bière par-ci, et une autre par-là...

— Vous ne voulez pas goûter mes brochettes ? Allez, laissez-vous tenter, c'est du chevreau, on dirait du pigeon tellement c'est fin...

Jérémie a insisté pour que je bénéficie d'un bungalow indépendant :

— Ceux qui sont rattachés au groupe électrogène, comme ça vous aurez de l'électricité malgré les coupures.

Une fois installé dans ma chambre, je suis parti à la réception brancher ma clé USB sur l'ordinateur, à la recherche d'indices qu'aurait laissés Jack Bean. J'étais très excité. Je parcourus presque au hasard les dernières pages des années 30.

Hadiboh, le 10 novembre 1938.

Nous avons traversé le canal de Suez très facilement et nous sommes engagés en mer Rouge. Nous étions près d'atteindre le golfe d'Aden lorsque nous avons été arraisonnés par un croiseur de la Marine française qui nous a escortés jusqu'à Djibouti. Nous avons été interrogés durant des semaines. Les militaires français étaient persuadés que nous étions des espions à la solde de l'Italie. Malgré tout, il ne leur est jamais venu à l'idée de fouiller la cale. Nous n'avons pu quitter Djibouti que le 13 septembre. En doublant la pointe de Caluula, nous avons essuyé une très violente tempête qui nous a fait dériver vers l'est. Le gouvernail a été coupé en deux par la violence des vagues. Nous avons rallié tant bien que mal l'île de Socotra, où nous n'avons pu réparer l'avarie qu'hier. Nous repartirons demain en direction de Mombasa. Le voyage s'avère bien plus difficile que prévu. Je suis sans nouvelles d'Isabella. Mes câbles partent vers l'inconnu et restent sans réponse. Je me demande où elle se trouve aujourd'hui. Est-elle rentrée en Italie ? A-t-elle décidé de s'installer en Belgique ? Je sais seulement que le professeur Freud s'est installé à Londres, où il a été fêté comme un héros. Il doit se faire un sang d'encre au sujet de ses lingots. Le major anglais de la maigre garnison de l'île nous a raconté les massacres de la nuit dernière en Allemagne et en Autriche. Les nazis ont brûlé des centaines de synagogues, assassiné des dizaines de Juifs, brisé des milliers de vitrines de boutiques juives. Je n'ai plus qu'une idée en tête : en terminer avec cette mission et rentrer au plus vite pour me battre...

Bukavu, jeudi 8 janvier

Les yeux rivés sur l'écran de l'ordinateur de la réception, je ressentais une grande excitation à me savoir si près des endroits qu'avait traversés Jack Bean. Le gérant belge m'a interrompu. Il voulait encore partager une bière...

— Nous ne pourrons pas vous emmener voir les gorilles avant une semaine ou deux. Les nouvelles sont alarmantes. La ville est cernée par les rebelles Banyamulenge.

— Les Banyamulenge, ce sont des Rwandais ?

— A l'origine, oui ! Mais ils sont installés ici, au Congo, depuis plus de cent ans. Ils parlent lingala et swahili. Certains ne connaissent même plus le kinyarwanda. Et puis, avec tous ces événements, depuis quelques années, ils ont subi de véritables pogromes. La population voulait les renvoyer chez eux, au Rwanda. Les milices ont brûlé des villages, assassiné des populations entières...

Je savais que Bukavu était devenue depuis quelques années la plaque tournante du trafic d'armes pour la région. L'aéroport de Kavumu, à trente-cinq kilomètres au nord de la ville, voit se poser plus de vingt avions civils par jour. Provenant des deux côtés de la frontière, ils sont chargés à ras bord d'armes de toutes sortes. La Monuc a décidé d'y installer une brigade de surveillance motorisée. Mais, de l'avis général, l'efficacité de cette surveillance se révèle négligeable, l'essentiel du trafic transitant par le lac. La communauté internationale est parfaitement consciente de ce qui est en train de se jouer ici, tout autour du lac Kivu. Le Rwanda, invoquant la persécution des Banyamulenge, souhaite d'une manière ou d'une autre prendre pied de ce côté du lac, au Congo ; par ailleurs, les factions congolaises, avides des richesses minières du Katanga, veulent installer sur place des potentats locaux à leur solde ; mais il y a aussi les milices Interhamwe, les génocidaires rwandais de 1994, qui espèrent prendre leur revanche et revenir au pouvoir en profitant du désordre congolais ; sans compter les rebelles ougandais de l'Armée de résistance du Seigneur, qui sont passés en RDC après avoir fui leurs repaires du sud du Soudan. Le chaos politique est général, la situation sociale des populations désastreuse. Le moindre pouvoir local s'impose par la persécution des personnes, la mise à sac des habitations civiles et le pillage des biens, y compris les plus modestes.

— Vous organisez tout de même des safaris dans un tel contexte ? ai-je demandé au gérant belge.

— De temps à autre ! Les gorilles continuent à intéresser les gens – je me demande pourquoi ! Les Congolais attribuent à la viande de gorille un pouvoir aphrodisiaque, peut-être les Américains s'y intéressent-ils également pour des raisons sexuelles ? Allez savoir ! Un gros homme musclé, voilà ce que représente un gorille, après tout, un Schwarzenegger poilu ! Mais nous faisons l'essentiel de notre chiffre d'affaires en logeant les fonctionnaires des Nations unies. C'est bien plus sûr – et beaucoup plus rentable!

Sans rien dire, je me suis replongé dans la lecture des carnets de Bean.

Mombasa (Kenya), 1er décembre 1938

Nous sommes enfin arrivés à Mombasa. Voilà une semaine que je cherche un ou deux camions permettant d'emporter ma précieuse cargaison jusqu'au

Congo. La seule offre acceptable me semble être celle d'un officier anglais qui se prétend capable de subtiliser au stock un Leyland Retriever tout neuf, et de nous le vendre pour une somme astronomique. J'hésite encore ; j'aurais préféré un six roues motrices alors que celui-là n'en a que quatre sur les six. Mais, si ce que prétend l'officier est vrai, ce véhicule est flambant neuf. Sa puissance me semble insuffisante, cependant – seulement 73 chevaux ! Je n'obtiendrai certainement pas les mêmes performances qu'avec le Studebaker ! Je suis en train de négocier afin que les ateliers de l'armée le repeignent dans une couleur civile. Si nous faisons affaire, ce sera du rouge – la seule couleur qui leur reste en magasin, le rouge avec lequel ils peignent les croix des ambulances. Nous serions prêts à partir la semaine prochaine en direction du lac Victoria. Nul ne connaît l'état des routes et des pistes jusqu'en Ouganda. Léon est malade à crever. A ses crises de malaria qui ont commencé à Djibouti, est venue s'ajouter une dysenterie qui ne s'arrête plus. Il a perdu quinze kilos et ne quitte plus guère le lit. Le médecin suisse que l'on a appelé à son chevet exige l'hospitalisation. Nous ne pouvons plus nous permettre de perdre du temps. Voilà six mois que nous sommes partis de Naples et la route est encore longue jusqu'au Congo ! Vlad et Sergueï ne valent guère mieux. Déprimés, ils écument les bars de la ville en compagnie de personnages louches et de prostituées. Quant à moi, je désespère d'avoir des nouvelles d'Isabella. Je lui ai câblé un nouveau message à l'ambassade d'Union soviétique à Zurich, comme convenu. « Arriverai sans doute à bon port début 39. Fêterons-nous le jour de l'an ensemble ? » L'ambiance générale est à la tristesse...

Bukavu, jeudi 8 janvier

Je lève la tête et j'aperçois Jérémie qui est revenu.

— J'ai pensé que vous vous étiez installé et que vous aviez peut-être envie de déjeuner, a-t-il annoncé gaiement. Ce vieux coquin de Georges va nous préparer son fameux poulet au piment pendant que nous bavardons autour d'une bière. Ce qu'il y a de bien avec la colonisation belge, c'est qu'elle a laissé partout d'excellentes brasseries. Afouseta, apporte-nous deux bières bien fraîches – des Mutzig ! Celle-là, il faut crier fort pour qu'elle accepte de bouger... Ben alors, Afouseta, ces bières, elles attendent leurs cadavres ? Vous avez envie de venir faire un tour sur le lac ? Vous avez déjà tiré avec un M-16 ? Je suis certain que non ! C'est une expérience inoubliable. Je vous emmène avec moi à trois kilomètres du rivage et on se fait un carton. Vous voulez ?

— Je n'ai jamais essayé de M-16. C'est vrai que ça tire à un kilomètre ? a demandé Georges, le gérant de l'hôtel.

— En principe, oui – enfin, à sept cents-huit cents mètres ; mais personne ne voit à cette distance, surtout avec la brume. Et, pour tirer avec une lunette de visée, il faut être un spécialiste. En tout cas, cette arme est extrêmement précise à cent mètres. Tu veux venir avec nous, Georges ?

— Pourquoi pas, dit l'autre, si Fabrice est libre pour tenir la réception, je viens. Je prépare le casse-croûte, ce sera ma participation à la balade !

Et nous sommes partis tous les trois pour le bord du lac. En chemin, Jérémie nous a appris qu'il avait fait le matin même une ronde sur le lac avec l'un des nouveaux canots pneumatiques rapides que la Monuc vient de recevoir – des Zodiac spécialement équipés pour recevoir des moteurs énormes de plus de 200 chevaux. Avec de tels engins, équipés d'une mitrailleuse fixe, aucune embarcation ne pouvait les distancer. Ils avaient réussi à localiser les caches utilisées par les Banyamulenge. Les armes arrivaient, depuis le Rwanda, de nuit en pirogue. Elles étaient jetées à l'eau au large, non loin du poste frontière, avec des tiges de bambou qui dépassaient de l'eau pour marquer leur emplacement. Ce matin, ils avaient plongé à trois et avaient réussi à remonter plusieurs caisses de mitraillettes enfermées dans des caissons étanches. Voilà qui expliquait d'où provenaient ces importants stocks d'armes saisis la semaine dernière dans plusieurs maisons de Bukavu.

— Vous avez déjà fait de la plongée ? s'est enquis Jérémie.

— Hors de question, répondit Georges, je suis déjà essoufflé en grimpant au premier étage de l'hôtel...

— Et vous ? m'a demandé Jérémie, ça vous tente ? Venez, je pourrai joindre l'utile à l'agréable. Je vous montrerai le lac tout en poursuivant mon inspection. Peut-être pourra-t-on récupérer encore quelques caissons d'armes.

Et j'ai plongé avec lui. Que dire, sinon que je suis bouleversé ? Le lac est froid, mais les eaux sont limpides. Nous sommes descendus à plus de dix mètres de fond. Jérémie était armé d'un harpon ; quant à moi, je tenais un projecteur équipé d'une petite caméra étanche. Nous n'avons pas trouvé de nouvelles caisses d'armes, mais une carcasse de vieux camion recouverte d'algues. Je la lui ai montrée du doigt et il a hoché la tête, m'indiquant qu'il connaissait son existence. Une fois sortis de l'eau et séchés, nous avons bavardé autour de l'inévitable bouteille de bière.

— Jérémie, pouvez-vous me dire ce qu'était cette carcasse de camion ?

— Je ne sais pas ! Je l'ai déjà vue ce matin. On dirait un camion militaire datant de la Seconde Guerre mondiale. C'est étrange, car je n'ai pas entendu parler de bataille qui se serait déroulée par ici. Peut-être s'agit-il d'un simple accident de la circulation survenu près du rivage. Les intempéries et les modifications du niveau de l'eau auront progressivement repoussé le véhicule vers le large...

— Oui, peut-être, ai-je dit pensivement. Vous sauriez dire la marque de ce camion ?

— Non, pas avec certitude ! Mais on dirait un camion de marque anglaise. J'ai déjà aperçu des photographies de camions de l'armée anglaise qui ressemblaient à celui-ci.

— Un Leyland, par exemple ? ai-je demandé sans lever la tête.

— Un Leyland, c'est bien possible... Mais, professeur, on dirait que vous vous y connaissez en camions militaires...

— Un petit peu, oui ! ai-je répondu en souriant. J'aime bien les camions.

Il était fort peu probable qu'un camion de marque anglaise ait circulé dans la région, encore moins un camion militaire. D'après ce que j'ai lu, durant la Seconde Guerre mondiale, une sécheresse de plusieurs années fut à l'origine d'une terrible famine au Rwanda et au Burundi. Les Rwandais avaient bien autre chose à penser, même s'il y eut quelques tentatives de rapprochement en direction des Allemands dans l'idée de se débarrasser des Belges.

Une fois rentré à l'hôtel, je me suis précipité sur l'ordinateur de la réception pour continuer à explorer les carnets de Jack Bean. A la date du 15 décembre

1938, il se trouvait encore à Kisumu, pour négocier la traversée du lac Victoria sur un bac avec son camion. Jack Bean avait planté ses trois accolytes trop malades à Mombasa. Il était reparti en pleine nuit, et avait entrepris seul le chemin qui lui restait encore. Il n'avait pu rejoindre Bukavu que le 6 janvier 1939. C'est là que Bean avait repris la rédaction de son journal.

Costermansville, 7 janvier 1939

Je renonce à retrouver Isabella. Chaque télégramme que j'envoie disparaît dans l'éther. Je pourrais certainement retrouver la maison au bord du lac à partir des indications qu'elle m'a fournies. Mais je ne crois pas très prudent de m'y rendre seul, sans aucune nouvelle de sa part. J'ignore les motifs de son silence... Peut-être estime-t-elle que nous ne devons pas rester en contact pour notre sécurité, pour la sienne propre, ou celle de sa famille... Que sais-je ? Je peux tout imaginer. Quant aux nouvelles qui me parviennent d'Europe, elles me donnent envie de rentrer en Union soviétique au plus vite. Je voudrais rejoindre les camarades – surtout Willy –, et participer activement au combat.

Je repense au vieux professeur Freud, que j'ai quitté il y a maintenant près d'une année. Pense-t-il encore que les nazis veulent supprimer les Juifs à cause du complexe de castration ? Quel drôle d'homme, qui a su intéresser les plus intelligents de ses contemporains à des futilités invraisemblables. Quelle force de conviction le portait ainsi, prophète sans dieu, politicien sans cause, chef des esprits, maître du vent ? Cette relation au long cours que j'ai entretenue avec lui depuis mes premières années de formation m'a tenu tout au long. Je m'y suis appuyé comme une plante pousse sur un tuteur, en parasite. Mais, face à lui, je restais sans états d'âme. C'est ainsi qu'il m'appréciait. Il savait que je n'avais pas été capturé aux miroirs de ses théories. Pourtant, il me faisait confiance ; moi plutôt que ses disciples fascinés ; il me faisait totalement confiance – il avait tort !

Avant de rentrer au pays, il me reste une dernière chose à faire. Je n'abandonnerai pas cet or à Freud, à sa famille ou à la psychanalyse – jamais ! Je n'en ai d'ailleurs jamais eu l'intention. La Cause – la vraie ! la lutte des peuples pour leur libération – risque d'en avoir besoin bientôt. J'ai réussi à avoir un contact avec Moscou par l'intermédiaire d'un agent stationné à Kampala. Une fois en Ouganda, ils me rapatrieront en me faisant passer par Londres. Ils m'attendent pour me confier une mission de la plus haute importance. Il me faut mettre maintenant la cargaison en lieu sûr. J'ai décidé de l'ensevelir dans le lac, à l'extrémité de cette presqu'île qu'ils appellent ici la « pointe claire ». Si Dieu me prête vie, je reviendrai... Sinon, les camarades qui liront mon journal sauront retrouver la route jusqu'ici.

Pour la première fois depuis sa mort, je me sens apaisé : aujourd'hui, Hanna est vengée !

Postface

J'ai interrompu le récit au tout début de l'année 1939, au moment où Jack Bean quitta la vie de Freud pour s'engager activement dans la guerre. Il a néanmoins tenu son journal jusqu'à son dernier jour. Rapatrié à Londres il n'est pas repassé par Moscou avant de rejoindre sa nouvelle mission. Il fut parachuté en 1940 dans le nid du serpent, à Berlin, d'où il dirigea deux années entières une cellule d'espionnage soviétique au cœur de l'Allemagne nazie. C'est sans doute lui qui lui trouva son nom : le « Cœur à barbe », d'après le titre du journal fondé par le poète Tristan Tzara, qu'il avait, on s'en souvient, fort bien connu à Zurich. Lorsque, en 1941, sur le point d'être découverte, cette cellule dut cesser ses activités, on expédia Jack en France où il devint, on le sait aujourd'hui, l'un des membres les plus actifs du célèbre Orchestre rouge. Arrêté à Paris début 1944, lors du démantèlement du réseau, il fut torturé sans relâche par la Gestapo qui, n'obtenant rien de lui, finit par l'interner dans un camp de concentration. Il était alors âgé de cinquante-sept ans. Nul ne sait comment il parvint à tenir, mais il fut libéré du camp de Buchenwald par les troupes américaines en avril 1945. On ne sait guère ce qu'il fit immédiatement après, les feuilles de ses carnets relatant cette période ayant été arrachées. Sans doute retourna-t-il une nouvelle fois à Vienne, y accompagnant l'armée américaine, qui sut utiliser sa parfaite connaissance tant de la langue allemande que de la hiérarchie nazie.

Les carnets reprennent début 1947. Jack Bean était alors en Palestine, où il prit part de manière très active à l'organisation de la Haganah, l'embryon de ce qui allait devenir après 1948 Tsahal, l'armée israélienne. Parmi les historiens que j'ai consultés, certains pensent qu'il était toujours un agent soviétique. D'autres estiment au contraire qu'après avoir eu connaissance, dès son retour à Moscou, de l'emprisonnement de Leopold Trepper, le chef de l'Orchestre rouge, il changea de camp. Ces derniers se réfèrent aux archives de la CIA, récemment déclassées, qui ont révélé que Jack Bean a été l'un des artisans du tout premier rapprochement israélo-américain, au temps où les Etats-Unis n'avaient pas encore reconnu le jeune Etat juif. J'ai appris par sa famille qu'il est mort en 1949, à Jérusalem, les armes à la main, lors d'une des dernières batailles de la guerre d'indépendance.

Le moins que l'on puisse dire est que cet homme eut une vie bien remplie, témoin privilégié d'un monde qui fut de fer et de feu. On le sent, comme tant d'intellectuels de cette époque, façonné par les idéologies et les combats qui ont marqué son temps. Mais, plus sensible ou plus courageux que d'autres, il émerge de là avec une intelligence propre du monde et des hommes. Si la plupart des intellectuels ont été de toutes les questions, lui fut de toutes les actions.

On s'étonne que Jack Bean, figure essentielle de l'histoire du mouvement psychanalytique, soit absent des biographies consacrées à Freud. C'est qu'ils ont veillé tous deux à garder leur relation secrète – tout au moins durant les vingt dernières années. Les psychanalystes de la première génération connaissaient l'existence de cet homme, mais certainement pas l'importance qu'il avait prise pour Freud au fur et à mesure des années. Du reste, lui aussi était très attaché à Freud, quoique de manière contradictoire. C'était manifestement un être multiple – Isaac Yosefovitch Rabinovitch, *alias* Jack Bean, *alias* « Tristan », *alias* « le Docteur », *alias* Heinrich Funk – malgré la multitude d'identités qu'il aura endossées au cours de sa vie, il avait « son » Freud... Il portait en son cœur un attachement, comme une amulette protectrice qu'il pouvait tenir dans les moments les plus difficiles – le souvenir d'avoir été l'ami et, d'une certaine manière, le confesseur du professeur Sigmund Freud.

Les carnets de Jack Bean, le lecteur a pu s'en rendre compte, constituent un document exceptionnel. En termes de presse, c'est ce qu'il est coutume d'appeler un « scoop ». J'ai longtemps hésité avant de confier ce texte à un éditeur. Quelles que soient les preuves et les témoignages, l'on contesterait son authenticité. Tout en niant la véracité de mon récit, certains journaux m'ont accusé d'avoir escamoté l'or trouvé au fond du lac et de n'avoir prévenu la communauté internationale qu'une fois cet or en lieu sûr. Un journaliste dont je tairai le nom a même écrit que je n'ai souhaité publier ce texte que pour justifier la disparition de la fortune de Freud. Je le répète une nouvelle fois : il n'y avait pas un seul gramme d'or dans la carcasse du camion anglais ! Si, malgré le temps et les véritables tempêtes qui éclatent régulièrement sur le Kivu, les lingots avaient été conservés, les habitants de Bukavu, qui dès la nouvelle connue se sont jetés dans l'eau du lac par milliers, les auraient trouvés jusqu'au dernier. On m'a également reproché de sélectionner les informations concernant Freud, de ne dévoiler que celles qui correspondent à mes propres choix théoriques. Rien n'est plus faux ! Pour preuve, après la publication de mon livre, je confierai les carnets dans leur intégralité à la bibliothèque de mon université, où ils pourront être librement consultés par les chercheurs et les professionnels.

Tout récit historique est subjectif. Quoique je n'aie pas à proprement parler rédigé les carnets, me contentant de les traduire et de les éditer, j'y ai certainement glissé des éléments de ma personnalité. C'est pourquoi j'ai veillé à expliciter mes choix, prenant le risque de m'exposer, y compris dans mon intimité. C'est ainsi que j'ai préféré à toute autre la forme du récit, restituant par le détail tant les circonstances de la découverte des carnets que les effets qu'ils ont produits dans ma propre vie. J'avais même envisagé un temps de sous-titrer cet ouvrage : « double journal » – « double » dans la mesure où les pages de mon propre journal intime y croisent celles de l'auteur des carnets. C'est dans le souci d'en faciliter l'accès au plus grand nombre que je n'ai pas voulu les publier dans le format des livres érudits, avec l'habituel appareil de notes et les savantes préfaces rébarbatives qui ont pour seul effet d'en décourager la lecture. Les révélations qui sont présentées ici valent par leur seule force intrinsèque et n'ont besoin ni de présentation ni de commentaires.

J'ai publié ce récit dans le respect scrupuleux de la vérité. Mon seul souci était de mettre à la disposition du public – j'allais dire de « confier à la garde du public » – des informations que je redoutais de voir détournées ou occultées par les institutions psychanalytiques officielles. Le lecteur jugera s'il eût été plus avisé de confier les carnets aux Archives Sigmund Freud à Washington, sachant qu'ils risquaient d'être interdits de consultation pour au moins une centaine d'années encore... Je considère de la plus haute importance, non seulement pour les professionnels – psychiatres, psychanalystes, psychologues, historiens des sciences et philosophes –, mais aussi pour tous ceux qui ont suivi un traitement psychanalytique ou qui y sont engagés en ce moment même, de connaître une part du vrai visage de Sigmund Freud, bien éloigné de l'image d'Epinal qu'ont élaborée ses thuriféraires. Car je dois dire que tout a été entrepris pour me décourager. Lorsqu'ils ont lu le manuscrit, certains parmi mes collègues ont prétendu que, même si les faits relatés dans ce document se révélaient authentiques – ce qu'ils contestent encore –, il n'aurait pas fallu les divulguer, ne pas prendre le risque de rabaisser le héros, de salir la légende. Ceux-là sont même allés dire, je le sais, que l'on ne gagne rien à révéler la vérité sur Freud, que les patients en psychanalyse ont seulement besoin d'une figure, d'une image mentale sur laquelle s'appuyer, et non de vérité historique dûment établie. Il va sans dire que tel n'est pas mon avis !

Je voudrais remercier toutes celles et tous ceux qui m'ont permis de mener ce livre à son terme, et en premier lieu Préciose Mwambutsa. Je n'ai revu Préciose qu'en toute fin de l'année dernière – et non immédiatement après avoir découvert les traces du camion de Jack Bean, comme on l'a prétendu dans plusieurs journaux, voulant induire l'idée que je suis moi-même lié aux services secrets. C'était à nouveau à l'occasion d'un congrès sur la résolution des conflits en Afrique centrale. Comme on peut l'imaginer, nous avions tant à nous dire. Une fois les malentendus écartés, l'amour a repris ses droits, aussi intense qu'au premier jour, mais rendu plus vrai, plus profond par l'épreuve. Nous vivons ensemble depuis lors, dans un bungalow, tout au bord de l'océan. Je suis certain qu'à force d'amour les cauchemars finiront par quitter ses nuits. Nous attendons que son divorce soit prononcé pour nous marier. Je ne saurai assez la remercier pour sa patience, son courage et surtout pour avoir supporté les inquiétudes et les interminables questionnements de mes nuits d'écriture. Je voudrais également témoigner toute ma reconnaissance à Gamliel Bean, le petit-fils de Jack Bean, qui m'a aidé à classer et à organiser les documents, tant ceux de son père que de son grand-père. Sa passion dans la recherche acharnée de la vérité, son enthousiasme dans la reconstitution de l'histoire de sa famille en même temps que de celle de tout un pan de l'histoire de l'Europe, ont été mes vitamines quotidiennes. Il est le digne fils de son père, le descendant d'une famille de héros, la preuve vivante que, comme on le dit en Afrique, « le vent même le plus violent ne peut retirer ses taches au léopard ».

Port of Spain,
Léopold Caro.

Cet ouvrage a été imprimé par la
SOCIÉTÉ NOUVELLE FIRMIN-DIDOT
Mesnil-sur-l'Estrée
pour le compte des Éditions Perrin
76, rue Bonaparte
Paris 6ᵉ
en mars 2006

Composition et mise en page

NORD COMPO
multimédia

Imprimé en France
Dépôt légal : mars 2006
N° d'édition : 2115 – N° d'impression : 78629